D1997769

Schriften zur Governance-Forschung

herausgegeben von
Prof. Dr. Ulla Lehmkuhl
Prof. Dr. Thomas Risse
Prof. Dr. Gunnar Folke Schuppert

Band 12

Prof. Dr. Gunnar Folke Schuppert |
Prof. Dr. Andreas Voßkuhle (Hrsg.)

Governance von und durch Wissen

Nomos

WZB Wissenschaftszentrum Berlin
für Sozialforschung

Die Deutsche Nationalbibliothek verzeichnet diese Publikation in der Deutschen Nationalbibliografie; detaillierte bibliografische Daten sind im Internet über http://www.d-nb.de abrufbar.

ISBN 978-3-8329-3541-2

1. Auflage 2008
© Nomos Verlagsgesellschaft, Baden-Baden 2008. Printed in Germany. Alle Rechte, auch die des Nachdrucks von Auszügen, der fotomechanischen Wiedergabe und der Übersetzung, vorbehalten. Gedruckt auf alterungsbeständigem Papier.

Eberhard Schmidt-Aßmann
aus gegebenem Anlass

In wissenschaftlicher und persönlicher Verbundenheit

Folke Schuppert *Andreas Voßkuhle*

Vorwort

Vom 7. bis 8 Juni 2007 fand am Wissenschaftszentrum Berlin eine interdisziplinäre Tagung zum Thema »Governance von und durch Wissen« statt, zu der wir gemeinsam eingeladen hatten. Bei den Beiträgen in diesem Band handelt es sich um die schriftliche und erweiterte Fassung der dort gehaltenen Vorträge. Ziel der Tagung war es, zwei Forschungsperspektiven miteinander zu verbinden. Während Folke Schuppert seit längerem am Wissenschaftszentrum Berlin über Governance-Fragen arbeitet, beschäftigte sich Andreas Voßkuhle in den letzten Jahren aus unterschiedlichem Blickwinkel mit den rechtlichen Herausforderungen der Wissensgesellschaft. Seine Zeit als Fellow am Wissenschaftskolleg zu Berlin im akademischen Jahr 2006/2007 bot beste Gelegenheit zum gegenseitigen Austausch. Aus unseren gemeinsamen Diskussionen ist das Projekt dieser Tagung entstanden. Wir danken allen TeilnehmerInnen und insbesondere den ReferentInnen sehr herzlich für Ihre engagierte Mitwirkung und die Bereitschaft, sich auf andere disziplinäre Zugänge und Erkenntnisinteressen einzulassen. Großer Dank gebührt ferner unseren Mitarbeitern Dr. Anna-Bettina Kaiser und Florian Meinel für ihre vielfältige Unterstützung.

Berlin | *Folke Schuppert*
Freiburg | *Andreas Voßkuhle*

Speicher, DV 10, 147

Bogdandy u.a., Der Staat, 10, 23, Bull, VerwArch 12, 1,
Rixen, DV 09, 309, Kingreen, DV 09, 339, Kahl, DV 09,
463 (495 ff.), Schuppert, DV 11, 273, Hoffmann-Riem, AöR
12, 509 (Internet Governance), Franzius, AöR 13, 204 (237),
Franzius, AöR 13, 204 (237), Leisner, DVBl 07, 361 („Wunder-
formel", angebl. Schwammformel), Hoffmann-Riem, JZ 07,
645, Ruffert, DÖV 07, 761 (767), Franzius, VerwArch 15, 76,
Pathe, DÖV 09, 518, Schulte, DÖV 09, 1113 (1117), Schuppert,
RW 16, 172, Mostein, JZ 10, 72, Smeddinck, DVBl 10, 694
(gute fachl. Praxis), Starck, JZ 10, 1170 (holistischer
Governance-Ansatz nicht konstruktionsscharf genug und
beliebig), Simonis, DÖV 11, 472 (474, G-Modi),
Hill, DÖV 13, 249, Ladeur, DÖV 12, 369, Augsberg,
VerwArch 20, 36, Hoffmann-Riem, JZ 14, 53

Inhaltsverzeichnis

Dritter Teil: Wissen und Recht

Schlussfolgerungen

Erster Teil: Der »rationale Staat« oder Herrschaft durch Wissen

Das Konzept des rationalen Staates

Andreas Voßkuhle

Inhaltsübersicht

A. *Ausgangsfrage: Wie verändert sich Staatlichkeit im Zeitalter der Globalisierung?*

Wer als Historiker, Politologe, Soziologe oder Jurist eine Antwort auf diese im besten Sinne interdisziplinäre Frage (Leibfried/Zürn 2006) sucht, bedient sich weiterhin gerne der Kontrastfolie des Ende des 19. Jahrhunderts ausgeprägten (juristischen) Staatsbegriffs mit seinen drei Elementen Staatsgewalt, Staatsgebiet und Staatsvolk (Breuer 1998; von Bogdandy 1999; Reinhard 1999). Offensichtlich fällt es aber immer schwerer, das historisch gewachsene Organisationsgebilde »Staat« mit diesen traditionellen Kategorien angemessen zu beschreiben. Während die einen den Staat unter Hinweis auf den Verlust staatlicher Souveränität in supranationalen und internationalen Zusammenhängen, die Entgrenzung durch globale Problemlagen und weltweit vernetzte Kapitalmärkte sowie die Auflösung nationaler Identität durch umfängliche Migrationsbewegungen verabschieden (Guéhenno 1994; Ohmae 1995; Willke 1997; Albrow 1998; Altmann 1998; van Creveld 1999), sehen andere in den zahlreichen ethnisch motivierten Konflikten und Kriegen am Anfang des 21. Jahrhunderts sowie im Verhalten der USA nach dem 11. September deutliche Anzeichen für die Neubelebung des Nationalstaats (Dehnhard 1999: 13 ff.; Voigt 2003: 53 ff., 285 ff.). Eine Möglichkeit, dieser Frontstellung zu entkommen, ist die Wahl eines anderen Zugangs. Begreift man die Entwicklung des modernen Staates der Neuzeit mit Max Weber als Prozess der Rationalisierung, dann könnten sich daraus neue Perspektiven auf den Untersuchungsgegenstand ergeben.

B. *Beobachtungsperspektive: Die Entwicklung des Staates als Prozess der Rationalisierung*

I. *Das Rationalitätsversprechen des modernen Staates*

Der moderne Staat nimmt für sich in Anspruch, *rational* zu handeln. Als eine »Zweckschöpfung der politischen Vernunft« (Isensee 2004: 79) ist er »zugleich Teil und Kraft eines die Moderne prägenden Prozesses der ›Rationalisierung aller Lebensbereiche‹« (Fassbender 2006: 1), der getragen ist vom mathematisch-naturwissenschaftlich geprägten Glauben an die Begreifbarkeit und Beherrschbarkeit der Welt mit den Mitteln des Verstandes.[1] Das geistige Fundament für diese Grundhaltung wurde früh gelegt. Als Kronzeuge lässt sich Thomas Hobbes anführen: »The skill of making and maintaining Common-wealth, consisteth in certain Rules, as does Arithmetique and Geometry; not (as Tennis-play) on Practise onely: which Rules, neither poor men have the leisure, nor men that have had the leisure, have hitherto had the curiosity, or the method to find out«. (Hobbes 1996: 145). Seine Wertschätzung des sog. mos geometricus findet sich auch bei vielen anderen Staats- und Rechtstheoretikern der Neuzeit wie Samuel Pufendorf (1632-1694), Baruch de Spinoza (1632-1677), Gottfried Wilhelm Leibniz (1646-1716), Christian Thomasius (1655-1728) oder Christian Wolf (1679-1754) (Krüger 1966: 60 f.). Ihnen gemeinsam ist die bis heute prägend gebliebene Vorstellung, dass sich die staatlichen Organe bei ihrer Tätigkeit nicht von Spekulationen, Magie, Intuition, Metaphysik, Religion oder unhinterfragten Traditionen leiten lassen sollen, sondern von nachvollziehbaren, »vernünftigen« Gründen.

Der Siegeszug der Idee des rationalen Staates hat viele Ursachen. Von besonderer Wichtigkeit erscheint die Möglichkeit, durch eine formal rationale Argumentationsweise, die auf begriffliche Konsistenz, logische Widerspruchsfreiheit und Verallgemeinerbarkeit von Denken und Handeln abstellt,[2] in einer konfliktträchtigen Welt von inhaltlichen Positionen und Einzelinteressen zunächst einmal weitgehend zu abstrahieren (Japp 1994). Der rational agierende Staat nimmt auf diese Weise eine objektive Position ein[3] und darf deshalb auf die Zustimmung aller seiner Bürger hoffen. Von daher gesehen besteht auch ein enger Zusammenhang zwischen dem Rationalitätskonzept und dem Demokratieprinzip. Nur solche Gründe werden vom Bürger als »vernünftig« erachtet und akzeptiert, die sich als anschlussfähig erweisen und einer kritischen Prüfung im öffentlichen Diskurs dauerhaft standhalten. Das führt einerseits

1 Max Weber selbst spricht von Rationalisierung im Sinne von Verwissenschaftlichung (»Entzauberung«) der Welterfahrung, »Intellektualisierung«, Sublimierung (»durch Wissen«), Beherrschung bzw. Verdrängung des »natürlichen Trieblebens«, ethischer Rationalisierung, Demokratisierung (von Legitimationsgründen), Positivierung (von Rechtsordnungen), »Versachlichung« (Entpersönlichung), Methodisierung (der Lebensführung), Systematisierung (von Wissensbeständen, Ethiken, Rechtsnormen etc.) gemäß bestimmter »Prinzipien«, so die Zusammenstellung von Weiß (1981: 47 f.).

2 »Formale Rationalität fragt nach begrifflicher Konsistenz, logischer Widerspruchsfreiheit und Verallgemeinerbarkeit von Denken und Handeln« (Scherzberg 2004: 181).

3 »Dass Organisationen rational entscheiden sollten, ist demnach die Formel, in die jedermann . . . seine Erwartung einkleiden kann, ohne sich mit irgendwelchen Interessen zu identifizieren. Es handelt sich, wenn man so will, um ein auf Entscheidungen bezogenes Äquivalent für das, was man in der Erkenntnistheorie ›Objektivität‹ nennen würde« (Luhmann 2000: 445).

zur Berechenbarkeit der Staatstätigkeit (Weber 1980: 817), erlaubt es den staatlichen Akteuren aber gleichzeitig, sich schnell auf veränderte Situationen einzustellen. Statt an dem historisch gewachsenen Bestand von Aufgaben und Mitteln festzuhalten, sind sie immer wieder aufgefordert, »auf beste (intelligenteste) Weise das [zu] . . . tun, was gemäß den Umständen erreichbar ist« (Rescher 1993: 9). Rationalität als Handlungsmaxime stabilisiert insoweit gegenseitige Erwartungen und erleichtert Ordnungsbildung, ohne »reflexive Lernprozesse« (Kersting 1994: 79) zu verhindern.

Zentrales Mittel staatlicher Rationalitätsverbürgung ist das Recht, das Maßstäbe, Formen, Verfahren und Institutionen bereitstellt (Schmidt-Aßmann 2004: 84-86; Peters 1991). »Durch vernünftiges Recht eine vernünftige Gestaltung der gesellschaftlichen Verhältnisse zu erreichen – diese Hoffnung ist ein Grundelement der politischen Traditionen unserer modernen westlichen Gesellschaften« (Peters 1991: 12). Das Recht ist aber nicht der einzige Rationalitätsgarant. Angestrebt wird eine »Rationalisierung des öffentlichen Gesamtzustandes« (Hesse 1962: 83); auch jenseits (verfassungs)rechtlicher Bindungen bleiben Gesetzgeber, Exekutive und Judikative daher dem Postulat der Rationalität verpflichtet.[4]

Welche konkreten Anforderungen sich aus diesem Postulat der Rationalität für das staatliche Handeln ergeben, ist indes nicht einfach zu sagen. Es existieren nicht nur unterschiedliche Rationalitäten,[5] sondern auch eine Vielzahl von Theorieansätzen über die Voraussetzungen rationalen Entscheidens.[6] Ganz abgesehen davon lehrt uns etwa[7] die Organisationssoziologie, dass Menschen sich in der Praxis kaum nach Modellen rationalen Entscheidens richten und jede Entscheidung rational unvollkommen bleibt (Simon 1982; Brunsson 1985; Luhmann 2000: 444-472). Es wäre aber verfehlt, das staatliche Rationalitätsversprechen deshalb aufzukündigen. Seine Rationalität besteht gerade darin, Rationalitätsdefizite immer wieder selbst zum Thema zu machen und dadurch einen permanenten, unhintergehbaren (gemeinwohlbezogenen) Reflexions- und Argumentationszusammenhang zu kreieren;[8] Irrtum und Aufklärung sind in ihm bereits integriert.[9] Genau in diesem Punkt unterscheidet sich die dem Rationalitätsideal[10] verpflichtete gesellschaftliche Ordnungsbildung grundlegend von anderen bekannten Formen der Ordnungsbildung, die z.B. auf Gewaltandrohung, charismatischer Führung oder Rekurs auf quasi-instinktiv wirksame Traditionsbildung

4 Schulze-Fielitz 1988: 454 ff., 2000: 311 ff.; Hoffmann 1990: 97 ff.; Meßerschmidt 2000: 777 ff.; Hill 2004; Bull 2004; König 2006; Garrn 1986.

5 Im Anschluss an Max Weber unterscheidet man z.B. zwischen formaler und materialer Rationalität sowie zwischen Zweck- und Wertrationalität. Daneben spricht man z.B. auch von Systemrationalität, prozeduraler Rationalität oder ökonomischer Rationalität, vgl. statt vieler Lübbe (1999) und Scherzberg (2004: 180-188). Zum Rationalitätsbegriff in den verschiedenen Wissenschaftsdisziplinen vgl. nur Rolke (1992). Ein Plädoyer für einen einheitlichen Rationalitätsbegriff z.B. bei Rescher (1993). Zur Geschichte der Rationalität vgl. ferner Daston (2001).

6 Die Voraussetzungen rationalen Entscheidens sind Gegenstand der präskriptiven Entscheidungstheorie, vgl. aus der überbordenden Literatur etwa Laux (2005); Eisenführ/Weber (2003); Bamberg/Coenberg (2004).

7 Zu ähnlichen Erkenntnissen gelangt die deskriptive Entscheidungstheorie, die tatsächliches Entscheidungsverhalten von Menschen erklären und beschreiben will, vgl. etwa Kahneman u.a (1982); Dawes (1988); Jungermann u.a. (1998).

8 In eine ähnliche Richtung argumentiert Weiß (1981: 47 ff.).

9 Zum Bedürfnis nach Rationalitätsfiktionen vgl. aber Schimank (2006: 57 ff.).

10 Zur Spannung zwischen Normativität und Deskriptivität, der jede Entscheidungstheorie ausgesetzt ist, vgl. etwa Schmidt (1995: 21 f., 97-106).

beruhen können. Bei jenen bedarf es immer der Desavouierung des alten Ordnungsfaktors, um Veränderung zu organisieren.

II. *Der rationale Staat als »wissensbasierte Organisation«*

Wer rationale Entscheidungen treffen möchte, benötigt dazu Wissen bestimmter Art und Güte.[11] Das gilt auch für den Staat. Zur Bewältigung seiner Aufgaben ist er auf die Generierung von Wissen durch stetige Gewinnung, Weitergabe und Verarbeitung von Informationen angewiesen.[12] Erst die ausreichende Verfügbarkeit von Wissen schafft Handlungskapazität[13] und Autorität.[14] Der rationale Staat ist damit zugleich »Wissensstaat« (Fassbender 2006: 2). Die Akzeptanz seiner Entscheidungen beruht nicht allein auf der demokratischen Legitimation der handelnden Amtswalter, sondern der Bürger geht aufgrund des staatlichen Rationalitätsversprechens auch davon aus, dass jene wissen, was Sie tun, wenn Sie gentechnische Experimente verbieten, das Gesundheitssystem reformieren oder eine Exzellenzinitiative im Hochschulbereich starten. Verliert der Bürger das Vertrauen in das Wissen des Staates und damit in die Vernünftigkeit seiner Entscheidungen, verflüchtigt sich auch die Bereitschaft, hoheitlichen Anordnungen Folge zu leisten. Versteht man nach alledem den Staat als »wissensbasierte Organisation«[15], dann liegt die Vermutung nahe, dass die nähere Betrachtung der Art und Weise staatlicher Wissensgenerierung auch Auskunft gibt über den Wandel des Staates und seine Handlungsfähigkeit am Anfang des 21. Jahrhunderts (vgl. etwa die Beiträge in Collin/Horstmann 2004).

III. *Relativität und Grenzen des Wissens*

Im Zuge der Entwicklung hin zum modernen Wohlfahrtsstaat und mit dem Zuwachs an Aufgaben hat der Staat seine Wissensbasis systematisch verbreitert. Das Spektrum staatlicher Wissenspolitik reicht von der Bevölkerungszählung (Lenoir 1997), der Vermessung des eigenen Staatsgebiets (Brian 2001), der Ausbildung der Statistik (Rassem 1980; Tooze 2001; Schmidt 2005) und der umfassenden Etablierung des Kataster- und Registerwesens (Mannori 2001), über die Einführung der aktenmäßigen Verarbeitung von Verwaltungsvorgängen[16] und die Bündelung von Sachverstand in

11 Die präskriptive Entscheidungstheorie spricht in diesem Zusammenhang von »Informationsbeschaffung und -verarbeitung« so z.B. Eisenführ/Weber (2003: 5). Zum unterschiedlichen Sprachgebrauch in den Disziplinen vgl. die N. in Fn. 5. Ausführlich zur Beschaffung von Informationen als Entscheidungsproblem etwa Laux (2005: 337-372).

12 Ob und wie Wissen und Information unterschieden werden können, ist umstritten. Zur Gegenüberstellung von Daten, Information und Wissen vgl. hier nur Willke (2001: 7 ff.) und Vesting (2007: 11-27), relativierend z.B. Gamm (2000: 192) und Stehr (2003: 42-49).

13 Zum Wissen als »Fähigkeit zu sozialem Handeln (Handlungsvermögen)« und als die »Möglichkeit, etwas in ›Gang zu setzen‹« Stehr (2003: 31-37; vgl. auch bereits Stehr 2001: 62-116). Wissen ist danach eine »notwendige, aber keine ausreichende Fähigkeit zum Handeln« (Stehr 2001: 115). Befähigung zum Handeln in diesem Sinne heißt auch, »dass Wissen unbenutzt bleiben oder für irrationale Zwecke genutzt werden kann« (Stehr 2003: 35).

14 Zutreffend konstatiert Luhmann (1990: 149): »Wer Autorität in Anspruch nimmt, muß diese auf Wissen gründen«.

15 Instruktiv zu dieser Perspektive Horstmann (2001).

16 Zu Akten als »little tools of knowledge« vgl. Becker/Clark (2001) sowie Vismann (2000).

spezialisierten Organisationseinheiten bis hin zum Aufbau von Geheimdiensten und einer Geheimdiplomatie. Bereits ab der frühen Neuzeit lassen sich insoweit zwei Entwicklungslinien beobachten: »die allgemeine Tendenz zur Akkumulation von immer mehr Wissen und die Neigung, dieses Wissen tabellarisch oder statistisch zu ordnen« (Burke 2001: 140).

Spätestens Anfang der 1960er Jahre geraten unsere traditionellen Vorstellungen von Wissen ins Wanken. Einerseits sensibilisiert der beginnende Diskurs über die Informations- und Wissensgesellschaft (Steinbicker 2001) für die zentrale Relevanz des Faktors Wissen im Hinblick auf die langfristige Wohlstands- und Zukunftssicherung. Gleichzeitig sinkt das Vertrauen in die Reichweite unseres Wissens. Trotz der gewaltigen Vermehrung sicheren Wissens (»reliable knowledge«) durch die Naturwissenschaften erweisen sich kausale Erklärungen und falsifizierbare Voraussagen über denkbare Entscheidungsfolgen gerade im Umgang mit hochkomplexen Systemen wie etwa dem Klima, dem menschlichen Gehirn, der Wirtschaft oder dem Ökosystem immer schwieriger, denn das angehäufte Wissen lässt zugleich das »unbegrenzte Universum des Nichtwissens« (Weingart 2003: 9) deutlicher sichtbar werden.[17] Für zusätzliche Irritationen sorgt die Wissenssoziologie mit ihrem Hinweis darauf, dass selbst die Ergebnisse naturwissenschaftlicher Forschung Resultat eines vielschichtigen Selektionsprozesses sind, der jedenfalls zum Teil auf ungesicherten Annahmen, persönlichen Vorverständnissen, speziellen Forschungsbedingungen und anderen externen Faktoren beruht.[18] Vor diesem Hintergrund mehren sich Stimmen[19], die dafür plädieren, die Ausrichtung der Wissenschaft am Ideal des reliable knowledge zu ergänzen um eine reflektierte »Kultur der Unsicherheit«, die Nichtwissen nicht als »externen Bereich des Unerforschten« wahrnimmt, sondern als etwas durch »wissenschaftliches Wissen selbst Konstituiertes« zum zentralen Bestandteil der Selbstwahrnehmung der Wissenschaft macht (Wehling 2004: 101). Große Hoffnungen setzt man hier in die Fortentwicklung der traditionellen Technikfolgenabschätzung (Bullinger 1994; Westfalen 1997; Grunwald 1999) zu einer *Wissenschaftsfolgenabschätzung* (Science Assessment), die die Folgenreflexion in die Wissenschaft vorverlagert und Folgewissen zu einem Zeitpunkt generiert, zu dem die Innovationspfade noch nicht ausgetreten und ein Gegensteuern noch möglich ist (Gill 1994; Lau/Böschen 2001; Böschen 2004). Gefordert wird ferner eine *Demokratisierung des Expertenwissens*,[20] z.B. durch Einbezug nicht-wissenschaftlicher Wissensträger (sog. imaginierte Laien [Nowotny 2005: 42 f.]) in Entscheidungsprozesse[21], und eine transparentere öffentliche Risikokommunikation (Bucchi 1996; Renn/Kastenholz 2000), »scientific

17 Die breite Rezeption dieser Überlegungen geht zurück auf Beck (1986). Zu seinem Ansatz Japp (2002: 43-51). Vgl. ferner etwa Perrow (1988).

18 Einflussreich war hier vor allem die Schrift von Kuhn (1962), sowie Nickles (1980). Radikalisierung dieses Ansatzes etwa bei Feyerabend (1983). Zur neueren Diskussion vgl. nur den Überblick von Carrier (1996, S. 738 ff.), sowie z.B. Ziman (2000: 218 ff) und Weingart (2003: 53 ff.).

19 Vgl. etwa European Environment Agency (2001).

20 Liberatore/Funtowicz 2003; Nowotny 2003; Abels/Bora 2004; Maasen/Weingart 2005; Weingart 2006; Martinsen 2006.

21 Für eine beispielhafte Argumentationsweise aus dem Bereich der Biomedizin siehe Böschen/Wehling (2004: 16): »Weshalb und inwiefern sind ein Molekularbiologe, ein Humangenetiker oder eine philosophische Ethikerin in höherem Maße ›Experte‹ als Eltern eines behinderten Kindes, wenn es um die Zulassung der Präimplantationsdiagnostik und die Bewertung ihrer möglichen Folgen geht?«

citizenship«[22], stärkere Berücksichtigung lokalen Kontext- und Erfahrungswissens (Fischer 2000; Böhle 2003) oder die Bildung von »Communities of Practice« (Wenger 1999). Diese Forderung geht einher mit der Beobachtung, dass neben die traditionelle Form der gesellschaftlichen Produktion von »reliable knowledge« durch akademische, disziplinär strukturierte und (zunächst) anwendungsfreie Wissenschaft (sog. »*Modus 1*«) aufgrund der Möglichkeiten der IuK-Technik und der Ausweitung des Bildungssystems zunehmend neue Formen anwendungsorientierter Wissensproduktion treten (sog. »*Modus 2*«) (Gibbons u.a. 1994; Nowotny u.a. 2001; Bender 2001). Sie sind gekennzeichnet durch das Zusammenwirken einer Vielzahl unterschiedlicher Wissensakteure wie »Think Tanks«, NGOs, kommerzielle Forschungsorganisationen (»contract research organisations«), zivilgesellschaftliche Interessengruppen und »SPIN-Groups« (Segmented Polycentric Ideologically Networked) in heterarchisch organisierten und zunehmend transnational agierenden Netzwerken (Rammert 2003; Steelmann u.a. 2005; Mirowski/van Horn 2005). Ob die Wissenschaft angesichts dieser Entwicklung ihre dominierende Rolle in der Erzeugung, Beurteilung und Vermittlung von Wissen tatsächlich mittelfristig verliert (Willke 2002: 12), lässt sich noch nicht sicher abschätzen.[23] Festzuhalten bleibt aber, dass jedenfalls auf den ersten Blick in der gesellschaftlichen Wahrnehmung der szientistische Glaube an die Begreifbarkeit und Beherrschbarkeit der Welt mit den Mitteln des Verstandes an Überzeugungskraft verloren hat. Damit wird auch das Rationalitätskonzept des modernen Staates brüchig, der zunehmend lernen muss, unter den Bedingungen von Komplexität, Risiko und Nichtwissen zu agieren.[24] Wenn nämlich die Francis Bacon zugeschriebene These »scientia est potentia« richtig ist[25] und Staatlichkeit »Herrschaft kraft Wissen« bedeutet,[26] dann liegt der Schluss nahe, dass mit der Erosion der staatlichen Wissensbasis auch die staatliche Herrschaft selbst erodiert mit weit reichenden Folgen für die Gemeinwohlverwirklichung.

Diese verbreitete Vorstellung (Willke 1997; Ladeur 1995, 2000: 171 ff., 2006; Vesting 2000: 111 ff.) geht aber vielleicht doch auf ein zu statisches Verständnis von Wissen zurück. Versteht man Wissen mit Alfred Schütz (1959: 288) als »certainty until further notice« (Gewissheit bis auf Widerruf), als permanent stattfindenden handlungsorientierten Auswahl- und Verknüpfungsprozess von Daten und Informationen, der seinerseits ständig neuen Kontextualisierungen und Revisionen unterwor-

22 Über »fragile Tendenzen in der Praxis« berichtet Böschen (2004: 175-177). Vgl. ferner Saretzki (2000) und Joss/Belluci (2002). Zurückhaltender Hennen (1999).

23 Kritisch gegenüber einer vollständigen Ablösung des »Modus 1« äußern sich z.B. Gläser (2001: 84-96), Weingart (2001: 24) und Shinn (2002).

24 So Willke (2002: 10-47 und passim), der die neue Bedeutung von Nichtwissen mit der Kategorie des »Systemrisikos« erklärt, das abzugrenzen sei von der Kategorie des Risikos in der Industriegesellschaft, dessen Realisierung nur in wenigen Ausnahmefällen das Ausmaß lokal begrenzter Ereignisse übertraf (z.B. Bhopal, Tschernobyl) und das sich ansonsten erstaunlich wirksam dissimulieren lasse (Willke 2002: 30): »Sicher ist Handeln oder Entscheiden unter Ungewissheit kein neues Problem. Neu ist das Ausmaß an Ungewissheit und das zu bewältigende Mischungsverhältnis von Wissen und Nichtwissen in der Form des Wissens. Und neu ist, dass damit die Leistungsfähigkeit tradierter Mittel und Methoden der Bewältigung von Ungewissheit nicht nur graduell, sondern prinzipiell in Zweifel gerät.« (Willke 2002: 44). Ähnlich bereits Beck (1996: 298): »Nicht Wissen, sondern Nicht-Wissen ist das ›Medium‹ reflexiver Modernisierung.« Vgl. ferner die Beiträge in Engel u.a. (2002).

25 Bei Bacon (1620: Bd. I, Aph. 3) heißt es: »Menschliches Wissen und menschliche Macht treffen in einem zusammen.« Näher dazu Krohn (2006: 87-95).

26 So Weber (1980: 129) im Hinblick auf die bürokratische Verwaltung.

fen ist (Willke 2002: 17), dann muss der relative Verlust an exklusivem Fachwissen und Vertrauen in wissenschaftliche Expertise nicht notwendig die staatliche Handlungsfähigkeit einschränken. Es kommt vielmehr darauf an, inwieweit der Staat weiterhin als wichtiger Produzent von Denkkategorien Macht über die Wahrnehmung und die legitime Definition der sozialen Welt besitzt (Landwehr 2003; Foucault 1978) und wie er seine Wissensordnung konkret ausgestaltet.

C. *Die rechtliche Umhegung und Steuerung staatlicher Wissensgenerierung als Governance-Problem*

Wieviel Wissen zu einem bestimmten Zeitpunkt beim Staat vorhanden war und ist und auf welche Weise es tatsächlich gewonnen wurde, lässt sich schon angesichts des soeben dargelegten Verständnisses von Wissen nur schwer rekonstruieren.[27] Gleichwohl existieren mittlerweile eine Reihe verdienstvoller soziologischer, historischer und ökonomischer Studien, die über die Bedeutung und den Umgang von Wissen versuchen, die Veränderung der Gesellschaft und damit auch des Staates zu beschreiben. Bereits 1953, lange vor Entdeckung der »Wissensgesellschaft« als Selbstbeschreibungsformel, ging Karl Deutsch in seiner klassischen Studie über »Nationalism and social communication« der Abhängigkeit jeder Regierung von Information nach. Wichtige übergreifende Arbeiten aus neuerer Zeit zur Thematik stammen z.B. von Daniel Bell (1976a, 1976b), Peter Drucker (1969, 1989, 1993), Nico Stehr (1994, 2001, 2003), Peter Burke (1997), Helmut Willke (1997, 2001, 2002, 2007) und Manuel Castells (1996-1998, 2001). Zusätzlichen Ertrag könnte die Verknüpfung der dort und anderswo entwickelten Gedanken zur Wissensgesellschaft mit einer Analyse der rechtlichen Rahmenbedingungen der staatlichen Wissensgenerierung liefern. Recht verkörpert nicht nur institutionalisiertes Wissen, es steuert auch in sehr unterschiedlicher Weise den Prozess seiner Gewinnung und Verwendung. Das wird besonders deutlich, wenn man im Anschluss an die Governance-Forschung die Regelungsstrukturen (Schuppert 2005: 382 ff.; Franzius 2006) stärker in den Mittelpunkt der Betrachtung rückt und Steuerungsfaktoren wie Organisation, Verfahren und Personal in die Überlegungen mit einbezieht.

Bisher existieren rechtlich orientierte Untersuchungen zur staatlichen Wissensgenerierung lediglich zu Einzelbereichen. Im Mittelpunkt der Diskussion stehen die rechtliche Steuerung im Umwelt- und Technikrecht und der Rückgriff auf gesellschaftliches Wissen, z.B. durch private Standardsetzung und andere Formen regulierter Selbstregulierung (Die Verwaltung 2001). Ferner spielt das Wissen des Staates z.B. bei den Diskussionen um die rechtliche Ausgestaltung von »Electronic Government« (Jansen/Priddat 2001; Grönlund 2002; Mehlich 2002; Eifert 2006) und die Reform der Verwaltung eine wichtige Rolle. Was indes fehlt, ist eine governance-orientierte

27 Zum Verwaltungswissen der Kommunen in historischer Sicht vgl. aber Randeraad (2003), ferner die Beiträge in: Heyen (1989), Heyen/Wunder (1997) und Pröve/Winnige (2001). Zu »Wissen« als Kategorie historischer Forschung vgl. statt vieler die Beiträge bei Landwehr (2002).

Zusammenschau der verschiedenen Regelungskomplexe, die ihrerseits eingebettet ist in eine angemessene Theorie des Wissens.

D. *Exemplarische Herausforderungen der staatlichen Wissensordnung*

Die Herausforderungen an die Gestaltung der staatlichen Wissensordnung und ihre rechtliche Umhegung sind vielfältig. Wichtige Themen sind hier neben den bereits genannten z.B. der Umgang mit Nichtwissen (Scherzberg 2002), das Verhältnis von Sprache, nationaler Identität und Wissen (Fassbender 2006: 30-36), die Steuerung gesellschaftlicher Wissensprozesse (Stehr 2003), die Koordination staatlicher Wissensakteure untereinander (Kaiser 2008) oder die digitale Vernetzung, Archivierung und Aufbereitung von Daten (Ladeur 2007; Collin 2008; Schoch u.a. 2007). Zu den meisten Themen finden sich nähere Ausführungen in diesem Band. Drei weitere möchte ich noch kurz an dieser Stelle näher beleuchten.

I. *Legitimation jenseits der Demokratie: Die Generierung von Orientierungswissen*

Gemeinhin unterscheidet man zwei Formen von handlungsrelevantem Wissen: Verfügungswissen und Orientierungswissen (Mohr 1999: 12 f.). Verfügungswissen basiert auf wissenschaftlicher Erkenntnis und gesicherter praktischer Erfahrung und gibt Antwort auf die Frage: »Wie kann ich etwas, was ich tun will, tun?« Das »Wissen um Handlungsmaßstäbe« bezeichnet man dagegen als Orientierungswissen. Es gibt Antwort auf die Fragen: »Was soll ich tun?, Was darf ich tun?« Rationales (hoheitliches) Entscheiden ist in der Regel auf beide Formen des Wissens angewiesen: Das Verfügungswissen über den Bau eines Atomkraftwerkes sagt uns z.B. noch nicht, ob wir seinen Bau grundsätzlich erlauben sollen. Dazu benötigen wir Orientierungswissen. Umgekehrt wäre es wenig überzeugend, diese Entscheidung zu treffen, ohne zu wissen, wie ein Atomkraftwerk funktioniert und welche Risiken mit ihm verbunden sind. Aus Sicht der staatlichen Wissensorganisation ergeben sich aus diesem Zusammenhang gleich mehrere sehr grundsätzliche Probleme.

Als erstes stellt sich die Frage, auf welche Weise der Staat das ausreichende Verfügungswissen für seine Entscheidungen generieren kann. Sie soll hier zunächst dahinstehen. Die zweite Frage lautet: Woher nehmen die staatlichen Akteure ihr Orientierungswissen? Auf die säkulare Erkenntnis, dass normative Aussagen nicht letztbegründbar sind, sondern auf persönlichen Überzeugungen, Wertsystemen und Leitbildern beruhen, hat der moderne Nationalstaat historisch betrachtet mit zwei Strategien reagiert: Er stabilisierte einen bestimmten Teil des bestehenden Orientierungswissens innerhalb der Gesellschaft über schwer änderbare Verfassungen und flexibilisierte andere Teile über das Konzept der Demokratie. Beide Strategien können den jeweils aktuellen Bedarf an Orientierungswissen aber offensichtlich nicht vollständig befriedigen. So gibt die Verfassung als Rahmenordnung auf viele grundlegende Orientierungsfragen keine eindeutige Antwort. Hingewiesen sei hier nur auf die Diskussion über Auslandseinsätze der Bundeswehr, Klimaschutz, Sterbehilfe oder Stammzellforschung. Gleichzeitig scheint das tief im Bewusstsein des Bürgers verwurzelte Rationalitätsversprechen die staatlichen Akteure aber auch daran zu hindern, Orientierungsfragen einfach der politischen Dezision anheim zu geben, wie es das Konzept der parlamentarischen Demokratie im Grundsatz eigentlich vorsieht. Die auf Zeit gewählte Regierung fühlt sich vielmehr weiter unter besonderem Begründungszwang für die von ihr zu verantwortenden Entscheidungen. Dieser Umstand schlägt sich in der Praxis u.a. in einem erhöhten Bedarf nach externer Beratung durch Experten nieder. Aufgabe von Wissenschaft und Rechtspraxis ist es vor diesem Hintergrund, einen gemeinwohlorientierten Regelungsrahmen zu entwickeln, der es erlaubt, öffentliches und privates Wissen produktiv zu koppeln. Wichtige Bausteine sind hier z.B. Regelungen über die Auswahl der Experten und die an sie zu stellenden Qualifikationsanforderungen, ihre Kontrolle, Transparenz und Publizität des Wissenstransfers etc. (Ritter 1997: 235 ff.; Seidel 2000: 123 ff.; Scholl 2005: 421 ff.; Voßkuhle 2005: 65 ff.). Jedenfalls bei »prekären« Entscheidungen mit weit reichenden Folgewirkungen spricht aus Sicht der Wissenssoziologie viel dafür, stärker auf Verhandlungsarrangements zu setzen, in denen sich professionelle Experten untereinander und je nach Sachbereich unter Umständen auch mit fachkundigen »Laien«, Interessenvertretern und Betroffenen über Risiken verständigen müssen: »Die Legitimität einer so institutionalisierten Rationalitätsfiktion ist noch höher als die Legitimität, die Experten in Beeinflussungskonstellationen beschaffen. Denn jede Expertenautorität bleibt letztlich undurchschaut und beruht so ein Stück weit auf blindem Vertrauen, während die Legitimität, die durch Verständigung geschaffen wird, in allseitiger Transparenz verankert ist« (Schimank 2006: 75).

II. *Nutzung verdeckter Wissensressourcen: Die Überführung impliziten staatlichen Wissens in explizites Wissen*

Dem wachsenden Bedarf an Wissen versucht der Staat seit jeher durch Ausbau und Optimierung der staatsinternen Wissensorganisation Rechnung zu tragen. Dies geschieht in erster Linie durch Rekrutierung von hochqualifizierten Fachleuten für den öffentlichen Dienst, durch Bündelung von Sachverstand in spezialisierten Organisationseinheiten und durch den verstärkten Einsatz neuer Informations- und Kommunikationstechniken. Unklar ist freilich, ob zum Beispiel die Verwaltung eigentlich weiß, was sie alles weiß, ob sie ihr Wissen flüssig austauschen kann, Wissen an die richtige Stelle gelangt und Wissen optimal genutzt wird (Beyer 2004: 362). Mit dieser Frage beschäftigt sich das sog. »Wissensmanagement«. Darunter versteht man »die Gesamtheit organisationaler Strategien zur Schaffung einer ›intelligenten‹ Organisation. Mit Blick auf Personen geht es um das organisationsweite Niveau der Kompetenzen, Ausbildung und Lernfähigkeit der Mitglieder; bezüglich der Organisation als System steht die Schaffung, Nutzung und Entwicklung der kollektiven Intelligenz und des ›collective mind‹ in Frage; und hinsichtlich der technologischen Infrastruktur geht es vor allem darum, wie und wie effizient die Organisation eine zu ihrer Operationsweise kongeniale Kommunikations- und Informationsinfrastruktur nutzt« (Willke 2001: 39). Eine Hauptaufgabe des Wissensmanagements besteht darin, das genauere Zusammenspiel von personalem und organisationalem Wissen zu verstehen und sinnvoll zu organisieren, um auf diese Weise die verdeckten Wissensressourcen einer

Organisation nutzbar zu machen (Willke 2001: 29; Eberl 2001). Dabei wird man von folgenden Überlegungen ausgehen dürfen: Die direkte Zusammenarbeit von Fachleuten in einem sozialen Gebilde, das dauerhaft ein Ziel verfolgt und eine formale Struktur aufweist, mit deren Hilfe die Aktivitäten der Mitglieder auf das verfolgte Ziel ausgerichtet werden, ermöglicht nicht nur *kollektive Lernprozesse*, sondern Organisationen bilden mit der Zeit auch ein *eigenes Organisationswissen* aus, das tief verankert ist in ihren jeweiligen Regelsystemen, Routinen und Geschäftsabläufen.[28] In der sozialpsychologischen Wissensforschung und in der Organisationstheorie spricht man in diesem Zusammenhang auch von cognitive maps, scripts (Gioia 1986), Identität (Whetten/Godfrey 1998), frames (Goffman 1977) oder dem kollektiven Gedächtnis einer Organisation (Walsh/Ungson 1991; Lehner 2000). Aufgrund ihrer langen und häufig wechselvollen Geschichte besitzen gerade staatliche Organisationen, ähnlich wie Militär und katholische Kirche, ein ganz erhebliches Organisationswissen, das aber nicht ohne weiteres beschreibbar oder erlernbar ist. Es wächst dem einzelnen Mitarbeiter durch Mitgliedschaft in der Organisation und die damit verbundene Sozialisation auf verschlungenen Wegen zu. Gleichzeitig verfügt der einzelne Mitarbeiter auch über individuelle Erfahrungen, über ebenfalls schwer beschreibbare »subjektive Einsichten, Ahnungen und Intuitionen« (Nonaka/Takeuchi 1997: 18 f.).[29] In beiden Fällen spricht man von *implizitem Wissen* (»tacit knowledge«). Taktisches Gespür, Routinen, strategisches Geschick, bestimmte Kommunikationstechniken oder Einschätzungsfähigkeit bei komplexen Sachverhalten und Abläufen sind typische Beispiele für das implizite »Dienstwissen« (Menne-Haritz 2001) eines erfolgreichen Verwaltungsexperten.[30] Daneben besitzt er auch sog. *explizites Wissen*, das »sich in Worten und Zahlen ausdrücken und problemlos mit Hilfe von Daten, wissenschaftlichen Formeln, festgelegten Verfahrensweisen und universellen Prinzipien mitteilen« lässt. Gelungenes Wissensmanagement zeichnet sich dadurch aus, dass die komplizierten Übergänge zwischen implizitem und explizitem Wissen in routinisierte organisationale Prozesse gefasst werden, die es vor allem ermöglichen, individuelles implizites Wissen zu artikulieren[31] und mit anderen Mitarbeitern der Organisation zu teilen. Dazu dienen innerhalb der staatlichen Organisationen traditionell z.B. Stäbe, Kollegialorgane, Arbeitsgruppen, Besprechungen oder gemeinsame projektbezogene Workshops (Bauer 1995; Englich/Fisch 1999). Erst im Entstehen begriffen sind behördenübergreifende Wissensnetzwerke[32] oder sog. »Communities of Practice«

28 Eingehend dazu mit einem Überblick über den bisherigen Forschungsstand etwa Hiller (2005: 7-29). Vgl. ferner etwa Douglas (1991) und Choo (1998). Zum Lernen von Organisationen vgl. z.B. Wilkesmann (1999), Easterba-Smith/Lyles (2003).

29 Die grundlegenden Vorarbeiten stammen von Polanyi (1967). Zum Werk von Polanyi eingehend Neuweg (2004).

30 Nach Nonaka/Takeuchi (1997: 73-87) vollzieht sich das Zusammenwirken von implizitem und explizitem Wissen (zyklisch) in vier verschiedenen Formen als Sozialisation (von implizitem zu implizitem Wissen), als Externalisierung (von implizitem zu explizitem Wissen), als Kombination (von explizitem zu explizitem Wissen) oder als Internalisierung (von explizitem zu implizitem Wissen). Vgl. dazu auch Straßheim (2004: 67-72). Zu den Schwierigkeiten Bosch/Renn (2003: 62-65).

31 Die Externalisierung enthält »den Schlüssel zur Wissensschaffung«, so Nonaka/Takeuchi (1997: 79 f.), denen zufolge die Externalisierung am effektivsten durch den »sequentiellen Gebrauch von Metaphern, Analogie und Modellen« erfolgt.

32 Beispiele aus dem Bereich der lokalen Beschäftigungspolitik bei Straßheim (2004: 59-63, 87). Vgl. ferner Straßheim/Oppen (2006).

(Wenger 1999). In ihnen wird das Wissen, das Sachbearbeiter bzw. Experten in ihrer konkreten Arbeit ansammeln, bewusst weitergegeben, etwa durch gemeinsamen Nachvollzug einzelner Vorgänge, sog. case based reasoning (Lenk/Wengelowski 2004: 156). Eine weitere Herausforderung wird darin bestehen, das implizite Wissen der verschiedenen nationalen Wissensakteure auf europäischer und internationaler Ebene sichtbar und nutzbar zu machen. Eine wichtige Funktion übernehmen hier selbständige »Agenturen«, wie z.B. die Europäische Umweltagentur in Kopenhagen, die Europäische Drogenbeobachtungsstelle in Lissabon oder die Europäische Agentur für die Beurteilung von Arzneimitteln in London, deren Aufgabe es ist, verstreutes Wissen zu bestimmten Sachbereichen zusammenzuführen.[33] Von großer praktischer Relevanz ist ferner etwa der Komitologie-Beschluss vom 28.6.1999 (ABl. L 184/23), der die Beteiligung der europäischen Mitgliedstaaten am Erlass von Durchführungsrechtsakten im Rahmen von Ausschüssen regelt, in denen Sachverständige sowie Bedienstete der Mitgliedstaaten und der Kommission zusammenarbeiten (Töller 2002; Bergstrom 2005; Wichard 2006: 12 ff.). Auffällig sind hier wie bei den Agenturen aber die Dominanz des expliziten objektivierten Wissens und die Vernachlässigung der unterschiedlichen Kontexte, in denen das zusammengeführte Wissen generiert wird (Kaiser 2008). Das führt zu unserem dritten Punkt.

III. *Die Objektivierung von Wissen*

Gerade weil verlässliches oder besser gesagt: konsentiertes Wissen über komplexe Zusammenhänge schwierig zu generieren ist, greifen politisch verantwortliche Akteure bei ihrer Entscheidungsfindung in vielen Bereichen gerne auf formal objektiviertes Wissen zurück.[34] Die Objektivierung von Wissen erfolgt in der Regel durch standardisierende und quantifizierende Verfahren, die aus einer externen Perspektive ohne individuelle Bewertung des Einzelfalls den Vergleich und die Kontrolle gemeinwohlrelevanter Leistungen (»performance«) von Einzelpersonen und Institutionen ermöglichen. So sind etwa Outputmessungen anhand von Erledigungszahlen und Bearbeitungszeiten die Grundlage für die Zuweisung von öffentlichen Mitteln und Stellen im Rahmen des Neuen Steuerungsmodells (Voßkuhle 2006: 53-56). Immer wichtiger werden auch Benchmarking-Prozesse zwischen Mitgliedstaaten der EU bei der Formulierung europäischer Politiken, z.B. im Zusammenhang mit der im Europäischen Rat von Lissabon 2000 entwickelten »offenen Methode der Koordinierung« (Open method of coordination, OMC) (Göbel 2002; Jorens 2003).[35] Besonders anschaulich erscheint im vorliegenden Zusammenhang ferner die (teilweise) kennzahlenorientierte Mittelvergabe im Hochschulbereich, bei der das Drittmittelaufkommen, die Zahl der Promotionen und die Anzahl der Beiträge in referierten Zeitschrif-

33 Überblick zu den verschiedenen Agenturen bei Oppermann (2005: 181-183).

34 Zu den verschiedenen statistischen Argumentationsweisen im Rahmen sozialer Debatten vgl. sehr klar Desrosières (2005: 372-374).

35 Anschaulich zur Problematik aus Sicht der Wissensgenerierung am Beispiel der europäischen Arbeitsmarktpolitik Salais (2006). Zum Zusammenhang zwischen Globalisierung der Wissenschaft und Standardisierung vgl. Drori u.a. (2003: 280-292). Zur ökonomischen Theorie des Systemwettbewerbs vgl. etwa die Beiträge in: Streit/Wohlgemuth (1999).

ten bzw. ihr Impact-Faktor eine zentrale Rolle spielen.[36] In Finnland kann z.B. die Veröffentlichung eines Artikels mit hohem »Impact-Factor« das Budget einer Universitätsklinik um ungefähr 7000 $ erhöhen (Adam 2002: 727). Fragt man nach den Wurzeln dieses »Governing by numbers«[37], wäre es verfehlt, lediglich auf das Vorbild der privaten Wirtschaft zu verweisen, die zur Beurteilung und Steigerung ihrer Produktivität im Zeitalter der Massenproduktion das moderne Rechnungswesen entwickelt hat (Hopwood/Miller 1994). Vielmehr zeigt die von den früheren Nationalstaaten geförderte Entwicklung der Statistik und der Vermessung der Welt durch die Geographie eine frühe Affinität der Politik zur zahlenbasierten Handlungsorientierung. Die tieferen Ursachen für dieses nachhaltige Interesse an einer (vermeintlichen) Objektivierung des Wissens liegen auf der Hand: »Quantification is a way of making decisions without seeming to decide. Objektivity lends authority to officials who have very little of their own« (Porter 1995: 8). In Zeiten der Europäisierung, Internationalisierung und Globalisierung, in denen sich demokratische Rückanbindung und staatliche Autorität zunehmend verflüssigen und unterschiedlichste Interessen und kulturelle Kontexte harmonisiert werden müssen, gewinnen beide Aspekte an Bedeutung. Gleichzeitig nährt der interdisziplinäre Diskurs über die Wissensgesellschaft allerdings zunehmend Zweifel, ob das »Vertrauen in Zahlen« gerechtfertigt ist (Porter 1995). Die Abbildung der Wirklichkeit durch verrechenbare Indikatoren erweist sich bei näherem Hinsehen als äußerst problematische Konstruktion, die auch historisch gesehen Tür und Tor öffnet für Manipulationen und symbolische Politik. Gerade die Qualität öffentlicher Dienstleistungen lässt sich eben nur sehr schwer in Zahlen fassen. Sehr schnell entwickeln sich innerhalb des öffentlichen Sektors Präsentationskulturen mit der Folge, dass jede Form von Performance unter Darstellungsgesichtspunkten erfolgt, unabhängig davon, ob inhaltlich vorgegebene Ziele tatsächlich erreicht werden. Das führt zu Wahrnehmungsdefiziten, die sich nur schwer beheben lassen, weil jede Form der Standardisierung rituelle Pfadabhängigkeiten verstärkt; Zahlen, die zur Evaluation erhoben wurden, können nicht ohne weiteres im Nachhinein für unbrauchbar erklärt werden, vielmehr besteht die Tendenz, entsprechende Erhebungen fortzusetzen und ihnen Politikrelevanz zuzusprechen (Heinz 2008; Kocka/Simon 2008). Nicht zu vernachlässigen ist darüber hinaus der Umstand, dass die Erhebung von Zahlen in der Praxis erhebliche Kosten verursacht, von denen weitgehend unklar ist, ob der erwirtschaftete Ertrag sie übersteigt. Gänzlich ohne statistische Grundlage wird man heute freilich auch keine politische Entscheidung mehr treffen können. Folglich gilt es, eine *Kultur der reflektierten Zahl* zu entwickeln, die numerische Grundlagen zum Ausgangspunkt nimmt, die die Validität der Zahlen aber gleichzeitig hinterfragt und die einschlägigen Indikatoren einem stetigen Lernprozess aussetzt. Vor allem geht es darum, Automatismen zu vermeiden, die dadurch entstehen, das Zahlen »self-executing« sind, wie etwa im Bereich der Mittelvergabe im Hoch-

36 Kritischer Diskussionsüberblick zu Evaluierungen von Forschungseinrichtungen auf der Basis der Bibliometrie bei Weingart (2005). Vgl. ferner die kritische Analyse der kennzahlenorientierten Wissenschaftsförderung bei Münch (2007: 73-111).

37 »Calculate practice, in other words, should be analyzed as ›technologies of government‹ . . . – as the mechanisms through which programs of government are articulated and made operable« (Miller 2001: 379). Vgl. auch bereits Rose/Miller (1992).

schulbereich. Parallel dazu müssen neue Mechanismen der Vertrauensbildung entwickelt werden; eine »Audit-Society« (Power 1997) lässt auf Dauer zu wenig Raum für Selbstverantwortung und Innovation und bindet zu viele Ressourcen.

Literatur

Abels, Gabriele/Bora, Alfons, 2004: Demokratische Technikbewertung. Bielefeld.

Adam, David, 2002: The counting house, in: Nature 415, 726-729.

Albrow, Martin, 1998: Abschied vom Nationalstaat. Frankfurt a.M.

Altmann, Rüdiger, 1998: Abschied vom Staat. Frankfurt a.M.

Bacon, Francis, 1620: Novum Organum (deutsche Fassung: Neues Organum, lat.-dt. herausgegeben und eingeleitet von *Wolfgang Krohn*, 2 Bde.,1990). London

Bamberg, Günter/Coenenberg, Adolf G., 2004: Betriebswirtschaftliche Entscheidungslehre. 12. Aufl. München.

Bauer, Carolin, 1995: Das Teamprinzip in der öffentlichen Verwaltung. München.

Beck, Ulrich, 1986: Die Risikogesellschaft. Frankfurt a.M.

Beck, Ulrich, 1996: Wissen oder Nicht-Wissen?, in: *Beck, Ulrich/Giddens, Anthony/Lash, Scott*, Reflexive Modernisierung: Eine Kontroverse. Frankfurt a.M., 289-315.

Becker, Peter/Clark, William (Hrsg.), 2001: Little Tools of Knowledge. Historical Essays on Academic and Burocratic Practises. Ann Arbor (Mich.).

Bell, Daniel, 1976a: The Coming of Post-Industrial Society. 2. Aufl. New York.

Bell, Daniel, 1976b: The Cultural Contradictions of Capitalism. New York.

Bender, Gerd (Hrsg.), 2001: Neue Formen der Wissenserzeugung. Frankfurt a.M.

Bergstrom, Carl Fredrik, 2005: Comitology: Delegation of Powers in the European Union and the Committee System. Oxford.

Beyer, Lothar, 2004: Aus dem Aktenkeller in die Wissensspirale. Brauchen öffentliche Verwaltungen ein neues Wissensmanagement?, in: *Collin, Peter/Horstmann, Thomas* (Hrsg.), Das Wissen des Staates. Geschichte, Theorie und Praxis. Baden-Baden, 361-387.

von Bogdandy, Armin, 1999: Supranationaler Föderalismus als Wirklichkeit und Idee einer neuen Herrschaftsform. Baden-Baden.

Böhle, Fritz, 2003: Wissenschaft und Erfahrungswissen – Erscheinungsformen, Voraussetzungen und Folgen einer Pluralisierung des Wissens, in: *Böschen, Stefan/Schulz-Schaeffer, Ingo* (Hrsg.), Wissenschaft in der Wissensgesellschaft. Wiesbaden, 143-177.

Bosch, Aida/Renn, Joachim, 2003: Wissenskontexte und Wissenstransfer. Übersetzungen zwischen Praxisfeldern in der »Wissensgesellschaft«, in: *Franz, Hans-Werner/Howaldt, Jürgen/Jacobsen, Heike/Kopp, Ralf* (Hrsg.), Forschen – lernen – beraten. Berlin, 53-71.

Böschen, Stefan, 2004: Science Assessment: Eine Perspektive der Demokratisierung von Wissenschaft, in: *Böschen, Stefan/Wehling, Peter* (Hrsg.), Wissenschaft zwischen Folgenverantwortung und Nichtwissen. Wiesbaden, 107-182.

Böschen, Stefan/Wehling, Peter, 2004: Wissenschaft am Beginn des 21. Jahrhunderts – Neue Herausforderungen für Wissenschaftsforschung und -politik, in: *Böschen, Stefan/Wehling, Peter* (Hrsg.), Wissenschaft zwischen Folgenverantwortung und Nichtwissen. Wiesbaden, 9-33.

Breuer, Stefan, 1998: Der Staat. Reinbek.

Brian, Eric, 2001: Staatsvermessungen. Condorcet, Laplace, Turgot und das Denken der Verwaltung. Wien, New York.

Brunner, Ronald W./Steelmann, Toddi A./Coe-Juell, Lindy/Crowly, Christina M./Edwards, Christine M./Tucker, Donna W., 2005: Adaptive Governance: Integrating Science, Policy, and Decision-Making. New York.

Brunsson, Nils, 1985: The Irrational Organization. Irrationality as a Basis for Organizational Action and Change. Chichester.

Bucchi, Massimiano, 1996: When scientists turn to the public: alternative routes in science communication, in: Public Understanding of Science, 375-394.

Bull, Hans Peter, 2004: »Vernunft« gegen »Recht«? Zum Rationalitätsbegriff der Planungs- und Entscheidungslehre, in: Institutionenwandel in Regierung und Verwaltung. Festschrift für Klaus König zum 70. Geburtstag. Berlin, 179-199.

Bullinger, Hans- Jörg (Hrsg.), 1994: Technikfolgenabschätzung. Stuttgart.

Burke, Peter, 1997: A Social History of Knowledge (deutsch: Papier und Marktgeschrei. Die Geburt der Wissensgesellschaft. 2001). Cambridge.

Carrier, Martin, 1996: Wissenschaftstheorie, in: *Mittelstraß, Jürgen* (Hrsg.), Enzyklopädie Philosophie und Wissenschaftstheorie. Stuttgart. Bd. 4, 738-745.

Castells, Manuel, 1996-1998: The Information Age: Economy, Society and Culture. 3 Bde (Bd. 1: The Rise of the Network Society, 1996; Bd. 2: The Power of Identity, 1997; Bd. 3: End of Millennium, 1998). Cambridge, Mass.

Castells, Manuel/Himanen, Pekka, 2001: The Information Society and the Welfare State. The Finnish Model. Oxford.

Choo, Chun Wei, 1998: The Knowing Organisation. Oxford.

Collin, Peter/Horstmann, Thomas (Hrsg.), 2004: Das Wissen des Staates. Baden-Baden.

Collin, Peter, 2008: Archive und Register. Verlorenes Wissen oder Wissensressource der Zukunft? In diesem Band, 75-86.

van Creveld, Martin, 1999, Aufstieg und Untergang des Staates. München.

Daston, Lorraine, 2001: Wunder, Beweise und Tatsachen. Frankfurt a.M.

Dawes, Robyn M., 1988: Rational Choice in an uncertain world. San Diego.

Dehnhard, Albrecht, 1999: Der Staat: Auslauf- oder Zukunftsmodell? Bemerkungen zu einer perspektivischen Täuschung, in: *Butterwegge, Christoph/Kutscha, Martin/Berghahn, Sabine* (Hrsg.), Herrschaft des Marktes – Abschied vom Staat? Baden-Baden, 11-25.

Desrosières, Alain, 2005: Die Politik der großen Zahlen: eine Geschichte der statistischen Denkweise. Berlin, Heidelberg.

Douglas, Mary, 1991: Wie Institutionen Denken. Frankfurt a.M.

Drori, Gili/Meyer, John/Ramirez, Francisco/Schofer, Evan, 2003: Science in the Modern World Polity. Standford.

Drucker, Peter, 1969: The Age of Discontinuity. Guidelines to Our Changing Society. New York.

Drucker, Peter, 1989: The New Realities. In Government and Politics, in Economics and Business, in Society and World View. New York.

Drucker, Peter, 1993: Post-Capitalist Society. New York.

Easterba-Smith, Mark/Lyles, Marjorie A. (Hrsg.), 2003: The Blackwell Handbook of Organizational Learning and Knowledge. Malden (Mass.).

Eberl, Peter, 2001: Die Generierung des organisationalen Wissens aus konstruktivistischer Sicht, in: *Schreyoegg, Georg* (Hrsg.), Wissen in Unternehmen. Berlin, 41-66.

Eifert, Martin, 2006: Electronic Government. Baden-Baden.

Eisenführ, Franz/Weber, Martin, 2003: Rationales Entscheiden. 4. Aufl. Berlin.

Engel, Christoph/Halfmann, Jost/Schulte, Martin (Hrsg.), 2002: Wissen – Nichtwissen – Unsicheres Wissen. Baden-Baden.

Englich, Birte/Fisch, Rudolf, 1999: Projektgruppen in der öffentlichen Verwaltung. 2. Aufl. Göttingen.

European Environment Agency (Hrsg.), 2001: Late lessons from early warnings: the precautionary principle 1896-2000. Environmental issue report, No 22. Kopenhagen.

Fassbender, Bardo, 2006: Wissen als Grundlage staatlichen Handelns, in: *Isensee, Josef/Kirchhof, Paul* (Hrsg.), Handbuch des Staatsrechts, Band IV, 3. Aufl. Heidelberg, § 76 [zitiert nach Randnummern].

Feyerabend, Paul, 1983: Wider den Methodenzwang. 3. Aufl. Frankfurt a.M.

Fischer, Frank, 2000: Citizens, Experts, and Environment. The Politics of Local Knowledge. Durham/London.

Foucault, Michel, 1978: Dispositive der Macht. Über Sexualität, Wissen und Wahrheit. Frankfurt a.M.

Franzius, Claudio, 2006: Governance und Regelungsstrukturen, in: VerwArch 97, 186-219.

Gamm, Gerhard, 2000: Information und Wissen, in: *Gamm, Gerhard,* Nicht nichts. Frankfurt a.M., 192-204.

Garrn, Heino, 1986: Zur Rationalität rechtlicher Entscheidungen. Stuttgart.

Gibbons, Michael/Limoges, Camille/Nowotny, Helga/Schwartmann, Simon/Scott, Peter/Trow, Martin, 1994: The New Production of Knowledge, The Dynamics of Science and Research in Contemporary Societies. London.

Gill, Bernhard, 1994: Folgenerkenntnis. Science Assessment als Selbstreflexion der Wissenschaft, in: Soziale Welt, 430-453.

Gioia, Dennis A., 1986: Symbols, Scripts, and Sensemaking. Creating Meaning in the Organisational Experience, in: *Sims, Henry P./Gioia, Dennis A.* (Hrsg.), The Thinking Organisation. San Francisco, 49-74.

Gläser, Jochen, 2001: Modus 2a und Modus 2b, in: *Bender, Gerd* (Hrsg.), Neue Formen der Wissenserzeugung. Frankfurt a.M., 83-99.

Göbel, Marcus, 2002: Von der Konvergenzstrategie zur offenen Methode der Koordinierung. EG-Verfahren zur Annäherung der Ziele und Politiken im Bereich des sozialen Schutzes. Baden-Baden.

Goffman, Erving, 1977: Rahmen-Analyse. Frankfurt a.M.

Grönlund, Ake (Hrsg.), 2002: Electronic Government: Design, Applications and Management. Hershey.

Grunwald, Armin (Hrsg.), 1999: Rationale Technikfolgenbeurteilung. Berlin.

Guéhenno, Jean-Marie, 1994: Das Ende der Demokratie. München.

Heinz, Bettina, 2008: Governance by Numbers. Zum Zusammenhang von Quantifizierung und Globalisierung am Beispiel der Hochschulpolitik. In diesem Band, 110-128.

Hennen, Leonhard, 1999: Participatory technology assessment: a response to technical modernity?, in: Science and Public Policy 1999, 303-312.

Hesse, Konrad, 1962: Der Rechtsstaat im Verfassungssystem des Grundgesetzes, in: FG für Rudolf Smend. Göttingen, 71-95.

Heyen, Erk Volkmar (Hrsg.), 1989: Formation und Transformation des Verwaltungswissens in Frankreich und Deutschland, 18./19. Jahrhundert. Baden-Baden.

Heyen, Erk Volkmar/Wunder, Bernd (Hrsg.), 1997: Informations- und Kommunikationstechniken in der öffentlichen Verwaltung. Baden-Baden.

Hill, Hermann, 2004: Renaissance einer rationalen Politikgestaltung, in: Institutionenwandel in Regierung und Verwaltung. Festschrift für Klaus König zum 70. Geburtstag. Berlin, 217-230.

Hiller, Petra, 2005: Organisationswissen. Wiesbaden.

Hobbes, Thomas, 1996 (1651): Leviathan. Cambridge.

Hoffmann, Gerhard, 1990: Das verfassungsrechtliche Gebot der Rationalität im Gesetzgebungsverfahren, in: ZG 5, 97-114.

Hopwood, Anthony G./Miller, Peter, 1994: Accounting as Social and Institutional Practice. Cambridge.

Horstmann, Thomas 2001: »Die Vergrößerung und Verschönung des Käfigs«: Der Staat als wissensbasierte Organisation, www.humboldt-forum-recht.de 2001, Beitrag 9.

Isensee, Josef, 2004: Staat und Verfassung, in: *Isensee, Josef/Kirchhof, Paul* (Hrsg.), Handbuch des Staatsrechts. Band II. 3. Aufl. Heidelberg, § 15 [zitiert nach Randnummern].

Jansen, Stephan A./Priddat, Birger, 2001: Electronic Government – neue Potentiale eines modernen Staates. Stuttgart.

Japp, Klaus P., 1994: Verwaltung und Rationalität, in: *Dammann, Klaus/Grunow, Dieter/Japp, Klaus P.* (Hrsg.), Die Verwaltung des politischen Systems: Neuere Systemtheoretische Zugriffe auf ein altes Thema. Opladen, 126-141.

Japp, Klaus P., 2002: Struktureffekte öffentlicher Risikokommunikation auf Regulierungsregime, in: *Engel, Christoph/Halfmann, Jost/Schulte, Martin* (Hrsg.), Wissen – Nichtwissen – Unsicheres Wissen. Baden-Baden, 35-74.

Jorens, Yves (Hrsg.), 2003: Open Method of Coordination. Objectives of European Health Care Policy. Baden-Baden.

Jungermann, Helmut/Pfister, Hans-Rüdiger/Fischer, Katrin, 1998: Die Psychologie der Entscheidung. Heidelberg.

Kahneman, Daniel/Slovic, Paul/Tversky, Amos (Hrsg.), 1982: Judgment under uncertainty: Heuristics and biases. Cambridge.

Kaiser, Anna-Bettina, 2008: Wissensmanagement im Mehrebenensystem. In diesem Band, 217-239.

Kersting, Wolfgang, 1994: Die politische Philosophie des Gesellschaftsvertrages. Darmstadt.

Knie, Andreas/Simon, Dagmar, 2008: Peers and Politics. Wissenschaftsevaluationen in der Audit Society. In diesem Band, 173-185.

König, Klaus, 2006: Zur Rationalität von Verwaltungsentscheidungen, in: Erscheinungsbilder eines sich wandelnden Verwaltungsrechts. Günter Püttner zum 70. Geburtstag. Köln u.a., 57-73.

Krohn, Wolfgang, 2006: Francis Bacon. 2. Aufl. München.

Krüger, Herbert, 1966: Allgemeine Staatslehre. 2. Aufl. Stuttgart.

Kuhn, Thomas S., 1962: The structure of scientific revolutions, Chicago (dt.: Die Struktur wissenschaftlicher Revolutionen, 1967). Chicago.

Ladeur, Karl-Heinz, 1995: Umweltrecht der Wissensgesellschaft. Berlin.

Ladeur, Karl-Heinz, 2000: Negative Freiheitsrechte und gesellschaftliche Freiheitsrechte. Tübingen.

Ladeur, Karl-Heinz, 2006: The Postmodern Condition of Law and Societal »Management of Rules«, in: ZfR 27, 87-108.

Ladeur, Karl-Heinz, 2007: Die Kommunikationsinfrastruktur der Verwaltung, in: *Hoffmann-Riem, Wolfgang/Schmidt-Aßmann, Eberhard/Voßkuhle, Andreas* (Hrsg.), Grundlagen des Verwaltungsrechts. Band II. München, § 21.

Landwehr, Achim (Hrsg.), 2002: Geschichten der Wirklichkeit. Augsburg.

Landwehr, Achim, 2003: Diskurs – Macht – Wissen. Perspektiven einer Kulturgeschichte des Politischen, Archiv für Kulturgeschichte 85, 71-117.

Lau, Christoph/Böschen, Stefan, 2001: Möglichkeiten und Grenzen der Wissenschaftsfolgenabschätzung, in: *Beck, Ulrich/Bonß, Wolfgang* (Hrsg), Die Modernisierung der Moderne. Frankfurt a.M., 220-235.

Laux, Helmut, 2005: Entscheidungstheorie. 6. Aufl. Berlin.

Lehner, Franz, 2000: Organisational Memory. Konzepte und System für das organisatorische Lernen und das Wissensmanagement. München, Wien.

Leibfried, Stefan/Zürn, Michael (Hrsg.), 2006: Transformation des Staates? Frankfurt a.M.

Lenk, Klaus/Wengelowski, Peter, 2004: Wissensmanagement für das Verwaltungshandeln, in: *Edeling, Thomas/Jann, Werner/Wagner, Dieter* (Hrsg.), Wissenssteuerung und Wissensmanagement in Politik und Verwaltung. Wiesbaden, 147-165.

Lenoir, Rémi, 1997: Die Erfindung der Demographie und die Bildung des Staates, in: Österreichische Zeitschrift für Geschichtswissenschaften 8, 400-442.

Liberatore, Angela/Funtowicz, Silvio, 2003: »Democratising« expertise, »expertising« democracy: what does this mean, and why bother?, in: Science and Public Policy 30, 146-150.
Lübbe, Weyma, 1999: Eine ratio – viele Rationalitäten?, Ökonomische und andere Rationalitäten in der umweltrechtspolitischen Debatte, in: *Gawel, Erik/Lübbe-Wolff, Gertrude* (Hrsg.), Rationale Umweltpolitik – Rationales Umweltrecht. Baden-Baden, 13-28.
Luhmann, Niklas, 1990: Die Wissenschaft der Gesellschaft. Frankfurt a.M.
Luhmann, Niklas, 2000: Organisation und Entscheidung. Frankfurt a.M.
Maasen; Sabine/Weingart, Peter (Hrsg.), 2005: Democratization of Expertise? Dordrecht.
Mannori, Luca (Hrsg.), 2001: Kataster und moderner Staat in Italien, Spanien und Frankreich. Baden-Baden.
Martinsen, Renate, 2006: Partizipative Politikberatung – der Bürger als Experte, in: *Falk, Svenja/Rehfeld, Dieter/Römmele, Andrea/Thunert, Martin* (Hrsg.), Handbuch Politikberatung. Wiesbaden, 138-151.
Mehlich, Harald, 2002: Electronic Government. Wiesbaden.
Menne-Haritz, Angelika, 2001: Das Dienstwissen der öffentlichen Verwaltung. Wissensmanagement für kooperative Entscheidungsprozesse, in: Verwaltung und Management 2001, 198-204.
Meßerschmidt, Klaus, 2000: Gesetzgebungsermessen. Berlin.
Miller, Peter, 2001: Governing by Numbers: Why Calculative Practices Matter, in: Social Research 68, 379-396.
Mirowski, Philip/van Horn, Robert, 2005: The Contract Research Organization and the Commercialization of Scientific Research, in: Social Studies of Science 35, 503-548.
Mohr, Hans, 1999: Wissen – Prinzip und Ressource. Berlin.
Münch, Richard, 2007: Die akademische Elite. Frankfurt a.M.
Neuweg, Georg Hans, 2004: Könnerschaft und implizites Wissen. Zur lehr-lerntheoretischen Bedeutung der Erkenntnis- und Wissenstheorie Michael Polanyis. 3. Aufl. Münster u.a.
Nickles, Thomas, 1980: Scientific discovery, logic, and rationality. Dordrecht u.a.
Nonaka, Ikujiro/Takeuchi, Hirotaka, 1997: Die Organisation des Wissens. Frankfurt a.M.
Nowotny, Helga, 2003: Democratising expertise and socially robust knowledge, in: Science and Public Policy 30, 151-156.
Nowotny, Helga, 2005: Experten, Expertisen und imaginierte Laien, in: *Bogner, Alexander/ Togersen, Helge* (Hrsg.), Wozu Experten? Ambivalenzen der Beziehung von Wissenschaft und Politik. Wiesbaden, 33-44.
Nowotny, Helga/Scott, Peter/Gibbons, Michael, 2001: Re-Thinking Science. Knowledge and the Public in an Age of Uncertainty. Cambridge.
Ohmae, Kenichi, 1995: The End of the Nation State. New York.
Oppermann, Thomas, 2005: Europarecht. 3. Aufl. München [zitiert nach Randnummern].
Perrow, Charles, 1988: Normale Katastrophen: die unvermeidlichen Risiken der Großtechnik. Frankfurt a.M.
Peters, Bernhard, 1991: Rationalität, Recht und Gesellschaft. Frankfurt a.M.
Polanyi, Michael, 1967: The tacit dimension (deutsch: Implizites Wissen, 1985). London.
Porter, Theodore M., 1995: Trust in Numbers. The Pursuit of Objectivity in Science and Public Life. Princeton.
Power, Michael, 1997: The Audit Society. Rituals of Verification. Oxford.
Pröve, Ralf/Winnige, Norbert (Hrsg.), 2001: Wissen ist Macht. Herrschaft und Kommunikation in Brandenburg-Preußen, 1600-1850. Berlin.
Rammert, Werner, 2003: Zwei Paradoxien einer innovationsorientierten Wissenspolitik: Die Verknüpfung heterogenen und die Verwertung impliziten Wissens, in: Soziale Welt 54, 483-508.
Randeraad, Nico (Hrsg.), 2003: Formation und Transfer städtischen Verwaltungswissens. Baden-Baden.

Rassem, Mohammed (Hrsg.), 1980: Statistik und Staatsbeschreibung in der Neuzeit, vornehmlich im 16.-18. Jahrhundert. Paderborn.

Rescher, Nicholas, 1993: Rationalität. Würzburg.

Reinhard, Wolfgang, 1999: Geschichte der Staatsgewalt. München.

Renn, Ortwin/Kastenholz, Hans, 2000: Risk Communication for Chemical Product Risks. An OECD Background Paper. Berlin.

Ritter, Ernst-Hasso, 1997: Organisationswandel durch Expertifizierung und Privatisierung, in: *Schmidt-Aßmann, Eberhard/Hoffmann-Riem, Wolfgang,* Verwaltungsorganisationsrecht als Steuerungsressource. Baden-Baden, 207-248.

Rolke, Lothar, 1992: Rationalität, Rationalisierung, in: *Ritter, Joachim/Gründer, Karlfried/Eisler, Rudolf* (Hrsg.), Historisches Wörterbuch der Philosophie. Basel. Bd. VIII.

Rose, Nicolas/Miller, Peter, 1992: Political Power beyond the State: Problematics of Government, in: The British Journal of Sociology 43, 173-205.

Salais, Robert, 2006: On the correct (and incorrect) Use of Indicators in Public Action, in: Comparative Labor Law & Policy Journal 27, 237-256.

Saretzki, Thomas, 2000: Technologische Bürgerschaft?, in: *Martinsen, Renate/Simonis, Georg* (Hrsg.), Demokratie und Technik – (k)eine Wahlverwandtschaft? Opladen, 17-51.

Scherzberg, Arno, 2002: Wissen, Nichtwissen und Ungewissheit im Recht, in: *Engel, Christoph/Halfmann, Jost/Schulte, Martin* (Hrsg.), Wissen – Nichtwissen – Unsicheres Wissen. Baden-Baden, 113-144.

Scherzberg, Arno, 2004: Rationalität – staatswissenschaftlich betrachtet, in: *Krebs, Walter* (Hrsg.), Liber Amicorum Hans-Uwe Erichsen. Köln, 177-206.

Schimank, Uwe, 2006: Rationalitätsfiktionen in der Entscheidungsgesellschaft, in: *Tänzler, Dirk/Knoblauch, Hubert/Soeffner, Hans-Georg* (Hrsg.), Zur Kritik der Wissensgesellschaft. Konstanz, 57-81.

Schmidt, Daniel, 2005: Statistik und Staatlichkeit. Wiesbaden.

Schmidt, Thomas, 1995: Rationale Entscheidungstheorie und reale Personen. Marburg.

Schmidt-Aßmann, Eberhard, 2004: Das Allgemeine Verwaltungsrecht als Ordnungsidee. 2. Aufl. Berlin.

Schoch, Friedrich/Kloepfer, Michael/Garstka, Hansjürgen, 2007: Archivgesetz (ArchG-ProfE). Berlin.

Scholl, Patrick, 2005: Der private Sachverständige im Verwaltungsrecht: Elemente einer allgemeinen Sachverständigenlehre. Baden-Baden.

Schulze-Fielitz, Helmuth, 1988: Theorie und Praxis parlamentarischer Gesetzgebung. Berlin.

Schulze-Fielitz, Helmuth, 2000: Rationalität als rechtsstaatliches Prinzip für den Organisationsgesetzgeber. Über Leistungsfähigkeit und Leistungsgrenzen »weicher« Leitbegriffe in der Rechtsdogmatik, in: Staaten und Steuern. Festschrift für Klaus Vogel. Heidelberg, 311-330.

Schuppert, Gunnar Folke, 2005: Governance im Spiegel der Wissenschaftsdisziplinen, in: *Schuppert, Gunnar Folke* (Hrsg.), Governance-Forschung. Vergewisserung über Stand und Entwicklungslinien. Baden-Baden, 371-469.

Schütz, Alfred, 1959: Tiresias, Or Our Knowledge of Future Events, in: *Schütz, Alfred* (Hrsg.), Collected Papers II: Studies in Social Theory, Den Haag 1976 (1959), 277-293.

Seidel, Achim, 2000: Privater Sachverstand und staatliche Garantenstellung im Verwaltungsrecht. München.

Shinn, Terry, 2002: The triple Helix and the New Production of Knowledge: Prepackaged Thinking on Science and Technology, in: Social Studies of Science 2002, 599-614.

Simon Joss/Sergio Belluci (Hrsg,), 2000: Participatory Technology Assessment. European Perspectives. London.

Simon, Herbert A., 1982: Models of Bounded Rationality (2 Bde.). Cambridge (Mass.).

Stehr, Nico, 1994: Arbeit, Eigentum und Wissen. Zur Theorie von Wissensgesellschaften. Frankfurt a.M.

Stehr, Nico, 2001: Wissen und Wirtschaften. Die gesellschaftlichen Grundlagen der modernen Ökonomie. Frankfurt a.M.

Stehr, Nico, 2003: Wissenspolitik. Die Überwachung des Wissens. Frankfurt a.M.

Steinbicker, Jochen, 2001: Zur Theorie der Informationsgesellschaft. Opladen.

Straßheim, Holger, 2004: Wissensgenerierung und Wissenstransfer in Netzwerken der lokalen Beschäftigungspolitik, in: *Edeling, Thomas/Jann, Werner/Wagner, Dieter* (Hrsg.), Wissenssteuerung und Wissensmanagement in Politik und Verwaltung. Wiesbaden, 57-89.

Straßheim, Holger/Oppen, Maria, 2006: Lernen in Städtenetzwerken. Kooperation – Konflikte – Kompetenzentwicklung. Berlin.

Streit, Manfred E./Wohlgemuth, Michael (Hrsg.), 1999: Systemwettbewerb als Herausforderung an Politik und Theorie. Baden-Baden.

Töller, Annette Elisabeth, 2002: Komitologie. Theoretische Bedeutung und praktische Arbeitsweise von Durchführungsausschüssen in der Europäischen Union am Beispiel der Umweltpolitik. Opladen.

Tooze, Adam J., 2001: Statistics and the German State, 1990-1945. Cambridge.

Die Verwaltung, 2001: Regulierte Selbstregulierung als Steuerungskonzept des Gewährleistungsstaates. Beiheft 4. Berlin.

Vesting, Thomas, 2000: Zwischen Gewährleistungsstaat und Minimalstaat, in: *Hoffmann-Riem, Wolfgang/Schmidt-Aßmann, Eberhard* (Hrsg.), Verwaltungsrecht in der Informationsgesellschaft. Baden-Baden, 101-131.

Vesting, Thomas, 2007: Die Bedeutung von Information und Kommunikation für die verwaltungsrechtliche Systembildung, in: *Hoffmann-Riem, Wolfgang/Schmidt-Aßmann, Eberhard/Voßkuhle, Andreas* (Hrsg.), Grundlagen des Verwaltungsrechts. Bd. II. München, § 20 [zitiert nach Randnummern].

Vismann, Cornelia, 2000: Akten. Medientechnik und Recht. Frankfurt a.M.

Voigt, Rüdiger, 2003: Phönix aus der Asche. Baden-Baden.

Voßkuhle, Andreas, 2005: Sachverständige Beratung des Staates, in: *Isensee, Josef/Kirchhof, Paul* (Hrsg): Handbuch des Staatsrechts. Band III. 3. Aufl. Heidelberg, § 43 [zitiert nach Randnummern].

Voßkuhle, Andreas, 2006: Neue Verwaltungsrechtswissenschaft, in: *Hoffmann-Riem, Wolfgang/Schmidt-Aßmann, Eberhard/Voßkuhle, Andreas* (Hrsg.), Grundlagen des Verwaltungsrechts. Band I. München, § 1 [zitiert nach Randnummern].

Walsh, James P./Ungson, Gerardo Rivera, 1991: Organisational Memory, in: Academy of Management Review 16, 57-91.

Weber, Max, 1980: Wirtschaft und Gesellschaft. 5. rev. Aufl., Studienausgabe. Tübingen.

Wehling, Peter, 2004: Weshalb weiß die Wissenschaft nicht, was sie nicht weiß? – Umrisse einer Soziologie des wissenschaftlichen Nichtwissens, in: *Böschen, Stefan/Wehling, Peter* (Hrsg.), Wissenschaft zwischen Folgenverantwortung und Nichtwissen. Wiesbaden, 35-105.

Weingart, Peter, 2001: Die Stunde der Wahrheit. Zum Verhältnis der Wissenschaft zu Politik, Wirtschaft und Medien in der Wissensgesellschaft. Weilerswist.

Weingart, Peter, 2003: Wissenschaftssoziologie. Bielefeld.

Weingart, Peter, 2005: Das Ritual der Evaluierung und die Verführung der Zahlen, in: *Lengwiler, Martin/Simon, Dagmar* (Hrsg.), New Governance. Arrangements in Science Policy. WZB-Discussionpaper P 2005-101, 81-99.

Weingart, Peter, 2006: Demokratisierung der wissenschaftlichen Politikberatung – Eine Antwort auf die Legitimationsdilemmata im Verhältnis von Wissenschaft und Politik, in: Heidelberger Akademie der Wissenschaften (Hrsg.), Politikberatung in Deutschland. Heidelberg, 73-84.

Weiß, Johannes, 1981: Rationalität als Kommunikabilität. Überlegungen zur Rolle von Rationalitätsunterstellungen in der Soziologie, in: *Sprondel, Walter M./Seyfarth, Constans* (Hrsg.), Max Weber und die Rationalisierung sozialen Handelns. Stuttgart, 39-58.

Wenger, Etienne, 1999: Communities of practice. Learning, Meaning, and Identity. Cambridge.
Westphalen, Raban Graf von (Hrsg.), 1997: Technikfolgenabschätzung als politische Aufgabe. 3. Aufl. München.
Whetten, David A./Godfrey, Paul C. (Hrsg.), 1998: Identity in Organisations. Thousand Oaks (Kal.).
Wichard, Johannes C., 2006: Kommentierung zu Art. 202, in: *Callies, Christian/Ruffert, Matthias* (Hrsg.), EUV/EGV. 3. Aufl. Neuwied [zitiert nach Randnummern].
Wilkesmann, Uwe, 1999: Lernen in Organisationen. Frankfurt a.M.
Willke, Helmut, 1997: Supervision des Staates. Frankfurt a.M.
Willke, Helmut, 2001: Systemisches Wissensmanagement. 2. Aufl. Stuttgart.
Willke, Helmut, 2002: Dystopia. Studien zur Krisis des Wissens in der modernen Gesellschaft. Frankfurt a.M.
Willke, Helmut, 2007: Smart Governance. Governing the Global Knowledge Society. Frankfurt a.M.
Ziman, John M., 2000: Real science. What it is, and what it means. Cambridge.

Die Wissensbasierung des Staates in historischer Perspektive[1]

Thomas Horstmann/Jörg Peltzer

Inhaltsübersicht

Die uns von den Herausgebern gestellte Aufgabe, Einblicke in die Diskussion der Geschichtswissenschaft zum Thema der Wissensbasierung des Staates zu geben und damit gleichzeitig einen Beitrag aus der Geschichtswissenschaft zu diesem Thema zu leisten, mithin also eine doppelte Perspektive zu liefern, ist diffizil. Derzeit wird das Thema der Wissensbasierung des Staates in der Geschichtswissenschaft unter sehr divergierenden Leitfragen diskutiert, ohne dass dabei die verschiedenen Diskurse intensiv aufeinander Bezug nähmen. Es gibt folglich nicht *die* historische Perspektive, sondern historische Perspektiven. Eine umfassende Behandlung dieser verschiedenen Blickwinkel ist in dem hier gestellten Rahmen nicht möglich. Wir möchten stattdessen in einer knappen, Lücken riskierenden Skizze auf einige zentrale Aspekte der Thematik hinweisen. Zunächst geht es hierbei um die Frage der Definition des Staates in der Geschichtswissenschaft, hängt doch davon die Weite des Untersuchungsspektrums ab. Dann werden wesentliche Zugriffsweisen der aktuellen Forschung zum Thema Wissen des Staates vorgestellt. Hier liegt das Hauptaugenmerk auf der deutschsprachigen Forschung, die jedoch zumindest in Teilen internationale Strömungen repräsentiert. Schließlich sollen einige, wenige Bemerkungen zum Umgang mit Wissen in der spätmittelalterlichen Kanzlei im Reich und in der (früh)modernen preußischen Regierungspraxis aufzeigen, wie diese Herangehensweisen praktisch umgesetzt werden können und welches Erklärungspotenzial sie besitzen. Diese sehr selektive Herangehensweise wird der Komplexität des Themas nur zum Teil gerecht. Aber sie vermeidet die Suggestion von Kontinuitäten und dürfte in der Kontrastierung von Spätmittelalter und Neuzeit das Gespür für die Vielfalt historischer Entwicklungen schärfen. Anders formuliert: Es geht hier nicht um eine letztlich gar nicht leistbare

1 Die Vortragsform wurde beibehalten. Die knappen Literaturhinweise können die vielfältige Behandlung dieses Themas in der Geschichtswissenschaft nur unzulänglich widerspiegeln.

diachrone Meistererzählung der Wissensbasierung des Staates, sondern darum, schlaglichtartig das weit gefächerte Angebot des Faches Geschichte der interdisziplinären Diskussion zur Verfügung zu stellen.

A. *Den Staat definieren*

Zentral für das in diesem Band behandelte Thema ist neben der Definition von Wissen die Definition von Staat. Zwei grundsätzlich verschiedene Ansätze stehen hier zur Verfügung. Zum einen kann Staat inhaltlich definiert werden. Eine sehr weite inhaltliche Definition hat der Mediävist Ernst Pitz formuliert, indem er menschliche Verbände Staaten nennen möchte, wenn sie hoheitliche Gewalt über die Eigenmacht der Individuen erwerben. Charakteristisch hierfür sei die Institution des Gerichts (Pitz 2006: 70). Spezifischer ist im Vergleich hierzu die Auffassung der englischen Mittelalterhistorikerin Susan Reynolds. In Anlehnung an Max Weber versteht sie Staat als Organisation menschlicher Gesellschaft in einem mehr oder weniger festgelegten Gebiet, in dem der Herrscher oder die Regierungsgewalt mehr oder weniger erfolgreich den legitimen Gebrauch von Gewalt kontrolliert (Reynolds 1997: 118-119). Die engste inhaltliche Definition ist schließlich die Gleichsetzung von Staat mit dem modernen Staat und seinen historischen Vorläufern (Moraw 2004: 167-168).
Zum anderen kann Staat als ein geschichtlicher Grundbegriff verstanden werden, wie etwa Krieg oder Gesellschaft. Der Begriff Staat wäre folglich von seinen historischen Erscheinungsformen zu unterscheiden. In diesem Sinne definiert der Mediävist Hans-Werner Goetz Staat einerseits als einen modernen (konzeptiven) »Ordnungsbegriff der Geschichtswissenschaft für die politische Ordnung« und andererseits als ein »historisches, das heißt sich in seinen Inhalten wandelndes Phänomen« (Goetz 1999: 181).
Beide Ansätze haben Gültigkeit und können weiterführend angewandt werden. Entscheidend ist aber die klare Positionierung. Nur wenn der eigene Standpunkt, d.h. der jeweils verfolgte Ansatz klar benannt wird, kann eine gewinnbringende Diskussion entstehen. Im Fall der Wissensbasierung des Staates bietet der zweite Ansatz die größeren Entfaltungsmöglichkeiten. Dies wird besonders bei der Gleichsetzung von Staat und modernem Staat deutlich. Das systematische Erheben, Speichern und Auswerten von Informationen gilt als Merkmal, geradezu Bedingung des modernen Staates (Genet 1990: 270). Das bedeutet aber, dass bei der Gleichsetzung des Staates mit dem modernen Staat die Frage, ob der Staat wissensbasiert ist, bereits bejaht ist. Die Analyse kann sich lediglich auf die Suche nach dem *Wie* machen. Das ist zwar eine fraglos lohnenswerte Aufgabe, doch fehlt per definitionem die Möglichkeit, andere nicht oder wenig wissensbasierte Ordnungen untersuchen zu können. Alternative Organisationsformen menschlichen Lebens sind somit völlig ausgeblendet. Betrachtet man Staat aber als geschichtlichen Grundbegriff, so wird der moderne Staat zu einer spezifischen Erscheinungsform des Staates; es eröffnet sich somit die Möglichkeit von Staaten zu sprechen ohne gleichzeitig aktives, intensives und großflächiges Wissensmanagement zu implizieren: der diachrone, transnationale und transkulturelle Vergleich wird möglich. Diese Herangehensweise erlaubt es auch, die Situation im spätmittelal-

terlichen Reich – wahrlich kein Prototyp des modernen Staates – mit der des neuzeitlichen Preußens, dem klassischen Beispiel einer (früh)modernen staatlichen Verwaltung, zu kontrastieren; so können ganz verschiedene Intensitäten von staatlicher Wissensbasierung miteinander in den Blick genommen werden.

B. *Ansätze der aktuellen Forschung zum Thema der Wissensbasierung des Staates*

Sichtet man die sehr heterogene Forschungslandschaft zum Thema der Wissensbasierung des Staates, dann lassen sich neben der traditionellen Frage nach der Professionalisierung und Verwissenschaftlichung des Staates (Bourdieu u.a. 2000; Brian 2001; Raphael 1996; Szöllösi-Janze 2004) drei weitere Herangehensweisen bzw. Erkenntnisinteressen der modernen Forschung herausarbeiten:

1.) Eine Richtung in der historischen Forschung fragt nach der Etablierung und Effektivität des Staates auf lokaler Ebene: Wie funktionierte der Einzug des Staates ins Dorf? Wie konnte der Staat seine Maßnahmen in den entlegensten Winkeln seines Hoheitsbereichs geltend machen (z.B. Raphael 2003; Dörner u.a. 2001; D'Elia 2001)? Wie gelang es Bürokratien, die lokale *Wirklichkeit* soweit zu normieren, dass sie sich mittels abstrakten Wissens anstelle von jeweils detaillierter, individueller Ortskenntnis beherrschen ließ (Scott 1998)? Mit dieser Fragestellung tritt neben die seit Max Weber häufig betonte Bedeutung des entstehenden staatlichen Gewaltmonopols und eines funktionierenden fiskalischen Zugriffs auf die Untertanen ein dritter, gleichgerichteter und mit ihnen eng verknüpfter Prozess, den Bourdieu als »die Konzentration des informellen Kapitals beim Staat« (Bourdieu 1983: 106) bezeichnet hat. Dieser Prozess wird vor allem im dritten Teil des Aufsatzes am Beispiel Preußens näher skizziert werden.

2.) Eine zweite, vor allem von der historisch arbeitenden Literatur- und Medienwissenschaft getragene Forschungsrichtung versucht die Frage zu beantworten, wie der Staat sammelt, archiviert und auswertet. Der Staat und das ihn begründende Wissen setzte danach vor allem Verfahren und Methoden voraus. Erst technische Erfindungen wie Schrift, Papier, Tinte, Buchstaben, Spalten und die Erfindung der Akten haben den Staat gemacht. In ihrer radikalsten Ausprägung wird, im Anschluss an Friedrich Kittler, ausschließlich nach der Gestaltung und Repräsentation des Staates durch die von ihm angewandten Medientechniken, sei es Schrift, Akten oder die Gestaltung von Tabellen gefragt. Typisch für diesen medienhistorischen Ansatz ist dabei ein zeitlich wie thematisch sehr weit gefasstes Ausgreifen. Die Geschichte der Wissensbasierung des Staates wird so zum Bestandteil einer größeren Geschichte der Medien- und Kulturtechniken und der Kulturgeschichte des Wissens insgesamt. Der Staat steht gleichberechtigt neben einer Kulturgeschichte der Sprache (Siegert u.a. 2007) und Stimme (Kittler u.a. 2002).

Die wichtigsten Arbeiten dieser Richtung mit einen dezidiertem Staatsbezug sind die Monographien von Cornelia Vismann (2000) und Bernhard Siegert (2003). Vismann hat in einer Mediengeschichte der Akte gezeigt, wie die Einführung neuer Schreib- und Archivierungstechniken zu einer folgenreichen Trennung von Administration und Recht führte (Vismann 2000); Bernhard Siegerts Arbeit zu den Zeichenpraktiken der neuzeitlichen Wissenschaften 1500-1900 (Siegert 2003)[2] behandelt in einer längeren Einzelstudie den Versuch Philipps II. von Spanien, sein überseeisches Imperium mit Hilfe einer neuartigen wissensbasierten Bürokratie zu überschauen: Philipp fixierte alle Machtfunktionen des Weltreichs und seinen bürokratischen Apparat in dem unbedeutenden Städtchen Madrid. Ein vorhandenes königliches ad-hoc-Visitationsystem überführte er dazu in ein dauerhaftes Amt, dessen Aufgabe einzig in der Erzeugung, Speicherung und Verarbeitung von Daten für die Administration bestand. Philipp herrschte dabei über Gebiete, die außerhalb der Reichweite seines Blicks lagen. Daher wurden auch geeignete Informations- und Messtechniken für seine Verwaltung immer wichtiger, insbesondere die wissenschaftliche Beschreibung mit Instrumenten und die angewandte Geometrie.

Siegert lässt mit Philipp II. ein sogenanntes Sekretariatskönigtum beginnen. Fraglich bleibt aber, ob eine darauf folgende europäische Kultur der Sekretäre und Sekretariate allein mit der Beschreibung der Kultur- und Wissenstechniken erklärt werden kann, die dann von den Archivaren und Bibliothekaren der neuzeitlichen Bürokratie bis zur modernen Sekretärin des Vorzimmers, von der Tätigkeit mittelalterlicher (Ab)schreiber zu digitalen Datenverarbeitungstechniken reicht und die Tätigkeit von Kanzlisten im Dienste des frühneuzeitlichen Gerichtswesens ebenso wie die der kommunistischen General- und Parteisekretäre einschließt (Siegert/Vogl 2003).[3] Wird nicht mit der Fokussierung auf die Medientechnik der politische und regionale Rahmen und damit gerade die Frage nach der konkreten Staatsgewalt ungebührlich stark vernachlässigt? Wolfgang Reinhard jedenfalls beginnt seine Geschichte der Staatsgewalt mit der lapidaren Aussage, dass der Staat so eindeutig europäischen Ursprungs sei, dass sogar »diese Herkunftsbezeichnung entbehrlich erscheint« (Reinhard 1999: 15).

3.) Der dritte und letzte hier vorgestellte Ansatz geht dezidiert politikgeschichtlich vor. Er wird maßgeblich durch Forschungsgruppen um Barbara Stollberg-Rilinger in Münster und Rudolf Schlögl in Konstanz geprägt (Stollberg-Rilinger 2001; Sikora 2001).[4] Die Richtung hinterfragt die klassische Modernisierungsthese, dass durch zunehmende Professionalisierung der Verwaltung und eine damit eng verbundene Wissensakkumulation der Staat zu einer formaleren rationaleren Organisation wurde. Dass sich mit der zunehmenden Nutzung einer wissensbasierter Schriftlichkeit auch die Funktion symbolischer Kommunikationsformen und die Notwendigkeit persönlicher Präsenz für die Herrschaftspraxis veränderte, wird zwar nicht bestritten, die persönliche Interaktion wurde aber keinesfalls so konsequent und zielgerichtet durch formal-bürokratische Organisation ersetzt, wie die klassische Modernisierungstheorie immer annahm. Auch die Regierung auf Distanz ermöglichende Schrift war in ihrer Wirkkraft dem Ritual keinesfalls immer überlegen. Die Zentrale geriet bei ihrem Versuch, das lokale Wissen in der Gesellschaft zu erschließen und für ihre politisch-admi-

2 Jüngst hat Siegert (2006) die Geschichte der Casa de la Contratación de las Indias in Sevilla als Entstehung neuartiger bürokratischer Rituale der Verschriftlichung erzählt.

3 Nur in der Fußnote sei auf den Jargon dieser Forschungsrichtung hingewiesen. Der Leser hat sich hier stets darauf einzustellen, auf eine akademische Sprache voller »Lacanismen« zu treffen (so Valentin Groebner schon in der Rezension des Buches von Vismann in der Neue Zürcher Zeitung vom 14.02.2001), die für den interdisziplinären Dialog schwer anschlussfähig ist.

4 Als theoretische Referenzwerke der Gruppe sind v.a. Luhmann 1993 und Weick 1995 zu nennen.

nistrativen Ziele verfügbar zu machen, gegen ihren Willen regelmäßig unter den Einfluss der Peripherie (Holenstein 1997, 2000, 2003).
Insgesamt hebt dieser Forschungsansatz damit auf die andauernde Leistungskraft symbolisch-ritueller Kommunikations- und Wissensformen ab, die sich selbst unter dem Einfluss eines so grundlegenden Wandlungsprozesses wie dem der modernen Staatsbildung in ihrer Funktion und Wirkungsweise kaum wirklich tiefgreifend veränderte.
Diese Zusammenhänge zeigte Mark Hengerer exemplarisch am österreichischen Staat des 17. Jahrhunderts auf (Hengerer 2004): Der österreichische Staat, so Hengerer, entwickelte sich im Laufe des 17. Jahrhunderts merklich zu einer durch formalisierte Prozesse strukturierten Organisation. Aber auch in dieser formaleren Organisation trat weiterhin die Informationsermittlung *durch* den Kaiser gegenüber der Informationsvermittlung *an* den Kaiser zurück. Allein der Zugang zum Herrscher war damit von entscheidender Bedeutung. Das damalige Wissens- und Kommunikationsnetz funktionierte als komplizierte formalisierte Zugangsordnung mit bestimmten Kriterien. Bestimmte Amtsträger und Personenkreise wurden dabei besonders berechtigt und privilegiert. Gleichzeitig ließ sich innerhalb des Netzes abschätzen, auf welchem Wege welche Informationen und welches Wissen an den Herrscher gelangen konnten. So existierte ein halbwegs berechenbares Kommunikationsnetz, das auch indirekte Information erlaubte: Das *Wissen des Staates* war als Herrschaftssystem auf eine effektive Weiterleitung der Informationen angewiesen. Diese zeitgenössischen Kommunikationsnetze zeichneten sich im Sinne Luhmanns dadurch aus, dass die jeweilige personengebundene Weiterleitung nicht lediglich den Transport einer Nachricht, sondern selbst stets eine Sinnselektion des Weiterleitenden darstellte. Problematisch wird dieser regelmäßige Rekurs der Gruppe auf Luhmann immer dann, wenn mit Luhmann zu extrem auf die Selbstreferenz der ausdifferenzierten Subsysteme abgehoben und damit die historische Interdependenz der verschiedenen Wissensbestände und ihrer Verfahren vernachlässigt wird (Fulda/Prüfer 1996, 4-5.)

C. *Die Wissensbasierung des Staates in der Praxis: Zwei Fallstudien*

I. *Die königliche Kanzlei im spätmittelalterlichen Reich*

Grundsätzlich war wissensbasierte Herrschaft dem Mittelalter nicht fremd. Verstehen wir unter wissensbasiert auch die auf Rat gestützte Ausübung von Herrschaft, dann ist die Wissensbasierung geradezu ein Strukturmerkmal der Epoche. Die Pflicht und das Recht dem Herrscher *consilium* zu leisten, war wesentliches Kennzeichen einer auf Partizipation der Großen angelegten Herrschaftsordnung (Schneidmüller 2002). Aber auch für einen enger gefassten Begriff der Wissensbasierung im Sinne des systematisch gewonnen Wissens als Entscheidungsgrundlage bzw. -hilfe finden sich zahlreiche, einschlägige Belege. Die *inquisitio* (Untersuchung mit Hilfe von Geschworenen) war ein ureigenes mittelalterliches Herrschafts- und Rechtsinstrument. Domesday Book ist ihr wohl berühmtester Repräsentant (Peltzer 2004). Auch speziell eingesetzte Expertenkommissionen waren nichts Ungewöhnliches. Ein bekanntes Beispiel stammt aus dem Jahr 1236, als das Hofgericht Friedrichs II. die Frage klären musste, ob Juden zu Heilzwecken christlichen Blutes bedurften, mithin sie des Ritualmords beschuldigt werden konnten. In der Wahrheitsfindung griff das Gericht auf zwei Möglichkeiten der Informationsgewinnung zurück. Zunächst wurden die Mitglieder des Hofgerichts, die anwesenden weltlichen und geistlichen Größen, nach ihrer Meinung gefragt. Hier kam das Prinzip des *consiliums* zum Tragen. Als die Fürsten aber keine eindeutige Antwort formulieren konnten, setzte Friedrich eine Expertenkommission ein. Getaufte, aus Spanien und Frankreich herbeigerufene Juden sollten die Frage klären. Nach gewissenhafter Untersuchung verneinten sie die Existenz eines solchen Brauchs und verwarfen folglich den Vorwurf des Ritualmords (Diestelkamp 1990; Battenberg 1995: 30-38). Kommissionen, allerdings unter reichsfürstlicher Leitung, wurden zu Zeiten Friedrichs im Reich nördlich der Alpen auch eingesetzt, wenn die königliche Kanzlei den Hintergrund einer Petition für die Ausstellung einer Urkunde in Erfahrung bringen wollte. In Sizilien hingegen konnte dieselbe Kanzlei hierfür auf das Wissen der vor Ort agierenden Beamten zurückgreifen (Gleixner 2006: 515-518). Im Fall der königlichen Kanzlei also verweisen die angewandten Techniken der Wissensgewinnung auf unterschiedliche Herrschaftsstrukturen. Als letztes von vielen möglichen Beispielen sei schließlich auf die im Reich im 15. Jahrhundert angelegten Matrikellisten verwiesen. Ihr Zweck war die Erfassung der zum Reich gehörigen Herrschaften und folglich derer, die dem Reich Leistungen schuldig waren. Über den Informationsgewinn hinaus trug die Erstellung der Matrikel nicht unerheblich dazu bei, das Reich räumlich zu erfassen und zu verdichten, mithin erste Ansätze moderner Staatlichkeit zu schaffen (Moraw 1983: 57-58; Isenmann 1980).[5]

Neben diesem grundsätzlichen, wenngleich eher situativen als systematischen Interesse an Wissensgewinnung zur Ausübung von Herrschaft im Reich ist ein zweiter Befund für unser Thema von Belang. Im Lauf des Spätmittelalters ist eine zwar nur sehr allmählich und keineswegs linear verlaufende, aber doch spürbare Professionalisierung und Verwissenschaftlichung der königlichen Verwaltung zu beobachten. Neben den Rat der Großen trat nun im Alltagsgeschäft der Rat (im informierenden wie institutionellen Sinne) der Spezialisten, die in zunehmendem Maße eine juristische Ausbildung durchlaufen hatten (Moraw 1986; Moraw 1987; Heinig 1998; differenzierend Schwinges 1996, 2001; Hesse 2005). Eine wichtige Rolle in diesem Prozess spielte König Ruprecht (1400-10), der Gelehrte in bisher ungekanntem Ausmaß in die Regierungsgeschäfte einband, so Peter Moraw, und die Regierungstätigkeit »verwissenschaftlichte« (Moraw 1968: 126; 1969). Der vielleicht berühmteste, mit Sicherheit am besten erforschte unter ihnen war Ruprechts »Chefjurist« Job Vener, Doktor der beiden Rechte, der dem König sein hervorragendes juristisches Wissen als Protonotar, Rat und Gesandter in zahlreichen Missionen zur Verfügung stellte (Heimpel 1982). Vor diesem Hintergrund überrascht das Diktum der Forschung kaum, dass die Kanzlei Ruprechts die am differenziertesten arbeitende königliche Kanzlei des deutschen Spätmittelalters war (Moraw 1983: 41). Hier soll nun vor allem interessie-

5 Zu nicht-administrativem Wissen, das an und für königliche bzw. fürstliche Höfe generiert wurde, siehe Müller 1994.

ren, inwieweit die Kanzlei die eigene Tätigkeit dokumentierte, also einen Wissensspeicher anlegte und wie dieser Speicher organisiert wurde.
Im europäischen Vergleich, aber auch im Vergleich zur Hofgerichtskanzlei, die seit den Bestimmungen des Mainzer Landfriedens von 1235 zumindest theoretisch ein Register der Achtsprüche führen sollte (Battenberg 1974),[6] begann die königliche Kanzlei spät Register zu führen. Erst seit dem 14. Jahrhundert sind Register mit Sicherheit nachzuweisen (Seeliger 1891; Bansa 1968, 1971/1974; Hlavácek 1970; Moraw 1983: 41; vgl. Andermann 2007). Zu diesem Zeitpunkt verfügte man zum Beispiel in England schon über eine gut hundertjährige Erfahrung in der Registrierung ausgehender Schriftstücke und machte sich nun intensiv über die Systematisierung und Indizierung Gedanken, um das so angesammelte Wissen nutzbar zu machen (Clanchy 1993). Im Reich ließ man sich hiermit Zeit. Die fortlaufende, allerdings nicht lückenlos erhaltene Reihe der Register beginnen erst mit Ruprechts Herrschaft (Seeliger 1891: 23; Moraw 1983: 41).
Ruprechts Register waren nicht darauf angelegt, sämtliche Korrespondenz des Königs aufzunehmen. Briefe und Patente wurden kaum registriert. Der Schwerpunkt lag bei den Diplomen (Moraw 1969: 436-437). Diese Selektion, so Peter Moraw treffend, lässt das Reich in den Registern als »Rechts- und Privilegiengebäude« in Erscheinung treten (Moraw 1983: 41). Ruprechts Kanzlei ordnete dieses Gebäude nach mehreren Kriterien (siehe zum folgenden Seeliger 1891: 23-42; Moraw 1969). Zunächst wurden Reichs- und Territorialsachen in unterschiedliche Register kopiert. Die in der Kanzlei bestehende Einheit von Fürstentum, in diesem Fall der Pfalzgrafschaft bei Rhein, und Königtum wurde in der Registrierung aufgehoben. Entsprechend verblieben nach Ruprechts Tod und dem Ende des wittelsbachischen Königtums die Register der Territorialsachen bei Ruprechts Sohn Ludwig, während die Register der Reichssachen mit dem nun ehemaligen Kanzler Ruprechts, Raban von Helmstatt, Ludwigs Hof verließen. Nach der Trennung von Reichs- und Territorialsachen wurden die Schriftstücke nach ihrer Sprache sortiert, so dass die deutschsprachigen getrennt von den in Latein abgefassten Stücken registriert wurden. Die Reihenfolge der Registrierung gab endlich das Ausfertigungsdatum vor. Schließlich sind Ansätze zur Erschließung der Register und damit ihrer schnellen Nutzung erkennbar: Inhaltsverzeichnisse wurden angelegt, doch sind sie nicht immer zu Ende geführt worden.
Neben den fortlaufenden Registern legte Ruprechts Kanzlei Sonderregister an, die bestimmten Inhalten gewidmet waren. So wurden die Dokumente zur Wahl Ruprechts eigens registriert – ein für Ruprecht zentrales Thema, war er doch gegen den amtierenden König Wenzel gewählt worden und Wenzel selbst hatte Ruprechts Wahl nie anerkannt. Ein anderes Sonderregister enthielt Material zu den von Ruprecht ausgegebenen königlichen Lehen. In diesen Kontext gehört auch ein Register, das die königlichen Einnahmen zwischen 1401 und 1407 listenartig vermerkte. War die schriftliche Rechnungslegung in den Landesherrschaften zu dieser Zeit nichts ungewöhnliches mehr (Mersiowsky 2000; Patze 1970: 48-53, 1980: 383), so sind diese sehr schlicht gehaltenen Listen Ruprechts das erste erhaltene ansatzweise regelmäßig geführte Verzeichnis königlicher Einkünfte (Weizsäcker 1956a: Nr. 168, 283; 1956b: Nr. 435).

6 Spuren hiervon finden sich allerdings erst gegen Ende des 13. Jahrhunderts.

Für die ältere Zeit sind nur situativ erstellte Güter- und Einnahmeverzeichnisse bekannt (z.B. Brühl 1968; Arnold 2004: 75-116). In der Gesamtschau machen Ruprechts Register deutlich, dass das Wissen des Königs in erster Linie die Legitimität der eigenen Herrschaft und deren räumliches wie qualitatives Ausmaß betraf. Genauso wie das Register zu Ruprechts Wahl seine Ansprüche auf universale Anerkennung signalisierte, skizzierten die Listen derer, die seine Privilegien und Lehen empfingen sowie Abgaben leisteten, seinen tatsächlichen Aktionsradius. Das Reich als Ganzes aber blieb im Hintergrund.

Grundsätzlich trug die Einstellung des Königtums zur Gewinnung und Verwaltung dieses Wissens ambivalente Züge. Die Herrschaft über das Wissen war weder entpersonalisiert noch institutionalisiert. Mit dem Tod König Ruprechts war auch die Tätigkeit seines Kanzlers Raban von Helmstatt beendet. Rabans System der Registrierung wurde unter Ruprechts Nachfolger Sigismund nicht fortgeführt und die Reichsregister des Wittelsbachers verblieben in Rabans Obhut (Seeliger 1891: 43-54; Moraw 1969: 442/3; vgl. Fuhrmann 2004). Und doch war das Königtum im Begriff, ein Bewusstsein für das archivierte Wissen zu entwickeln, Wissen als institutionsgebunden zu definieren. Ruprecht selbst hatte zu seinem Regierungsantritt von Wenzel die Herausgabe der Reichsregister und anderer Archivalien gefordert und 1422 schließlich, zwölf Jahre nach Ruprechts Tod, verlangte König Sigismund von Bischof Raban seinerseits die Herausgabe der Register (Seeliger 1891: 24; Moraw 1969: 443). Bezeichnenderweise können wir unter Ruprecht nun auch das königliche Archiv als festen Ort deutlicher als zuvor fassen (Moraw 1969: 525-526). Vor diesem Hintergrund erscheint das Archiv und das darin bewahrte Wissen nicht nur ein im Bedarfsfall zu aktivierender Wissensspeicher, sondern repräsentierte und legitimierte durch Präsenz und Inhalt in zweifacher Hinsicht königliche Herrschaft und Autorität.

Die Organisation der königlichen Kanzlei und damit der Register wie des Archivs durchlief einen grundlegenden Wandel in der Regierungszeit Maximilians I. (1493-1519). Cornelia Vismann (2000) hat hier zwei in unserem Zusammenhang wichtige Entwicklungen aufzeigen können. Diese sollen abschließend knapp skizziert werden.

Maximilian war bestrebt, eine effiziente Kontrolle der königlichen Administration zu erreichen. Er ordnete das Finanzwesen neu, »damit wir alles unsers Einkommens auch Ausgebens allzeit gut wissen« (zit. nach Fellner/Kretschmayr 1907, I: 12; vgl. Fellner/Kretschmayr 1907, II, Nr. 5/6; Heinig 1999), und er versuchte die Arbeit der Kanzlei neu zu gestalten. Gerade hier hatte das durch den Buchdruck erheblich gesteigerte Produktionsvolumen für Handlungsbedarf gesorgt. Die erstmals erstellten Kanzleiordnungen sollten durch die Standardisierung der Informationsvermittlung einen erhöhten Arbeitsrhythmus bei gleichbleibender Qualität innerhalb der Kanzlei gewährleisten und die Kommunikation mit Dritten verbessern. Die Prozessualisierung der Arbeitsschritte sollte so der Kanzlei und damit Maximilian ermöglichen, jederzeit in Erfahrung zu bringen, welche Schriftstücke ausgestellt wurden. Die Normierung des Arbeitsablaufs begann somit die Kontrollfunktion des Registers abzulösen (Vismann 2000: 161-168; Fellner/Kretschmayr 1907, I: 23-29, Fellner/Kretschmayr 1907, II: Nr. 7/8).

Aber nicht nur durch die veränderte Handhabung der Kontrolle veränderte sich die Funktion des Registers grundsätzlich in dieser Periode. Wurden bisher die Konzepte der auszustellenden Schriftstücke annulliert sobald die Reinschrift erfolgt war, wurden sie nun zu ihrer Archivierung aufbewahrt. Dadurch, so Vismann in Anlehnung an Max Weber, entstanden Akten, mithin ein »Grundstein der Moderne« (Vismann 2000: 169). Das Register seinerseits wurde zum Index dieser Akten; doch war die Führung der Register so inkonsequent, dass sie einer tatsächlichen Erschließung der Akten kaum dienten. War ein spezifischer Fall abgeschlossen, so wanderten seine Akten in das Chaos einer nicht weiter geordneten bzw. erschlossenen Aufbewahrungsstätte (Vismann 2000: 170-177). Erst sehr allmählich, lang nach Maximilian entwickelte sich ein Bewusstsein dafür, dass auch ausgediente Akten einen nützlichen, zu erschließenden Wissensspeicher darstellten. In Preußen wurde schließlich seit Mitte des 17. Jahrhunderts ein Registrator eingesetzt, der Akten zu sortieren hatte, mithin auffindbar und nutzbar zu machen hatte (Vismann 2000: 178-179).

II. *Preußen*

In Preußen vollzog sich im 18. und 19. Jahrhundert der berühmte Aufstieg der Verwaltung, die bis heute als ein Musterbeispiel einer auf Gehorsam aufgebauten Behörde gilt, deren Akteure wie eine rationale wissensbasierte Maschine zu funktionieren verstanden. Doch entwickelte sich Preußen im 19. Jahrhundert wirklich zu einer solchen Verwaltungsmaschinerie, »deren Funktionieren wenigstens im Prinzip ebenso an festen generellen Normen *rational kalkuliert* werden kann, wie man die voraussichtliche Leistung einer *Maschine* kalkuliert«? (Weber 1958: 322, Kursivierung im Original). Neuere Forschungen haben zu einer differenzierteren Sicht auf dieses klassische Bild beigetragen (Süle 1998; Haas 2001, 2005; Wagner 2005).

Neu war vor allem die Art und Weise, *wie* Informationen im 19. Jahrhundert verarbeitet wurden: Indem jede übergeordnete Instanz neuerdings den Bericht der nachgeordneten Instanz zusammenfasste und kommentierte, anderslautende Meinungen in der Regel aber wiederzugeben hatte, wurden in der Verwaltung viel mehr Positionen gesammelt als früher. Das Sammeln wiederum erhöhte die Informationsdichte in den entscheidungsbefugten Behörden und ermöglichte, – anders als noch im 18. Jahrhundert – Regelungen permanent zu widerrufen und sie stärker der »Wirklichkeit« anzupassen (Haas, 2005: 300-301). Innerhalb der Behörden wurden Handlungen nun netzwerkartig strukturiert, etwa durch die Anlage der Registraturen, in denen frühere Geschäftsgänge so aufbewahrt wurden, dass sie bei anstehenden Entscheidungshandlungen hervorgeholt und eingesetzt werden konnten.

Der einzelne Geschäftsgang konnte so dokumentiert und archiviert paradigmatisch für andere Fälle werden. Um handlungsleitend zu sein, wurden die Unterlagen der Behörden als Arbeitsinstrumente genutzt und sukzessive mit Informationen angefüllt: Registraturnummern wiesen ihnen einen Platz innerhalb der Ordnung der Verwaltungsgegenstände zu; Antwortschreiben wurden direkt auf sie konzipiert und damit eine Art Spiel in Gang gesetzt, bei dem in folgenden Fällen der Beamte das Muster von Handlungsaufforderung von außen und Entscheidung der eigenen Behörde nachvollziehen und wieder anwenden konnte. Auch die Einblicknahme in eine Akte war verfahrenstechnisch genau geregelt. So wurde es sogar möglich nachzuvollziehen, auf welcher Materialbasis ein Regierungs- oder Ministerialrat seine Entscheidung in

einem konkreten Fall getroffen hat (Haas, 2005: 268-269).
Gleichzeitig schuf sich das administrative System dadurch aber immer mehr eine abgeschlossene eigene Welt. Unter der neuen Vielfalt ihrer Aktionen produzierte die Verwaltung derart viel Material, dass sie selbst über immer ausgefeilter werdende Ordnungsprinzipen dieser neuen Fülle nicht mehr Herr wurde. Um eine Verringerung der schieren Menge an schriftlichem Material zu erreichen, wurde daher der Daten- und Informationstransport beschränkt. So lässt sich auch die starke Ausdehnung des Formularwesens und der Tabellenform im 19. Jahrhundert erklären, wenn man sich auch in der Verwaltung gleichzeitig vor einer allzu kleinlichen Strukturierung der Arbeit in Tabellen und Formularen fürchtete (Jamin 1985: 134-135; Haas 2005: 451-452). Mit regelmäßigen sogenannten periodischen Berichten und besonderen Gutachten wurden daher Medien entwickelt, die es der Administration ermöglichten, im Zuge einer Selbstbeobachtung Daten und Informationen über die Wirkungen eigener Verordnungen und Gesetze zu sammeln und dann für die Modifikation bestehender Regelungen einzusetzen (Haas 2005: 263-274).
Im Zuge der preußischen Verwaltungsreformen wurden aber keine wirklich spezialisierten Behörden geschaffen. Durchführung und Vollzug einer spezifischen Maßnahme blieben in einer Hand. Vielfach fehlten den Beamten die notwendigen Detailkenntnisse. Um dem eigenen Anspruch auf Rationalität und Verlässlichkeit weitgehend zu erfüllen, wurde im Laufe des 19. Jahrhundert schriftlichen Verfahren immer mehr Priorität gegenüber allen anderen Medien eingeräumt. Alle mündliche Verhandlungen wurden daher zum Zweck der Archivierung schriftlich protokolliert (Haas 2005: 299-300).
Wie aber gelang es nun der Bürokratie in Auseinandersetzung mit den örtlichen Akteuren, diese überhaupt zum Transfer jenes Wissens zu bewegen, das für einen effektiven Zugriff des Staates vor Ort unverzichtbar war? Inwiefern reüssierte die Bürokratie, auch die lokale *Wirklichkeit* soweit einheitlich zu normieren, dass diese sich mittels abstrakten Wissens anstelle von jeweils detaillierter, individueller Ortskenntnis beherrschen ließ? Neuere Studien in der Geschichtswissenschaft, wie etwa Patrick Wagners Arbeit zur lokalen Herrschaft und Partizipation im Ostelbien des 19. Jahrhunderts, rekurrieren hierbei vor allem auf Pierre Bourdieu und dessen »Modell zur Entstehung des Staates« (Wagner 2005: 18-22). Auf die Bedeutung des staatlichen Gewaltmonopols oder des fiskalischen Zugriffs auf die Untertanen ist seit Weber häufig hingewiesen worden; Pierre Bourdieu stellt diesen Akkumulationen von Machtressourcen jedoch weitere gleichgerichtete Prozesse an die Seite. Für uns ist vor allem hervorzuheben die »Konzentration des informationellen Kapitals«, d.h. die Bedeutung, welche die Akkumulation von abstrahiertem Wissen über die Gesellschaft in den Akten der Bürokratie für *deren* Herrschaftsansprüche besitzt. Die Aneignung dieser Sonderform des kulturellen Kapitals ist gerade in stärker agrarisch geprägten Gesellschaften wie im Preußen des frühen 19. Jahrhunderts das zentrale Problem bürokratischer Verwaltung (Spittler 1978, 1982). Zwischen der Bürokratie und den lokalen Akteuren dieser Gesellschaften findet eine permanente Auseinandersetzung um Informationen statt. Die ländliche Bevölkerung begegnet den Herrschaftsansprüchen staatlicher Bürokratien stets mit defensiven Reaktionen des Schweigens, der Verweigerung oder schlicht des Lügens. Die Bürokratie arbeitet im

Gegensatz stillschweigend weiter daran, Wissen über die lokalen Wirklichkeiten zu sammeln und zu abstrahieren und insgesamt die Vielfalt der Gesellschaft so zu standardisieren, dass sie überhaupt bürokratisch verwaltet werden kann. Die preußische Verwaltung erreichte diese Monopolisierung informationellen Kapitals bis ins späte 19. Jahrhundert nur äußerst unvollkommen, da es ihr nicht effektiv gelang, die lokalen Herrschaftsträger zur regelmäßigen Lieferung des Wissens in normierten Formen zu zwingen (Wagner 2005: 574-575). Indem die lokalen Herrschaftsträger der Bürokratie die nötigen Informationen verweigerten, schufen sie sich eigene Spielräume. Die Initiativen der Verwaltung ähnelten hingegen »nicht selten forschen Gehversuchen von Blinden in einer unbekannten Umgebung« (Wagner 2005: 575).
Ein weiteres »Machtdispositiv des preußischen Staates« (Vismann 2000: 246) liegt in den Akten und im preußischen Staatsarchiv selbst. Die Akten Preußens »sind Quellen und wollen es sein« und sie wurden von Zeitgenossen wie Droysen als dritte Säule des Staates bezeichnet (Droysen 1977: 70, 79).
Dabei sorgte insbesondere die schon 1806 durchgeführte Umstellung von Pertinenz auf Provenienz dafür, dass das Archiv »auf organische Weise mit der Verwaltung als dessen bruchlose Fortsetzung verwoben werden« konnte (Vismann 2000: 251). Zum Ende des Jahrhunderts sorgten dann wissenschaftliche Großvorhaben wie die Acta Borussica der Preußischen Akademie der Wissenschaften für Hinwendung zu dieser Überlieferung des preußischen Staates und seiner inneren Verwaltungsgeschichte (Neugebauer, 2000). Vergangenes staatliche Handeln wurde so in konkreten Fällen und Problemlagen fassbar und das Archiv ermöglichte den Zugriff auf das Gedächtnis des Staates und den Wissensspeicher der »ganzen Staatsmaschine«. Gerade der hohen Bürokratie des späten Jahrhunderts wurden so en passant die Handlungsorientierung vermittelt, dass Preußen sich schon seit dem 17. Jahrhundert stets neu erfunden habe und das weitreichende sozialpolitische Reformvorhaben, wie sie im Kaiserreich geplant wurden, nur von einem Staat getragen werden konnte, der aus einer Perspektive der langen Dauer und in Kenntnis der geschichtlichen Kontinuität handelte. Gerade der hohen Verwaltung, die vor solchen schwierigen Aufgaben stand, muss das von Gustav Schmoller, Otto Hintze u.a. gemalte Bild der großen intellektuellen Elastizität der preußischen Verwaltung natürlich gefallen haben. Gerade bei einem Archivprojekt wie dem der Acta Borussica handelte es sich somit um instrumentelle Geschichtsschreibung, die eine reichsdeutsche Identität schaffen sollte: Preußens Verwaltung verkörperte die nationale Hoffnung für die Zukunft. Bis 1914 gelang es in Preußen nicht, das auch ideell fest verankerte Bürokratiegebilde umzurüsten. Zwar war die hohe Bürokratie nicht uneinsichtig oder wandlungsunfähig. Sie ahnte gesellschaftliche Bedürfnisse, aber jeder Fortschritt, auch in der Wissensbasierung der Bürokratie, musste ins konservative Schema passen.

D. *Zusammenfassung*

Vergleicht man die Wissensbasierung des Staates im spätmittelalterlichen Reich mit der Preußens in der (Früh)moderne, so sind die Unterschiede augenfällig. Auch wenn für die frühere Zeit bewusstes wissensbasiertes Handeln des Königtums feststellbar ist, so geht dem spätmittelalterlichen Reich doch das für den preußischen Staat so typische systematische, auf vielfältige Lebensbereiche ausgreifende Erfassen und Auswerten von Informationen ab. Der spätmittelalterliche Staat definierte sich nicht über die Fähigkeit, Wissen über und für seine Mitglieder zu generieren und zu nutzen (vgl. Moraw 1980). Und doch, so haben wir gesehen, spielt an der Spitze des politischen Gemeinwesens der demonstrative Besitz des in Büchern und Archiven bewahrten Herrschaftswissen eine zunehmend bedeutende, weil herrschaftslegitimierende Rolle. Die Wissensbasierung des Staates liegt hier, wenn man so will, nicht in der Information an sich, sondern in der Demonstration des monopolartigen Besitzes über die das Herrschaftswissen aufbewahrenden Medien. In der symbolischen Signifikanz des monopolisierten Zugriffs auf Herrschaftswissen als Legitimationsfaktor der durch den Staat ausgeübten Herrschaft liegt vielleicht die stärkste Parallele zwischen den Verhältnissen im spätmittelalterlichen Reich und dem (früh)modernen Preußen.

Literatur

Andermann, Kurt, 2007: Das Kopialbuch des Jakob von Lachen. Zur Rezeption pragmatischer Schriftlichkeit im Ritteradel Südwestdeutschlands während des späten Mittelalters, in: Zeitschrift für Geschichte des Oberrheins 155, 227-264.

Arnold, Benjamin, 2004: Power and Property in Medieval Germany. Economic and Social Change c. 900-1300. Oxford.

Bansa, Helmut, 1968: Studien zur Kanzlei Kaiser Ludwigs des Bayern vom Tag der Wahl bis zur Rückkehr aus Italien (1314-1329). Kallmünz.

Bansa, Helmut (Hrsg.), 1971/1974: Die Register der Kanzlei Ludwigs des Bayern. Darstellung und Edition. 2 Bde. München.

Battenberg, Friedrich, 1974: Gerichtsschreiberamt und Kanzlei am Reichshofgericht 1235-1451. Köln.

Battenberg, Friedrich, 1995: Herrschaft und Verfahren. Politische Prozesse im mittelalterlichen Römisch-Deutschen Reich. Darmstadt.

Bourdieu, Pierre, 1983: Ökonomisches Kapital, kulturelles Kapital, soziales Kapital, in: *Kreckel, Reinhard* (Hrsg.), Soziale Ungleichheiten. Göttingen, 183-198.

Bourdieu, Pierre/Christin, Olivier/Will, Pierre-Étienne, 2000: Sur la science de l'État, in: Actes de la recherche en sciences sociales 133, 3-12.

Brian, Éric, 2001: Staatsvermessungen. Condorcet, Laplace, Turgot und das Denken der Verwaltung; politische Philosophie und Ökonomie. Wien.

Brühl, Carlrichard, 1968: Fodrum, gistum, servitium regis. Studien zu den wirtschaftlichen Grundlagen des Königtums im Frankenreich und in den fränkischen Nachfolgestaaten Deutschland, Frankreich und Italien vom 6. bis zur Mitte des 14. Jahrhunderts. 2 Bde. Köln.

Clanchy, Thomas, 1993: From Memory to Written Record: England 1066-1307. 2nd edition. Oxford.

D'Elia, Constanza, 2001: Bürokraten und Beduinen. Staatsintervention und lokale Gesellschaft im postnapoleonischen Mezzogiorno, in: *Dörner, Ruth/Franz, Norbert/Mayr, Christine* (Hrsg.): Lokale Gesellschaft im historischen Vergleich. Europäische Erfahrungen im 19. Jahrhundert. Trier, 93-108.

Diestelkamp, Bernhard, 1990: Der Vorwurf des Ritualmordes gegen Juden vor dem Hofgericht Kaiser Friedrichs II. im Jahr 1236, in: *Simon, Dieter* (Hrsg.), Religiöse Devianz. Untersuchungen zu sozialen, rechtlichen und theologischen Reaktionen auf religiöse Abweichung im westlichen und östlichen Mittelalter. Frankfurt am Main, 19-39.

Dörner, Ruth/Franz, Norbert/Mayr, Christine (Hrsg.), 2001: Lokale Gesellschaft im historischen Vergleich. Europäische Erfahrungen im 19. Jahrhundert. Trier.

Droysen, Johann Gustav, 1977: Rekonstruktion der ersten vollständigen Fassungen der Vorlesungen (1857). Grundriß der Historik in der ersten handschriftlichen (1857/1858) und der ersten gedruckten Fassung (1882), hrsg. von *Peter Leyh*. Stuttgart.

Fulda, Daniel/Prüfer, Thomas, 1996: Das Wissen der Moderne. Stichworte zum Verhältnis von wissenschaftlicher und literarischer Weltdeutung und -darstellung seit dem späten 18. Jahrhundert, in: *Dies.* (Hrsg.), Faktenglaube und fiktionales Wissen. Zum Verhältnis von Wissenschaft und Kunst in der Moderne. Frankfurt am Main, 1-22.

Fellner, Thomas/Kretschmayr, Heinrich (Hrsg.), 1907: Die Österreichische Zentralverwaltung. 1. Abteilung: Von Maximilian I. bis zur Vereinigung der österreichischen und böhmischen Hofkanzlei (1749). 3 Bde. Wien.

Fuhrmann, Bernd, 2004: Konrad von Weinsberg. Ein adliger Oikos zwischen Territorium und Reich. Wiesbaden.

Genet, Jean-Philippe, 1990: L'état moderne: un modèle opératoire?, in: *Ders.* (Hrsg.), L'état moderne: genèse. Bilans et perspectives. Actes du Colloque tenu au CNRS à Paris les 19-20 septembre 1989. Paris, 261-281.

Gleixner, Sebastian, 2006: Sprachrohr kaiserlichen Willens. Die Kanzlei Kaiser Friedrichs II. (1226-1236). Köln.

Goetz, Hans-Werner, 1999: Moderne Mediävistik. Stand und Perspektiven der Forschung. Darmstadt.

Haas, Stefan, 2001: Erinnerung in administrativen Systemen. Gedächtnisstrukturen der preußischen Verwaltung in Westfalen im 19. Jahrhundert, in: Westfälische Forschungen 51, 39-57.

Haas, Stefan, 2005: Die Kultur der Verwaltung. Die Umsetzung der preußischen Reformen 1800-1848. Frankfurt am Main.

Heimpel, Hermann, 1982: Die Vener von Gmünd und Straßburg 1162-1447. Studien und Texte zur Geschichte einer Familie sowie des gelehrten Beamtentums in der Zeit der abendländischen Kirchenspaltung und der Konzilien von Pisa, Konstanz und Basel. 3 Bde. Göttingen.

Heinig, Paul-Joachim, 1998: Gelehrte Juristen im Dienst der römisch-deutschen Könige des 15. Jahrhunderts, in: *Boockmann, Hartmut/Grenzmann, Ludger/Moeller, Bernd/Staehlin, Martin* (Hrsg.), Recht und Verfassung im Übergang vom Mittelalter zur Neuzeit. 2 Bde. [1998-2001], Göttingen, Bd. I, 167-184.

Heinig, Paul- Joachim, 1999: Theorie und Praxis der »höfischen Ordnung« unter Friedrich III. und Maximilian I., in: *Kruse, Holger/Paravicini, Werner* (Hrsg.), Höfe und Hofordnungen 1200-1600. 5. Symposium der Residenzenkommission der Akademie der Wissenschaften in Göttingen. Sigmaringen, 223-242.

Hengerer, Mark, 2004: Kaiserhof und Adel in der Mitte des 17. Jahrhunderts. Eine Mikrogeschichte der Macht in der Vormoderne. Konstanz.

Hesse, Christian, 2005: Amtsträger der Fürsten im spätmittelalterlichen Reich, Göttingen.

Hlaváek, Ivan, 1970: Das Urkunden- und Kanzleiwesen des böhmischen und römischen Königs Wenzel (IV.) 1376-1419. Stuttgart.

Holenstein, André, 1997: »Local-Untersuchung« und »Augenschein«. Reflexionen auf die Lokalität im Verwaltungsdenken und -handeln des Ancien Régime, in: WerkstattGeschichte 16, 19-31.

Holenstein, André, 2000: Die Umstände der Normen – die Normen der Umstände. Policeyordnungen im kommunikativen Handeln von Verwaltung und lokaler Gesellschaft im Ancien

Régime, in: *Härter, Karl* (Hrsg.), Policey und frühneuzeitliche Gesellschaft. Franfurt am Main, 1-46.

Holenstein, André, 2003: »Gute Policey« und lokale Gesellschaft im Staat des Ancien Régime. Regieren und Verwalten zwischen Normen und lokalen Verhältnissen in der Markgrafschaft Baden. 2 Bde. Tübingen.

Isenmann, Eberhard, 1980: Reichsfinanzen und Reichssteuern im 15. Jahrhundert, in: Zeitschrift für historische Forschung 7, 1-76, 129-218.

Jamin, Rainer, 1985: Aufbau, Tätigkeit und Verfahren der Auseinandersetzungsbehörden bei der Durchführung der preußischen Agrarreformen. Frankfurt am Main.

Kittler, Friedrich A./Macho, Thomas/Weigel, Sigrid (Hrsg.), 2002: Zwischen Rauschen und Offenbarung. Zur Kultur- und Mediengeschichte der Stimme. Berlin.

Luhmann, Niklas, 1993: Legitimation durch Verfahren. 3. Auflage. Frankfurt am Main.

Mersiowsky, Mark, 2000: Die Anfänge territorialer Rechnungslegung im deutschen Nordwesten. Spätmittelalterliche Rechnungen, Verwaltungspraxis, Hof und Territorium. Stuttgart.

Moraw, Peter, 1968: Beamtentum und Rat König Ruprechts, in: Zeitschrift für die Geschichte des Oberrheins 116, 59-126.

Moraw, Peter, 1969: Kanzlei und Kanzleipersonal König Ruprechts, in: Archiv für Diplomatik, Schriftgeschichte, Siegel- und Wappenkunde 15, 428-531.

Moraw, Peter, 1980: Wesenszüge der »Regierung« und »Verwaltung« des deutschen Königs im Reich (ca. 1350-1450), in: *Paravicini, Werner/Werner, Karl Ferdinand* (Hrsg.), Histoire comparée de l'administration (IVe-XVIIIe siècles). Actes du XIVe colloque historique franco-allemand. München, 149-167.

Moraw, Peter, 1983: Organisation und Funktion von Verwaltung im ausgehenden Mittelalter (ca. 1350-1500) §§ 1-4, in: *Jeserich, Kurt G.A./Pohl, Hans/von Unruh, Georg-Christoph* (Hrsg.), Deutsche Verwaltungsgeschichte. Bd. 1. Stuttgart, 21-65.

Moraw, Peter, 1986: Gelehrte Juristen im Dienst der deutschen Könige des späten Mittelalters (1273-1493), in: *Schnur, Roman* (Hrsg.), Die Rolle der Juristen bei der Entstehung des modernen Staates. Berlin, 77-147.

Moraw, Peter, 1987: Königliche Herrschaft und Verwaltung im spätmittelalterlichen Reich (ca. 1350-1450), in: *Schneider, Reinhard* (Hrsg.), Das spätmittelalterliche Königtum im europäischen Vergleich. Sigmaringen, 185-200.

Moraw, Peter, 2004: Die Länder der Krone Böhmen. König Johann (1310-1346) und Kaiser Karl IV. (1346/47-1378), in: *Löwener, Marc* (Hrsg.), Die »Blüte« der Staaten des östlichen Europa im 14. Jahrhundert. Wiesbaden, 143-168.

Müller, Jan-Dirk (Hrsg.), 1994: Wissen für den Hof. Der spätmittelalterliche Verschriftungsprozess am Beispiel Heidelberg im 15. Jahrhundert. München.

Neugebauer, Wolfgang, 2000: Die »Schmoller-Connection«. Acta Borussica. Wissenschaftlicher Großbetrieb im Kaiserreich und das Beziehungsgeflecht Gustav Schmollers, in: *Kloosterhuis, Jürgen* (Hrsg.), Archivarbeit für Preußen. Berlin, 261-301.

Patze, Hans, 1970: Neue Typen des Geschäftsschriftgutes im 14. Jahrhundert, in: *Ders.* (Hrsg.), Der deutsche Territorialstaat im 14. Jahrhundert, 2 Bde [1970-1971]. Sigmaringen, I, 9-64.

Patze, Hans, 1980: Die Herrschaftspraxis der deutschen Landesherren während des späten Mittelalters, in: *Paravicini, Werner/Werner, Karl Ferdinand* (Hrsg.), Histoire comparée de l'administration (IVe-XVIIIe siècles). Actes du XIVe colloque historique franco-allemand. München, 363-391.

Pitz, Ernst, 2006: Verfassungslehre und Einführung in die deutsche Verfassungsgeschichte des Mittelalters. Berlin.

Peltzer, Jörg, 2004: Wissen und Ausbildung frühstaatlicher Strukturen: Der Fall England im Hochmittelalter, in: *Collin, Peter/Horstmann, Thomas* (Hrsg.), Das Wissen des Staates. Geschichte, Theorie, Praxis. Baden-Baden, 123-149.

Raphael, Lutz, 1996: Die Verwissenschaftlichung des Sozialen als methodische und konzeptionelle Herausforderung für eine Sozialgeschichte des 20. Jahrhunderts, in: Geschichte und Gesellschaft 22, 165-193.

Raphael, Lutz, 2003: Der Staat im Dorf. Transformation lokaler Herrschaft zwischen 1750 und 1850: Französische und westdeutsche Erfahrungen in vergleichender Perspektive, in: Zeitschrift für Agrargeschichte und Agrarsoziologie 51, 43-61.

Reinhard, Wolfgang, 1999: Geschichte der Staatsgewalt. Eine vergleichende Verfassungsgeschichte Europas von den Anfängen bis zur Gegenwart. München.

Reynolds, Susan, 1997: The Historiography of the Medieval State, in: *Bentley, Michael* (Hrsg.), Companion to Historiography. London, 117-138.

Schneidmüller, Bernd, 2000: Konsensuale Herrschaft. Ein Essay über Formen und Konzepte politischer Ordnung im Mittelalter, in: *Heinig, Paul-Joachim/Jahns, Sigrid/Schmidt, Hans-Joachim/Schwinges, Rainer Christoph/Wefers, Sabine* (Hrsg.), Reich, Regionen und Europa in Mittelalter und Neuzeit. Festschrift für Peter Moraw. Berlin, 53-87.

Schwinges, Rainer Christoph (Hrsg.), 1996: Gelehrte im Reich. Zur Sozial- und Wirkungsgeschichte akademischer Eliten des 14. bis 16. Jahrhunderts. Berlin.

Schwinges, Rainer Christoph, 2001: Zur Professionalisierung gelehrter Tätigkeit im deutschen Spätmittelalter, in: *Boockmann, Hartmut/Grenzmann, Ludger/Moeller, Bernd/Staehlin, Martin* (Hrsg.), Recht und Verfassung im Übergang vom Mittelalter zur Neuzeit. 2 Bde [1998-2001]. Göttingen. Bd. II 473-493.

Scott, James C., 1998: Seeing Like a State: How Certain Schemes to Improve the Human Condition Have Failed. New Haven 1998.

Seeliger, Gerhard, 1891: Die Registerführung am deutschen Königshof bis 1493. o.O.

Siegert, Bernhard, 2003: Passage des Digitalen. Zeichenpraktiken der neuzeitlichen Wissenschaften 1500-1900. Berlin.

Siegert, Bernhard, 2006: Passagiere und Papiere. Schreibakte auf der Schwelle zwischen Spanien und Amerika. München.

Siegert, Bernhard/Vogl, Joseph (Hrsg.), 2003: Europa. Kultur der Sekretäre. Zürich.

Sikora, Michael, 2001: Der Sinn des Verfahrens. Soziologische Deutungsangebote, in: *Stollberg-Rilinger, Barbara* (Hrsg.): Vormoderne politische Verfahren. Berlin, 25-51.

Spittler, Gerd, 1978: Herrschaft über Bauern. Die Ausbreitung staatlicher Herrschaft und einer islamisch-urbanen Kultur in Gobir (Niger). Frankfurt am Main.

Spittler, Gerd, 1980: Abstraktes Wissen als Herrschaftsbasis. Zur Entstehungsgeschichte bürokratischer Herrschaft im Bauernstaat Preußen, in: Kölner Zeitschrift für Soziologie und Sozialpsychologie 32, 574-604.

Stollberg-Rilinger, Barbara (Hrsg.), 2001: Vormoderne politische Verfahren. Berlin.

Stollberg-Rilinger, Barbara, 2001: Einleitung, in: *dies.* (Hrsg.), Vormoderne politische Verfahren. Berlin, 9-24.

Süle, Tibor, 1988: Preußische Bürokratietradition. Zur Entwicklung von Verwaltung und Beamtenschaft in Deutschland 1871-1918. Göttingen.

Szöllösi-Janze, Margit, 2004: Knowledge Society – Wissensgesellschaft. Überlegungen zur Neubestimmung von Zeitgeschichte über Verwissenschaftlichungsprozesse, in: Geschichte und Gesellschaft, 30, 275-311.

Vismann, Cornelia, 2000: Akten. Medientechnik und Recht. Frankfurt.

Wagner, Patrick, 2005: Bauern, Junker und Beamte. Lokale Herrschaft und Partizipation im Ostelbien des 19. Jahrhunderts. Göttingen.

Weber, Max, 1988: Parlament und Regierung im neugeordneten Deutschland, in: *ders.*, Gesammelte Politische Schriften. 5. Auflage. Tübingen, 306-443.

Weick, Karl E., 1995: Der Prozeß des Organisierens. Frankfurt am Main.

Weizsäcker, Julius (Hrsg.), 1956a: Deutsche Reichstagsakten unter König Ruprecht. Zweite Abteilung: 1401-1405. 2. Auflage. Göttingen.

Weizsäcker, Julius (Hrsg.), 1956b: Deutsche Reichstagsakten unter König Ruprecht. Dritte Abteilung: 1406-1410. 2. Auflage. Göttingen.

Die Governance des Wissens

Holger Straßheim

Inhaltsübersicht

Im Zentrum des folgenden Beitrags steht die These, dass Governance und Wissen grundlegend miteinander verbunden sind. Diese Verbindung weist eine zirkuläre Struktur auf: Governance reguliert in unterschiedlichsten Arrangements die Erzeugung, Verbreitung und Geltung gesellschaftlichen Wissens (Governance von Wissen); zugleich bildet Wissen in Form von Deutungen und Leitorientierungen immer auch einen zentralen Bestandteil von Governance (Governance durch Wissen). Ziel der Überlegungen ist es, theoretische Implikationen und empirische Analyseperspektiven einer »Governance des Wissens« zu skizzieren.

Zunächst geht es in einem ersten Anlauf um die Grundbegrifflichkeiten in ihren Wechselbezügen. Governance – so könnte man vielleicht die Pointe dieses ersten Teils auf den Punkt bringen – beruht auf einem Prozess reflexiver Ordnungsbildung durch die wechselseitige Entlastung von Koordination und Kognition. Allerdings sind die daraus hervorgehenden Ordnungskonstellationen tendenziell immer schon prekär, umstritten, rechtfertigungs- und damit koordinierungsbedürftig. Besonders deutlich wird dies dort, wo die Governance von und durch Wissen als eigens ausdifferenzierter Koordinations- und Regelungszusammenhang weit reichenden Transformations- und Transnationalisierungsbewegungen unterliegt. Dabei verweist, wie in einem zweiten Teil gezeigt wird, die ganze Spannweite der Prognosen zwischen Verwissenschaftlichung der Gesellschaft und Vergesellschaftung der Wissenschaft auf den Bedarf nach einem governancetheoretisch fundierten Vergleichskonzept der mittleren Reichweite. Daher werden in einem dritten Teil Ansätze und Elemente einer Komparatistik der Wissensordnungen vorgestellt. Abschließend sollen neben einer Zusammenfassung der Ergebnisse die Konsequenzen für eine komparative und prozessbetonte Analyseperspektive der Governance des Wissens angedeutet werden.

A. *Kognition und Koordination*

Den Leviathan beginnt Hobbes (1996 [1651]) nicht mit der Erörterung naturrechtlicher oder herrschaftsphilosophischer Fragen, sondern mit einer Theorie der Wahrnehmung, des Wissen und der Wissenschaft. Diese Sonderstellung des Wissens hängt nicht zuletzt mit einer radikalisierten Konzeption des Naturzustandes zusammen. Hobbes unternimmt hier ein Gedankenexperiment, bei dem er jegliche ordnungsstiftende Instanz auf ihre Grundlage befragt und so Stück für Stück die Fundamente der Gesellschaft freilegt. Im Ergebnis steht der Mensch im Naturzustand vor dem Nichts, einer unterscheidungslosen Leere (»voyd«) ohne naturrechtliche oder soziale Fixpunkte (Hobbes 1996 [1651]: 86 ff.). In dieser imaginierten Situation der totalen »doppelten Kontingenz« (Parsons 1951: 36) bedeutet Wissen den universalen Krieg, aber auch seine Befriedung. Denn nur durch die für alle Menschen gleiche Erfahrbarkeit der Welt entstehen Interessenkonflikte[1]; und nur in eben dieser Gleichheit des Wissens liegt auch die Bedingung der Möglichkeit ihrer Überwindung. Der Weg aus dem Naturzustand kann als »reflexiver Lernprozess« (Kersting 1994: 79) beschrieben werden. Auf die reine Akkumulation von Macht als Ordnungsmittel folgt eine Phase der »negativen Koordination« (Scharpf 1993), also der Einräumung von Freiheiten aus der Erkenntnis des eigenen Freiheitsbedürfnisses heraus. Erst in einem dritten Schritt löst sich der Prozess der Ordnungsbildung von den individuellen Vertragsakten (vgl. Hobbes 1996 [1651]: 92 ff.). In der Figur des Leviathan entsteht ein transintentionales Souveränitätschema, das nun in seiner bloßen Evidenz Gewissheit über die Rechtmäßigkeit des Staatskörpers ermöglicht. Seine Autorisierung resultiert unmittelbar aus seiner überzeitlichen Wissbarkeit und Erfahrbarkeit.[2] Alle weiteren »Bodies Politique« und die gesamte Rechtsordnung erlangen ihre Gültigkeit nur durch das generalisierte Wissen der Staatsbürger (ganz explizit Hobbes 1996 [1651]: 189). Kontraktualismus und Szientismus stehen bei Hobbes in einem wechselseitigen Ermöglichungsverhältnis (Bredekamp 2003; Kersting 1994). Letztlich findet diese staatstheoretische Epistemologie ihren Fluchtpunkt nicht in Gott,[3] sondern in der Geometrie. Hier schlägt neben dem Staatsphilosophen der Mathematiker Hobbes durch. Geometrie und Arithmetik stehen für ein allzeit gültiges, interessenloses und für jeden im wahrsten Sinne ersichtliches Wissen. Die Vernunft gleicht einer Rechenoperation und die sich in der Geometrie immer wieder selbst vergewissernde Vernunft begründet auch den entscheidenden Schritt zur endgültigen Autorisierung des

1 »And as to the faculties of mind [. . .] I find yet a greater equality amongst men, than that of strength. For Prudence, is but Experience; which equall time, equally bestowes on all men, in those things they equally apply themselves unto. [. . .] From this equality of ability, ariseth equality of hope in the attaining of our Ends. And therefore if any two men desire the same thing, which neverthelesse they cannot both enjoy, they become enemies [. . .]« (Hobbes 1996 [1651]: 87).

2 »The Author, or Legislator is supposed in every Common-wealth to be evident, because he is the Soveraign, who having been Constituted by the consent of every one, is supposed by every one to be sufficiently known [. . .]« (Hobbes 1996 [1651]: 189); ganz ähnlich auch (Hobbes 1996 [1651]: 113).

3 Das ist etwas überspitzt. Gott bildet natürlich auch für Hobbes den letzten Grund des Staates. Entscheidend ist aber, dass der Staat seine Autorität nicht von Gott beziehen kann, sondern nur vermittelt über den durch das vernünftige Wissen aller autorisierten, dann aber souveränen (gottgleichen) Leviathan. Auch die von ihm so bezeichneten »Natural Lawes« sind Gesetze nur im Glauben an Gott. Genau genommen handelt es sich aber um »Conclusions, or Theoremes«, die politische Gültigkeit nur erlangen, weil sie wissbar sind (Hobbes 1996 [1651]: 111).

Leviathans.[4] Mit der Interessenlosigkeit eines quantifizierbaren Wissens und der Überzeitlichkeit staatlicher Herrschaft beschreibt Hobbes zwei Seiten eines Ordnungsschemas, das durch die gesellschaftliche Verschränkung von Kognition und Koordination zur Erfüllung kommt: »Der konstruktivistische Kontraktualismus ist eine Schöpfung des Szientismus.« (Kersting 1994: 62).
Hobbes nimmt auf diese Weise eine Reihe von Überlegungen vorweg, die für den Zusammenhang von Wissen und Governance von zentraler Bedeutung sind. Dabei geht es *erstens* um die ordnungsstiftende Wirkung von Wissen. Diese kommt durch eine spezifische Kombination von Gewissheit und Änderungsbereitschaft zustande, die in Situationen der Koexistenz zwischen Akteuren die Grundlage für Koordination bildet. Mit der Herrschaftsfigur des Leviathan verbindet sich *zweitens* eine Reflexivitäts- oder Beobachtungsperspektive, die für das Verständnis von Governance als emergentem Koordinationsgeschehen ganz entscheidend ist. Die Argumente im Einzelnen:
(1) Wissen begreift Hobbes als einen Prozess der erfahrungsbasierten Auswertung vergangener Sinneseindrücke (»Signes«) zur Vorhersage der Zukunft. Das Resultat akkumulierter Erfahrungen ist dann Klugheit (»Prudence«) jedoch zugleich auch immer Unsicherheit über die Korrektheit der Erwartungen. Diese Fassung liegt überraschend dicht an jenem Wissensbegriff, wie er in der modernen Soziologie entwikkelt wurde. Insbesondere Alfred Schütz (1974 [1932]; 1976a [1959]; 1976b [1959]) hat herausgearbeitet, dass neue Eindrücke grundsätzlich im Lichte eines Vorrats verdichteter (»typisierter«) Erfahrungen und Erfahrungskonstellationen gesehen werden. Deren Validität steht jedoch tendenziell immer auf dem Spiel. Werden die bisherigen Erwartungen getäuscht, dann bildet dies den Auftakt für eine Revision der Typisierungen. Wissen bietet daher in Anlehnung an Husserl »certainty until further notice (Gewissheit bis auf Widerruf)« (Schütz 1976a [1959]: 288,1976b [1959]: 288). Ganz ähnlich argumentiert die soziologische Systemtheorie (Luhmann 1992; Willke 2002)[5]: Im Prozess der Kommunikation sorgen sprachlich fixierte Unterstellungen dafür, dass trotz potentieller Störungen Anschlussfähigkeit hergestellt werden kann. Diese Unterstellungen basieren auf den kondensierten Beobachtungen früherer Ereignisse und halten für den Enttäuschungsfall spezifische Reaktionsmuster bereit. Eine Möglichkeit ist die Änderung der Unterstellungen im Enttäuschungsfall, also die strukturelle Sicherstellung von Lernfähigkeit. Demgegenüber existiert noch eine zweite Strukturvariante, bei der die bisherigen Erwartungen »kontrafaktisch« durchgehalten und die Änderungen eher der Umwelt zugemutet werden. Im ersten Fall handelt es sich um Wissen, im zweiten Fall um Recht: »Mit Hilfe dieser Unterscheidung soll Wissen definiert werden als kognitiv stilisierter Sinn, während wir normativ stili-

4 »Reason, in this sense, is nothing but Reckoning (that is, Adding and Substracting)« (Hobbes 1996 [1651]: 32); Zum Verhältnis von Staat und Geometrie: »[. . .] the doctrine of Right and Wrong, is perpetually disputed, both by the Pen and the Sword: Whereas the doctrine of Lines, and Figures, is not so; because men care not, in that subject what be truth, as a thing that crosses no mans ambition, profit, or lust.« (Hobbes 1996 [1651]: 74). Daraus folgt für Hobbes: »The skill of making, and maintaining Common-wealth, consisteth in certain Rules, as doth Arithmetique and Geometry« (Hobbes 1996 [1651]: 145).

5 Das ist angesichts der ansonsten eminenten Unterschiede zwischen Systemtheorie und Schützscher Lebenswelttheorie bemerkenswert. Ich danke Jan Straßheim für diesen und viele weitere wichtige Hinweise.

sierten Sinn als Recht bezeichnen wollen« (Luhmann 1992: 138). Der Vorteil dieser Unterscheidung liegt auf der Hand. Sie ermöglicht es, Wissen und Recht als zwei äquivalente Strukturvarianten zu behandeln. Mehr noch: In der Kombination beider – etwa in Form von »soft law« (Mörth 2000) – lässt sich ein wichtiges Steigerungsprinzip von Governance erkennen. Man wird ohnehin annehmen müssen, dass Wissen und Recht so gut wie nie in Reinform auftreten (höchstens als Ausdruck von Pathologien).[6] Auch die philosophische Epistemologie verweist mit dem Begriff der »justified true beliefs« auf die prinzipielle Konditionalisierung des Wissens durch Regeln der Rechtfertigung.[7] Diesen Überlegungen Rechnung tragend ist Wissen daher definiert durch kognitiv stilisierte Erwartungen, die im Enttäuschungsfall gerechtfertigt oder geändert werden müssen (»certainty until further notice« [Schütz 1976a {1959}: 288]). Wissen vermittelt auf diese Weise auch Handlungsfähigkeit. Gerade weil die bisher gemachten Erfahrungen nur vorläufig sind, entsteht eine spezifische Sensibilität für Abweichungen. Im Falle eines Falles wird dann auf der Basis vergangener Problemerfahrungen die Suche nach Lösungen initiiert, beispielsweise durch experimentelles Handeln.

Für Hobbes bahnt Wissen den Weg in den ultimativen Krieg, aber auch aus ihm hinaus. Diese Ambivalenz hängt damit zusammen, dass der Vorrat an Wissen überhaupt erst die Voraussetzung für die Ausprägung eines eigenen Relevanzsystems bildet. Motive, Interessen und Pläne nehmen ihren Ausgangspunkt dort, wo das irritierende Verhalten des Gegenübers in den eigenen Erfahrungsvorrat integriert oder auf irgendeine Weise in Übereinstimmung damit gebracht werden soll. Situationen der gegenseitigen Irritation können im Modus von Problem und Lösung abgearbeitet werden oder unter Umständen in einen Konflikt ausarten. Die Brisanz des Wissens ist immer dann am größten, wenn es sich um wechselseitiges Wissen, um »mutual knowledge« (Schütz 1976b [1959]) handelt.[8] In der Kopräsenz sozialer Akteure stehen sich notwendig verschiedene, einander größtenteils intransparente Erwartungs- und Relevanzsysteme gegenüber. In dieser »doppelten Kontingenz« (Parsons 1951) liegt die Wurzel des Hobbesschen Naturzustandes und der Krieg aller gegen alle ist in gewissem Sinne Ausdruck eines »negativen« Wissens, dass sich gerade im Widerspruch durch andere und den sich gegenseitig schärfenden Interessendivergenzen immer wieder selbst bestätigt sieht.[9] Solche »Negativerwartungen« treten als Misstrauen auf (Hobbes: »diffidence«), als Erwartungen von Problemen durch das Handeln anderer. Sie vermitteln auf eine radikale Weise Orientierung gerade unter Bedingungen der Unübersichtlichkeit. Allerdings stößt diese Art der Orientierung auch an ihre Grenzen (siehe vor allem Luhmann 1968: 69 ff.). Denn das auf Wissen beruhende Handlungs-

6 Damit wird natürlich nicht ausgeschlossen, dass es gesellschaftliche Einrichtungen gibt, die sich auf Wissen oder Recht spezialisieren.

7 Freilich um den Preis, Wissen irgendwie von seinem Wahrheitsgehalt her ableiten zu müssen (vgl. für eine Kritik Goodman/Elgin 1988; sowie Williams 2001 für den letztlich konsequenten Begriff der »justified beliefs«). Auf Rechtfertigung als Kernaspekt der Bildung unterschiedlicher Ordnungen komme ich weiter unten zurück.

8 Der Zusammenhang zwischen Wissen und Interesse kann hier lediglich angedeutet werden (vgl. Schütz 1976b [1959]).

9 Diese Auffassung stimmt auch mit den Ergebnissen der modernen Konfliktforschung überein, die in der Wiederholung des Widerspruchs den Auslöser für die Entstehung von Konfliktsystemen sieht (Messmer 2003).

potential schöpft ja gerade aus Gewissheiten, die nicht insgesamt, sondern nur selektiv und im zeitlichen Nacheinander in Frage gestellt werden müssen. Diese Gewissheiten ständig selbst und in der Absetzung zu anderen herstellen zu müssen und der daraus resultierende Aufwand dürfte wohl – eher noch als jede Naturrechtsnorm oder Konsensorientierung – der Grund dafür sein, dass Misstrauen ein selten über einen längeren Zeitraum durchgehaltener Ordnungsmodus ist.[10]

Der Ausweg aus dem Krieg aller gegen alle führt dagegen im Prinzip über die soziale Verteilung von Wissen. Eine wichtige Grundlage dafür ist die generalisierte Annahme, die Erfahrungen anderer mit Problemsituationen könnten im Prinzip auch die eigenen sein.[11] Auch bei Hobbes steht am Anfang des kontraktualistischen Lernprozesses die Übernahme der Perspektive des Anderen und die Erwartung, dass der Verzicht auf die Schädigung des Gegenüber von diesem als Zeichen (»Signe«) verstanden wird und eine entsprechende Gegenleistung auslöst (Hobbes 1996 [1651]: 92). Nicht eine naturrechtlich begründete Bindung sondern die gegenseitige Erwartung des Gewaltverzichts und die daran orientierten Handlungen lösen eine vertragsähnliche Situation (»Covenant«) aus.

Man muss allerdings nicht unbedingt von einem allgegenwärtigen Gleichgewicht des Schreckens ausgehen, wenn man in dieser Überlegung die Grundlage für gesellschaftliche Koordination schlechthin sieht. Von Koordination kann man ganz allgemein dann sprechen, wenn soziale Prozesse (Handlungsketten, Kommunikation) auf der Basis eines wechselseitig vorausgesetzten Wissens direkt oder indirekt, implizit oder explizit aufeinander bezogen sind. Koordination findet also immer unter der Bedingung gegenseitig erwarteter Erwartungen statt – man könnte von kognitiven Erwartungserwartungen sprechen (Willke 2002). Damit ist eine normative Koordinierung keinesfalls ausgeschlossen; Koordination lebt jedoch in erster Instanz von der Fiktion einer gleichzeitig geteilten Wirklichkeit.[12] Im Anschluss daran kann dann etwa die Einsicht in eine wie auch immer geartete Norm abgeleitet werden – und genau um solch ein moralepistemologisches Argument handelt es sich beispielsweise im Falle des kategorischen Imperativs (Kersting 1994). Der Entlastungseffekt von Koordination beruht aber schon darauf, dass die Gewissheit über das Wissen anderer zur Prämisse des eigenen Handelns wird, ohne dass dieses Wissen jemals vollständig zugänglich oder überprüfbar ist.[13] Man begibt sich insofern in eine je nach Koordinationsverhältnis unterschiedlich starke Abhängigkeit[14] – bei Hobbes ein » mutuall

10 Man könnte allerdings fragen, ob sich besonders in Bürgerkriegsgebieten und anderen »Räumen begrenzter Staatlichkeit« nicht möglicherweise Misstrauen als ein eigenständiges Governanceprinzip herausgebildet hat (Risse/Lehmkuhl 2006).

11 »All socially derived knowledge is based upon an implicit idealization which can be roughly formulated as follows: 'I believe in the experience of may fellow-man because if I were (or had been) in his place I would have (or would have had) the same experiences as he has (or had) could do just as he does (or did) would have the same chances or risks in the same situation« (Schütz 1976b [1959]: 131).

12 Oder in den Worten des phänomenologischen Sozialkonstruktivismus: die »Gewissheit, dass Phänomene wirklich sind . . .« (Berger/Luckmann 1969: 1).

13 In dieser Fassung steht Koordination dem systemtheoretischen Begriff der Kopplung sehr nahe. Dabei geht es ganz allgemein darum, dass in spezifischen System-zu-System-Beziehungen (beispielsweise zwischen psychischen Systemen und Kommunikationssystemen) die Prozesse des jeweils anderen Systems als dauerhaft gegeben vorausgesetzt werden und damit die eigenen Operationen entlasten (Luhmann 1992: 42 ff.).

14 Die man auch in Transaktionskosten ausdrücken kann (Williamson 1979).

transferring of Rights« (Hobbes 1996 [1651]: 94) – und gewinnt gerade dadurch neue Handlungsfähigkeit hinzu. Dieser ganz grundlegende Zusammenhang zwischen Koordination und sozial verteiltem Wissen ist durchaus nicht neu. Seine Bedeutung für Prozesse der Preisbildung und des Konsums ist schon seit langem bekannt (Hayek 1960); in Hierarchien sorgt die informationelle Überlegenheit der Untergebenen gegenüber der Spitze für Komplexitätsreduktion (Luhmann 1964); die Monopolisierung der Produktion sozial anerkannten Wissens durch Experten und Verfahren entlastet (auf eine nicht unumstrittene Weise) die demokratische Meinungsbildung (Luhmann 1969; Schütz 1976b [1959]). Franz Xaver Kaufmann hat vor mehr als 20 Jahren in einem Aufsatz zum Thema »Guidance, Control, and Evaluation« gezeigt, dass »mutual adjustments« zwischen Individuen sowie innerhalb und zwischen Organisationen auf der Basis von »shared elements of the defined situation (meaning)« das Kernelement verschiedenster Formen der Ordnungsbildung auf Märkten und in Hierarchien bilden (1986). Die basale Bedeutung von Koordination ist nun auch in der neueren Governancediskussion hervorgehoben worden (Botzem 2002; Mayntz 2003). Kaufmanns entscheidender Hinweis bezieht sich jedoch auf etwas anderes: Das Problem von Koordination beginnt eigentlich erst dort, wo diese selbst wiederum zum Gegenstand unterschiedlicher Koordinationsbestrebungen (bei Kaufmann: »guidance«, »control« und »evaluation«) wird. Genau an diesem Punkt setzt die Analyse von Governance an.

(2) In der Theorie der Gemeinschaftsgüter kennt man dieses Problem auch als »second-order collective dilemma« (Ostrom 1990: 42 ff.). Selbst wenn das ursprüngliche Dilemma der Ordnungsbildung gelöst und durch irgendeine Form der Institutionalisierung mindestens eine pareto-bessere Alternative als der Ausgangszustand gefunden wurde, sehen sich die Beteiligten einem neuen und mindestens ebenso schwer zu lösenden Kollektivproblem gegenüber. Es besteht kurz gefasst darin, dass jeder Wandel in der vorhandenen Institutionenordnung neben kollektiven Vorteilen auch Kosten verursacht und damit eine »free-rider«-Problematik auslöst. Selbst die wechselseitige Überwachung (»mutual monitoring«) zur Verhinderung eines solchen Verhaltens auf Kosten anderer muss eigens bereitgestellt werden und steht damit selbst wieder vor einem eigenen Trittbrettfahrerrisiko: »dilemmas nested inside dilemmas« (Ostrom 1990: 45). Dass trotz dieser Kaskade von Dilemmata eine gesellschaftliche Koordination institutionellen Wandels faktisch stattfindet, ist für die Theorie der Gemeinschaftsgüter das eigentliche und zentrale Rätsel. Selbst wenn man die spieltheoretischen Prämissen nicht teilt, lässt sich diese Überlegung doch vorsichtig verallgemeinern: Ein wichtiges Grundproblem gesellschaftlicher Governance scheint vor allem darin zu liegen, dass die durch Koordination sich bildende soziale Ordnung über kurz oder lang selbst wieder koordinierungs- und rechtfertigungsbedürftig wird, ohne dabei eine allgemein akzeptierte Letztgewissheit oder Grundnorm[15] voraussetzen zu können.

15 Man kann natürlich mit Kelsen die Grundnorm als eine Geltungsfiktion betrachten, aber dann stellt sich sofort die Frage nach dem Zustandekommen und dem Geltungsgrund eben dieser Fiktion (Koja 1988).

Diese Unsicherheit ist wie oben dargestellt bereits in der Wissensbasierung von Koordination angelegt – Wissen verschafft eben im Schützschen Sinne Gewissheit nur auf Widerruf. Das ist auch Hobbes bewusst. Selbst wenn eine Ordnung auf der Basis wissenschaftlicher Vernunft und wechselseitiger Verträge zustande kommt, bleibt sie doch immer prekär. Sie zerfällt zu jedem Zeitpunkt in eine potentiell unendliche Zahl von Einzelakten, die nur vorübergehend den Naturzustand überwinden, weil sie in ihrer Gesamtheit – als sozial aggregierte Ordnungsmacht – nicht sichtbar, nicht erkennbar werden. Der Leviathan leistet genau dies: Er repräsentiert die Vielzahl der Vertragshandlungen und macht auf diese Weise die überzeitliche Einheit sozialer Ordnung sichtbar und wissbar.[16] Hobbes beschreibt ihn als ein Emergenzphänomen, als »Artificiall Man«, der die Summe von Autorisierungsakten in die »Artificall Eternity« des souveränen Staatskörpers transformiert (Hobbes 1996 [1651]: 135). Der Leviathan kommt durch die generalisierte Zustimmung aller zustande und verkörpert damit ein unhintergehbares Ordnungswissen, das in seiner unmittelbaren Evidenz und Anschaulichkeit keiner Rechtfertigung mehr bedarf – »The Authority is to be shewne« (Hobbes 1996 [1651]: 113 und 189 ff.). Horst Bredekamp hat in seiner Untersuchung zum Frontispiz des »Leviathan« gezeigt, wie dieser Gedanke zusätzlich durch das aus vielen Staatsindividuen zusammengesetzte Kompositbild des Souveräns auch visuell an Evidenz gewinnt:

> »Damit Verträge und Gesetze zu kontrollierten Handlungen werden, müssen sich die Worte in Körper verwandeln, und diesen Vermittlungsschritt leistet das Bild des Leviathan. Ohne visuelle Repräsentation kann der Leviathan zwar gegründet, aber nicht dauerhaft am Leben erhalten werden. Er ist kein Zusatz zur Schrift, sondern das Medium zur Überwindung ihrer Schwäche. Indem er die Phantasmatik der Auslegung von Verträgen und Gesetzen begrenzt, wird er zu einer gewaltigen Definitionsmaschine, zum ›sovereign definer‹.« (Bredekamp 2003: 131)

Hobbes wird mit diesem Maschinenbild des Staates zum Ausgangspunkt einer kalkulativen Politik, die Quantifizierungsinstrumente wie beispielsweise Benchmarking oder Balanced-Scorecards als Steuerungsmedien einsetzt (Straßheim 2002). Darüber hinaus – und das ist hier weit wichtiger – formuliert er im »Leviathan« einen governancetheoretisch zentralen Grundgedanken: Die Analyse von Governance beginnt dort, wo es um die Bedingungen der Möglichkeit einer Koordination von Koordination geht. Sie fragt nach den verschiedenen Techniken der Herstellung symbolisch generalisierter Ordnungsschemata. Der Leviathan gerät zum Referenzpunkt der Selbstbeobachtung und Selbstbeschreibung eines Staatswesens als Herrschaftssystem, dem ein aus freiwilligen Einzelkontrakten hervorgegangener Gesellschaftsvertrag zugrunde liegt. Dabei lässt Hobbes es durchaus offen, ob der Souverän aufgrund seiner Machtfülle (»Common-wealth by Acquisition«) oder durch Prozesse der Institutionalisierung (»Common-wealth by Institution«) zur Regierung gelangt (Hobbes

16 »A Multitude of men, are made One Person, when they are by one man, ore Person, Represented; so that it be done with the consent of every one of that Mutitude in particular. For it is the Unity of the Representer, not the Unity of the Represented, that maketh the Person One. And it is the Representer that bareth the Person, and but one person: And unity, cannot otherwise be understood in Multitude.« (Hobbes 1996 [1651]: 114).

1996 [1651]: 121). Man mag gegen all dies einwenden, die gesamte Hobbessche Argumentation sei nichts anderes als die Idealisierung eines monarchischen Gewaltsystems und man könnte sich sogar fragen, ob nicht der Leviathan als »letzter Wolf sein ius in omnia et onmes ungehindert entfalten kann« (Kersting 1994: 88). Aber darum geht es hier nicht. Entscheidend ist vielmehr, dass gesellschaftliche Koordination sich selbst explizit oder implizit beobachtet und über diese Ebene der Reflexivität überhaupt erst zugänglich wird für Regulationsbemühungen, Macht- oder Moralfragen. Von diesem wissens- und beobachtungstheoretischen Verständnis ausgehend soll also von Governance nur dann gesprochen werden, wenn es um die unterschiedlichen und historisch wandelbaren Formen reflexiver Koordination[17] geht. Reflexivität erlaubt ganz grundsätzlich die Reproduktion und Verselbstständigung gesellschaftlicher Interaktionsprozesse gegenüber den sie ermöglichenden Bedingungen. Wird Koordination reflexiv, dann geht dies tendenziell mit einer Ausdifferenzierung von historisch sich wandelnden Regelungen und Sondersemantiken einher, welche die Bedingungen von Koordination zum Gegenstand haben. Umgekehrt erhält der Koordinierungsprozess auf der Ebene der Einzelhandlungen erst in der Differenz zu diesen reflexiven Governanceschemata seinen gesellschaftlichen Sinn.

Eine solche beobachtungstheoretische Fassung des Koordinationsproblems ist in der Literatur relativ verbreitet; einige Beispiele seien im Folgenden erwähnt. An ihnen lassen sich bestimmte Grundprinzipien und Entwicklungsmöglichkeiten der Theorie reflexiver Koordination ablesen: Adam Smith hat in seiner Schrift »The Theory of Moral Sentiments« ein moralepistemologisches und ökonomietaugliches Pendant zum Leviathan in Form des »Impartial Spectator« entwickelt (Raphael 2007; Smith 1976 [1759]). Durch die Beobachtung anderer und die Beobachtung der Art, wie sie uns beobachten, entwickeln wir ein Wissen und Gewissen über die Angemessenheit des Umgangs miteinander. Dieses Wissen nimmt die Form eines interessenlosen und unabhängigen Beobachters an, eines »demigods«[18]. Nur auf der Ebene der internationalen Beziehungen entfaltet der »Impartial Spectator« eine geringe Wirkung, seine Verkörperung durch neutrale Nationen verliert angesichts der kulturellen Distanzen an Bindungskraft.[19] Smith nimmt hier Hobbes' Motiv des »sterblichen Gottes« auf, aber es existiert nun keine letztinstanzliche Einheit mehr, die als monolithische Definitionsmaschine die Regeln des Zusammenlebens bestimmt. Der »Impartial Spectator« gewinnt vielmehr seine Gestalt nur in der permanenten Selbst- und Fremdbeobachtung sozialer Subjekte. Das Problem der dauerhaften Herstellung von Ordnung

17 Der Begriff der reflexiven Koordination ist natürlich nicht völlig neu, wurde aber in der Governancediskussion bisher nur sehr vereinzelt verwendet (vgl. Jessop 1999; Rogowski 2006; Sydow 2000).

18 »[. . .] we must become the impartial spectators of our own character and conduct. We must endeavour to view them with the eyes of other people, or as other people are likely to view them. When seen in this light, if they appear to us as we wish, we are happy and contented. But it greatly confirms this happiness and contentment when we find that other people, viewing them with those very eyes with which we, in imagination only, were endeavouring to view them, see them precisely in the same light in which we ourselves had seen them. [. . .] We must view them, neither from our own place nor yet from his, neither with our own eyes nor yet with his, but from the place and with the eyes of a third person, who has no particular connexion with either, and who judges with impartiality between us.« (Smith 1976 [1759], Paragraph III.I.10 ff.).

19 »Of the conduct of one independent nation towards another, neutral nations are the only indifferent and impartial spectators. But they are placed at so great a distance that they are almost quite out of sight« (Smith 1976 [1759], Para. III. I. 84).

wird in die Gesellschaft zurückgespielt. In sehr ähnlicher Weise legt auch George Herbert Mead seine Sozialepistemologie des »verallgemeinerten Anderen« an (Costelloe 1997; Mead 1934 [1991]). Die Entwicklung der »kooperativen Gesellschaft« erfolgt durch wechselseitige Rollenübernahme (»role taking«), bei der die Haltung des Gegenübers eingenommen und zum Ausgangspunkt einer kritischen Selbstbeobachtung und Selbstkontrolle wird. Jede individuelle Handlung entfaltet ihre gesellschaftliche Bedeutung überhaupt nur im Prozess der Konfrontation mit dem »verallgemeinerten Anderen« und trägt so zugleich zur kommunikativen Ausprägung einer Gruppenidentität bei (Mead 1934 [1991]: 299 ff.). An die Stelle der Hobbesschen Kompositfigur – der Einheitsfiktion als Ordnungsgarant – tritt noch deutlicher als bei Smith die Figur einer »prozessualen Reflexivität« (Luhmann 1997: 372).

> »Der Kommunikationsprozess ist also in gewissem Sinne universaler als [die] verschiedenen kooperativen Prozesse. Er ist das Medium, durch das die kooperativen Tätigkeiten in einer ihrer selbst bewussten Gesellschaft abgewickelt werden.« (Mead 1934 [1991]).

Der »generalisierte Andere« formiert sich innerhalb eines Zwei-Ebenen-Systems, in dem die individuellen Kooperationspraktiken mittels einer Kommunikation der kollektiven Bewusstwerdung nochmals in den sozialen Prozess eingeführt werden.
Man sollte an dieser Stelle allerdings nichts überstürzen: Zum einen mündet bei weitem nicht jeder Koordinationsprozess in Kooperation. Und zum anderen basiert nicht jede Form der reflexiven Koordination zugleich auf einer Reflexion ihrer selbst (zum Unterschied von Reflexivität und Reflexion vgl. Beck/Holzer 2005).[20] Nicht selten geht es um Macht, die – um in der beobachtungstheoretischen Perspektive zu bleiben – als gesellschaftlich erzeugtes Panopticon der gegenseitigen Disziplinierungen aus der »kooperativen Gesellschaft« eine »Kontrollgesellschaft« werden lässt. Das ist der in der Governancedebatte noch immer zu wenig rezipierte Beitrag der Analysen zur Gouvernmentalität der Gesellschaft in der Folge Foucaults.[21] Wissen und Macht hängen eng zusammen, wenn das geteilte Wissen im Prozess der Koordination den Charakter extern »auferlegter Relevanzen« annimmt und so zu einem Medium der Kontrolle wird (Schütz 1976b [1959]). Eine mindestens ebenso große Bedeutung haben Kontroversen und Konflikte, in denen sich das Scheitern von Koordination andeutet. Hier schließt die Rechtfertigungstheorie von Luc Boltanski und Laurent Thévenot an (Boltanski/Thévenot 2006; Potthast 2001). Sie sei deswegen hier als drittes und letztes Beispiel erwähnt, weil sie die bisherigen Überlegungen zur reflexiven Koordination aufnimmt und in entscheidender Weise weiterführt. Letztlich geht es auch bei Boltanski und Thévenot um die Bedingungen von Koordination. Das Problem tritt in aller Schärfe dort auf, wo soziale Kritik zu einer Krise scheinbar anerkannten Wissens führt. In all diesen Situationen erweist sich die Suche nach Rechtfertigung als Imperativ des Handelns und als Ausgangspunkt sozialer Ordnungsbildung. Diese orientiert

20 Und nicht jedes soziale Handeln, das sollte man an dieser Stelle vielleicht hinzufügen, läuft auf Koordination hinaus.

21 Barbara Holland-Cunz hat in ihrem Buch »Die Regierung des Wissens« diese Perspektive für eine Kritik der Wissensgesellschaft genutzt (Foucault 2004 [1977]; Holland-Cunz 2005).

sich ebenso wie bei Smith und Mead an einer Zwei-Ebenen-Struktur (»bilevel construction«) (Boltanski/Thévenot 2006: 18 ff.). Der Prozess der Rechtfertigung zielt grundsätzlich auf einen generalisierten Referenzpunkt – ein wie auch immer ausgelegtes »higher common principle« – das den Gegensatz zwischen Kollektiv und Individuum überformt und dessen Geltung und gemeinsamer Wert (»worth«) einer ständigen Überprüfung ausgeliefert ist. Soweit stimmt diese Fassung mit dem oben bereits entwickelten Wissens- und Koordinationsbegriff überein. Boltanski und Thévenot gehen aber noch sehr viel weiter, indem sie die Koordinationswirkung von einer spezifischen Kompetenz der Akteure abhängig machen: Diese müssen in der Lage sein, die Geltung des Rechtfertigungsprinzips anhand von Objekten und deren taxonomischer und klassifikatorischer Ein- und Zuordnung evident werden zu lassen. Es kommt darauf an, dass Berechnungssysteme, Instrumente und Maschinen, Organigramme, Formulare und Kalkulationsformen in einer im Sinne des generalisierten Rechtfertigungsprinzips kohärenten Weise aufeinander bezogen werden. Wechselseitige Abstimmung der Akteure (»adjustment«) und Kohärenz der Dinge (»justness«) stehen füreinander ein. Was auf den ersten Blick vielleicht wie eine zusätzliche Anleihe bei der Techniksoziologie aussieht, setzt bei genauerem Hinsehen das schon bei Hobbes prominente Evidenz- und Sichtbarkeitsgebot auf eine plausible Weise fort. Die Gewissheit des Wissens kann nicht mehr über den Leviathan als künstlichen Übermenschen hergestellt werden, sondern muss sich in den vielfältigen Praktiken der Normierung und Standardisierung der Objektwelt beweisen. Schon anhand der Rolle von Statistiken im Prozess der EU-Koordinierung ließe sich zeigen, wie wichtig dieser Gedanke ist (Salais 2006). Aber natürlich droht ein solches »governing by numbers« (Miller 2001) nicht selten zu misslingen. Wenn Inkohärenzen, Datenlücken oder auch gezielte Indifferenzen des Zahlenwerks für Streit sorgen (»maladjustment«), dann kollidieren unter Umständen unterschiedliche Rechtfertigungsprinzipien. Anhand von Feldforschungen in Industrieunternehmen zeigen die Autoren, was hinter dem ständig drohenden Konflikt um »adjustment« und »justness« steht. Im Ergebnis folgern sie, dass es eine begrenzte Pluralität von Rechtfertigungsordnungen gibt – gleichrangige Welten der Rechtfertigung, die in solchen Auseinandersetzungen miteinander kollidieren und konkurrieren.

An diesem Punkt scheint es um den Leviathan endgültig geschehen. Im Lauf der vergangenen dreieinhalb Jahrhunderte wurde er vergesellschaftet (Smith), prozessualisiert (Mead), in Teilobjekte zerlegt und pluralisiert (Boltanski/Thévenot). Hobbes hat es kommen sehen. Im »Leviathan« wehrt er sich vehement gegen jede Form der Praxistheorie. Die Fähigkeit, ein Gemeinwesen zu lenken, gehe zurück auf allgemeingültige Regeln wie in der Geometrie oder Arithmetik, sicherlich nicht auf eingeübte Praktiken wie etwa beim Tennisspiel.[22]

Schon zu seinen Lebzeiten fiel die Einheit des Wissens, die ihm auch die Einheit politischer Ordnung zu garantieren schien, auseinander. Im Streit mit Robert Boyle – einem irischen Naturforscher – über das Wesen des Vakuums machte Hobbes Bekanntschaft mit einer völlig anderen Idee zum Verhältnis zwischen Wissen und

22 »The skill of making, and maintaining Common-wealth, consisteth in certain Rules, as doth Arithmetique and Geometry; not (as Tennis-play) on Practice onely [. . .]« (Hobbes 1996 [1651]: 145).

Politik (Shapin/Schaffer 1985). Boyle vertritt die Ansicht, dass nicht der Souverän sondern vielmehr eine Gemeinschaft speziell ausgebildeter Experten das wirklich wahre Wissen befördern. Gewissheit erweist sich demzufolge auch nicht in den ewig gültigen Gesetzen von Mathematik und Geometrie, sondern in Experimenten über das Wesen der Natur. Die Politik hat lediglich die Freiheit der wissenschaftlichen Gemeinschaft zu garantieren und die Regeln und Konventionen der experimentellen Praxis durchzusetzen. Zwischen dem Raum der Politik und dem Raum der Wissenschaft sind Grenzen zu etablieren, welche die ungehinderte Produktion objektiven Wissens sichern. Die »boundary-speech« der Experimentalisten markiert jenen historischen Zeitpunkt, zu dem das Wissen als Bedingung gesellschaftlicher Ordnung selbst Gegenstand reflexiver Koordination wird (Shapin/Schaffer 1985: 337 ff.). Die Geschichte der Governance des Wissens könnte man verallgemeinernd als Geschichte von Grenzsetzungen betrachten, in denen eine etablierte Öffentlichkeit unter Beobachtung durch Gegenöffentlichkeiten gerät. Bevor aber aus den bisherigen Überlegungen zum Zusammenhang von Wissen, Koordination und Governance einige generelle Aussagen abgeleitet werden, soll zunächst ein Blick auf die gegenwärtige Diskussion um die Governance des Wissens geworfen werden. Der Streit, so scheint es, hat einen neuen Höhepunkt erreicht.

B. *Zwischen Verwissenschaftlichung und Demokratisierung*

Die aktuelle Forschung registriert in mehreren Ländern Europas einen umfassenden Wandel von Wissensproduktion und Expertise. Einzelne Fallstudien berichten über die Entstehung eigentlich systemfremder – teils stark vermarktlichter, teils pluralistischer – Orientierungssmuster im niederländischen Beratungskorporatismus und im Wissenschaftsverständnis Schwedens (Halffman/Hoppe 2005; Hellström/Jacob 2005). In Deutschland werden Tendenzen einer stärkeren Interessenbindung beratender Institutionen beobachtet – dafür spricht zumindest die Zunahme privatwirtschaftlich finanzierter »advokatorischer Think Tanks« (Speth 2006). In Großbritannien überformt eine Strategie der »evidence-based policy« die tradierten Verfahren britischer Arbeitsmarkt- und Sozialpolitik. Sie ist Teil einer international sich ausbreitenden Welle von »Ritualen quantitativer Verifikation« wie Benchmarking und Auditing (Davies u.a. 2000; Nowotny 2003; Power 1997). Eine vergleichende Analyse dieses Wandels, seiner Ursachen und seiner Folgen für politische Entscheidungsprozesse existiert derzeit noch nicht. In der aktuellen Wissens- und Expertiseforschung[23] konkurrieren jedoch insbesondere zwei Szenarien einer zukünftigen Governance des Wissens. Erstens verfolgt eine neoinstitutionalistische Strömung das Webersche Konzept der okzidentalen Rationalisierung in einer kulturtheoretischen Fassung konsequent weiter (Meyer 2005). Demgegenüber postuliert eine zweite Argumentations-

23 Der Begriff der »Wissensforschung« umfasst unterschiedliche Forschungsstränge zusammen, bei denen die Produktion, (Um-)Verteilung und Veränderung von Wissen im Mittelpunkt steht (Schützeichel 2007).

linie die Auflösung der Grenzen zwischen Wissenschaft, Politik und Gesellschaft (DeMarchi/Ravetz 1999; Nowotny u.a. 2001).

Die Prognose einer *Rationalisierung der Weltgesellschaft* geht auf die rationalisierungstheoretische Variante des Neo-Institutionalismus zurück (Drori u.a. 2003; Hasse/Krücken 2005). Wissenschaft etabliert sich als Weltkultur (»world polity«) und globale Ordnungsstruktur. Ihre Expansion erzeugt überhaupt erst im Sinne einer »Makrodeterminierung« (Greve/Heintz 2005) die Idee rational und kompetent handelnder Akteure, seien es Individuen, Organisationen oder Staaten. Mit ihr institutionalisiert sich ein »westlich« und »christlich« geprägtes Wissenssystem, das alle sozialen Bereiche durchdringt und von der Idee des rationalen Akteurs ausgehend zumindest in seinen Formalstrukturen auch Demokratie, Menschenrechte und moderne Prinzipien der Standardisierung hervorbringt. Divergenzen auf der Ebene von Staaten oder Organisationen lassen sich durch lose Kopplungen erklären, welche die Verbindung zwischen praktischem Handeln und universellen Wertstrukturen überhaupt erst ermöglichen.[24] Grundsätzlich sorgt der Legitimationsdruck wissenschaftlicher Rationalität für Unsicherheiten, die aber zunehmend durch eine neue transnationale Governancelogik der Standardisierung und Formalisierung überformt werden (Drori u.a. 2003: 292). Indikatoren für diesen Prozess der Verwissenschaftlichung sind unter anderem das rasante Wachstum von Expertenorganisationen und der Diskurs von streng wissenschaftlich argumentierenden Beobachtern aller Art sowie die steigende Bedeutung von Standardisierungs- und Quantifizierungsverfahren. In einer Art methodischen Selbstanwendung beschränkt sich der Worl-Polity-Ansatz vor allem auf hochaggregierte, quantitative Längsschnittanalysen – er unterwirft sich damit rigoros dem von ihm selbst diagnostizierten »Quantifizierungsdruck einer zunehmend verwissenschaftlichten und rationalisierten Gesellschaft« (Krücken 2002: 24). Die EU steht paradigmatisch für die Weltkultur der Rationalisierung und verwandelt sich zunehmend in ein zentrumsloses, technokratisches Netzwerk von Experten und Nichtregierungsorganisationen (Meyer 2005: 173 ff.). Diese rationalistische Kultur wirkt sich in der Tendenz erheblich auf die Nationalstaaten aus und führt zu einer mindestens symbolischen Isomorphie der Wissenssysteme.

Genau entgegengesetzt argumentiert die konstruktivistisch-kulturalistische Perspektive einer *globalen Demokratisierung von Expertise* (Funtowicz/Ravetz 1993; Gibbons u.a. 1994; Nowotny u.a. 2001). Prognostiziert wird die Entstehung eines neuen Wissenssystems – »Mode 2« – als Reaktion auf weltweit wachsende gesellschaftliche Komplexität und Unsicherheit. Dieser neue Modus zeichnet sich durch eine globale Erosion der Systemgrenzen zwischen Wissenschaft und Gesellschaft aus: »Society can ›speak back‹ to science« (Nowotny u.a. 2001). Im Zuge dieser Umkehrung wissenschaftlich-gesellschaftlicher Kommunikation durchläuft die Wissenschaft einen Transformationsprozess, der Teil eines postmodernen Strukturwandels der Öffentlichkeit ist. Koevolution als umfassende Dynamik zwingt die Wissenschaft in einen Dialog mit Wirtschaft, Politik und Zivilgesellschaft über die Relevanz von Forschungsprioritäten, die ökonomische und politische Verwendbarkeit von Resultaten

24 Dieses Argument der losen Kopplung ermöglicht es dem »world polity«-Ansatz im Übrigen, sich gegen kritische Hinweise auf Abweichungen von der »Weltkultur« zu immunisieren.

und die Einbeziehung von Nutzern, Konsumenten und Bürgern in die Definition zukünftig wichtiger Probleme. Das Dilemma der Verwendungsforschung lässt sich so dem alten Modus 1 zuordnen, die Verwendungsforschung selbst (und vor allem die in diesem Zusammenhang formulierte These einer Finalisierung autonomer Forschung) mit ihrer Suche nach Möglichkeiten der Optimierung transwissenschaftlicher Wissensverbreitung erscheint gleichsam als Vorbote des ›Modus 2‹ (Weingart 1997). In einer Frühphase der ›Modus 2‹ Diskussion stand vor allem die Kommerzialisierung von Forschung im Mittelpunkt. Diese Lesart hat sich nun verlagert (Gibbons u.a. 1994; Maranta/Pohl 2001). Das Epizentrum der neuen gesellschaftlichen Wissensproduktion bildet die »Agora« (Nowotny u.a. 2001: 201 ff.), ein Verhandlungsraum jenseits der Systeme, in dem die Akzeptanz sozialer und wissenschaftlicher Probleme sowie entsprechender Lösungen ausgelotet wird. Forschung setzt sich bereits in der Konzeptionsphase vermehrt mit »imaginierten Laien« auseinander, um »sozial robustes« Wissen produzieren zu können – Grundtendenz ist die Demokratisierung der Expertise (Nowotny 2003).

Beide Szenarien stehen in auffälligem Kontrast zu den aktuellen Befunden der empirischen Wissenschafts- und Wissensforschung. Entsprechende Studien sprechen eher gegen »Megatrends« und für ein Nebeneinander heterogener Formen der Wissensproduktion (Böschen/Wehling 2004; Weingart 2003). Beobachtet wird derzeit eine begrenzte Vielfalt meist länderspezifischer Interaktions- und Koordinationsarrangements zwischen Wissenschaft und Politik. Zwar lassen sich im Einzelnen durchaus Dynamiken der Verwissenschaftlichung, der Kontextualisierung von Expertise oder der Pluralisierung grenzüberschreitender Organisationen identifizieren. Es sind jedoch die Varianzen der Transformationsprozesse und die Eigengesetzlichkeiten im Wandel nationaler und sektoraler Strukturarrangements, die quer zu makrotheoretischen Generalisierungen stehen. Gerade wenn man Governance als Prozess reflexiver Koordination begreift, richtet sich der Blick auf die verschiedenen Verfahren der Produktion sozial anerkannten Wissen, die Organisationsformen des »mutual adjustments« (man könnte mit Weingart auch sagen: der Kopplung) zwischen Wissensakteuren und die spezifischen Rechtfertigungs- und Ordnungsfiktionen, die als Referenzpunkte reflexiver Kommunikation dienen.

C. *Ansätze einer Komparatistik der Wissensordnungen*

Erste Ansätze einer vergleichenden Analyse solcher Wissensordnungen seien im Folgenden knapp skizziert:

> »In der Wissensordnung finden Auseinandersetzungen über die Verfügung von Wissen, über Definitionsmacht und über die Legitimität von Wissensansprüchen, kurz, über die Grenzen zwischen Wissenschaft und anderen Teilbereichen der Gesellschaft und deren Wissensformen statt. [. . .] Die Analyse der Veränderung der Wissensordnung richtet sich folglich auf den Zusammenhang zwischen der neuen zentralen Position des Wissens in politischen und ökonomischen Kontexten und den organisatorischen und epistemischen Veränderungen der Wissenschaft.« (Weingart 2003: 139/140).

Wissensordnungen erlauben als Konzept der mittleren Reichweite den Vergleich von Institutionen und kulturellen Konfigurationen der Wissensproduktion. Sie seien hier definiert als Felder bzw. »Governance-Räume« (Kötter 2006), welche die Produktion, Verbreitung und Akzeptanz von Wissen für kollektiv bindende Entscheidungen koordinieren, indem sie zugleich auf implizite Rechtfertigungs- und Geltungserwartungen verweisen. Damit grenzt sich das Konzept der Wissensordnungen gegenüber funktionalistischen Modellen ab, die Expertise als ein reines Instrument für Zwecke der Rationalisierung oder politischen Legitimation verstehen (Böhmer-Christiansen 1995). Es geht aber auch über die aus der Laborforschung entwickelte Perspektive von »Wissenskulturen« mit ihrer Fokussierung auf kollektive Handlungsketten und epistemische Praktiken hinaus (Knorr Cetina 2002). Ein theoretischer Grund für die erweiterte Konzeption von Wissensordnungen als Feld bzw. »Governanceraum« liegt in der bereits erläuterten Neuformierung der Grenzen und Kopplungseinrichtungen. In den Blick geraten die Schnittstellen und Kopplungseinrichtungen zwischen Politik und Wissenschaft, deren Charakter ganz wesentlich bestimmt wird durch den »regulated struggle« (Bourdieu 2004) um Deutungshoheiten und Interessendivergenzen. Fasst man die einschlägige Literatur zusammen, so lassen sich fünf interdependente Dimensionen bzw. Konstrukte identifizieren, die bei der Analyse von Wissensordnungen berücksichtigt werden müssen:

Politisch-administrative Interaktionsstile: Wissensordnungen sind zu einem unterschiedlichen Grad in die Interaktionsstrukturen von Regierungs- und Verwaltungssystemen eingebettet (Wagner/Wollmann 1986). Wie bereits dargestellt wird hier unterschieden zwischen einem »adversarial« bzw. »pluralist style« in konkurrenzdemokratischen Systemen, einem »consensual« oder »embodied style« in administrativ geprägten Systemen und einem »corporatist style« in konkordanzdemokratischen Systemen (Jasanoff 2005; Renn 1995). Die Mobilisierbarkeit von Wissensakteuren hängt jedoch auch mit den strukturellen Arrangements innerhalb des Wissenschaftssystems, dem Verhältnis zwischen akademischen und außerakademischen Organisationen, dem Grad der Zentralisierung und Hierarchisierung von »Wissens- und Vertrauenskulturen« (Oppen 2003) sowie den intermediären Förderungssystemen zwischen Politik und Wissenschaft ab (Braun 1997; Lengwiler/Simon 2005; Wittrock u.a. 1991).

Expertise und Experten: Mit Experten sind jene Akteure angesprochen, denen im Prozess der Wissensproduktion Kompetenzerwartungen[25] entgegengebracht werden. Die gegenwärtige »Umstrittenheit von Expertise« (Nowotny 2005: 33) verweist jedoch darauf, dass sowohl die Art der Akteure, der Modus ihrer Einbindung in Verfahren der Wissensgenerierung als auch die Geltungsgrundlagen von Kompetenzerwartungen je nach Wissensordnung erhebliche Unterschiede aufweisen. Expertisekulturen unterscheiden sich durch die jeweiligen »images of objectivity« (Galison), ob also eher Kennern (Subjektivierung der Objektivität), Techniken und Professionen (Objektivierung der Subjektivität), Experimenten (Objektivierung durch Simulation) oder Gemeinschaften (Objektivierung durch Kollektivierung) Kompetenzen zur Pro-

25 Im doppelten Sinne als generalisierte Zurechnung von Fähigkeiten und Sachverstand, aber auch Verantwortlichkeit (Giddens 1984).

duktion objektiv gültigen Wissens zugeschrieben werden. Dichte und Reichweite von Expertennetzwerken sowie die relative Machtverteilung sind wichtige Merkmale. Ferner geht es um die Offenheit bzw. Geschlossenheit von Expertenzirkeln, das Ausmaß der Demokratisierung und den Anteil kommerzieller Forschungsorganisationen (Mirowski/Van Horn 2005; Nullmeier 2006). Schließlich spielen für die innerhalb von Wissensordnung ablaufenden Koordinationsprozesse auch die kollektiven Orientierungen und Problemdefinitionen verschiedener Wissensakteure und ihre Vergemeinschaftung in Form von »Epistemic Communities« oder »Diskurskoalitionen« eine erhebliche Rolle (Adler/Haas 1992; Wagner 1990).

Verfahren der Wissensgenerierung: Verfahren bilden in Wissensordnungen eine zentrale Schnittstelle, indem sie in einer zeitlich, sozial und sachlich strukturierten Interaktion die Überführung komplexer Sinnbestände in ein als gültig akzeptiertes Wissen organisieren und damit Rechtfertigungsressourcen für politische Entscheidungen bereitstellen (vgl. Luhmann 1969). Bei der Analyse von Wissensordnungen spielen die institutionelle Rahmung von Beratungsgremien, Expertenkommissionen und Evaluierungsverfahren, die impliziten Regeln und Praktiken der Besetzung solcher Gremien, die Austarierung verschiedener Interessen, die jeweiligen Spielräume für Lern- und Aushandlungsprozesse eine wichtige Rolle. Zugleich sind Verfahren die Orte jener »Grenzarbeit« (»boundary work«), bei der entlang von Wissenschaft und Nicht-Wissenschaft über politische Deutungshoheiten und Leitorientierungen entschieden wird (Pregernig 2005).

Praktiken der Objektivierung: Die insbesondere in Großbritannien verbreitete »Evidenzbasierung« von Politik (Davies u.a. 2000) ist nur eine von vielen Strategien, Wissen durch Objektivierung der öffentlichen Kritik zu entziehen (Daston/Galison 1992; Porter 1995). Wissensordnungen unterscheiden sich durch die Art, wie die Grenzen zwischen Fakten und Werten geregelt werden – ob beispielsweise eher auf quantitative Modelle, Kosten-Nutzen-Analysen und Rankings zurückgegriffen wird, ob Wissen durch Gutachter einschlägiger Fachverwaltungen oder durch Verhandlungen zwischen Interessengruppen eine Geltungsgrundlage erhält (Jasanoff 2004). Historisch scheinen Objektivierungspraktiken zwischen zwei Polen zu pendeln, wobei einerseits eher ein kontextuelles, experimentelles Verständnis zugrunde liegt, andererseits eher auf Dekontextualisierung, Standardisierung und eine numerische Fassung von Wissen gezielt wird (Straßheim 2002; Toulmin 1991).

Partizipation und Offenheit: Im Vergleich von Wissensordnungen sind die Offenheit von Verfahren, die Art der Beteiligungsrechte und die Möglichkeiten von Gegenexpertise durchaus unterschiedlich ausgeprägt. Während in Großbritannien der öffentliche Zugang zu Beratungsverfahren in den vergangenen Jahren vor allem als Ergebnis der BSE-Krise erweitert wurde, bilden in eher korporatistischen Systemen wie Deutschland oder Schweden die Vertreter von Interessengruppen die relevante Öffentlichkeit. Politiken des öffentlichen Wissens unterscheiden sich zudem durch Praktiken der Dokumentation, der Angreifbarkeit von Ergebnissen und die Formen der Zuschreibung von Verantwortlichkeiten (»accountability-Kulturen«).

Im Zuge der Interaktion von Wissensakteuren in Verfahren und Netzwerken, eingebettet in Institutionen des politisch-administrativen Systems und der Wissensproduktion, formiert sich ein charakteristischer Entwicklungspfad. Wissensordnungen etablieren auf diese Weise Koordinations- und Kommunikationskulturen, in denen zwischen politischem System und Wissenschaftssystem vermittelt wird. Es handelt sich um Geltungsfiktionen, um »Rezepte« für die Interaktion zwischen Wissen und Entscheiden, auf die ohne großen Rechtfertigungsbedarf zurückgegriffen werden kann (vgl. für einen entsprechenden Kulturbegriff Schütz 1976 [1944]). Für das Verständnis der Transformationsprozesse im Verhältnis von Wissenschaft, Politik und Gesellschaft bildet daher der internationale Vergleich von Wissensordnungen eine zentrale Voraussetzung.

D. *Governance als reflexive Koordination*

Welche Folgen hat es nun über die Analyse einzelner Wissensordnungen hinaus, wenn man Governance als reflexive Koordination versteht? Koordination und Wissen – so ist in diesem Beitrag argumentiert worden – stehen in einem engen Ermöglichungszusammenhang. Erst die soziale Teilung von Wissen als immer vorläufige Verortung zwischen »Erfahrungsraum« und »Erwartungshorizont« (Koselleck 1979) erlaubt es, Kommunikations- und Handlungsprozesse wechselseitig sinnhaft aufeinander zu beziehen. Die Formen dieses »mutual adjustments« und die Praktiken seiner Rechtfertigung nehmen dann sehr unterschiedliche Gestalt an und lassen sich in vielen Fällen als Regelungszusammenhänge charakterisieren. Das bedeutet aber nicht, dass Governance selbst als Regelungsstruktur oder »rule structure« ausreichend definiert ist (anders jedoch Franzius 2006; Mayntz 2005). Zwar enthält Wissen als typisierte Gewissheit über zukünftige Ereignisse eine gewisse normative Komponente – die Entlastungsleistung von Wissen besteht aber gerade in der Anpassung dieser Typisierung im Falle einer Enttäuschung. Erst auf der Basis einer sozial geteilten Wirklichkeitsfiktion wird es möglich, Bedingungen des kontrafaktischen Durchhaltens von Wissen oder auch der partiellen Änderung von Normen zu bestimmen. Es ist diese Kombinatorik von Wissen und Recht, die bis hin zum »soft law« eine weit reichende gesellschaftliche Steigerungsdynamik erlaubt. Ausschließlich mit Regelungsstrukturen wäre das nicht zu machen.

Ohnehin scheint es am Problem vorbeizugehen, wenn Governance mit einem einfachen Strukturbezug verbunden wird. Anhand des »second-order-dilemma« in der Theorie der Gemeinschaftsgüter wurde verdeutlicht, das Governance immer erst dort beginnt, wo das Problem der Koordination von Koordination besteht. Erst wenn auf der Basis individueller Koordinierungsakte der kollektive Regelungs- und Anpassungsdruck steigt, beginnt auch die Suche nach den Identitäts- und Ordnungsfiktionen. Das ist gewissermaßen die Geburtsstunde der sterblichen Götter bei Hobbes oder Smith. Zugleich beginnt aber damit auch schon der Anfang vom Ende solcher Einheitsfiktionen, weil in der Irritierbarkeit des Wissens immer schon neue und potentiell konkurrierende Rechtfertigungsprinzipien angelegt sind. Governanceanalyse lässt sich diesem Verständnis folgend grundsätzlich nur als »Multilevel-Governance« (Benz 2004) verstehen, weil der Governanceprozess selbst nur durch die Vermittlung zwischen individueller und kollektiver Ebene denkbar ist. Man könnte hierin einen Problemlösungsbias der Governanceanalyse sehen (Mayntz 2005), aber das Problem besteht eben nur darin, die Koordination wechselseitiger Abstimmungsprozesse am Laufen zu halten. »Gemeinwohl« kann dafür ein Ordnungsmotiv sein, aber genauso gut auch die Kontroll- und Herrschaftsvision einer Disziplinierungsgesellschaft. Auch bei »Steuerung« handelt es sich um ein Rechtfertigungsprinzip reflexiver Koordination, das in der Zuschreibung einer Asymmetrie zwischen Steuerungssubjekt und Steuerungsobjekt im Koordinierungsverhältnis mündet. Aus einer Governanceperspektive wird man fragen: Wodurch wird diese Reflexivitätsfigur aufrechterhalten? Vermutlich stößt man dann auch hier auf eine Form der Entlastung, bei der das Steuerungsobjekt sein Handeln mit Hinweis auf Regelungsanforderungen durch das Steuerungssubjekt rechtfertigt, während das Steuerungssubjekt von der informationellen Überlegenheit des Steuerungsobjekts profitiert (Scott 2004). Governance erhält so im Hinblick auf zwei Dimensionen einen deutlich prozessorientierten Charakter. Annäherungsweise lässt sich von einer »ontogenetischen« und einer »phylogenetischen« Dimension von Governance sprechen:

(1) In der »ontogenetischen« Dimension geht es um die Prozesse der Aufrechterhaltung reflexiver Koordination in spezifischen Governancearrangements. Ein klassisches Beispiel aus der Transaktionskostentheorie wäre etwa die hierarchische Koordination von Märkten durch formale Organisationen. Es ist kein Zufall, das gerade Williamson als Neo-Hobbesianer hier einen Kernbereich der Governanceforschung identifiziert hat (Korczynski 1996; Williamson 1979). Gerade dort allerdings, wo in »inter-firm-relations« und Netzwerken die Ordnungsgarantie der Hierarchie abnimmt, bleibt jedoch auch Williamsons Konzept merkwürdig schwach. Er spricht hier von den »economics of atmosphere« (Williamson 1999) und verweist damit auf den zentralen Stellenwert von Vertrauen. Charles Sabel knüpft an diesem Punkt an, indem er Vertrauen ganz im Sinne des hier vertretenen Konzepts der reflexiven Koordinierung zwischen kollektiver und individueller Ebene interpretiert: ». . . reflexivity reconnects individuals to one another even as it momentarily relaxes the collectivity's grip. Put another way, reflexivity connects individuality to sociability by making vulnarability to others – trust – a constitutent of autonomous selfhood« (Sabel 1993). Besonders dann, wenn Koordination aus dem Schatten der Hierarchie heraustritt, kommt den verschiedenen Formen von Vertrauen eine zentrale Funktion im Governanceprozess zu (Oppen 2003). Auch das derzeit durchaus noch nicht ausreichend verstandene Verhältnis von Vertrauen und Macht gewinnt in diesem Zusammenhang an Bedeutung (Bachmann 2001; Straßheim 2004). Insgesamt scheint immer deutlicher, dass ein rein auf Governancetypologien zwischen Markt, Hierarchie, Netzwerken, Gemeinschaften usw. fixiertes Verständnis seine Grenzen erreicht hat. Das hier eingeführte Konzept der Wissensordnungen könnte sich als fruchtbarer erweisen, weil im Vergleich eine Vielfalt unterschiedlichster Geltungs- und Ordnungsfiktionen und ihre institutionelle und organisatorische Einbettung in den Blick geraten.

(2) Dagegen richten sich Analysen in der »phylogenetischen« Dimension auf die längerfristige Entwicklung von Governance, auf die Gründe für das Verschwinden, die Neuschöpfung oder Pluralisierung von Governancearrangements, also auf Governance in einer historischen Perspektive. Die Aufmerksamkeit konzentriert sich auf Krisenentwicklungen, die zur Auf- und Ablösung bestimmter Koordinierungszusam-

menhänge führen oder auch auf Pendelbewegungen zwischen zwei oder mehr Ordnungsfiguren. Der Begriff der reflexiven Koordinierung zeigt auch hier eine gewisse Steigerungsdynamik an, die (natürlich nicht in einem teleologischen Sinne) als Evolutionsprozess gefasst werden könnte. Jede Konstellation hat etwas prekäres, weil sie sich ihrerseits einer neuen Reflexivitäts- und Kritikbewegung aussetzt. Wichtige Ansätze für diese Untersuchungsperspektive finden sich in der Theorie »reflexiver Denationalisierung« (Zürn/Walter 2005). Der Trend zur Trans- und Supranationalisierung geht in einer Art Spiralbewegung einher mit nichtintendierten Nebenfolgen, neuem Rechtfertigungsdruck und einer neuen Phase institutioneller Selbsttransformation. Dies könnte auch den Wandel von Wissensordnungen erklären: Seit Richard Rose Anfang der 90er Jahre auf die Bedeutung des »lesson drawing« – des politischen Lernens zwischen Regionen und Nationen – aufmerksam machte, haben sich insbesondere auf transnationaler Ebene eigene Governancearrangements der politischen Wissensproduktion herausgebildet, die ihre Rechtfertigung aus dem Verweis auf Rankings, Ratings, Experteneinschätzungen (Peer Reviews) oder »best practices« beziehen (Room 2005; Rose 1991; Stone 2004). Bei Benchmarking etwa handelt es sich nicht lediglich um ein Instrument zur Unterstützung politischer Entscheidungsprozesse, sondern um eine eigene kalkulatorische und evaluatorische Praxis der Objektivierung und Dekontextualisierung politischer Leistungseinschätzungen (Straßheim 2003). Mit solchen Verfahren öffnen sich institutionell abgesicherte Vergleichsräume, die sich gegen mögliche Kritik durch den »taken for granted«-Charakter von Accountingsystemen, Experimenten, Reviewverfahren oder Quantifizierungsprozessen immunisieren (Mennicken/Vollmer 2007). Wandel entstünde – wenn diese These zutrifft – nicht als globale Überformung durch eine wissenschaftlich geprägte Weltkultur und auch nicht als Hybridisierung im Zuge einer »Mode 2«-Transformation. Wandel wäre vielmehr das Ergebnis der spannungsvollen Interaktion nationaler Wissensordnungen und unterschiedlichster Ausprägungen einer transnationalen Governance des Wissens. Auf diese Weise erscheint der lange Weg der Vergesellschaftung und Pluralisierung des Leviathan, wie er oben skizziert wurde, als das Ergebnis einer »Ordnungsbildung wider Willen« (Zürn u.a. 2006). Die Folgen dieser Entwicklung und die Bedingungen ihrer reflexiven Koordination stehen im Zentrum einer wissensorientierten Governanceanalyse.

Literatur

Adler, Emanuell/Haas, Peter M., 1992: Conclusion: Epistemic communities, world order, and the creation of a reflective research program, in: International Organization 46/1, 367-390.

Bachmann, Reinhard, 2001: Trust, Power and Control in Trans-Organizational Relations«, in: Organization Studies 22/2, 337-365.

Beck, Ulrich/Holzer, Boris 2005: Reflexivität und Reflexion, in: *Beck, Ulrich/Lau, Christoph* (Hrsg.), Entgrenzung und Entscheidung: Was ist neu an der Theorie reflexiver Modernisierung? Frankfurt a.M., 165-192.

Benz, Arthur 2004: Multilevel Governance – Governance im Mehrebenensystem, in: *Benz, Arthur* (Hrsg.), Governance – Regieren in komplexen Regelsystemen. Wiesbaden, 125-146.

Berger, Peter/Luckmann, Thomas, 1969: Die gesellschaftliche Konstruktion der Wirklichkeit. Frankfurt a.M.

Böhmer-Christiansen, Sonja, 1995: Reflections on scientific advice and EC transboundary pollution policy, in: Science and Public Policy 22/3, 195-203.

Boltanski, Luc/Thévenot, Laurent, 2006: On Justification. Economies of Worth. Princeton (NJ).

Böschen, Stefan/Wehling, Peter, 2004: Wissenschaft zwischen Folgenverantwortung und Nichtwissen. Wiesbaden.

Botzem, Sebastian, 2002: Governance-Ansätze in der Steuerungsdiskussion. Berlin.

Bourdieu, Pierre, 2004: Science of Science and Reflexivity. Oxford.

Braun, Dietmar, 1997: Die politische Steuerung der Wissenschaft – ein Beitrag zum »kooperativen Staat«. Frankfurt a.M./New York.

Bredekamp, Horst, 2003: Thomas Hobbes, Der Leviathan. Das Urbild des modernen Staates und seine Gegenbilder 1651-2001. Berlin.

Costelloe, Timothy M., 1997: Contract or coincidence: George Herbert Mead and Adam Smith on self and society, in: History of the Human Sciences 10/2, 81-109.

Daston, Lorraine J./Galison, Peter, 1992: The Image of Objectivity, in: Representations 40, 81-128.

Davies, Huw T. O./Nutley, Sandra M./Smith, Peter C. (Hrsg.), 2000: Evidence-based policy and practice in public services. Bristol.

DeMarchi, Bruna/Ravetz, Jerry, 1999: Risk management and governance: a post-normal science approach, in: Futures 31, 743-757.

Drori, Gili S./Meyer, John W./Ramirez, Fracisco O./Schofer, Evan (Hrsg.), 2003: Science in the Modern World Polity. Institutionalization and Globalization. Stanford (CA).

Foucault, Michel, 1977 [2004]: Überwachen und Strafen. Die Geburt des Gefängnisses. Frankfurt a.M.

Franzius, Claudio, 2006: Governance und Regelungsstrukturen, in: Verwaltungsarchiv 97, 186-219.

Funtowicz, Silvio/Ravetz, Jerry, 1993: Science for a post-normal age, in: Futures 25/7, 739-755.

Gibbons, Michael/Limoges, Camille/Nowotny, Helga/Schwartzman, Simon/Scott, Peter/Trow, Martin, 1994: The New Production of Science and Research in Contemporary Societies. London/Thousand Oaks/New Delhi.

Giddens, Anthony, 1984: The Constitution of Society. Cambridge.

Goodman, Nelson/Elgin, Catherine Z., 1988: Revisionen. Philosophie und andere Künste und Wissenschaften. Frankfurt a.M.

Greve, Jens/Heintz, Bettina 2005: Die »Entdeckung« der Weltgesellschaft. Entstehung und Grenzen der Weltgesellschaftstheorie, in: *Heintz, Bettina/Münch, Rainer/Tyrell, Hartmann* (Hrsg.), Weltgesellschaft – Theoretische Zugänge und empirische Problemlagen (Sonderheft »Weltgesellschaft« der Zeitschrift für Soziologie). Stuttgart, 89-119.

Halffman, Willem/Hoppe, Rob 2005: Science/policy boundaries: a changing division of labour in Dutch expert policy advice, in: *Maasen, Sabine/Weingart, Peter* (Hrsg.), Democratization of Expertise? Exploring Novel Forms of Scientific Advice in Political Decision-Making. Berlin/Heidelberg/New York, 135-151.

Hasse, Raimund/Krücken, Georg, 2005: Neo-Institutionalismus. Bielefeld.

Hayek, Friedrich August von, 1960: The Constitution of Liberty. London.

Hellström, Thomas/Jacob, Merle, 2005: Taming Unruly Science and Saving National Competitiveness: Discourses on Science by Sweden's Strategic Research Bodies, in: Science, Technology, & Human Values 30/4, 443-467.

Hobbes, Thomas, 1996: Leviathan oder Stoff, Form und Gewalt eines bürgerlichen Staates. Berlin.

Hobbes, Thomas, 1996 [1651]: Leviathan. Cambridge.
Holland-Cunz, Barbara, 2005: Die Regierung des Wissens. Wissenschaft, Politik und Geschlecht in der Wissensgesellschaft. Opladen.
Jasanoff, Sheila (Hrsg.), 2004: States of Knowledge. The co-production of science and social order. London/New York.
Jasanoff, Sheila, 2005: Designs on Nature: Science and Democracy in Europe and the United States. Princeton (NJ).
Jessop, Bob, 1999: The Governance of Complexity and the Complexity of Governance: Preliminary Remarks on some Problems and Limits of Economic Guidance. Lancaster (www.lancs.ac.uk/fss/sociology/papers/jessop-governance-of-complexity.pdf; 2.4.07)
Kaufmann, Franz-Xaver/Majone, Giandomenico/Ostrom, Vincent, 1986: Guidance, Control and Evaluation in the Public Sector. New York.
Kersting, Wolfgang, 1994: Die politische Philosophie des Gesellschaftsvertrags. Darmstadt.
Knorr Cetina, Karin, 2002: Wissenskulturen. Ein Vergleich naturwissenschaftlicher Wissensformen. Frankfurt a.M.
Koja, Friedrich, 1988: Hans Kelsen oder die Reinheit der Rechtslehre. Wien.
Korczynski, Marek, 1996: Trust, Power and the Market: A Critical Overview of the Economic Sociology of Inter-Firm Relations (Centre for Corporate Change, CCC Paper Nr. 61). Sydney.
Koselleck, Reinhart, 1979: Vergangene Zukunft. Zur Semantik geschichtlicher Zeiten. Frankfurt a.M.
Kötter, Matthias, 2006: Der Governance-Raum als Analysefaktor (Working Paper Nr. 3 des SFB »Governance in Räumen begrenzter Staatlichkeit«). Berlin.
Krücken, Georg, 2002: Amerikanischer Neoinstitutionalismus – europäische Perspektiven, in: Sociologica Internationalis 40, 1-33.
Lengwiler, Martin/Simon, Dagmar, 2005: New governance arrangements in science policy (WZB Discussion Paper P 2005-101). Berlin.
Luhmann, Niklas, 1964: Funktion und Folgen formaler Organisation. Berlin.
Luhmann, Niklas, 1968: Vertrauen. Stuttgart.
Luhmann, Niklas, 1969: Legitimation durch Verfahren. Frankfurt a.M.
Luhmann, Niklas, 1992: Die Wissenschaft der Gesellschaft. Frankfurt a.M.
Luhmann, Niklas, 1997: Die Gesellschaft der Gesellschaft. Frankfurt a.M.
Maranta, Alessandro/Pohl, Christian 2001: Lesarten und Kennzeichnungen: Interpretationsspielräume bei »Modus 2« und »gentechnisch veränderten Lebensmitteln«, in: *Bender, Gerd* (Hrsg.), Neue Formen der Wissenserzeugung. Frankfurt a.M./New York, 101-122.
Mayntz, Renate 2003: New challenges to governance theory, in: *Bang, Henrik P.* (Hrsg.), Governance as social and political communication. Manchester, 27-40.
Mayntz, Renate 2005: Governance Theory als fortentwickelte Steuerungstheorie?, in: *Schuppert, Gunnar Folke* (Hrsg.), Governance-Forschung. Vergewisserung über Stand und Entwicklungslinien. Baden-Baden, 11-20.
Mead, George H., 1991 [1934]: Geist, Identität und Gesellschaft. Frankfurt a.M.
Mennicken, Andrea/Vollmer, Hendrik (Hrsg.), 2007: Zahlenwerk. Kalkulation, Organisation und Gesellschaft. Wiesbaden.
Messmer, Heinz, 2003: Konflikt und Konfliktepisode. Prozesse, Strukturen und Funktionen einer sozialen Form, in: Zeitschrift für Soziologie 32/2, 98-122.
Meyer, John W., 2005: Weltkultur. Wie die westlichen Prinzipien die Welt durchdringen (herausgegeben und eingeleitet von Georg Krücken). Frankfurt a.M.
Miller, Peter, 2001: Governing by Numbers: Why Calculative Practices matter, in: Social Research 68/2, 379-396.
Mirowski, Philip/Van Horn, Robert, 2005: The Contract Research Organization and the Commercialization of Scientific Research, in: Social Studies of Science 35/4, 503-548.

Mörth, Ulrika, 2000: Competing Frames in the European Commission – the case of the defence industry and equipment issue, in: Journal of European Public Policy 7/2, 173-189.
Nowotny, Helga, 2003: Democratising expertise and socially robust knowledge, in: Science and Public Policy 30/3, 151-156.
Nowotny, Helga 2005: Experten, Expertise und imaginierte Laien, in: *Bogner, Alexander/Torgersen, Helge* (Hrsg.), Wozu Experten? Ambivalenzen der Beziehung von Wissenschaft und Politik. Wiesbaden, 33-44.
Nowotny, Helga/Scott, Peter/Gibbons, Michael, 2001: Re-Thinking Science. Knowledge and the Public in an Age of Uncertainty. Cambridge.
Nullmeier, Frank 2006: Wissen und Entscheiden, in: *Heidelberger Akademie der Wissenschaften* (Hrsg.), Politikberatung in Deutschland. Wiesbaden, 85-99.
Oppen, Maria 2003: Vertrauenskultur in der Wissensproduktion und ihre Folgen für die Chancen(un)gleichheit, in: *Matthies, Hildegard/Kuhlmann, Ellen/Oppen, Maria/Simon, Dagmar* (Hrsg.), Gleichstellung in der Forschung. Organisationspraktiken und politische Strategien. Berlin, 51-70.
Ostrom, Elinor, 1990: Governing the Commons. The Evolution of Institutions for Collective Action. Cambridge.
Parsons, Talcott, 1951: The Social System. London.
Porter, Theodore M., 1995: Trust in Numbers. The Pursuit of Objectivity in Science and Public Life. Princeton (NJ).
Potthast, Jörg, 2001: Der Kapitalismus ist kritisierbar. Le nouvel esprit du capitalisme und das Forschungsprogramm der »Soziologie der Kritik«, in: Berliner Journal für Soziologie/4, 551-562.
Power, Michael, 1997: The Audit Society. Rituals of Verification. Oxford.
Pregernig, Michael 2005: Wissenschaftliche Politikberatung als kulturgebundene Grenzarbeit. Vergleich der Interaktionsmuster in den USA und Österreich, in: *Bogner, Alexander/Torgersen, Helge* (Hrsg.), Wozu Experten? Ambivalenzen der Beziehung von Wissenschaft und Politik. Wiesbaden, 267-290.
Raphael, D. D., 2007: The Impartial Spectator: Adam Smith's Moral Philosophy. Oxford.
Renn, Ortwin, 1995: Styles of using scientific expertise: a comparative framework, in: Science and Public Policy 22/3, 147-156.
Risse, Thomas/Lehmkuhl, Ursula, 2006: Governance in Räumen begrenzter Staatlichkeit. Neue Formen des Regierens? (SFB-Governance Working Paper Series Nr. 1). Berlin.
Rogowski, Ralf, 2006: Reflexive Coordination. Thoughts on the Social Model of the European Union (Emile Noel Forum paper, 1 Nov. 2006) (http://www.nyulawglobal.org/fellowsscholars/documents/gffrogowskipaper.pdf; 2.4.07).
Room, Graham, 2005: Policy Benchmarking in the European Union: Indicators and Ambiguities, in: Policy Studies 26/2, 117-132.
Rose, Richard, 1991: What is Lesson-Drawing, in: Journal of Public Policy 11/1, 3-30.
Sabel, Charles F. 1993: Constitutional Ordering in Historical Context, in: *Scharpf, Fritz* (Hrsg.), Games and Hierarchies and Networks. Frankfurt a.M., 27-64.
Salais, Robert, 2006: On the correct (or incorrect) use of indicators in public action, in: Comparative Labor Law & Policy Journal 27, 101-120.
Scharpf, Fritz W. 1993: Positive und negative Koordination in Verhandlungssystemen, in: *Héritier, Adrienne* (Hrsg.), Policy-Analyse. Kritik und Neubewertung. Opladen, 57-83.
Schütz, Alfred, 1974 [1932]: Der sinnhafte Aufbau der sozialen Welt. Eine Einleitung in die verstehende Soziologie. Frankfurt a.M.
Schütz, Alfred 1976 [1944]: The Stranger: An Essay in Social Psychology, in: *Schütz, Alfred* (Hrsg.), Collected Papers II: Studies in Social Theory. Den Haag, 91-105.
Schütz, Alfred 1976a [1959]: Tiresias, Or Our Knowledge of Future Events, in: *Schütz, Alfred* (Hrsg.), Collected Papers II: Studies in Social Theory. Den Haag, 277-293.

Schütz, Alfred 1976b [1959]: The Well-Informed Citizen. An Essay on the Social Distribution of Knowledge, in: *Schütz, Alfred* (Hrsg.), Collected Papers II: Studies in Social Theory. Den Haag, 120-134.

Schützeichel, Rainer (Hrsg.), 2007: Handbuch Wissenssoziologie und Wissensforschung. Konstanz.

Scott, Colin 2004: Regulation in the Age of Governance: The Rise of the Post Regulatory State, in: *Jordana, J./Levi-Faur, D.* (Hrsg.), The Politics of Regulation: Institutions and Regulatory Reforms for the Age of Governance. Cheltenham, UK/Northampton (MA), 145-174.

Shapin, Steven/Schaffer, Simon, 1985: Leviathan and the Air-Pump. Hobbes, Boyle, and the Experimental Life. Princeton (NJ).

Smith, Adam, 1976 [1759]: The Theory of Moral Sentiments. Oxford.

Speth, Rudolf, 2006: Advokatorische Think Tanks und die Politisierung des Marktplatzes der Ideen (Friedrich-Ebert-Stiftung, betrifft: Bürgergesellschaft 24). Berlin (www.fes.de/buergergesellschaft; 10.7.06).

Stone, Diane, 2004: Transfer agents and global networks in the »transnationalization« of policy, in: Journal of European Public Policy 11/3, 545-566.

Straßheim, Holger 2002: Die Differenzmaschine – Arithmetische und explorative Sozialpolitik im experimentellen Wohlfahrtsstaat, in: *Müller, Michael/Raufer, Thilo/Zifonun, Darius* (Hrsg.), Der Sinn der Politik. Beiträge zur kulturwissenschaftlichen Politikanalyse. Konstanz, 177-200.

Straßheim, Holger 2003: Der Ruf der Sirenen – Zur Dynamik politischen Benchmarkings. Eine Analyse der US-Sozialreformen, in: *Maier, Matthias Leonhard/Hurrelmann, Achim/Nullmeier, Frank/Pritzlaff, Tanja/Wiesner, Achim* (Hrsg.), Politik als Lernprozess? Wissenszentrierte Ansätze in der Politikanalyse. Opladen, 227-244.

Straßheim, Holger, 2004: Power in intercommunal knowledge networks. On the endogenous dynamics of network governance and knowledge creation (WZB Discussion Paper SP III 04-104). Berlin.

Sydow, Jörg, 2000: Structuration Theory in Action: Managing Organizational Boundaries in Interorganizational Networks (faculty.fuqua.duke.edu/oswc/2000/papers/thursday/JoergSydowPaper.doc; 2.4.07).

Toulmin, Stephen, 1991: Kosmopolis. Die unerkannten Aufgaben der Moderne. Frankfurt a.M.

Wagner, Peter, 1990: Sozialwissenschaften und Staat – Frankreich, Italien, Deutschland 1870-1980. Frankfurt a.M.

Wagner, Peter/Wollmann, Hellmut, 1986: Patterns of Engagement of Social Scientists in Policy Research and Policy-Consulting – Some Cross-National Considerations. Berlin.

Weingart, Peter, 1997: From Finalisation to Mode 2: Old wine in new bottles? in: Social Science Information 36/4, 591-613.

Weingart, Peter, 2003: Wissenschaftssoziologie. Bielefeld.

Williams, Michael, 2001: Problems of Knowledge. A Critical Introduction to Epistemology. Oxford.

Williamson, Oliver E., 1979: Transaction-Cost Economics: The Governance of Contractual Relations, in: The Journal of Law and Economics 22/2, 233-262.

Williamson, Oliver E., 1999: Mechanisms of Governance. Oxford.

Willke, Helmut, 2002: Dystopia. Studie zur Krisis des Wissens in der modernen Gesellschaft. Frankfurt a.M.

Wittrock, Björn/Wagner, Peter/Wollmann, Hellmut 1991: Social science and the modern state: policy knowledge and political institutions in Western Europe and the United States, in: *Wagner, Peter/Hirschhorn Weiss, Carol/Wittrock, Björn/Wollmann, Hellmut* (Hrsg.), Social Sciences and Modern States. National Experiences and Theoretical Crossroads. Cambridge, 28-85.

Zürn, Michael/Binder, Martin/Ecker-Erhardt, Matthias/Radtke, Katrin, 2006: Politischer Ordnungsbildung wider Willen – Ein Forschungsprogramm zu transnationalen Konflikten und Institutionen (WZB Discussion Paper SP IV 2006-301). Berlin.

Zürn, Michael/Walter, Gregor (Hrsg.), 2005: Globalizing Interests. Pressure Groups and Denationalization. Albany (NY).

Zweiter Teil:
Wissensakteure und Wissensarten

Archive und Register
Verlorenes Wissen oder Wissensressource der Zukunft?

Peter Collin

Inhaltsübersicht

A. *Einleitende Bemerkungen zur Problemstellung*

»Verlorenes Wissen« – diese Formulierung verweist auf eingeengte Nutzungsmöglichkeiten, auf eingeschränkten Zugang, auf antiquierte Speicherformen. Der Passus »Wissensressource der Zukunft« hingegen suggeriert, dass bestimmte Organisationsformen des Wissens vielversprechende Entwicklungspotentiale aufweisen, dass es gerade Eigenschaften dieser Organisationsformen sind, die ihren Einsatz für die Generierung und den Transfer von Wissen empfehlen. Diesem Verständnis folgend, soll nach der derzeitigen Verfassung und den Entwicklungsperspektiven von Archiven und Registern gefragt werden. Dabei sind zunächst die Gemeinsamkeiten beider Einrichtungen hervorzuheben. Sowohl Archive als auch Register sind Ordnungsmodelle der Strukturierung und des Transfers von Informationen. Und beide sind – was die Funktion der sie tragenden Einrichtungen betrifft – Informationsassistenten – oder auch Informationsserviceeinrichtungen.

Allerdings soll sich dieser Beitrag auf eine bestimmte Perspektive, auf bestimmte Erscheinungsformen bzw. funktionelle Ausprägungen von Archiven und Registern beschränken: Archive stehen für vielerlei Zwecke zur Verfügung: Ahnenforschung, wissenschaftliche Forschung, Nachweis von Rechtstiteln, Unterstützung der Verwaltungstätigkeit usw. Ebenso kann man von einer Multifunktionalität von Registern sprechen, wobei hier die funktionale Ausrichtung von der Art des Registers abhängt. Grob zu unterscheiden ist zwischen Registern, die in ihrer Publizitätsfunktion vor allem auch privater Anspruchsverfolgung dienen, wie z.B. Handelsregister oder

Güterrechtsregister, und solchen, die in erster Linie staatliche Tätigkeit unterstützen sollen, also beispielsweise Melderegister, Ausländerzentralregister, Bundeszentralregister oder Verkehrszentralregister. In den folgenden Ausführungen geht es um die Bereitstellung von Wissen für die Erfüllung von Verwaltungsaufgaben. Hiermit wird nur ein Ausschnitt der Problematik erfasst. Damit verbindet sich aber die Hoffnung, dass durch die Konzentration hierauf die Defizite und Potentiale dieser Art Organisation des Wissens besonders gut verdeutlicht werden können. Dabei werfen Archive und Register jeweils Fragestellungen besonderer Art auf.

B. *Archive als Gedächtnis der Verwaltung*

I. *Neue Archivverständnisse*

Archive haben ein angestaubtes Image. Sie stehen – so manche Stimmen in der Literatur – für einen antiquierten Umgang mit Wissen. In Archiven, heißt es, wird Wissen ein- und weggesperrt, von Entwicklungsmöglichkeiten abgeschnitten. Wissen wird dort immobil. Es ist Kommunikationen nicht mehr zugänglich. Die angemessenere Form des Umgangs mit Informationen sei deren Befreiung aus dem Archiv, die Einspeisung von Wissen in elektronisch basierte Kommunikationsprozesse, gewissermaßen die Entgrenzung des Wissens (Vismann 2004).

Derartige Vorstellungen treffen sich mit neuen Konzeptionen der Nutzung von Verwaltungswissen, die von einer Umstellung auf die digitalisierte Akte ausgehen. Bei einer Speicherung in digitalisierten Akten wäre es nicht nur möglich, die in einzelnen Dokumenten enthaltenen Informationen neu zu arrangieren, sondern es könnte das Dienstwissen der Verwaltung, also das Erfahrungswissen über das Management von Verwaltungsabläufen, gewissermaßen die geronnene Klugheit der Administration, allgemein zugänglich gemacht werden.[1] Der einzelne Geschäftsvorfall wäre aus seiner Isolierung herausgerissen, in den Kontext der umfassenderen Aufgabe gestellt und in Beziehung gesetzt zu ähnlich gelagerten Geschäftsvorfällen (Engel 2001: 432; ähnlich auch Ladeur 2008: Rn. 41 f.).

Dem korrespondiert ein neues Archivverständnis, das – in verkürzter und deshalb etwas überspitzter Interpretation – die Informationen aus der einzelnen Akte herauslöst und nur noch gespeicherte Datenbestände kennt, die auf der Grundlage intelligenter Verschlagwortung identifiziert, vernetzt und neu kombiniert werden können (Ernst 2002: 133 f.; Menne-Haritz 2006: 22). Indes stoßen derartige Visionen auf den vor allem in den Archivwissenschaften erhobenen Einwand des Kontextverlustes. Nur wenn Entscheidungen in ihren Entstehungsbedingungen sichtbar bleiben, wenn erkennbar ist, wie sie zustande kamen, in welche organisatorischen Zusammenhänge der Entscheidungsfindungsprozess eingebettet war, ließen sich Informationen zutreffend be- und auswerten (Uhl 1994: 30 f.; Wettengel 1999b: 119; Romeyk 2004: 44; Menne-Haritz 2006: 22 f f.). Daraus ergibt sich die Notwendigkeit, Informationsbe-

1 Menne-Haritz 2001: 202 f f., insb. 204; für die Gewinnung von Prozesswissen statt Ergebniswissen auch Ksoll-Marcon 2004: 233.

stände so zu organisieren, dass sowohl den Anforderungen an Kontexterhaltung wie auch dem Bedürfnis nach Dekontextualisierung Rechnung getragen wird. Hieraus ergeben sich im Folgenden zu schildernde Herausforderungen technischer, organisatorischer und rechtlicher Natur.

II. *Zukünftige Anforderungen an die Ausgestaltung des Archivwesens*

1. *Technische und organisatorische Herausforderungen*

In technischer Hinsicht ist zunächst die dauerhafte Lesbarkeit des digitalisierten Schriftguts zu sichern. Hierzu werden vor allem zwei Lösungen diskutiert. Zum einen die Migration, d.h. die regelmäßige Konversion in neue Formate, bei der aber die Gefahr des Datenverlustes und vor allem der Veränderung der äußeren Gestalt des Dokuments besteht, was mit einer Beeinträchtigung der Authentizität einhergeht. Zum anderen die Emulation, also die Bewahrung mit der ursprünglichen Software, der aber erklärendes Material für zukünftige Anwendungen beigegeben wird; dieses Verfahren befindet sich für die Langzeitarchivierung aber wohl noch in der Experimentierphase (Hofmann 1999: 12).

Erforderlich ist ferner der Einsatz elektronisch basierter Dokumentenmanagementsysteme, die einerseits den ursprünglichen Vorgang sichtbar machen, andererseits eine Vernetzung mit anderen Vorgängen ermöglichen. Es müssen – so die Vorschläge in der archivwissenschaftlichen Diskussion – also sowohl die aktenmäßigen Zusammenhänge als auch die sachsystematischen Ordnungsstrukturen, die eine variable Verknüpfung der Informationsbestände erlauben, deutlich werden. Somit sind verschiedene Informationsebenen zu bilden: Primärinformationen, die den eigentlichen Vorgang abbilden, Metainformationen für die inhaltliche Recherche, Protokollinformationen, die die Zuordnung zu und die Einbettung in einen bestimmten Vorgang erkennbar machen, und Bearbeitungsinformationen, die den Mitwirkungsanteil von Amtswaltern und anderen Verwaltungseinheiten verdeutlichen (Wettengel 1999b: 119 f.).[2] Gerade die Ausstattung mit Metadaten soll die Erhaltung des Kontextes einer Information sichern und für die flexible Verknüpfung mit anderen Informationen sorgen (Marckhgott 2006: 592).

In organisatorischer Hinsicht erfordert dies aber eine neue Qualität des Zusammenwirkens von Archiven und Verwaltung. Ziel muss es erstens sein, dass Behörden ihr Abgabeverhalten ändern und digitales Schriftgut möglichst zeitnah an die Archive abgeben, damit dieses systematisch aufbereitet und zugänglich gemacht werden kann; so ist auch eine intensivere behördliche Nutzung der Archive möglich (Ksol-Marcon 2004: 231). Andererseits birgt aber gerade die Entwicklung hin zur elektronischen Akte eine Gefahr für die archivalische Erfassung. Denn sie erhöht die behördeninternen Speicherkapazitäten und provoziert die Vernachlässigung der Aussonderung (Wettengel 1999a: 89). Ferner sind geeignete Verfahren der Aussonderung erforderlich, die die Aufbereitung des elektronischen Schriftguts für die archivalische Erfas-

2 Vor allem zum Stellenwert von Metainformationen für die elektronische Archivierung siehe Wettengel 1999b: 94; Ksoll-Marcon 2004: 229.

sung einschließen. Derartige Verfahren sind entwickelt worden;[3] allerdings ermangelt es wohl noch vielerorts den Behörden am erforderlichen Wissen, um solche Konzepte für die Archivierung umzusetzen (Kluttig 2004: 212; Hänger/Wettmann 2007: 27), wie überhaupt die Professionalisierung der Aussonderung und der Aufbereitung für die Archivierung in der Verwaltung nur eine geringe Aufmerksamkeit erfährt (Schneider 2004: 21). An dieser Stelle käme der Beratungsauftrag der Archive zum Tragen. Jedoch fehlt es hierzu wohl verbreitet sowohl an personellen Kapazitäten (Kluttig: 2004: 215) als auch an der Vertrautheit der Archivare mit der behördlichen Schriftgutverwaltung (Kluttig: 2004: 213, 216). Die Organisation der Zusammenarbeit zwischen Archiven und Verwaltung mit dem Ziel einer Integration des Archivwesens in ein elektronisch basiertes administratives Wissensmanagement steht also noch am Anfang (Müller 2005: 14).

2. *Rechtliche Herausforderungen*

Das Archivrecht kann für die Entwicklung eines solchen Schriftgutmanagements nur einen geringen Beitrag leisten (Schoch u.a. 2007: Einl. Rn. 49 f.). In Teilbereichen bedarf dieses allerdings einer archivgesetzlichen Armierung. Zuallererst drängen sich datenschutzrechtliche Fragen auf. Eine umfassende Zugänglichmachung behördlichen Schriftgutes auf elektronischer Basis kollidiert mit dem Zweckbindungsgebot des Datenschutzrechts und bedarf der Schaffung entsprechender Erlaubnistatbestände;[4] in weitem Umfang könnte hierauf jedoch verzichtet werden, wenn im Sinne eines Systemdatenschutzes die Aufbereitung so organisiert wird, dass ein Personenbezug vermieden wird; gegebenenfalls ist zu anonymisieren und zu pseudonymisieren (Ksoll-Marcon 2004: 232).
Aber auch auf grundsätzlicher Ebene ist nach archivgesetzlichen Reformbedürfnissen zu fragen. Im letzten Jahrhundert hat das Archiv eine Wandlung vom (geheimen) Staatsarchiv zum Publikumsarchiv durchgemacht. Im Zentrum der archivrechtlichen Debatte stehen denn folgerichtig auch Fragen des Zugangs für die Wissenschaft, aber auch für die sonstige Öffentlichkeit, vor allem im Zusammenhang mit der Harmonisierung des Archivrechts mit dem Informationsfreiheitsrecht (Frohwein 2002; Schoch 2006: 469 f.; Schoch u. a. 2007: Einl. Rn. 28 f., 45 f.). Soll das Archiv jedoch stärker in das Wissensmanagement der öffentlichen Verwaltung eingebunden werden, muss diese Funktion auch in archivgesetzlichen Bestimmungen ihren Niederschlag finden.

3 Anzuführen ist vor allem das Konzept DOMEA (Dokumentenmanagement und elektronische Archivierung im IT-gestützten Geschäftsgang); siehe dazu Wettengel 1999b. Die Evaluation des DOMEA-Konzepts hat allerdings ergeben, dass dieses Verfahren gerade an der Schnittstelle von Verwaltung und Archiv noch erhebliche Schwächen aufweist, Koordinierungs- und Beratungsstelle der Bundesregierung für Informationstechnik 2000: 56 f.

4 Das geltende Archivrecht sieht die Zugänglichkeit personenbezogenen Archivguts – dieser Begriff bezieht sich auf die zu natürlichen Personen angelegten Akten (Steuerakten, Sozialversicherungsakten, Personalakten usw.) und ist nicht identisch mit dem der personenbezogenen Daten – einige Jahre nach dem Tod der betreffenden Person vor; siehe z.B. § 5 Abs. 2 Bundesarchivgesetz – BArchG – (30 Jahre). Neuere Vorschläge nehmen von dieser Beschränkung die Benutzung durch die abgebende Stelle aus, wenn dies zur Erfüllung der Aufgaben erfolgt, die im Zusammenhang mit der Entstehung des Archivgutes standen; vgl. Schoch u.a. 2007: § 17 Rn. 8, 11. Weitere Regelungserfordernisse ergeben sich jedoch dann, wenn die abgebende Stelle oder andere Verwaltungseinheiten das Archivgut für andere Zwecke anfordern.

Dies betrifft einerseits die gesetzliche Fixierung der Aufgaben von Archiven (Schoch u.a. 2007: Einl. Rn. 35). Auch in neueren Reformvorschlägen kommen sie aber noch nicht hinreichend zum Ausdruck. Wenn in § 5 Abs. 3 des Professorenentwurfs zum Bundesarchivgesetz – in Anknüpfung an das geltende Recht – von der »Beratung und Unterstützung öffentlicher Stellen bei der Verwaltung und Sicherung ihrer Unterlagen insbesondere im Hinblick auf deren spätere Archivierung« die Rede ist, vermittelt dies eher ein Bild vom Archiv, welches dem eines externen Beraters entspricht, der seine Expertise für den Umgang mit fremden Informationen zur Verfügung stellt. Dem – wenn auch weit in die Zukunft reichenden – Konzept einer verdichteten Kooperation von Archiv und Verwaltung wird diese Aufgabenbeschreibung aber noch nicht in hinreichendem Maße gerecht – auch wenn natürlich einzusehen ist, dass sich Gesetzentwürfe am tagesaktuell Machbaren zu orientieren haben.

Als Hindernis für die Einbindung von Archiven in ein Informationsmanagement der öffentlichen Verwaltung erweist sich ferner der Umstand, dass das geltende Archivrecht lediglich zwei Gruppen von Nutzern kennt: die abgebenden Stellen mit privilegiertem Zugang[5] und die sonstigen Nutzer. Will man Archive aber in behördenübergreifende Verbundsysteme integrieren, bedarf es einer Ausweitung des privilegierten Zugangs auch für andere Verwaltungseinheiten bzw. für Institutionen aus dem gesellschaftlichen Bereich, soweit diese in die Erfüllung öffentlicher Aufgaben einbezogen sind.

Schließlich ist das Archivrecht hinsichtlich der Abgabeverpflichtungen auf öffentlich-rechtlich organisierte Stellen fixiert bzw. auf vom jeweiligen Verwaltungsträger beherrschte Gesellschaften des Privatrechts. Wenn man sich aber der Einsicht nicht verschließt, dass die Erfüllung öffentlicher Aufgaben zunehmend durch Private bzw. in privat-staatlicher Verantwortungsteilung erfolgt, muss man auch für Abgabepflichten die entsprechenden archivrechtlichen Konsequenzen ziehen und darüber nachdenken, inwiefern private Stellen[6] zur Abgabe ihres Schriftgutes zu verpflichten sind (Polley 2003: 22).

C. *Register als multifunktionale Informationsdienstleister*

I. *Ausdifferenzierungen des Registerwesens*

Register, wie sie hier behandelt werden, sind systematisch geordnete Informationsbestände, in denen mit Hilfe bestimmter Kriterien festgelegte Grunddaten gespeichert

5 Siehe z.B. § 6 Bundesarchiv-Benutzungsverordnung – BArchBV; § 6 Abs. 5 Landesarchivgesetz – LArchG – Baden-Württemberg; Art. 10 Abs. 5 BayArchG; § 10 Abs. 2 LArchG Mecklenburg-Vorpommern; vgl. auch Schoch u.a. 2007: § 17 Rn. 4 mit Fn. 6.

6 Von Abgabeverpflichtungen sind i.d.R. nur öffentlich-rechtlich verfasste Stellen erfasst (für die Einbeziehung von juristischen Personen des Privatrechts, wenn dem Bund die absolute Mehrheit der Anteile gehört bzw. ihm die absolute Mehrheit der Stimmen zusteht, § 6 Abs. 1 ProfE BArchG bei Schoch u.a. 2007). Archivgut von Privaten kann nur mit deren Einverständnis übernommen werden (für ein staatliches Anforderungsrecht bei zwingendem öffentlichen Interesse § 7 Abs. 1 ProfE BArchG bei Schoch u.a. 2007).

sind.[7] Allerdings kann von einheitlichen Grundzügen eines Registerwesens nicht die Rede sein. Man kann sagen, dass die Entwicklung des Registerwesens dadurch geprägt ist, dass sich aus einem überschaubaren Bestand an klassischen Registern eine Vielzahl von Verwaltungsregistern entwickelt hat, die teilweise einzelne Funktionen der klassischen Register übernommen haben, teilweise für neue Aufgaben eingerichtet worden sind.[8] Die heute existierenden Register weisen unterschiedliche Organisationsformen und unterschiedliche – die Art ihrer informationellen Pflichtenlagen prägende – Aufgabenstellungen auf. Dies soll an einigen Beispielen verdeutlicht werden.

Das *Passregister*, angesiedelt bei den als Passbehörden fungierenden örtlichen Ordnungsbehörden, enthält die für die Passausstellung erforderlichen Personendaten (§ 21 Abs. 2 Passgesetz – PassG). Dieses Register dient in erster Linie der Aufgabenerfüllung der Passbehörde[9] und nur in sehr eingeschränktem Maße der Information anderer Behörden, nämlich nur insoweit, wie diese entweder zur Identitätsfeststellung befugt sind (§ 21 Abs. 3 PassG) oder Aufgaben nach dem Passgesetz wahrnehmen (§ 19 Abs. 4 PassG), sowie in einzelnen Ausnahmefällen bei defizitärer Informationslage fremder Behörden.[10] Das beim Generalbundesanwalt geführte *Bundeszentralregister* hingegen ist als Auskunftsregister für andere Stellen der öffentlichen Verwaltung eingerichtet, also als Informationsdienstleister vor allem für Strafverfolgungs-, aber auch für andere Behörden.[11] Das *Fahrzeugregister* schließlich, welches sowohl dezentral bei den Zulassungsbehörden (örtliches Fahrzeugregister) als auch auf Bundesebene (Zentrales Fahrzeugregister) beim Kraftfahrtbundesamt geführt wird (§ 31 Abs. 1 und 2 Straßenverkehrsgesetz – StVG) und in dem vor allem Fahrzeug- und Halterdaten eingetragen sind, dient sowohl eigenen Aufgaben der Registerbehörden, vor allem bei der Zulassung, als auch Aufgaben fremder Behörden, z.B. der Steuerbehörden im Zusammenhang mit der Erhebung der Kfz-Steuer (§ 35 Abs. 1 Nr. 9 StVG), Strafverfolgungsbehörden (§ 35 Abs. 1 Nr. 2 StVG), Sozialbehörden für die Überprüfung von Leistungsansprüchen (§ 35 Abs. 1 Nr. 13 StVG) usw.

7 Der Aussage von Kloepfer 2002: § 10 Rn. 90, wonach Register im Regelfall nur auf andernorts gespeicherte Informationen verweisen, kann daher nicht zugestimmt werden. Richtig ist, dass Register nicht die vollständigen Verwaltungsvorgänge aufnehmen. Es handelt sich also nicht um Archive (für Schriftgut, dessen Verwahrungsfrist abgelaufen ist) oder Zwischenarchive bzw. behördliche Registraturen (für Schriftgut, dessen Verwahrungsfrist noch nicht abgelaufen ist). Durch die Speicherung von Grunddaten werden aber eigene Informationsbestände für Primärinformation gebildet; so auch Eifert 2006: 271, Fn. 1154. Im übrigen lässt sich auch nicht strikt unterscheiden zwischen Registern, die lediglich eine Verweisfunktion aufweisen, und solchen, die Primärinformationen speichern; siehe dazu ausführlich Vismann 2000: 135 ff., 170 ff.

8 Klassische, schon im 19. Jahrhundert existierende Register sind die Melderegister (hierzu Mühlbauer 1995) und die – damals allerdings noch dezentralisiert organisierten – Strafregister. In den 1950er Jahren kamen vor allem das Fahrzeugregister (1951) und das Ausländerzentralregister (1953) hinzu, 1974 wurde das Gewerbezentralregister eingerichtet.

9 § 21 Abs. 3 Nr. 1 PassG (Passaustellung); § 21 Abs. 3 Nr. 3 PassG (Durchführung des PassG, z.B. Einziehung des Passes [§ 12 PassG], Sicherstellung des Passes [§ 13 PassG, wobei zur Sicherstellung auch die zur Personalienfeststellung ermächtigten Behörden, also andere Behörden als die Passbehörden, zuständig sind; vgl. § 19 Abs. 6 PassG]).

10 § 22 Abs. 2 PassG. Allerdings sind die Zugriffsmöglichkeiten mit der Einräumung des elektronischen Abrufs von Lichtbildern für Zwecke der Strafverfolgung (§ 22a Abs. 2 PassG) seit Mitte 2007 erheblich ausgeweitet worden (Gesetz zur Änderung des Passgesetzes vom 20. Juli 2007, BGBl. I S. 1566).

11 Z.B. den Ausländerbehörden für ausländerrechtliche Verfahren, dem Bundesinstitut für Arzneimittel und Medizinprodukte für Erlaubnisverfahren nach dem Betäubungsmittelgesetz – BTMG –, den Luftsicherheitsbehörden für Zwecke der Zuverlässigkeitsüberprüfung; vgl. § 41 Abs. 1 BZRG.

Ebenso unterscheiden sich die Register hinsichtlich der Art und Weise der Datenerhebung. Während das *Bundeszentralregister* Daten nicht selbst erhebt, sondern diese von Gerichten und anderen Behörden übermittelt werden (§ 20 Abs. 1 Bundeszentralregistergesetz – BZRG)[12], wird das Informationsaufkommen für die Passregister weitgehend von den *Passbehörden* als Registerbehörden selbst erarbeitet.[13] Der Informationsbestand des Fahrzeugregisters schließlich speist sich sowohl aus den Angaben der Antragsteller im kraftfahrzeugrechtlichen Zulassungsverfahren (§ 34 Abs. 1 StVG, § 1 Fahrzeugregisterverordnung – FRV) als auch aus dem Informationsaustausch der Fahrzeugregisterbehörden untereinander (§§ 6, 7, 11 FRV) und aus den Datenübermittlungen anderer Behörden.[14]

Festzuhalten ist also, dass eine Vielzahl von Registern nicht nur mit unterschiedlichen Aufgabenbestimmungen, sondern auch in unterschiedlichen Organisationsformen existiert. Wenn nun mögliche Entwicklungstendenzen bzw. Entwicklungsperspektiven des Registerwesens in den Blick genommen werden, dann kann zunächst an diesen Befund angeknüpft werden. Mit dem Wachstum der öffentlichen Aufgaben und der Ausdifferenzierung der Verwaltung hat sich auch das Registerwesen aufgefächert und teilweise spezialisiert. Zu nennen ist neben den oben erwähnten Registern beispielsweise das Krebsregister[15] oder – neuestens – das Korruptionsregister[16].

Mit der Ausweitung und Ausdifferenzierung des Registerwesens lässt sich auch eine Öffnung für neue Organisationsmuster feststellen. Die hergebrachten Verwaltungsregister sind bei einer Behörde angesiedelt und speisen sich aus Meldungen öffentlich-rechtlich organisierter Verwaltungseinheiten. Das schon erwähnte Krebsregister wird von öffentlich-rechtlichen Einrichtungen wie Ärztekammern, aber auch von privatrechtlich verfassten Organisationen, wie privaten Krankenkassen, getragen und ist angesiedelt bei einer zu diesem Zweck errichteten gemeinnützigen GmbH.[17] Zu Datenübermittlungen verpflichtet sind sowohl private Arztpraxen als auch staatliche Krankenhäuser. Somit lassen sich im Registerwesen neue Formen privat-staatlicher Aufgabenerfüllung beobachten.

12 Ähnliches gilt auch für das Ausländerzentralregister, angesiedelt beim Bundesamt für Migration und Flüchtlinge, das seinen Datenbestand aus den Mitteilungen anderer Behörden speist; siehe dazu im Einzelnen §§ 4 ff. Durchführungsverordnung zum Ausländerzentralregistergesetz – AZRG-DV.

13 Lediglich der Ermöglichung von Korrekturen dient der Abgleich von Pass- und Melderegister (§ 22 Abs. 4 PassG).

14 Z.B. § 36b StVG: Pflicht des BKA zur Übermittlung der »Daten von Fahrzeugen, Kennzeichen, Fahrzeugpapieren und Führerscheinen, die zur Beweissicherung, Einziehung, Beschlagnahme, Sicherstellung, Eigentumssicherung und Eigentümer- oder Besitzermittlung ausgeschrieben sind«, an das Kraftfahrt-Bundesamt zum Zwecke des Datenabgleichs.

15 § 1 Krebsregistergesetz vom 4. November 1994 (BGBl I S. 3351) gibt den Ländern die Errichtung von Systemen zur Erhebung, Verarbeitung und Nutzung von Daten über Krebserkrankungen auf. Detaillierte Organisationsvorschriften für diese Register finden sich dann wiederum in den entsprechenden Landesgesetzen.

16 Gesetz zur Errichtung und Führung eines Registers über korruptionsanfällige Unternehmen in Berlin vom 19. April 2006 (GVBl. S. 358).

17 So in Nordrhein-Westfalen, § 2 Krebsregistergesetz Nordrhein-Westfalen vom 5. April 2005 (GV NRW S. 414).

II. *Vom Register zum Informationssystem?*

Informationssysteme sind Verbundsysteme, die von Registern unterschieden, gleichzeitig aber mit ihnen verglichen werden, wobei ein Qualitätssprung und somit eine Entwicklungstendenz zumindest nahe gelegt wird. So werden in der Literatur mit Registern multifunktionale Aufgabenbestimmungen und einfach strukturierte Grunddaten verbunden, mit Informationssystemen hingegen eine aufgabenspezifische Organisation und kontextintensivere Informationen (Eifert 2006: 272 f.).[18] Dem ist allerdings nur teilweise zuzustimmen. Wie schon am Beispiel des Krebsregisters und des Korruptionsregisters gezeigt werden konnte, lassen sich auch Register mit eng gefassten Aufgabenzuweisungen ausmachen. Und auch was die Art der Informationsbestände und der Informationsverarbeitung betrifft, muss zwischen verschiedenen Informationssystemen differenziert werden.

So handelt es sich beim nachrichtendienstlichen Informationssystem der Verfassungsschutzbehörden (NADIS) um ein Verweissystem, über das – im Online-Abruf-Verfahren – lediglich Informationen über die Tatsache der Erfassung einer Person und über die aktenführende Stelle bezogen werden können (§ 6 S. 2 Bundesverfassungsschutzgesetz – BVerfSchG).[19] Das Zentrale Verkehrsinformationssystem (ZEVIS) wiederum kombiniert Daten aus verschiedenen Registern, nämlich aus dem Kraftfahrzeugregister (§ 33 StVG) und dem Verkehrszentralregister[20]. Und noch einen anderen Modus der Informationsverarbeitung sieht das in den §§ 209 f. des Kommissionsentwurfs zum Umweltgesetzbuch – UGB-KomE – konzipierte Modell eines Umweltinformationssystems vor: Bundes- und Landesbehörden haben Umweltdaten an zentrale Stellen, wie z.B. das Robert-Koch-Institut zu übermitteln; dort werden diese Daten zusammengefasst und wissenschaftlich ausgewertet und aus dem so gebildeten neuen Informationsbestand werden die Vollzugsbehörden mit dem für ihre Aufgabenerfüllung relevanten Informationsmaterial versorgt.[21] Hier wird also nicht nur eine Zirkulation von Grunddaten organisiert, sondern auch die Generierung für langfristige Umweltbeobachtungen notwendigen neuen Wissens.[22]

Auch bei Informationssystemen hat man es also mit Organisationsformen des Informationstransfers bzw. der Generierung von Wissen zu tun, die sich keinesfalls unter vereinheitlichende Beschreibungsformeln subsumieren lassen. Informationssysteme verknüpfen teilweise Registerbestände – wobei es aber beim Transfer von Grunddaten verbleibt –, teilweise beinhalten sie Verfahren, in denen mit Hilfe wissenschaftlicher Expertise aus dem Datenmaterial weitere Erkenntnisse gewonnen werden und der Verwaltungspraxis zur Verfügung gestellt werden. Letztere Art und Weise des Informationstransfers und der Informationsgewinnung verkörpert aber nicht einen überlegenen Modus des Umgangs mit Wissen. Vielmehr erfordern die verschiedenen administrativen Tätigkeitsfelder eine jeweils aufgabenadäquate Organisation.

18 Hinsichtlich der Einschätzung von Registern so auch Ladeur 2008: Rn. 30.

19 Weitergehende Informationen sind nur in Ausnahmefällen abrufbar; vgl. § 6 S. 8 BVerfSchG.

20 Vgl. § 28 Abs. 3 Nr. 2, 5-8, 10-13 StVG zu den negativen Fahrerlaubnisdaten.

21 Ein ähnliches Strukturkonzept liegt dem Bodeninformationssystem nach § 19 Abs. 2 Bundesbodenschutzgesetz – BBodSchG – zugrunde.

22 Erläuterung zu § 209 UGB-KomE in: Bundesministerium für Umwelt, Naturschutz und Reaktorsicherheit (Hrsg.) 1998: 822.

D. *Resümee*

Zusammenfassend sollen vier Aspekte hervorgehoben werden. Erstens: Die Überlegungen zur weiteren Entfaltung der Potentiale von Archiven und Registern gehen von einer Umstellung auf digitale Medien aus. Damit lassen sie sich einbetten in das übergreifende Konzept eines Electronic Government, in dem aber insbesondere die Tätigkeit von Archiven noch zu wenig Beachtung gefunden hat.[23] Versteht man Electronic Government in einem allgemeinen Sinne als den »verstärkte(n) Einsatz der Informations- und Kommunikationstechnik zur Verbesserung der Verwaltung« (Eifert 2006: 21), wird dann, wenn man die Digitalisierung des Archiv- und Registerwesens in die Überlegungen einbezieht, noch deutlicher, dass diese Reformstrategie nicht nur die – wenn auch besser politisch plakatierbare[24] – Gestaltung der Bürger-Staat-Beziehung, sondern auch das interne Wissensmanagement der Verwaltung zu umfassen hat.

Zweitens: Bis in die jüngste Zeit – und eigentlich auch jetzt noch – konnte bzw. kann man einen entscheidenden Unterschied zwischen Archiven und Registern so beschreiben, dass Daten aus Archiven eher immobil, Daten aus Registern hingegen eher mobil sind: Informationen aus archivierten Akten müssen erst aufwändig erschlossen werden und der Benutzer muss im Archiv persönlich präsent sein bzw. er muss sich auf ein mitunter langwieriges Verfahren einlassen, wenn er die Zusendung einer Akte (im Original oder in kopierter Form) begehrt. Informationen aus Registern sind hingegen definiert und zu einem großen Teil schon über Online-Abrufverfahren verfügbar. Das heißt, dass letztlich nur ein Teil der in Verwaltungsvorgängen generierten Informationen administrativen Bedürfnissen nach unkomplizierter und schneller Informierung zur Verfügung steht. Mit der Digitalisierung von Akten verschwindet dieser grundlegende Unterschied zwischen Archiven und Registern zunehmend und das Informationsaufkommen der Archive wird – ebenso wie der Datenbestand der Register heute schon – in das Netz der behördlichen Kommunikation eingespeist (Ladeur 2008: Rn. 41). Archive, Register – und Informationssysteme – stehen dann nicht mehr für grundlegend unterschiedliche Formen der Generierung und des Transfers administrativen Wissens, sondern gewissermaßen für verschiedene Abteilungen eines umfassenden »Data Warehouse« (Ladeur 2008: Rn. 42).

Drittens: Die aufgezeigten Möglichkeiten bzw. Erfordernisse der Einbeziehung Privater in das Archiv- und Registerwesen deuten schon an, dass dessen Entwicklungsperspektiven nicht ausschließlich in einer rein behördlich organisierten Form zu suchen sind. Ebenso lässt sich die Generierung und der Transfer des für die Erfüllung öffentlicher Aufgaben erforderlichen Wissens nicht nur über die Festlegung von Informationspflichten bzw. Informationsbefugnissen regeln. Die Entwicklung des Registerwe-

23 Dieser Befund gilt für die Hauptströmungen der Debatte zum Electronic Government. Ungeachtet dessen lassen sich natürlich Beiträge von archivwissenschaftlicher Seite registrieren, die die Einbettung von Archivreformen in E-Government-Strategien ausführlich thematisieren; vgl. nur Hering 2004; 170 ff.; Menne-Haritz 2005.

24 So wird darauf hingewiesen, dass die Nutzung von Archiven für Verwaltungszwecke in den auf dem Konzept des Neuen Steuerungsmodells basierenden Bewertungsprozessen keine Berücksichtigung findet, da diese auf die Messung des »output« im Sinne von Dienstleistungen für den Bürger ausgerichtet sind, Nieß 2002: 45 f.

sens muss vielmehr über Arrangements verschiedener Instrumente hierarchischer, kooperativer und marktförmiger Art erfolgen, die die Organisation entsprechender Trägerinstitutionen, die Herstellung und Pflege der technischen Basis und die Verteilung des relevanten Wissens regulieren. Dies betrifft beispielsweise gesellschaftsrechtliche Formen einzelner Registerinstitutionen, Kooperationen bei der Entwicklung von Softwarelösungen oder Rahmenvereinbarung über die Bereitstellung von Informationen. Somit lassen sich auch Entwicklungstendenzen des Archiv- und Registerwesens als Ausdrucksformen von Governance analysieren.

Viertens: Wenn Informationen aus ursprünglichen Erhebungskontexten herausgelöst und einer Vielzahl von Nutzern zugänglich gemacht werden, besteht das Risiko eines unbegrenzten, unstrukturierten, intransparenten und »Richtigkeits«-Überprüfungen entzogenen Umgangs mit personenbezogenen Daten (Albers 2005: 456 ff.). Weder Archive noch Register lassen sich demzufolge in Konzepte von – im Übrigen schon theoretisch fragwürdigen – All-Channel-Information-Networks[25] einordnen, in denen jedem zu jeder Information ein gleichberechtigter Zugang eröffnet ist. Sowohl die Nutzung von Archiven wie auch von Registern ist derart zu strukturieren, dass der Kreis der Nutzer definiert und nach Rechtfertigungsgründen für die Übermittlung personenbezogener Informationen abgeschichtet wird. Verdichtete informationelle Vernetzung, wie sie auch durch Archive und Register geleistet werden kann, darf nicht zu Lasten von Freiheitsrechten gehen.

Literatur

Albers, Marion, 2005: Informationelle Selbstbestimmung. Baden-Baden.

Bundesministerium für Umwelt, Naturschutz und Reaktorsicherheit (Hrsg.), 1998: Umweltgesetzbuch (UGB-KomE). Berlin.

Engel, Andrea, 2001: Prozesswissen als Gegenstand des Wissensmanagements in der öffentlichen Verwaltung, in: *Schnurr, Hans-Peter/Raab, Steffen/Studer, Rudi/Stumme, Gerd/Sure, York* (Hrsg.), Professionelles Wissensmanagement. Erfahrungen und Visionen. Aachen, 426-433.

Ernst, Wolfgang, 2002: Das Rumoren der Archive. Ordnung aus Unordnung. Berlin.

Eifert, Martin, 2006: Electronic Government. Baden-Baden.

Frowein, Jochen A., 2002: Archive und Verfassungsordnung, in: *Murken, Jens* (Red.), Archive und Herrschaft. Referate des 72. Deutschen Archivtages 2001 in Cottbus. Siegburg, 9-26.

Graber, Doris A., 2003: The Power of Communication: Managing Information in Public Organizations. Washington, D.C.

Hänger, Andrea/Wettmann, Andrea, 2007: Das DOMEA-Konzept – eine Zwischenbilanz aus archivischer Sicht, in: Der Archivar 60, 24-29.

Hering, Rainer, 2004: Change Management und Archive. Archivische Aufgaben im Rahmen der Implementierung von Dokumentenmanagementsystemen, in: *ders./Schäfer, Udo* (Hrsg.), Digitales Verwalten – Digitales Archivieren. 8. Tagung des Arbeitskreises »Archivierung von Unterlagen aus digitalen Systemen« am 27. und 28. April im Staatsarchiv Hamburg. Hamburg, 167-182.

25 Zu den verschiedenen Kommunikationsmodellen für Netzwerke siehe z.B. Graber 2003: 101 ff.

Hofman, Hans, 1999: Herausforderungen an die digitale Erhaltung, in: *Wettengel, Michael* (Hrsg.), Digitale Herausforderungen für Archive. 3. Tagung des Arbeitskreises »Archivierung von Unterlagen aus digitalen Systemen« am 22. und 23. März 1999 im Bundesarchiv in Koblenz. Koblenz, 9-13.

Kloepfer, Michael, 2002: Informationsrecht. München.

Kluttig, Thekla, 2004: Behördliche Schriftgutverwaltung – obskures Objekt der Beratung, in: *Unger, Stefanie* (Hrsg.), Archive und ihre Nutzer – Archive als moderne Dienstleister. Beiträge des 8. Archivwissenschaftlichen Kolloquiums der Archivschule Marburg. Marburg, 211-223.

Koordinierungs- und Beratungsstelle der Bundesregierung für Informationstechnik, 2000: Ergebnisse der Evaluierung »Konformität von Vorgangsbearbeitungssystemen mit dem Konzept Papierarmes Büro (DOMEA-Konzept)«. Berlin.

Ksoll-Marcon, Margit, 2004: Digitale Unterlagen – eine neue Herausforderung bei der Behördenberatung, in: *Unger, Stefanie* (Hrsg.), Archive und ihre Nutzer – Archive als moderne Dienstleister. Beiträge des 8. Archivwissenschaftlichen Kolloquiums der Archivschule Marburg. Marburg, 225-238.

Ladeur, Karl-Heinz, 2008: Die Kommunikationsinfrastruktur der Verwaltung, in: *Hoffmann-Riem, Wolfgang/Schmidt-Aßmann, Eberhard/Voßkuhle, Andreas* (Hrsg.), Grundlagen des Verwaltungsrechts. Bd. II. München, § 21.

Marckhgott, Gerhart, 2006: Wissensräume im Archiv. Überlegungen zur Zukunft archivischer Erschließung, in: *Hetzer, Gerhard/Uhl, Bodo* (Hrsg.), Festschrift Hermann Rumschöttel zum 65. Geburtstag. Teilbd. 2. Köln/Weimar/Wien, 585-595.

Menne-Haritz, Angelika, 2001: Das Dienstwissen der öffentlichen Verwaltung. Wissensmanagement für kooperative Entscheidungsprozesse, in: Verwaltung und Management 7, 198-204.

Menne-Haritz, Angelika, 2005: Archive der Zukunft für die Bürger von heute. Verwaltungsmodernisierung und Electronic Government in öffentlichen Archiven, in: *Klewitz-Hommelsen, Sayeed/Bonin, Hinrich* (Hrsg.), Die Zeit nach dem E-Government. Münster, 35-52.

Menne-Haritz, Angelika, 2006: Schlüsselbegriffe der Archivterminologie. 3. Auflage. Marburg.

Mühlbauer, Holger; 1995: Kontinuitäten und Brüche in der Entwicklung des deutschen Einwohnermeldewesens. Historisch-juristische Untersuchung am Beispiel Berlins. Frankfurt a. M.

Müller, Peter, 2005: Vollregest, Findbuch oder Informationssystem – Anmerkungen zu Geschichte und Perspektiven der archivischen Erschließung, in: Der Archivar 58, 6-15.

Nieß, Ulrich, 2002: Die verwaltungsinterne Benutzung als lästige Pflicht? Die Archive zwischen verwaltungsinterner Kundenorientierung und kulturpolitischer Profilierung, in: *Schadek, Hans* (Hrsg.), Zwischen Anspruch und Wirklichkeit. Das Dienstleistungsunternehmen Archiv auf dem Prüfstand der Benutzerorientierung. Vorträge des 61. Südwestdeutschen Archivtags am 26. Mai 2001 in Schaffhausen. Stuttgart, 41-50.

Polley, Rainer, 2003: »Oft büßt das Gute ein, wer Besseres sucht« – Bestandsaufnahme und Gedanken zum aktuellen Stand der Archivgesetzgebung in Deutschland, in: *ders.* (Hrsg.), Archivgesetzgebung in Deutschland – Ungeklärte Rechtsfragen und neue Herausforderungen. Marburg, 17-28.

Romeyk, Horst, 2004: Archivische Anforderungen an die IT-gestützte Vorgangsbearbeitung und an elektronisch geführte Register bzw. elektronische Schriftgutverwaltung, Aktenbildung und Vorgangsbearbeitung, in: *Wettengel, Michael* (Hrsg.), Digitale Herausforderungen für Archive. 3. Tagung des Arbeitskreises »Archivierung von Unterlagen aus digitalen Systemen« am 22. und 23. März 1999 im Bundesarchiv in Koblenz. Koblenz, 41-44.

Schneider, Gerd, 2004: Archive zwischen Risiko und Chance: Interner Umgang mit externen Bedingungen, in: *Unger, Stefanie* (Hrsg.), Archive und ihre Nutzer – Archive als moderne

Dienstleister. Beiträge des 8. Archivwissenschaftlichen Kolloquiums der Archivschule Marburg. Marburg, 13-56.

Schoch, Friedrich, 2006: Modernisierung des Archivrechts in Deutschland, in: Die Verwaltung 39, 463-491.

Schoch, Friedrich/Kloepfer, Michael/Garstka, Hansjürgen, 2007: Archivgesetz (ArchG-ProfE). Berlin.

Vismann, Cornelia, 2000: Akten. Medientechnik und Recht. Frankfurt a. M.

Vismann, Cornelia, 2004: Was weiß der Staat noch?, in: *Collin, Peter/Horstmann, Thomas* (Hrsg.), Das Wissen des Staates, Baden-Baden. 41-45.

Uhl, Bodo, 1994: Die Geschichte der Bewertungsdiskussion, in: *Wettmann, Andrea* (Hrsg.), Bilanz und Perspektiven archivischer Bewertung. Marburg, 11-35.

Wettengel, Michael, 1999a: Aussonderung und Archivierung elektronischer Akten, in: *ders.* (Hrsg.), Digitale Herausforderungen für Archive. 3. Tagung des Arbeitskreises »Archivierung von Unterlagen aus digitalen Systemen« am 22. und 23. März 1999 im Bundesarchiv in Koblenz. Koblenz, 89-96.

Wettengel, Michael, 1999b: IT-gestützte Vorgangsbearbeitung und archivische Anforderungen, in: *ders.* (Hrsg.), Digitale Herausforderungen für Archive. 3. Tagung des Arbeitskreises »Archivierung von Unterlagen aus digitalen Systemen« am 22. und 23. März 1999 im Bundesarchiv in Koblenz. Koblenz, 117-124.

Cognitive Governance
Beobachtungen im Kontext der Risikosteuerung des globalen Finanzsystems[1]

Torsten Strulik

Inhaltsübersicht

A. *Einleitung*

Innerhalb der Soziologie mehren sich Diagnosen, die auf eine wachsende Bedeutung von Wissen innerhalb gesellschaftlicher Regelungskontexte hinweisen. Begriffe wie »Wissenspolitik« (Rammert 2003, Stehr 2003, Böschen 2005, Wehling 2006), »responsive knowledge governance« (Bora 2007) oder »smart governance« (Willke 2007) signalisieren eine wiederbelebte Sensibilität der Disziplin für Fragen sozietaler Steuerung sowie Anpassungserfordernisse an Problemlagen, die infolge eines offenbar veränderten gesellschaftlichen Umgangs mit Wissen und Nichtwissen auftreten. Instruktiv sind entsprechende Studien hinsichtlich der Bearbeitung offener Fragen zu den Merkmalen von Wissen, zur Gestaltung von Innovationsprozessen, zur Politisierung von (Nicht-)Wissen sowie den Anforderungen an eine Kombinatorik heterogener Wissensordnungen. Zugleich bieten sie Versuche, die institutionellen Möglichkeiten eines problemadäquaten Umgangs mit wissensgetriebenen Risiken und Selbstgefährdungen anhand elaborierter gesellschaftstheoretischer Konzepte zu erfassen.[2]

1 Der Beitrag präsentiert Ergebnisse des von der VolkswagenStiftung im Schwerpunkt »Innovationsprozesse in Wirtschaft und Gesellschaft« geförderten Projekts »Regulatory Innovation through collective intelligence? The emergence of a cognitive supervisory regime in banking as a crucial innovation process in the global financial system«, das unter Leitung von Helmut Willke und Torsten Strulik an der Universität Bielefeld durchgeführt wurde.

2 Angeregt sind diese Konzepte vor allem durch die neuere soziologische Systemtheorie (Luhmann 1984), die Theorie der Strukturierung (Giddens 1984) sowie die Theorie reflexiver Modernisierung (Beck 1986).

In den Blick geraten die Erfordernisse und Limitationen von Regelungsstrukturen, die jenseits praktischer Kontrollillusionen, analytischer Dualismen und territorialer Grenzen brauchbare Bearbeitungsformen des Steigerungsverhältnisses von Wissen und Nichtwissen bieten. Verbindendes Moment solcher Überlegungen scheint die Annahme eines Bedeutungszuwachses institutioneller Arrangements zu sein, die durch einen ausgeprägt kognitiven (lernorientierten) Erwartungsstil geprägt sind.[3] Der Governance-Forschung bieten sich mit dieser soziologischen Ausrichtung nicht nur Gelegenheiten für ein weit reichendes Verständnis sozialer Problemdynamiken, sondern auch für eine intensivere Auseinandersetzung mit der »kognitiven Kompetenz«[4] gesellschaftlicher Funktionssysteme, Regelungsstrukturen und Organisationstypen.

In Anbetracht dieser Ausgangslage werde ich in meinem Beitrag die Entstehungsbedingungen, Merkmale und Folgen kognitiver Governance-Formen beleuchten. Verbindet man Niklas Luhmanns (1984, 1991) Gedanken zu normativen und kognitiven Erwartungsstilen – auf die ich an späterer Stelle ausführlich eingehen werde – mit analytischen Perspektiven innerhalb der aktuellen Governance-Forschung,[5] so lassen sich mindestens drei wichtige Bezüge herstellen. Erstens ist es vielversprechend, die Aufmerksamkeit auf Ansätze marktlicher Selbstregelung zu richten. Soziologische und politikwissenschaftliche Konzepte wie »epistemic authority« (Cutler u.a. 1999), »embedded knowledge network« (Sinclair 2005) oder »Globale Expertise« (Willke 2003) verweisen auf Unternehmen (z.B. Rating-Agenturen, Wirtschaftsprüfungsgesellschaften), die mittels eines spezifischen Problemwissens wichtige infrastrukturelle Beiträge zur Reproduktion ökonomischer Entscheidungen leisten. Fraglich ist, wie sich die Funktionen dieser wissensbasierten Unternehmen unter dem Gesichtspunkt der Governance beschreiben lassen und mit welchen Folgen sie sich selbst und ihre externe Umwelt konfrontieren. Zweitens empfiehlt es sich, gemischt öffentlich-privaten Arrangements eine besondere Beachtung zu schenken. Zu prüfen ist, ob und in welchem Umfang es den politischen Akteuren gelingt, mit der kognitiven Orientierung und dem Innovationstempo vor allem der Wirtschaft und der Wissenschaft Schritt zu halten. Denkbar ist, dass Ansätze einer »responsive regulation« (Ayres/ Braithwaite 1992) nicht nur zu einer mehr kooperativen Interaktion von privaten und öffentlichen Akteuren führen, sondern Möglichkeiten für kollektive Lernprozesse im Management von Risiken und Gefahren eröffnen. Drittens schließlich bietet es sich mit Rekurs auf die gerade benannten Fragestellungen an, die internen Voraussetzungen der an Governance beteiligten Organisationen bzw. Netzwerke näher zu betrachten. Wie steht es um die »Governance-Kompetenz« (Schuppert 2006: 431) von Akteuren und spezifischen institutionellen Arrangements?

3 Im Kontext seiner Bemerkungen zur Weltgesellschaft und nicht zuletzt mit Blick auf die Möglichkeiten politisch-rechtlicher Steuerung hat Niklas Luhmann (1991) bereits in den frühen 1970er Jahren die These formuliert, dass es mit fortschreitender funktionaler Differenzierung zu einer Schwerpunktverlagerung von einem normativen zu einem kognitiven Erwartungsstil kommt. »Das hieße, dass auf der Ebene der sich konsolidierenden Weltgesellschaft nicht mehr Normen (in Gestalt von Werten, Vorschriften, Zwecken) die Vorauswahl des zu erkennenden steuern, sondern das umgekehrt das Problem lernender Anpassung den strukturellen Primat gewinnt« (ebd., 63).

4 Siehe zu diesem Begriff ausführlich Philippe Nonet und Philip Selznick (1978).

5 Für eine detaillierte Übersicht siehe Gunnar Folke Schuppert (2006).

Für die Beantwortung entsprechender Fragen konzentriere ich mich auf das globale Finanzgeschäft. Mit Bezug auf dieses Feld ist seit den späten 1980er Jahren eine wachsende Aufmerksamkeit für das Verhältnis von Wissen und Governance zu verzeichnen (z.B. Strange 1988, Porter 1999, Strulik 2000, Strulik/Willke 2007). Erkennbar ist, dass die Selbstregelung des mittlerweile globalisierten Finanzsystems durch eine ausgeprägt kognitive Orientierung gekennzeichnet ist und dass dessen Dynamik und systemische Fragilität offenkundig einen besonderen Problemdruck in Richtung der Entwicklung angepasster Governance-Ansätze erzeugt. Besonders hervorstechend ist die kognitive Orientierung des Finanzgeschäfts am Beispiel der Risikomanagementindustrie. Mit dem sich im Zusammenbruch des Systems von Bretton Woods manifestierenden Übergang von einem »government-led« zu einem »market-led international monetary system« (Padoa-Schioppa/Saccomanni 1994) entwickelte sich die Nachfrage nach innovativen Finanzinstrumenten, mit deren Hilfe sich die »neuen Unsicherheiten« sowohl begrenzen als auch produktiv nutzen ließen. Vor allem im Hinblick auf die durch die »Entfesselung der Märkte« (Bryan/Farrell 1996) gestiegenen Devisen-, Aktienkurs- und Zinsänderungsrisiken benötigten die Marktakteure leistungsfähige Preissicherungs- und Arbitrage-Instrumente, die einerseits zur Eingrenzung *von* sowie andererseits zur Spekulation *mit* Risiken geeignet waren. Beispiele hierfür sind Währungs- und Zins-Swaps, Optionen, Futures sowie Forward-Rate-Agreements. Gemeinsam ist diesen Produkten, dass sie auf dem Prinzip einer Antizipation künftiger Entwicklungen beruhen und gewissermaßen die Erwartungen von Erwartungen handelbar machen. Am Risikomanagement ist sehr deutlich zu erkennen, dass die Erwartungsstrukturen des globalen Finanzsystems auf Anpassung eingestellt sind. Auf Enttäuschungen wird mit der Herausbildung neuer Erwartungsstrukturen reagiert. Die Lernorientierung geht soweit, dass mögliche Enttäuschungen imaginativ vorweggenommen werden und entsprechende Szenarien als Ausgangspunkt für die Entwicklung alternativer Strategien dienen. Man denke etwa an die vielfältigen Simulationstechniken, die in den Risikomanagementabteilungen von Banken und institutionellen Investoren zum Einsatz kommen.

Am Beispiel des globalen Finanzgeschäfts und seinem strukturell angelegten und »fortgesetzten Wachstumszwang« (Kaufmann 1999: 248) sind zudem sehr gut die ambivalenten Folgen eines ausgeprägt kognitiven Erwartungsstils zu beobachten. Treibt die permanente Verfeinerung und Weiterentwicklung von Finanzinstrumenten einerseits eine wohlfahrtsfördernde gesellschaftliche Innovationsdynamik an, so erzeugt sie andererseits »intelligente Probleme«[6], deren Bearbeitung nicht mehr vorrangig mit normativen Mechanismen der Politik und des Rechts bzw. durch kontrafaktisches Festhaltenwollen vorgegebener Erwartungen erfolgen kann. Die jüngste Krise, ausgehend von Problemen im US-Markt für schlecht besicherte Hypothekenkredite, illustriert diesen Zusammenhang in eindringlicher Weise. Im Zusammenwirken der Expertise und der Rationalitäten von Hypothekenbanken, Hedge-Fonds, Kreditbanken und Rating-Agenturen ist ein ebenso komplexes wie profitables Netzwerk

6 Unter intelligenten Problemen verstehe ich solche, die erstens in besonderem Maße auf den Einsatz von Wissen zurückzuführen sind sowie zweitens Problemlösungen als Impuls und Material für komplexere Selbstmodifikationen nutzen.

von Risikoentscheidungen entstanden, dessen negative Externalitäten letztlich nicht mehr einzelnen Akteuren zugerechnet und durch politisch-rechtliche Sanktionen bearbeitet werden können. Der ebenso öffentlichkeitswirksame wie hilflose Ruf der Politik nach mehr Transparenz verdeckt daher nur die verbreitete Ratlosigkeit im Umgang mit einem Finanzsystem, dessen Wissensintensität, Vernetzung und Risikoneigung einen Grad erreicht hat, der sowohl die Marktakteure selbst als auch die Politik mit dringend erforderlichen Anpassungen konfrontiert. Vor allem die Bewertungsfehler der Rating-Agenturen, die Turbulenzen, in die zahlreiche Hedge-Fonds gerieten, sowie die verspäteten Reaktionen der Aufsichtsbehörden demonstrieren, dass die aktuellen Anforderungen an Regelstrukturen und -prozesse nicht nur normativer und monetärer, sondern immer mehr auch kognitiver Art sind.

Im Folgenden werde ich mich zunächst unter konzeptionellen Gesichtspunkten mit den Entstehungsbedingungen und Merkmalen kognitiver Governance-Formen befassen.[7] Dazu beleuchte ich den Kontext gesellschaftlicher und ökonomischer Entwicklungen, um erstens auf eine veränderte gesellschaftliche bzw. ökonomische Bedeutung von Wissen und Nichtwissen aufmerksam zu machen und zweitens entsprechende Konsequenzen für die Theorie und Praxis von Governance zu benennen. Anschließend wende ich mich der Unterscheidung von normativen und kognitiven Erwartungsstilen zu. Ziel ist es, die wesentlichen Elemente kognitiver Governance herauszuarbeiten. Da sich entsprechende Überlegungen erfahrungsgemäß am präzisesten mit Bezug auf konkrete Problemstellungen entfalten lassen, beziehe ich mich dabei an wichtigen Stellen auf das angesprochene Feld des globalen Finanzgeschäfts. (Abschnitt 2). Sodann konzentriere ich mich auf den Organisationstyp Rating-Agentur und überprüfe die Tätigkeiten der führenden US-amerikanischen Agenturen Standard & Poor's und Moodys unter dem Aspekt einer wissensintensiven Form wirtschaftlicher Selbst-Governance. Von besonderem Interesse ist für mich dabei, wie und mit welchen Folgen die Agenturen das unhintergehbare Nichtwissen um die Entwicklung von Märkten, Organisationen und Produkten verarbeiten und in brauchbare Erwartungssicherheiten transformieren (Abschnitt 3). Anschließend verlagere ich den Fokus auf ein gemischt öffentlich-privates Arrangement im Bereich der Regulierung international tätiger Banken, das durch einen ausgeprägt adaptiven Regelungsstil gekennzeichnet ist. Dabei soll nicht nur der Governance-Kompetenz entsprechender Akteure bzw. institutioneller Arrangements eine besondere Aufmerksamkeit gewidmet werden, sondern auch nach den Folgen lernorientierter Arrangements gefragt werden. (Abschnitt 4). Ein kurzes Fazit fasst meine Befunde zusammen und deutet Anknüpfungspunkte für weitere Forschungen an (Abschnitt 5).

7 Siehe hierzu auch die im oben genannten Projekt entstandenen Texte »Smart Governance. Governing the global knowledge society« von Helmut Willke (2007) sowie »Bankenregulierung als Cognitive Governance. Eine Studie zur gesellschaftlichen Verarbeitung von Komplexität und Nichtwissen« von Sven Kette (2008).

B. *Entstehungsbedingungen und Merkmale kognitiver Governance*

I. *Die Transformation der gesellschaftlichen Wissensproduktion*

Für ein Verständnis der gegenwärtigen Regelungsanforderungen im Kontext eines globalen Finanzgeschäfts sind soziologische Arbeiten aufschlussreich, die auf eine Verbindung zwischen der Entstehung der Wissensgesellschaft und der Transformation der gesellschaftlichen Wissensproduktion aufmerksam machen (z.B. Willke 2002; Knorr-Cetina/Preda 2001; Weingart 2001; Krohn 2002). Verbindendes Moment dieser Arbeiten ist die Auffassung, dass die Wissensgesellschaft weder lediglich durch die vermehrte Produktion und Anwendung von Wissen, noch schlicht durch einen Bedeutungszuwachs der Wissenschaft gekennzeichnet ist. Als entscheidend wird vielmehr erachtet, dass es zu einer gesellschaftsweiten Generalisierung des Handlungstyps wissenschaftlicher Forschung im Sinne einer ebenso systematischen wie kontrollierten Reflexion und Revision von Wissensbeständen kommt. Beruhte die Wissensbasis früherer Gesellschaften auf Regeln, die fraglos tradiert wurden, und fand Lernen im Wesentlichen unbeabsichtigt-beiläufig statt, so gerät die gegenwärtige Gesellschaft immer mehr unter den Imperativ des durch *aktive* Erfahrung gesteuerten Lernens.

> »Um strategisch handeln zu können, wird die Zukunft durch hypothetische Entwürfe, Simulationen und Modelle vorweggenommen; die Ursachen für Abweichungen tatsächlicher Ereignisse von erwarteten werden systematisch erforscht; die dabei produzierten Daten werden gespeichert und weiterverarbeitet, das heißt in den Prozeß zurückgeben. Damit ändert sich die Geschwindigkeit und das Volumen der Informationsverarbeitung moderner Wissensgesellschaften um Größenordnungen« (Weingart 2001: 17 f.).

Gerade für eine Form der Wirtschaft, die als »Knowledge-based Economy«, »Capitalisme Cognitif« oder »Wissensökonomie« beschrieben wird, ist charakteristisch, dass sie das für ihren Bestand und ihre Entfaltung erforderliche Wissen nicht mehr vorrangig aus Erfahrungsbeständen bezieht, sondern über den Weg von Lernprozessen neu generiert. Die Revision von Wissen und die Anwendung *neuen* Wissens werden zu Imperativen, die immer mehr Bereiche der Ökonomie bestimmen. Demnach handelt es sich nicht mehr trivial um eine Ökonomie, in der immer Wissen anfällt und in der Produkte und Dienstleistungen wissensbasierter Natur sind. Vielmehr handelt es sich um ein System, dessen wesentliches Problem darin besteht, brauchbares Wissen erst zu generieren, zu organisieren und zu managen. Betrachtet man zudem Wissen als das Ergebnis von Lernen, so wird erkennbar, dass die Operationen der Wissensökonomie in besonderem Maße durch reflexives Wissen gekennzeichnet sind. Das heißt, die Initiierung und Steuerung von Prozessen der Wissensgenerierung wird wichtiger, als die Verwaltung von Wissensbeständen. Insofern mit dieser neuen Schwerpunktsetzung zugleich eine Verlagerung des Zeithorizonts von der Vergangenheit (Bestände) in die Zukunft (Prozesse) angezeigt ist, kommt Mechanismen eine entscheidende Bedeutung zu, die zu einer »Vernichtung der Zeitlichkeit der Zukunft« (Kaufmann 1973) beitragen. Eine wichtige Frage ist daher, welche Governance-Formen geeignet sind, sowohl der zunehmenden Innovationsneigung der Wirtschaft als auch den parallel wachsenden Ansprüchen an die Erzeugung von Erwartungssicherheit gerecht zu werden.

II. *Die Erschließung von Nichtwissen*

Soziologische Diagnosen einer Transformation der gesellschaftlichen Wissensproduktion im Sinne einer Schwerpunktverlagerung von der Anwendung zur strategisch getriebenen Erzeugung von Wissen konvergieren mit aktuellen Studien, die auf Veränderungen im gesellschaftlichen Umgang mit Nichtwissen hinweisen. So betont etwa Michael Smithson (1989):

> »Not long ago, the dominant methods of coping with ignorance were to try eliminating it or absorbing it. The emerging frameworks now seem to have jettisoned the assumption, that ignorance is ultimately reducible, and the new style is ›managerial‹ in the sense of attempting to understand, tolerate, and even utilize certain kinds of ignorance.« (Smithson 1989: viii).

Ein aktiver bzw. utilitaristischer Umgang mit Nichtwissen ist zweifellos für das globale Finanzsystem kennzeichnend. So etwa mit Blick auf die Arbeit von Analysten und Händlern in Investmentbanken, die das unhintergehbare Nichtwissen um die Entwicklung von Märkten, Unternehmen und Produkten aufgreifen, es zu angebbaren Problemstellungen verdichten, diese analysieren und ihren Kunden maßgeschneiderte Finanzinnovationen anbieten. Wie Oliver Vopel (1999) in seiner Studie zur Wissensarbeit im Investment Banking zeigt, wird das Erkunden und Spezifizieren von Nichtwissen zum zentralen Kriterium des Wettbewerbs. Obwohl die Experten in den Abteilungen der Investmentbanken selbst wissen »dass sie mit ihren Prognosen nicht selten daneben liegen, analysieren sie doch Tag für Tag ihre Aktiencharts, suchen nach instruktiven Korrelationen, bewerten die Strategien und das Management junger Technologieunternehmen, begutachten die Entwicklungsmöglichkeiten ganzer Branchen und kompletter Volkswirtschaften angetrieben von der Hoffnung, *besseres* und *anschlussfähigeres* Wissen zu erzeugen als die Kollegen der anderen Banken. All dies tun sie und sind dennoch jederzeit bereit, vorhandenes Wissen gegen neues, besseres Wissen einzutauschen. Dieser unverkrampfte und leidenschaftslose Umgang mit den eigenen Erwartungen zeichnet Wissensarbeit in den Organisationen des Finanzsektors besonders aus. Ihre Lernwilligkeit *darf* eigentlich keine Grenzen kennen« (Vopel 1999: 14, Herv. im Original).
Hinsichtlich der Problemstellungen von Governance illustriert dieses Beispiel nicht nur die zunehmende Geschwindigkeit der gesellschaftlichen und ökonomischen (Nicht-)Wissensproduktion, sondern auch die konstitutive Wirkung bzw. den Strukturaufbauwert von Nichtwissen.[8] Dabei stehen gerade die aktuellen Entwicklungen innerhalb des globalen Finanzsystems nicht nur für eine Erweiterung profitabler Optionsräume, sondern auch für die Entstehung neuer Zonen des Nichtwissens, die ange-

8 Für theoretisch orientierte Darlegungen des Strukturaufbauwerts von Nichtwissen siehe George L.S. Shackle (1968, 1979) und Niklas Luhmann (2000, 2002). Für eine entsprechende Zusammenfassung Torsten Strulik (2004).

passte Governance-Formen erforderlich machen. Die Reflexivität, Beschleunigung und Interdependenz finanzwirtschaftlicher Wissenserzeugung führt zu einer abnehmenden Überschaubarkeit von Entscheidungszusammenhängen sowie zur Erosion bislang tragfähiger Gewissheiten. Intelligente Lösungen (z.B. Hedge-Fonds) bringen intelligente Probleme (z.B. Systemrisiken) hervor und erzwingen Anpassungen im Bereich der Governance-Strukturen. Dabei scheint sich gerade im Kontext des Finanzgeschäfts der Problemfokus des Umgangs mit Risiken immer mehr in den Bereich der Uneindeutigkeit und der Nichtberechenbarkeit zu verschieben.[9] Wenngleich das statistische Kalkül, welches die Grundlage der wissenschaftlich-technischen Entwicklung der vergangenen zwei Jahrhunderte bildete, nur wenig an Faszination eingebüßt hat, scheint es doch an »faktischer« Tragkraft zu verlieren. Nicht nur aufgrund der wachsenden Unsicherheit, *ob* eine unerwünschte Folge eintritt, sondern auch *welche* Folge eintritt, müssen Wirtschaft und Politik daher neue anschlussfähige Wege finden, Entscheidungsfähigkeit herzustellen und produktive Risiken einzugehen. Einiges spricht dafür, dass diese Anforderungen im Zusammenhang mit einer Schwerpunktverlagerung im Mischungsverhältnis normativer und kognitiver Erwartungen stehen.

III. *Normative und kognitive Erwartungen*

Für ein gesellschaftstheoretisch fundiertes Verständnis der Merkmale und der Relevanz kognitiver Governance ist es aufschlussreich, Niklas Luhmanns (1991) Unterscheidung zwischen normativen und kognitiven Erwartungen aufzugreifen. Aus systemtheoretischer Perspektive weist Luhmann darauf hin, dass die Weltgesellschaft sich zunächst in Interaktionsbereichen konstituiert hat, in denen kognitives Erwarten in Bezug auf das Erwarten und Verhalten anderer stabilisiert werden kann (Luhmann 1991: 55). Im Falle der Wirtschaft kommt es zu einer Abkehr von normativen Ordnungszielen (inter-)nationaler Wirtschaftspolitik und einer Herausbildung von Strukturen, Prozessen und Regelsystemen, die das Risiko einer rein kognitiven Orientierung an Preisen und Marktveränderungen inkorporieren. Der oben angesprochene Übergang von einem »government-led« zu einem »market-led international monetary system« und die Entstehung der Risikomanagementindustrie veranschaulichen diese Entwicklung eindrucksvoll. Auch für andere gesellschaftliche Bereiche wie Wissenschaft, Technik und Medien sieht Luhmann ein deutliches Vorherrschen kognitiver, adaptiver, lernbereiter Erwartungen, während normative und vorschreibende Erwartungen zurücktreten. Selbst für die Politik und das Recht, deren gesellschaftliche Funktionen im Bereithalten der Kapazität zu kollektiv bindendem Entscheiden bzw. in der Stabilisierung normativer Erwartungen bestehen, konstatiert er einen Bedeutungszuwachs kognitiver Erwartungen.[10]

Um den Gründen für eine Schwerpunktverlagerung in den gesellschaftlichen Erwartungsstrukturen nachzugehen und die Konsequenzen für die Theorie und Praxis der

9 Siehe hierzu ausführlich die wissenschafts- und risikosoziologischen Arbeiten von Jerome R. Ravetz (1987), Wolfgang Bonß (1995) Klaus P. Japp (1996).

10 Als Beispiel hierfür lassen sich heute etwa Ansätze kooperativer Verwaltung (z.B. Benz 1994) oder prozeduralen Rechts (Ladeur 1995) anführen.

Governance herauszuarbeiten, empfiehlt sich zunächst eine Klärung der Differenz von normativem und kognitivem Erwarten. Für Luhmann (1991) liegt der Unterschied im Verhalten angesichts von Enttäuschungen:

> »Normatives Erwarten zeigt sich entschlossen, die Erwartung auch im Enttäuschungsfalle festzuhalten, und stützt sich dabei auf entsprechende Ressourcen wie innere Überzeugung, Sanktionsmittel, Konsens. Kognitives Erwarten stilisiert sich dagegen lernbereit, es läßt sich durch Enttäuschungen korrigieren und stützt sich seinerseits auf entsprechende Ressourcen, vor allem auf die Erwartung, daß sich in Enttäuschungslagen die Richtung der Erwartungsänderung hinreichend rasch und hinreichend eindeutig ausmachen lässt. Kognitives Erwarten sucht sich selbst, normatives Erwarten sucht sein Objekt zu ändern. Lernen oder Nichtlernen – das ist der Unterschied« (Luhmann 1991: 55).

Bedeutsam ist, dass es in der gesellschaftlichen Praxis zu Mischungsverhältnissen und komplexen Verschachtelungen beider Erwartungsmodi kommt. So stellt man sich in Situationen ohne rasche, eindeutige, sichere Lernmöglichkeit eher normierend ein, während man in Situationen ohne Aussicht auf Hilfe für enttäuschte Erwartungen eher kognitiv reagiert. Mit Blick auf das globale Finanzgeschäft ist auf der einen Seite an Regulierungen wie etwa den Sarbanes-Oxley Act zu denken. Dem Problem künftiger Bilanzbetrügereien wird mit einer öffentlichen Regulierung begegnet, die vorrangig mit der Definition erlaubter und verbotener Tätigkeiten sowie der Festlegung von Verantwortung und Zurechenbarkeit operiert. Dabei geht es primär um eine Festigung der normativen Ansprüche an die Funktion der Wirtschaftsprüfung und die Vertrauenswürdigkeit von Unternehmen. Auf der anderen Seite liefert die Revision des Baseler Eigenkapitalstandards (Basel II), auf die ich später ausführlich eingehen werde, ein Beispiel für eine kognitiv orientierte Form der Regulierung. Nicht zuletzt aufgrund der Inadäquanz eines mit Detailvorgaben operierenden Regulierungsansatzes zielen die aktuellen Empfehlungen des Baseler Ausschusses für Bankenaufsicht auf die Etablierung eines differenzierteren, flexibleren und lernorientierteren institutionellen Arrangements, welches in einem bislang unbekannten Umfang auf die Selbstregulierungskräfte der Märkte setzt. Auf diese Weise sollen sowohl die wachsenden ökonomischen und gesellschaftlichen Ansprüche an Stabilität als auch an Innovationsfähigkeit erfüllt werden.

Analytisch betrachtet, handelt es sich bei normativem und kognitivem Erwarten um direkte Gegensätze in der Art, Enttäuschungen in Aussicht zu nehmen und abzuwickeln. In der gesellschaftlichen Praxis dagegen, bilden sie funktional äquivalente Strategien im Umgang mit Unsicherheit. Dabei scheint die Wahl zwischen beiden Strategien nicht beliebig zu erfolgen, sondern mit anderen Faktoren zu korrelieren. Geht man davon aus, das Struktur und Umwelt eines sozialen Systems Auswirkungen auf die Dominanz eines der beiden Erwartungsmodi haben, so lässt sich auch nach den Faktoren fragen, die eine etwaige Verschiebungen von einem zum anderen Modus stimulieren. Luhmann (1991: 56) geht in dieser Hinsicht davon aus, dass im Zuge gesellschaftlicher Evolution zunächst der normative Erwartungsstil die Führung übernimmt. Ablesbar etwa an der religiösen Normierung des Wahrheitsgehaltes wissenschaftlicher Forschung oder den Versuchen einer naturrechtlichen Bindung der Rechtspolitik. Mit der fortschreitenden Differenzierung der Gesellschaft in autonome

Teilsysteme mit spezifischen Funktionen geraten normative Ordnungsvorgaben durch Religion, Politik und Recht an ihre Grenzen. Einerseits hat beispielsweise staatliches Recht eine hohe Kontingenz und Komplexität in sozialen Beziehungen aufgebaut, strukturell stabilisiert und psychisch tragbar gemacht. Andererseits zeigen sich seine Defizite, wenn es um die Regulierung von Risiken geht, die nationale Territorien transzendieren, oder wenn es mit der Anforderung konfrontiert ist, ebenso riskante wie wohlfahrtsfördernde Innovationen zu flankieren.

Aktuelle Debatten zu den Folgen ökonomischer Globalisierung (z.B. Strulik 2000) oder wissenschaftlicher Forschung (z.B. Ravetz 1987) deuten darauf hin, dass sich eine Verlagerung des evolutionären und funktionalen Primats auf die Teilsysteme Wirtschaft und Wissenschaft vollzogen hat. Beide Systeme sind in besonderem Maße kognitiv orientiert und definieren heute die in der Gesellschaft zu bearbeitenden Probleme mitsamt den Bedingungen und Grenzen ihrer Lösungsmöglichkeit. Wie neuere Überlegungen und empirische Untersuchungen zu kognitiven Governance-Formen zeigen, scheint sich auch die Politik zunehmend mit ihrer eigenen Lernfähigkeit und der Moderation von Lernprozessen in anderen Funktionssystemen zu befassen (z.B. Willke 2003, Strulik/Kussin 2005).[11] Zugleich führt die Entstehung gemischt öffentlich-privater Governance-Arrangements zu einer engeren Interaktion von Politik und anderen Gesellschaftsbereichen. Dabei scheint es nicht zuletzt darum zu gehen, einen besseren Einblick in spezifische Governance-Probleme zu erlangen sowie die Selbststeuerungsfähigkeiten der relevanten Akteure zu stimulieren und aufeinander abzustimmen. Entsprechend lässt sich die Rolle der Politik immer weniger anhand von Vorstellungen »normativer Integration« begreifen. Vielmehr geht es um eine Art Ermöglichung »kognitiver Kooperation«, die eine Kombination heterogener Funktionslogiken, Governance-Strukturen und Wissensressourcen begünstigt.

Für die Verfolgung solcher Überlegungen ist das Konzept »kollektiver Intelligenz« (Willke, 2002: 174 ff.) instruktiv. Analytisch bezeichnet es eine emergente Eigenschaft von Sozialsystemen, die nicht auf der bloßen Aggregation individueller Intelligenzen gründet, sondern auf einer eigenständigen Intelligenz des Systems selbst. In den Blick geraten Strukturen, Prozesse und Regeln, die kollektive Lernprozesse fördern oder behindern. Für den später noch zu untersuchenden Fall der Bankenregulierung denke man etwa an institutionelle Arrangements, die einen »Wissenstransfer« zwischen Aufsichtsbehörden und Finanzdienstleistern ermöglichen oder an aufsichtliche Regelwerke, die mittels Öffnungsklauseln Gestaltungsspielräume in der Ent-

11 Erste Annäherungen an die Möglichkeiten kognitiver Governance reichen bereits mehrere Dekaden zurück. Vor allem die Arbeiten von Karl W. Deutsch (1963), Harold L. Wilensky (1967) und Donald M. Michael (1973) befassen sich mit der Bedeutung von Wissen im Kontext von Governance. Die von ihnen vorgeschlagenen Lösungen richteten sich auf die Initiierung von Lernprozessen innerhalb des politischen Systems sowie die Etablierung institutioneller Bedingungen für ein intelligentes Zusammenspiel privater und öffentlicher Akteure. Richteten sich die Debatten der 1960er und 70er Jahre auf die nationale Ebene, kam es in den 1980er und 90er Jahren zu einer Perspektivenerweiterung. In ihren Forschungen zu internationalen Regimen arbeiteten Ernst B. Haas und Peter M. Haas kognitive Bedingungen für die Bearbeitung internationaler Probleme heraus. Während Ernst B. Haas (1990) die Bedeutung eines »konsensualen Wissens« betont, worunter er ein allgemein akzeptiertes Wissen versteht, das regulatorische Politik anleitetet, hebt Peter M. Haas (1992) die Relevanz von »epistemic communities« hervor.

wicklung leistungsfähiger Risikomanagementsysteme schaffen. Dabei stehen die relevanten Akteure vor der schwierigen Anforderung, Strukturen, Prozesse und Regeln zu gestalten, die ein problemadäquates und folglich immer wieder neu auszutarierendes Verhältnis inkongruenter Perspektiven (Erwartungssicherheit – Innovation, Stabilität – Varietät, Markt – Hierarchie, privat – öffentlich, Risiko – Gefahr, Wissen – Nichtwissen, Funktion – Leistung, Code – Programm etc.) ermöglichen.
Angesichts der hier angesprochenen institutionellen Anforderungen erweist sich die Relevanz »dezentraler« Ansätze (Nonet/Selznick 1978, Teubner/Willke 1984, Ayres/Braithwaite 1992, Black 2002, Rammert 2003), die die Heterogenität von Perspektiven berücksichtigen und auf die Einbeziehung relevanter Akteure in Verfahren der Programmformulierung, Entscheidungsfindung und Implementierung zielen. Sie erlauben es, die Unterschiede in und zwischen verschiedenen Expertenkulturen über Systemgrenzen hinweg nutzbar zu machen und Spielräume für wechselseitige Lernprozesse im Umgang mit ebenso wechselseitig stimulierten Risiken zu schaffen. Insofern eröffnen sie auch Gelegenheiten zu mehr qualitativen Formen der Governance, die über traditionelle, Unsicherheit absorbierende Strategien der Informationssammlung, Quantifizierung und Standardisierung hinausreichen. Hier geht es dann gewissermaßen um ein Management von und durch Komplexität (Baecker 1997), welches vielfältige Problemdeutungen auf eine spezifische und damit bearbeitbare Aufgabe hin verdichtet sowie institutionelle Vorkehrungen schafft, die die beteiligten Systeme dazu anregen, ihre interne Komplexität zur Erfassung *und* Reduktion intern wie extern erzeugten Nichtwissens im Umgang mit Innovationen zu steigern. Die Gestaltung von Interaktionszusammenhängen zwischen relevanten Akteuren bietet zudem Voraussetzungen für Problembearbeitungsformen jenseits traditioneller Dualismen (z.B. privat – öffentlich, Steuerungsobjekt – Steuerungssubjekt, Hierarchie – Markt). Mit Blick auf Netzwerke weist Gunther Teubner (1996) darauf hin, dass die beteiligten Akteure im Rahmen solch »emergenter« Arrangements an ihrem basalen Orientierungsprinzip (z.B. Markt bzw. Hierarchie) festhalten, zugleich aber im Sinne einer »Doppelkonstitution« das Gegenprinzip institutionalisieren. Wesentlich ist, dass marktliche oder hierarchische Arrangements eine neuartige Selbstbeschreibung ihrer Elementarakte erzeugen und diese operativ verknüpfen. Eine »Netzwerkoperation«, als neuer Elementarakt, entsteht durch soziale Doppelattribution von Handlungen: Jedes kommunikative Ereignis wird sowohl einem der autonomen Netzwerkakteure als auch gleichzeitig dem Netzwerk zugerechnet. Im Rahmen gemischt öffentlich-privater Arrangements können sich demnach möglicherweise kollektive Lerneffekte beobachten lassen, die nicht lediglich als Aggregation oder Abstimmung getrennt ablaufender Lernprozesse zu beschreiben sind.

C. *Beobachtungen im Kontext der Risikosteuerung des globalen Finanzsystems*

Die Bedeutung kognitiver Erwartungen im Kontext des globalen Finanzgeschäfts klang bereits einleitend und mit Bezug auf meine konzeptionellen Ausführungen an. Wichtig ist noch einmal zu festzuhalten, dass sich das Finanzsystem nach dem Ende des Systems von Bretton Woods auf einen primär selbstgesteuerten und lernorientierten Umgang mit Marktdynamiken und entsprechenden Unsicherheiten eingestellt hat. Externe Referenzen, seien sie politischer oder rechtlicher Art, die lange Zeit zur Stabilisierung des Systems beigetragen haben, werden offenbar in zunehmendem Maße durch die Koordinationsleistungen interner Subsysteme und Strukturen ergänzt bzw. ersetzt. Parallel zeigt sich, dass die hohe Wissensintensität und Innovationsorientierung des Finanzsystems mit Problemen einhergeht,[12] deren Bearbeitung angepasste Formen des Zusammenspiels relevanter Akteure und Wissensordnungen erfordert. In Anbetracht dieser Ausgangslage befasse ich mich im Folgenden mit den Governance-Fuktionen der führenden US-amerikanischen Rating-Agenturen sowie der Etablierung eines neuen qualitativen und gemischt öffentlich-privaten Ansatzes im Bereich der Regulierung international tätiger Banken. Zum einen geht es darum, die Tätigkeiten der Agenturen unter dem Gesichtspunkt kognitiver Governance zu beschreiben und zu prüfen, mit welchen Folgen diese wissensbasierten Unternehmen sich selbst und ihre externe Umwelt konfrontieren. Zum anderen werde ich am Beispiel der Bankenregulierung einen Governance-Ansatz betrachten, der in hervorstechender Weise auf die Wissensintensität des globalen Finanzgeschäfts sowie entsprechende Anforderungen an die Relationierung inkongruenter Perspektiven (Erwartungssicherheit – Innovation, Markt – Hierarchie) reagiert.

I. *Fallbeispiel: Rating-Agenturen*

Hinsichtlich der Frage nach der Bedeutung kognitiver Erwartungen im Kontext der Governance finanzwirtschaftlicher Entscheidungen ist eine Betrachtung des Organisationstypus Rating-Agentur in zweifacher Hinsicht aufschlussreich. Erstens sind die Bonitätsbewertungen der Agenturen heute ein integraler Bestandteil der Selbst-Governance des globalen Finanzsystems. Vor allem der Stellenwert der »globalen Expertise« (Willke 2003) der führenden US-amerikanischen Anbieter Standard & Poor's (S&P) und Moody's Investors Service (Moody's) hat seit dem Ende der Bretton-Woods-Ära kontinuierlich zugenommen. Waren im Jahre 1970 weltweit beispielsweise noch weniger als 1.000 Emittenten von Moody's bewertet, so erhöhte sich die Zahl auf über 9.000 im Jahre 2000. Eingeschlossen sind mittlerweile 100 Länder, die meisten supranationalen Organisationen, Banken, Versicherungen, Industrie- und Versorgungsunternehmen sowie Investmentfonds (Bank for International Settlements 2000: 21). Es ist daher nicht überraschend, dass sich die führenden Agenturen als »an essential part of the world's financial infrastructure« (Standard & Poor's 2006) beschreiben. Zweitens folgen aktuelle soziologische und politikwissenschaftliche Studien zu den Funktionen von Rating-Agenturen dem Postulat, das globale Finanzgeschäft nicht länger als »black box« zu betrachten und die internen Strukturen und Prozesse zu untersuchen, über die dessen Selbststeuerung abläuft (MacKenzie 2003). Vor allem die Arbeiten von Timothy Sinclair (z.B. 1999, 2005) liefern detaillierte Einblicke in dieses technische und intransparente finanzwirtschaftliche Feld, das

12 Zu diesen Problemen zählt etwa die Exterritorialisierung des Finanzgeschäfts, die zunehmende Asymmetrie privaten und öffentlichen Wissen, die Nichtberechenbarkeit von Entscheidungsfolgen sowie die regulatorische Dialektik. Für eine detaillierte Beschreibung dieser Probleme siehe Torsten Strulik (2000, 32 f.).

zugleich einen aufschlussreichen Bezugspunkt für ein Verständnis des Umgangs der gegenwärtigen Gesellschaft mit Wissen und Nichtwissen liefert. Ich selbst habe mich an anderen Stellen insbesondere mit dem Aspekt der aufsichtsrechtlichen Instrumentalisierung von Ratings (2000a) der Vertrauenskonstitution durch Rating-Agenturen (Strulik 2004), sowie den Voraussetzungen und Grenzen der Evaluationsfunktion der großen US-amerikanischen Agenturen (Strulik 2007) befasst.

In diesem Beitrag möchte ich zunächst einen Aspekt aufgreifen, den ich oben bereits angesprochen habe und der sich auf die These eines zunehmend aktiven und utilitaristischen Umgangs mit Nichtwissen bezieht. Einiges spricht m. E. dafür, die Agenturen als Organisationen zu beschreiben, die auf der Grundlage einer spezifischen Expertise zur profitablen Erschließung des Nichtwissens um zukünftige Zustände des Finanzgeschäfts beitragen. Einer Form des Umgangs mit der Differenz von Wissen und Nichtwissen mithin, die nur unzureichend als Absorption von Unsicherheit beschrieben werden kann. Vielmehr geht es darum, mögliche Zukünfte in »imaginativen Akten« (Beckert 1999; Kaufmann 2004) auszuloten und für die (Re-)Produktion eigener Entscheidungen kreativ zu verwerten. So gesehen, tragen die Tätigkeiten der Agenturen zu einer besonderen Dynamik finanzwirtschaftlicher Optionssteigerung bei, die mit erweiterten Anforderungen an die Governance-Strukturen des globalen Finanzsystems einhergehen. Am anschaulichsten lässt sich meine These einer kreativen Erschließung von Nichtwissen in Anlehnung an Robert K. Mertons (1987) Ausführungen zum Reproduktionsmodus der Wissenschaft erläutern. Ausgehend von der grundlegenden Einsicht, dass sich die Entwicklung der Wissenschaft über die Ersetzung von Nichtwissen durch Wissen vollzieht, illustriert Merton die Produktivität spezifizierten Nichtwissens (specified ignorance). Wissenschaftliche Erkenntnisprozesse

> »repeatedly adopt the cognitively consequential practice of specifying this or that piece of ignorance derived from having acquired the added degree of knowledge that made it possible to identify definite portions of the still unknown. In workaday science, it is not enough to confess one's ignorance; the point is to specify it. That of course, amounts to instituting, or finding, a new, worthy, and soluble scientific problem« (Merton 1987: 8).

Die Spezifikation von Nichtwissen entspricht demnach der Problemsuche und ist Voraussetzung für wissenschaftliche Problemlösungen.

Überträgt man Mertons Äußerungen auf den Fall der Rating-Agenturen, so lassen sich deutliche Parallelen erkennen. Die Unbestimmtheit bzw. Orientierungsunsicherheit der Märkte wird von den Agenturen aktiv aufgegriffen, interpretiert und in tragfähige Erwartungen überführt, auf deren Grundlage sie selbst und die Marktakteure nicht nur Entscheidungsprobleme handhaben, sondern *profitable* Risiken eingehen können. Theoretisch erläutern lässt sich dieser Zusammenhang, wenn man im Anschluss an Luhmann (1995: 151 ff.) die manifesten Funktionen der Agenturen unter dem Aspekt der operativen Nutzung der Differenz von unspezifischem und spezifischem Nichtwissen betrachtet. Während auf der einen Seite das unspezifische Nichtwissen als unlösbares Informationsproblem (Kontingenzentgrenzung) erscheint, steht auf der anderen Seite spezifisches Nichtwissen als lösbares Informationsproblem (Kontingenzlimitation). Anhand dieser Unterscheidung wird sichtbar, dass Ratings dazu dienen, unbestimmte Kontingenz in strukturierte (handhabbare) Komplexität zu überführen. Über ihre Bewertungen der Wahrscheinlichkeit von Zahlungsausfällen schränken die Agenturen die grundsätzliche Unbestimmtheit von Investitionsgeschäften ein.[13] Mit ihren Rating-Klassifikationen, die das Gesamtergebnis einer Prüfung auf eine Buchstabenkombination (z.B. AAA oder BB) komprimieren,[14] stellen sie leicht verständliche (interpretierte) *Informationen* bereit, anhand derer sich Risikoannahmen treffen lassen. Zwar verfügen auch die Rating-Agenturen nicht über die Fähigkeit, in die Zukunft zu blicken, doch haben sie Techniken entwickelt, die im Sinne einer Kolonialisierung der Zukunft (Giddens 1991: 114) zur Modellierung und Erschließung unbekannter Zukünfte dienen. Dabei liegt es auf der Hand, dass die Agenturen über die profitable (De-)Konstruktion erwartungsstabilisierender *Schein*gegenwarten gleichzeitig neue Kontingenzlasten hervorbringen. Mit ihren Bewertungen liefern sie Interpretationen, die neben anderen Interpretationen stehen und somit Kapitalgeber und Kapitalnehmer mit Auswahlproblemen und mithin riskanten Entscheidungen konfrontieren. Für die Agenturen selbst werden zukünftige Ereignisse nicht nur durch Veränderungen in ihrer Umwelt unvorhersehbarer, sondern auch deshalb, weil sie beispielsweise mit jeder Verfeinerung ihrer Analysetechniken zugleich die Zahl anfechtbarer Prognosen über künftige Entwicklungen erhöhen.

Ein zweiter Aspekt, der mir im Zusammenhang kognitiver Governance wichtig erscheint, tangiert Fragen des ökonomischen und politischen Einflusses der Rating-Agenturen. Man muss die führenden US-amerikanischen Anbieter nicht mit einem politischen Hegemon oder einer militärischen »Supermacht« gleichsetzen,[15] um zu erkennen, welche Relevanz ihrer spezifischen Expertise in der Bewertung von Ländern, Branchen, Unternehmen und Finanzprodukten für wirtschaftliche und politische Entscheidungen zukommt. Aus meiner Sicht ist es bedeutsam, den Einfluss der Agenturen in Verbindung mit ihrem ausgeprägt kognitiven Umgang mit Nichtwissen zu betrachten. So lässt sich ihre Strahlkraft als »private authorities« (Cutler u.a. 1999) oder »quasi-regulatory-institutions« (Sinclair 1999: 159) nicht zuletzt darauf zurückführen, dass sie eine hohe institutionalisierte Reflexions- und Lernbereitschaft signalisieren, mit der sie das Vertrauen ihrer Umwelt in die Angemessenheit und Anpassungsfähigkeit ihrer Bewertungen aktiv stützen. Insofern sich die Autorität der Agenturen aus der wissensbasierten Generierung von Erwartungssicherheit speist, ist es nahe liegend, von einer »autoritativen Expertise« zu sprechen. Das heißt, die Einflussnahme auf die Entscheidungen ökonomischer Akteure vollzieht sich auf der Grundlage eines Vertrauens dieser Akteure in einen ausgeprägt kognitiven Erwartungsstil im Umgang mit einem unhintergehbaren finanzwirtschaftlichen Nichtwissen.

13 Für einen Überblick hinsichtlich des Rating-Prozesses sowie zu den verwendeten quantitativen und qualitativen Kriterien siehe Torsten Strulik (2004, 2007).

14 Zu den Klassifikationen siehe exemplarisch Standard & Poor's (2000: 1 ff.).

15 Sowohl wissenschaftliche als auch journalistische Artikel zu Rating-Agenturen zitieren häufig die folgende Aussage von Thomas L. Fiedman (1995), einem Korrespondenten der New York Times: »We live again in a two-superpower world. There is the U.S. and there is Moody's. The U.S. can destroy a country by levelling it with bombs: Moody's can destroy a country by downgrading its bonds« (zit. nach Sinclair 2005: 1).

Eine wesentliche Voraussetzung für das Vertrauen in die Agenturen besteht darin, dass es ihnen gelingt, als kompetente, verlässliche und unparteiische Finanzgutachter *Reputation* aufzubauen.[16] Auf dem von Wiederholungsgeschäften und Publizität geprägten Markt für Ratings ist Reputation ein kostbares, weil vertrauenstiftendes Gut, dass mit jedem neuen Urteil auf dem Spiel steht. Gefördert wird dieses Gut vor allem durch die Erreichung einer hohen, über die Veröffentlichung von so genannten »default rates« (Standard & Poor's 2000: 3) ausgewiesenen Treffergenauigkeit. Auf Abweichungen zwischen idealisierten und tatsächlich eingetretenen Quoten wird mit Anpassungen der Geschäftsprozesse und Bewertungskriterien reagiert. Zudem sind die Agenturen stets bemüht, ihre Umwelt auf relevante Lernanlässe hin abzusuchen. So formuliert ein Analyst einer der führenden US-amerikanischen Agenturen:

> »There is a danger of always looking at your own work. So, therefore we are looking outside for the separate ways of validating things. We got a lot of information from the entities and companies we rate. We get it from independent sources, auditors, accountants. But then also industry information, competitors quite often. Companies are talking about they are doing relative to the others. And because we rate such a big universe it helps. One of our companies fairly unique advantages is that we hear about problems competitors may have from others in the industry. So, it is this sort of qualitative gathering. We also have what we call global industry focus teams. Analysts in Europe, North America and other parts of the world communicate regularly at least quarterly. So, we sometimes spot trends that maybe coming from one part of the world.« (Interview 060517b)

Insgesamt wird deutlich, dass die Agenturen über Voraussetzungen für eine hohe interne Reflexions- und Lernbereitschaft verfügen, die von den Marktakteuren durch weit reichende Vertrauensvorschüsse honoriert werden.

Die hohe Bedeutung, die dem Aufbau von Reputation sowie entsprechenden Voraussetzungen zukommt, verdeutlicht zugleich, dass die Rating-Agenturen zwar einerseits als Finanzgutachter die Märkte beobachten, aber andererseits ebenso unter der Beobachtung der Märkte stehen und sich an diesen orientieren. So sind es in letzter Instanz stets die Märkte, die über die »Richtigkeit« von Ratings entscheiden. Zudem liegt auf der Hand, dass die »Objekte« des Ratings beobachten können, wie sie beobachtet werden und dass sie ihre Entscheidungen auf gewünschte Wirkungen abstimmen können (bzw. müssen).[17] Das Verhältnis von Rating-Agenturen und Märkten lässt sich daher vielleicht am treffendsten unter dem Aspekt einer »rekursiven Regulation« (DiMaggio/Powell 1991) begreifen. Wichtig ist festzuhalten, dass die großen US-amerikanischen Rating-Agenturen einen gewichtigen Beitrag zur Selbst-Governance des globalen Finanzsystems leisten. Ganz gleich, ob man die Funktionen der Agenturen unter Aspekten wie »globaler Expertise« (Willke 2003), »epistemic authority« (Cutler u.a. 1999), »embedded knowledge network« (Sinclair 2005) oder wie hier der

16 Reputation wird hier als Orientierungshilfe verstanden, die angesichts intransparenter Umstände zur Entlastung der Entscheider dient (Luhmann 1990: 245 ff.). So wie man sich in der Wissenschaft etwa bei der Durchsicht von Publikationen oder der Vergabe von Fördergeldern in der Regel zunächst an diejenigen hält, die sich über die fortgesetzte Erstkommunikation neuen Wissens einen Namen gemacht haben, so orientiert man sich in der Finanzwirtschaft an den Personen und Institutionen, die über einen akzeptablen Zeitraum die Zuverlässigkeit ihrer Einschätzungen sowie eine auf Dauer gestellte Lernbereitschaft nachgewiesen haben.

17 Zu diesem wechselseitigen Beobachtungsverhältnissen und ihrer Gestaltung siehe Torsten Strulik (2007).

»Erschließung von Nichtwissen« beschreibt, erkennbar ist ihre kognitive Ausrichtung im Umgang mit den Steuerungsproblemen eines wissensintensiven Finanzgeschäfts. Dabei liefern Rating-Agenturen mit ihren Bewertungen nicht lediglich Vereinfachungen, die das Finanzgeschehen überschaubarer machen, sie positionieren sich vielmehr selbst in einem Netzwerk ökonomischer Beobachtungen und tragen – wie im Zuge der aktuellen US-Hypothekenkrise erneut und eindrucksvoll deutlich wird – zu einer Erhöhung der organisierten Komplexität der Ökonomie und folglich der Riskanz wirtschaftlicher Entscheidungen bei.

II. *Fallbeispiel: Qualitative Bankenaufsicht*

Die Grenzen hierarchischer Formen politisch-rechtlicher Steuerung sowie die Potentiale vernetzter, dialogischer, adaptiver gemischt öffentlich-privater Arrangements sind in den vergangenen zwei Dekaden Gegenstand zahlreicher Arbeiten in Politikwissenschaft, Rechtswissenschaft, Soziologie und Verwaltungswissenschaft gewesen (z.B. Willke 1983, Mayntz/Scharpf 1995, Benz 1994, Ladeur 1995, Schuppert 2000). Im Bereich der Bankenaufsicht ist gegenwärtig besonders deutlich zu sehen, dass der Bedeutungszuwachs »kooperativer« Governance-Merkmale in einem engen Zusammenhang mit der zunehmenden Wissensintesität des Regelungsfeldes steht. Die Restriktionen einer »Herrschaft kraft Wissen« (Weber 1972: 129) scheinen sich dabei nicht mehr nur vorrangig im Sinne einer nichthintergehbaren Unterlegenheit des Verwaltungswissens zu äußern, sondern immer häufiger auch in der Existenz uneindeutiger Unsicherheiten (Bonß 1995), die sich einer rein zahlengestützten Bearbeitung entziehen. In der Interaktion von Aufsicht und Banken geht es folglich nicht mehr nur darum, bestimmte Interessen bzw. Präferenzen zu verwirklichen. Sofern sich bestimmte Risiken, wie vor allem die oben bereits angesprochenen Marktrisiken und operationelle Risiken nur sehr begrenzt oder überhaupt nicht berechnen lassen, können konkrete Formen ihrer Begrenzung auch nicht Gegenstand von privat-öffentlichen Aushandlungsprozessen sein. Vielmehr nimmt die Bedeutung von institutionellen Arrangements zu, die wechselseitige Lernprozesse im Umgang mit unkalkulierbaren und vernetzten Risiken unterstützen.

Vor diesem Hintergrund signalisieren Begriffe wie »qualitative Aufsicht« oder »prinzipienbasierte Aufsicht« (Schneider/Bauer 2007) Veränderungen im Bereich der Regulierung international tätiger Banken, die sich in mehr adaptiven, selbstreflexiven und prozeduralen Regelungsstrukturen und -prozessen manifestieren. So ist im Laufe der 1990er Jahre auf einer supranationalen Regel*findungsebene* aus dem Zusammenspiel des Basler Ausschusses für Bankenaufsicht und den Interessenvertretungen der Banken (insb. Group of Thirty, Institute of International Finance) ein Aufsichtsansatz hervorgegangen, der den bankinternen Prozess der Risikosteuerung fokussiert und entsprechende Lernerfolge im Umgang mit dem Nichtwissen um die Folgen finanzökonomischer Entscheidungen belohnt.[18] Zweitens geht es auf einer nationalen Regel*anwendungsebene* nicht nur um eine Förderung von bankinternen Lernprozessen und »best practices«, sondern auch um eine kontinuierliche aufsichtliche Über-

18 Siehe hierzu ausführlich Torsten Strulik (2000) und Susanne Lütz (2002).

prüfung des bankinternen Risikomanagement sowie eine Sanktionierung für den Fall, dass entsprechende Mindestanforderungen nicht eingehalten werden.[19] Dabei ist vonseiten der Aufsicht zudem intendiert, den eigenen MitarbeiterInnen über eine engere Interaktion im Rahmen von Vor-Ort-Prüfungen die Gelegenheit zu geben, ihre Fähigkeiten hinsichtlich der Bewertung innovativer Verfahren der Risikosteuerung zu erweitern. Mithin werden rechtlich gestützte Vorkehrungen geschaffen, Lernprozesse aufseiten relevanter Verwaltungseinheiten zu initiieren und auf Dauer zu stellen.
Aufschlussreich für die eingangs angesprochene Frage hinsichtlich der Governance-Kompetenz institutioneller Arrangements ist vor allem eine Betrachtung des »Supervisory Review Process (SRP)«. Er ist ein zentrales Element des aktuellen bankaufsichtlichen Rahmenwerks (Basel II) und sieht vor, dass die Kreditinstitute in Zukunft regelmäßig von ihren zuständigen lokalen Aufsichtsbehörden aufgesucht und in Form dialogisch gestalteter Vor-Ort-Prüfungen auf ihre Fähigkeit hin geprüft werden, ihre eingegangenen Risiken adäquat zu identifizieren, zu messen, zu steuern und zu überwachen. Damit verbunden ist eine stärkere Orientierung an den Selbststeuerungsfähigkeiten der Banken. An die Stelle einer statischen, an quantitativen Merkmalen anknüpfenden Aufsicht tritt ein auf Anpassungsfähigkeit und kontextuelle Steuerung setzendes institutionelles Arrangement von Banken und Aufsichtsbehörden. Für die Banken resultiert hieraus nicht zuletzt der Zwang zu einer höheren Transparenz und Folgenorientierung. So wird explizit vorgeschrieben, dass die Geschäftsleitungen der Kreditinstitute künftig Kenntnisse über die intern verwendeten Risikoverfahren besitzen müssen und für deren Wirksamkeit Verantwortung tragen (Bank for International Settlements 2004: 182). Setzt dieser Punkt somit bei der Behebung interner Intransparenz der Institute an, um die Selbstbeobachtung- aber auch Selbstkoordinierungsformen im Falle der Risikosteuerung zu stärken, so fokussiert der zweite Grundsatz des SRP zugleich auf das künftige Verhältnis zwischen Bankenaufsehern und Banken. Als besonders folgenreich werden in diesem Zusammenhang die bereits angesprochenen Vor-Ort-Prüfungen betrachtet, die, der angelsächsischen Aufsichtskultur folgend, qualitative Prüfungselemente berücksichtigen. Die Banken erwarten in diesem Zusammenhang eine sowohl quantitativ wie qualitativ veränderte Aufsichtspraxis. So formuliert ein Geschäftsführer eines deutschen Bankenverbandes:

> »Die Intensität der Aufsicht wird steigen. Und die werden (. . .) halt mehr die Systeme sich angucken, die Qualität des Managements sich angucken (. . .). Da wird gesagt: Sind die mal auf einen Lehrgang gegangen? Weiß der überhaupt, was internes Rating ist? Weiß der überhaupt, wie man Ausfallwahrscheinlichkeiten berechnet oder was Ausfallwahrscheinlichkeiten sind? Solche Sachen werden die eher machen. Dann werden die im Dialog mit den Instituten oder dem Vorstand versuchen, Entwicklungen in Gang zu setzen, die auch aus Sicht der Aufsicht richtig sind.« (Interview 050302)

Mit diesen verfahrensmäßigen Veränderungen werden Voraussetzungen für eine größere Problemnähe der AufsichtsmitarbeiterInnen geschaffen. Ein Mitarbeiter der

19 In Deutschland wurden zu diesem Zweck Ende 2005 die so genannten Mindestanforderungen an das Risikomanagement (MaRisk) veröffentlicht.

deutschen Bundesanstalt für Finanzdienstleistungsaufsicht (BaFin) schätzt die Entwicklung folgendermaßen ein:

»Es ist auf jeden Fall von Vorteil, ein Institut nicht nur vom Schreibtisch zu kennen, sowohl für den Aufseher als auch das Institut, denn man kann natürlich das bankaufsichtliche Ermessen, das man hat, besser ausüben, je besser man das Institut kennt und den Sachverhalt, der dahinter steckt. In der Vergangenheit war das zwar auch möglich, aber es war natürlich überwiegend in der Papierform, beziehungsweise, wenn denn eine Krisensituation eintrat, dann verstärkt. Wenn man diesen Prozess jetzt regelmäßig hat, dann kann man natürlich die Hoffnung damit verbinden, dass solche Entwicklungen schneller erkennbar werden für die Aufsicht, schon im Entstehen.« (Interview 050314).

Der Supervisory Review Process scheint aber nicht nur verbesserte Möglichkeiten für ein frühzeitiges Erkennen von Krisensituationen zu schaffen, sondern auch Reflexionsprozesse aufseiten der Banken zu fördern. Durch die Aufsichtstätigkeit, die mit Blick auf die bankinternen Risikosteuerungssysteme auf der Beobachtungsebene zweiter Ordnung abläuft und zudem Unterschiede zwischen den Banken wahrnimmt, kann es bei einer Vor-Ort Prüfung zu einer Einspielung von Kontingenz kommen, die unter Umständen Innovationsanstrengungen begünstigt. Ein Aufseher der Deutschen Bundesbank formuliert:

»Ich sehe im Gegensatz zu einer Bank ein relativ großes Spektrum. Ich nehme mit bei einer anderen Bank, zum Teil auch dass es da Probleme gegeben hat und kann dann damit zu einer anderen Bank gehen und sagen: Wie sieht das bei Euch aus? Das kann auch mal der Effekt sein vielleicht bei der anderen Bank, dass sie merkt, da kann es ein Problem geben. Dann können wir sagen, ja wir haben da im Prinzip Erfahrungen gesammelt, wie würdet ihr mit so einem Problem umgehen? Oder man schaut dann auch gezielt, wenn ich von zwei, drei Banken weiß, da gibt es Probleme, gucke ich mir das bei einer Bank an, was ich vielleicht vorher nicht als so problematisch gesehen habe. (...) Wir sammeln ständig Erfahrung, auch Weiterentwicklungen. Dass wir sehen, dass neue Produkte aufkommen und bei der nächsten Prüfung fragt man dann gezielt: Habt ihr eigentlich solche Produkte? Wie sieht es mit den Produkten aus? Wie geht ihr mit denen um? Dafür treffen wir uns auch regelmäßig, die Prüfer, Prüfungsleiter oder dann die Spezialisten halt und tauschen sich dann aus: Was habt ihr gesehen? Was gab es für neue Erkenntnisse aus den Prüfungen? Solche Sachen stehen dann bei uns auch in Datenbanken drin. Wir versuchen diese Erfahrungen auch weiter zu geben« (Interview 070521).

Die MitarbeiterInnen der Bankenaufsicht haben im Rahmen von Vor-Ort-Prüfungen entsprechend nicht nur die Möglichkeit, »bad practices« zu sanktionieren,[20] sondern sie können zudem Prioritäten für erforderliche Weiterentwicklungen aufzeigen. Gerade der Aspekt der Weiterentwicklung spricht dafür, dass Basel II durch eine besondere Reflexions- und Lernorientierung gekennzeichnet ist. Zum einen befördern Vor-Ort-Prüfungen die Sensibilität der Bankaufsicht für die Notwendigkeit von Regelmodifikationen, zum anderen ermöglichen die qualitativen Elemente in der Bankenaufsicht Adaptionsprozesse in der Regelanwendung, die noch nicht zwingend zu Reaktionen auf der lose gekoppelten Regelfindungsebene führen müssen. Insofern

20 Zu den Sanktionsmöglichkeiten im Kontext des SRP siehe Bank für Internationalen Zahlungsausgleich (2004: 187 ff.)

der Supervisory Review Process damit Voraussetzungen schafft, dass die beteiligten Akteure ihre basale Steuerungsform (Markt bzw. Hierarchie) im Sinne einer »Doppelkonstitution« mit dem Gegenprinzip anreichern, bieten sich auch auf der Ebene der Regelanwendung Gelegenheiten für emergente Lernerfolge.

Festzuhalten ist an dieser Stelle, dass die Schwerpunktverlagerung von einer traditionell quantitativen zu einer qualitativen, risikoorientierten Aufsicht Bedingungen für eine intelligentere Interaktion der problemrelevanten Akteure schafft. Im reflexiven Zusammenspiel einer supranationalen Regelfindungs- und einer nationalen Regelanwendungsebene hat sich ein Netzwerk der Risikosteuerung herausgebildet, welches über die Etablierung funktionaler Beobachtungskomplementaritäten sowohl Unsicherheitslasten absorbiert als auch Lernprozesse stimuliert. Über die komplementäre Nutzung der Vorteile der Steuerungsformen Markt und Hierarchie bieten sich Chancen, die Stabilität *und* Innovationsfähigkeit des Finanzsystems zu fördern. Gerade die Einführung des Supervisory Review Process lässt erwarten, dass sich die Dynamik der regulatorischen Dialektik aufgrund des zunehmenden Verständnisses, welches die Aufsichtsbehörden von den bankinternen Strukturen, Prozessen und Strategien gewinnen, begrenzen lässt. Insofern liegt der Schluss nahe, dass das gemischt öffentlich-private Zusammenspiel von Banken und Bankenaufsicht kombinatorische Gewinne ermöglicht und insgesamt zu einer Erhöhung der oben konzeptionell beschriebenen kollektiven Intelligenz von Politik und Finanzökonomie beitragen kann. Auf der anderen Seite ist abzusehen, dass der neue aufsichtsrechtliche Ansatz aufseiten der Aufsichtsbehörden mit erheblichen Anforderungen einhergeht und entsprechende Anpassungsprobleme erzeugt. So ist die stärkere Orientierung der Aufsicht an den Selbststeuerungsfähigkeiten der Banken keineswegs angemessen anhand von Vorstellungen hinsichtlich eines »schlanken Staates« oder einer »neoliberalen Steuerung« (Power 2002) zu begreifen. Eine wirkungsvolle qualitative Aufsicht erfordert vielmehr erhöhte staatliche Anstrengungen hinsichtlich der Verbesserung der Aufsichtskompetenzen.[21]

In diesem Zusammenhang ist jedoch nicht nur Wissen, sondern auch Geld als eine knappe Ressource anzusehen. Offenbar fehlt es zurzeit noch an passenden Besoldungssystemen und ausreichenden finanziellen Mitteln, die für die Rekrutierung geeigneter MitarbeiterInnen sowie deren ständige Weiterbildung bereitgestellt werden müssen. So führt der Übergang von einer normenbasierten, mit Detailvorgaben operierenden Aufsicht zu einer qualitativen und prinzipienbasierten Aufsicht dazu, dass die AufseherInnen erhebliche Auslegungsspielräume erhalten und in viel größerem Umfang individuelle Risikoeinschätzung treffen müssen. Hieraus folgt erstens, dass sich die AufseherInnen wesentlich intensiver als zuvor, mit den Organisations- und Managementstrukturen, den Geschäftsstrategien und -abläufen, den vielfältigen komplexen Finanzprodukten sowie den anspruchsvollen Risikomess- und -steuerungsverfahren der Banken auseinandersetzen müssen. Zweitens steigen sowohl die Anforderungen an die personalen Kompetenzen im Umgang mit Ambiguität als auch entsprechende Verantwortungslasten. So hebt ein für bankinterne Prüfungen zustän-

21 Damit sind nicht zuletzt Fragen nach den Voraussetzungen und Folgen einer lernenden Verwaltung aufgeworfen. Siehe beispielsweise Martin Eifert (2001) für den Bereich des Umweltschutzes.

diger Senior Manager einer großen global agierenden Wirtschaftsprüfungsgesellschaft hervor:

> »Die neue Freiheit für die Banken stellt die Aufseher vor eine extreme Herausforderung. Es ist immer schön zu wissen: Es gibt gewisse Standards, die werden vorgegeben. Und diese Standards müssen eingehalten werden; wenn ich da eine Checkliste habe und sagen kann: Ich habe 8 % eingehalten, wir haben die Meldung abgegeben, passt, passt, passt. Und wenn man den Banken die Freiheit gibt, dass sie es so machen, wie sie es für sich angemessen halten, muss ich auf der anderen Seite, sprich auf der Aufseherseite, auch die Leute haben, die damit umgehen können, die auch einschätzen können, ob das, was die Banken für sich als angemessen sehen, auch tatsächlich (. . .) angemessen ist. Das heißt, es ist keine Freiheit für die Aufseher – es ist eine Riesenherausforderung« (Interview 070122).

D. *Fazit*

Eine Beobachtung der Risikosteuerung des globalen Finanzsystems lässt die hohe Relevanz kognitiver Governance-Arrangements erkennen. In diesem wissensintensiven Regelungsbereich vollzieht sich seit den frühen 1970er Jahren eine Schwerpunktverlagerung von einem normativen zu einem kognitiven Governance-Stil. Dies bedeutet keinesfalls, dass normative, vorschreibende Mechanismen generell an Bedeutung verlieren. Auch gegenwärtig wird etwa im Bereich der Bankenaufsicht mit eindeutigen Strukturnormen operiert, zu denen beispielsweise die regulatorische Kapitaladäquanzrechnung oder verschiedene Großkreditgrenzen zählen. Wichtig ist vielmehr, dass es zu neuen Mischungsverhältnissen normativer und kognitiver Governance-Elemente kommt, bei denen der Anteil lernbereiter Erwartungen im Umgang mit der Zwei-Seiten-Form des Wissens (Wissen/Nichtwissen) überwiegt. Die zunehmende Wissensintensität des Finanzgeschäfts erzwingt reflektierte und adaptive Mechanismen sowie institutionelle Arrangements, die sowohl eine wohlfahrtsfördernde Innovationsdynamik abstützen, als auch eine erweiterte Folgenorientierung riskanter Entscheidungen ermöglichen. Das Fallbeispiel der Rating-Agenturen illustriert in dieser Hinsicht den strukturellen Bedarf an wissensbasierten Unternehmen, die zur Selbst-Governance des Finanzsystems beitragen. Die führenden US-amerikanischen Agenturen kennzeichnen sich durch einen ausgesprochen utilitaristischen Umgang mit Nichtwissen und verfügen über eine autoritative Expertise, die finanzwirtschaftliche Entscheidungen relationiert. Dabei ist unübersehbar, dass die Agenturen nicht nur Produkt, sondern zugleich Motor eines ebenso wissensintensiven wie riskanten Finanzgeschäfts sind. Mit Blick auf die Entstehung und Wirkungsweise einer qualitativen Bankenaufsicht zeigt sich der Bedarf an gemischt öffentlich-privaten Arrangements, die unterschiedliche Wissensordnungen und Expertenkulturen kombinieren und Voraussetzungen für kollektives Lernen schaffen.

Für eine abschließende Betrachtung der Merkmale und Folgen kognitiver Governance möchte ich noch einmal auf die im vorliegenden Regelungsfall relevanten Funktionssysteme Wirtschaft, Politik und Recht eingehen. So steht das globale Finanzgeschäft exemplarisch für ein Wirtschaftssystem, das sich gewissermaßen einem »faustischen Drang« (Bloch 1971) folgend, immer intensiver auf die Erzeugung neuen Wissens ausrichtet. Entsprechend schwindet die Verbindlichkeit und Orientierungskraft von Erfahrungswissen. Darüber hinaus verliert eine an Autonomie gewinnende wissensgetriebene Wirtschaft ihren Rückhalt in extern erzeugten Erwartungsstrukturen. An die Stelle einer Ausrichtung auf normative Ordnungsziele (inter-)nationaler Wirtschaftspolitik tritt die Inkorporation des Risikos einer rein kognitiven Orientierung an Marktveränderungen (Luhmann 1991: 56 f.). Dabei illustrieren die oben angesprochenen aktuellen Probleme im Bereich des finanzwirtschaftlichen Risikomanagements, dass die sich verschärfende kognitive Selbstbezüglichkeit der Wirtschaft nicht nur erweiterte Wohlfahrtspotentiale, sondern auch qualitativ veränderte Risiken und gesellschaftliche Gefährdungen hervorbringt. Die Politik ist angesichts des drängender werdenden Aspekts der Wohlfahrtsproduktion gezwungen, sich auf die Unterstützung ökonomischer Innovationsprozesse einzulassen, ohne deren Folgen in traditioneller Weise abschätzen zu können. Dabei zeichnet sich ab, dass dies in einer sozialen und sachlichen Dimension zu einer intensiveren Einbeziehung heterogener Akteure und Wissensressourcen führt. Zudem scheint in einer zeitlichen Dimension die Bedeutung von institutionellen Arrangements zuzunehmen, die zu einer Kompatibilisierung konfligierender Zeithorizonte beitragen.[22] Dem Recht fällt dabei offenbar die prekäre Aufgabe zu, seine genuine Funktion der Stabilisierung von Erwartungen, über eine Neubestimmung der Mischungsverhältnisse normativer und kognitiver Elemente zu erfüllen. Geht es für das Recht selbst darum, sowohl sein Reduktions- als auch sein Fassungsvermögen für die Komplexität seiner Umwelt zu erhöhen, ist es mit Blick auf die Regulierung gesellschaftlicher Leistungsbeziehungen mit der Anforderung konfrontiert, Regeln, Strukturen und Prozesse zu gestalten, die eine intelligente, das heißt, immer wieder reflexiv an veränderte Problemkonstellationen sich anpassende Kombinatorik von Governance-Strukturen und -perspektiven ermöglichen.

Literatur

Ayres, Ian/Braithwaite, John, 1992: Responsive regulation. Transcending the deregulation debate. New York.

Baecker, Dirk, 1997: Einfache Komplexität, in: *Ahlemeyer, Heinrich W./Königswieser, Roswita* (Hrsg.), Komplexität managen. Strategien, Konzepte und Fallbeispiele. Wiesbaden, 21-50.

Bank International Settlements (BIS), 2004: Internationale Konvergenz der Kapitalmessung und Eigenkapitalanforderungen. Überarbeitete Rahmenvereinbarung, in: http://www.bundesbank.de/download/bankenaufsicht/pdf/eigenkapitalempfehlung_de.pdf; 01.04.2005.

Beck, Ulrich, 1986: Risikogesellschaft. Auf dem Weg in eine andere Moderne. Frankfurt a.M.

Beckert, Jens, 1999: Grenzen des Marktes. Die sozialen Grundlagen wirtschaftlicher Effizienz. Frankfurt a.M.

Benz, Arthur, 1994: Kooperative Verwaltung. Funktionen, Voraussetzungen und Folgen. Baden-Baden.

22 Zum »Zeitkonflikt in der Risikogesellschaft« siehe Petra Hiller (1993).

Black, Julia, 2002: Critical reflections on regulation. Discussion Paper, Centre for the Analysis of Risk and Regulation. LSE 4. London.

Bloch, Ernst, 1971: Über den Begriff der Weisheit, in: *ders.* (Hrsg.), Pädagogica. Frankfurt a.M., 96-145.

Böschen, Stefan, 2005: Reflexive Wissenspolitik. Formierung und Strukturierung von Gestaltungsöffentlichkeiten, in: *Bogner, Alexander/Torgersen, Helge* (Hrsg.), Wozu Experten? Ambivalenzen der Beziehung von Wissenschaft und Politik. Wiesbaden, 241-263.

Bonß, Wolfgang, 1995: Vom Risiko. Unsicherheit und Ungewißheit in der Moderne. Hamburg.

Bora, Alfons, 2007: Scientific norms, legal facts, and the politics of knowledge. in: *Stehr, Nico* (Hrsg.), Knowledge and the Law. New Jersey (i.E.).

Bryan,Lowell/Farrell, Diana, 1996: Market unbound. Unleashing global capitalism. New York.

Cutler, Claire A./Haufler, Virginia/Porter, Tony (Hrsg.), 1999: Private authority and international affairs. New York.

Deutsch, Martin M., 1963: The nerves of government: Models of political communication and control. New York.

DiMaggio, Paul J./Powell, Walter W., 1991: Introduction, in: *dies.* (Hrsg.), The new institutionalism in organizational analysis. Chicago, 1-38.

Eifert, Martin, 2001: Regulierte Selbstregulierung und die lernende Verwaltung, in: Regulierte Selbstregulierung als Steuerungskonzept des Gewährleistungsstaates. Ergebnisse des Symposiums aus Anlass des 60. Geburtstags von Wolfgang Hoffmann-Riem. Berlin, 137-157.

Giddens, Anthony, 1984: The constitution of society. Outline of the theory of structuration. Berkeley.

Giddens, Anthony, 1991: Modernity and self-identity. Self and society in the late modern age. Stanford.

Haas, Ernst B., 1990: When knowledge is power. Three models of change in international organizations. Berkeley.

Haas, Peter M., 1992: Introduction: epistemic communities and international policy coordination, in: International Organization Vol. 46, 1-35.

Hiller, Petra, 1993: Der Zeitkonflikt in der Risikogesellschaft. Risiko und Zeitorientierung in rechtsförmigen Verwaltungsentscheidungen. Berlin.

Japp, Klaus P., 1996: Soziologische Risikotheorie. Funktionale Differenzierung, Politisierung und Reflexion. München.

Kaufmann, Franz-Xaver, 1973: Sicherheit als soziologisches und sozialpolitisches Problem. Untersuchung zu einer Wertidee hochdifferenzierter Gesellschaften. 2. Aufl. Stuttgart.

Kaufmann, Franz-Xaver, 1986: The relationship between guidance, control, and evaluation, in: *ders., Majone, Giandomenico/Ostrom Vincent* (Hrsg.), Guidance, control, and evaluation in the public sector. The Bielefeld interdisciplinary project. Berlin, 211-228.

Kaufmann, Franz-Xaver, 1999: Kritik des neutralen Geldes, in: *Abelshauser, Werner* (Hrsg.), Politische Ökonomie. Geschichte und Gesellschaft 25. Jg., 226-251.

Kaufmann, Franz-Xaver, 2004: Rationalität hinter dem Rücken der Akteure: Soziologische Perspektiven, in: *Siegenthaler, Hansjörg* (Hrsg.), Rationalität im Prozess kultureller Evolution. Tübingen, 93-129.

Kette, Sven, 2008: Bankenregulierung als Cognitive Governance. Eine Studie zur gesellschaftlichen Verarbeitung von Komplexität und Nichtwissen. Unveröffentlichte Dissertation, Universität Bielefeld.

Knorr Cetina, Karin/Preda, Alex, 2001: The epistemization of economic transactions, in: Current Sociology Vol. 49, 27-44.

Krohn, Wolfgang, 2002: Das Risiko des (Nicht-)Wissens. Zum Funktionswandel der Wissenschaft in der Wissensgesellschaft, in: http://www.uni-bielefeld.de/iwt/wissen/800/risiko.pdf; 16.01.2003.

Ladeur, Karl-Heinz, 1995: Das Umweltrecht der Wissensgesellschaft. Von der Gefahrenabwehr zum Risikomanagement. Berlin.

Luhmann, Niklas, 1984: Soziale Systeme. Grundriß einer allgemeinen Theorie. Frankfurt a.M.

Luhmann, Niklas, 1991: Die Weltgesellschaft, in: Soziologische Aufklärung, Bd. 2. 4. Aufl. Opladen, 51-71.

Luhmann, Niklas, 1990: Die Wissenschaft der Gesellschaft. Frankfurt a.M.

Luhmann, Niklas, 1995: Gesellschaftsstruktur und Semantik. Studien zur Wissenssoziologie der modernen Gesellschaft. Bd. 4. Frankfurt a.M.

Luhmann, Niklas, 2000: Organisation und Entscheidung. Opladen.

Luhmann, Niklas, 2002: Das Erziehungssystem der Gesellschaft. Frankfurt a.M.

Lütz, Susanne, 2002: Der Staat und die Globalisierung von Finanzmärkten. Regulative Politik in Deutschland, Großbritannien und den USA. Frankfurt a.M.

MacKenzie, Donald, 2003: Opening the black boxes of global finance. in: http://www. ed.ac.uk/ MacKenzie; 03.05.2006.

Marx, Karl, 1974: Grundrisse der Kritik der politischen Ökonomie (Rohentwurf). Berlin.

Mayntz, Renate/Scharpf, Fritz W. (Hrsg.), 1995: Gesellschaftliche Selbstregelung und politische Steuerung. Frankfurt a.M.

Merton, Robert K., 1987: Three fragments from a sociologist's notebooks: Establishing the phenomenon, specified ignorance, and strategic research materials, in: Annual Review of Sociology Vol. 13, 1-28.

Michael, Donald M., 1973: On learning to plan & planning to learn. San Francisco.

Nonet, Philippe/Selznick, Philip, 1978: Law and society in transition. Towards responsive law. New York.

Padoa-Schioppa, Tommaso/Saccomanni, Fabrizio, 1994: Managing a market-led gobal financial system, in: *Kenen, Peter B.* (Hrsg.), Managing the world economy. Washington (D.C.), 235-268.

Porter, Tony, 1999: The late-modern knowledge structure and world politics, in: *Hewson, Martin/Sinclair, Timothy J.* (Hrsg.), Approaches to Global Governance Theory. New York, 137-155.

Power, Michael, 2002: Standardization and the regulation of management practices, in: Soziale Systeme Jg. 8, 191-204.

Rammert, Werner, 2002: Zwei Paradoxien einer innovationsorientierten Wissenspolitik. Die Verknüpfung heterogenen und die Verwertung impliziten Wissens, in: Soziale Welt Jg. 54, 483-508.

Ravetz, Jerome R., 1987: Uncertainty, ignorance and policy. in: *Brooks, Harvey/Cooper, Chester L.* (Hrsg.), Science for public policy. Oxford, 77-93.

Scharpf, Fritz W., 1996: Positive und negative Koordination in Verhandlungssystemen, in: *Kenis, Patrick/Schneider, Volker* (Hrsg.), Organisation und Netzwerk. Institutionelle Steuerung in Wirtschaft und Politik. Frankfurt a.M, 497-534.

Schneider, Andreas/Bauer, Helmut, 2007: Basel II und die Mindestanforderungen an das Risikomanagement, in: BaFinJournal 02/07, 9-12.

Schuppert, Gunnar Folkert, 2000: Verwaltungswissenschaft, Verwaltung, Verwaltungsrecht, Verwaltungslehre. Baden-Baden.

Schuppert, Gunnar Folkert, 2006: Governance im Spiegel der Wissenschaftsdisziplinen. in: *Ders.* (Hrsg.), Governance-Forschung. Vergewisserung über Stand und Entwicklungslinien. 2. Aufl. Baden-Baden.

Shackle, George L.S., 1968: Uncertainty in economics. And other reflections. Cambridge UK.

Shackle, George L.S., 1979: Imagination and the nature of choice. Edinburgh.

Sinclair, Timothy J., 1999: Bond-Rating agencies and coordination in the Global Political Economy, in: *Cutler, A. Claire./Haufler, Virginia/Porter,Tony* (Hrsg.), Private authority and international affairs. New York, 153-167.

Sinclair, Timothy J., 2005: The new masters of capital. American bond rating agencies and the politics of creditworthiness. Ithaca.
Smithson, Michael, 1989: Ignorance and uncertainty. Emerging paradigms. New York.
Standard & Poor's, 2000: Ratings definitions, in: http://www.standard-poors.com/Resource-Center/RatingsDefinitions.html; 01.05.2000.
Standard & Poor's, 2006: McGraw-Hill financial services, in: http://www.mcgraw-hill.com/news/kits_ fact.shtml; 05.07.2006.
Stehr, Nico, 2003: Wissenspolitik. Die Überwachung des Wissens. Frankfurt a.M.
Strange, Susan, 1988: States and markets. New York.
Strulik, Torsten, 2000: Risikomanagement globaler Finanzmärkte. Herausforderungen und Initiativen im Kontext der Bankenregulierung. Frankfurt a.M.
Strulik, Torsten, 2000a: Funktionen und Folgen privater Rating-Agenturen im Kontext der Regulierung globaler Finanzmärkte, in: Soziale Welt Jg. 51, 403-422.
Strulik, Torsten, 2004: Nichtwissen und Vertrauen in der Wissensökonomie. Frankfurt a.M.
Strulik, Torsten, 2007: Evaluationen in der Wirtschaft – Rating-Agenturen und das Management des Beobachtetwerdens, in: *Kocka, Jürgen/Simon, Dagmar/Matthies, Hildegard* (Hrsg.), Qualitätssicherung von Wissenschaft im Wandel. Leviathan Sonderheft (i.E.).
Strulik, Torsten/Kussin, Matthias, 2005: Finanzmarktregulierung und Wissenspolitik. Basel II – Die aufsichtsrechtliche Konstitution kollektiver Intelligenz?, in: Zeitschrift für Rechtssoziologie, Vol. 26, 101-129.
Strulik, Torsten/Willke, Helmut (Hrsg.), 2007: Towards a cognitive mode in global finance. The governance of a knowledge-based financial system. Frankfurt/New York.
Teubner, Gunther/Willke, Helmut, 1984: Kontext und Autonomie: Gesellschaftliche Selbststeuerung durch reflexives Recht, in: Zeitschrift für Rechtssoziologie Jg. 6 H. 1, 4-35.
Teubner, Gunther, 1996: Die vielköpfige Hydra: Netzwerke als kollektive Akteure höherer Ordnung, in: Kenis, Patrick/Schneider, Volker (Hrsg.), Organisation und Netzwerk. Institutionelle Steuerung in Wirtschaft und Politik. Frankfurt a.M., 535-561.
Vopel, Oliver, 1999: Wissensmanagement im Investmentbanking. Organisierte Wissensarbeit bei komplexen Finanzdienstleistungen. Wiesbaden.
Weber, Max, 1972: Wirtschaft und Gesellschaft. Grundriss der verstehenden Soziologie. 5. Aufl. Tübingen.
Wehling, Peter, 2006: Im Schatten des Wissens? Perspektiven der Soziologie des Nichtwissens. Konstanz.
Weingart, Peter, 2001: Die Stunde der Wahrheit? Zum Verhältnis der Wissenschaft zu Politik, Wirtschaft und Medien in der Wissensgesellschaft. Weilerswist.
Wilensky, Harold L., 1967: Organizational intelligence. Knowledge and policy in government and industry. New York.
Willke, Helmut, 1983: Entzauberung des Staates. Überlegungen zu einer sozietalen Steuerungstheorie. Königstein.
Willke, Helmut, 2002: Dystopia. Studien zur Krisis des Wissens in der modernen Gesellschaft. Frankfurt a.M.
Willke, Helmut, 2003: Heterotopia. Studien zur Krisis der Ordnung moderner Gesellschaften. Frankfurt a.M.
Willke, Helmut, 2007: Smart governance. Governing the global knowledge society. Frankfurt/New York.

Governance by Numbers

Zum Zusammenhang von Quantifizierung und Globalisierung am Beispiel der Hochschulpolitik[1]

Bettina Heintz

Inhaltsübersicht

A. *Einleitung*

Seit einigen Jahren gibt es Hochschulrankings, die sich selbst als »World Rankings« beschreiben: anhand einiger weniger, vorwiegend quantitativer Indikatoren werden jährlich die »weltbesten« Universitäten ermittelt.[2] Das Spektrum der erfassten Universitäten reicht von Harvard auf dem ersten Platz über die Ben Gurion University im Mittelfeld bis zur Universität Hannover und der Zhonshan University, die auf den hintersten Plätzen rangieren.[3] Obwohl in der Rangliste nur 500 (Shanghai Ranking) resp. 200 Universitäten (THES Ranking) erfasst werden, werden prinzipiell alle Universitäten in eine globale Beobachtungs- und Vergleichsordnung gebracht. Anhand der verwendeten Indikatoren ist jede Universität auf der Welt in der Lage, ihren Platz auf der Welt-Rangliste zu berechnen. Die Universität Oldenburg kann sich mit Harvard oder der staatlichen Universität in Mexiko City vergleichen, die TU Aachen mit der ETH Zürich und dem Korea Advanced Institute für Science and Technology.

1 Ich danke Klaus Japp, Veronika Tacke und Tobias Werron für Anregung und Kritik.

2 Am bekanntesten sind das *Academic Ranking of World Universities* der Shanghai Jiao Tong University (ed.sjtu.edu.cn/rank/2007/ranking2007.htm), das *World University Ranking* des Times Higher Education Supplement (www.timeshighereducation.co.uk/) und das *Professional Ranking of World Universities* der Pariser Ecole des Mines (www.ensmp.fr/Actualites/PR/EMP-ranking.pdf). Indikatoren sind z.B. Anzahl der Nobelpreise, Zahl und Zitationshäufigkeit von Publikationen, der prozentuale Anteil von ausländischen Studierenden und Dozierenden und das quantitative Verhältnis von Lehrenden und Studierenden. Das THES-Ranking beruht zusätzlich auf Reputationswerten, das Ranking der *Ecole des Mines* auf der Anzahl der Alumni einer Universität, die in den 500 weltweit führenden Industrieunternehmen eine Leitungsposition innehaben.

3 Academic Ranking of World Universities 2007.

Die Beschreibung und das Ranking von Universitäten anhand einiger weniger Kennziffern gibt Hochschulpolitikern ein Instrument in die Hand, um die Leistungen von Universitäten zu steuern, ohne direkt in das universitäre Geschehen einzugreifen. Es ist deshalb kein Zufall, dass die Quantifizierung der wissenschaftlichen Leistungen in vielen Ländern[4] von einer Umstellung der Hochschulpolitik von direkter politischer Steuerung zu indirekter Regulierung begleitet war: Input-Steuerung wird durch Output-Steuerung ersetzt. Parallel dazu vollzieht sich ein tiefgreifender Strukturwandel der Universitäten, den man unter dem Begriff der »Organisationswerdung« zusammenfassen kann. Die Leitbegriffe dieser organisatorischen Reform sind Autonomie, Transparenz, Wettbewerb und Mittelvergabe nach Leistung.
Der folgende Beitrag versucht, am Beispiel der Hochschulpolitik einen Zusammenhang zwischen zwei Bereichen herzustellen, die in der Regel getrennt voneinander behandelt werden: zwischen dem Bedingungsverhältnis von Quantifizierung und Globalisierung auf der einen Seite und dem Zusammenhang zwischen Output-Steuerung und Organisationswerdung auf der anderen Seite. Die Klammer, die diese beiden Bereiche zusammenhält, ist die Logik des Vergleichs. Um diese Verbindungen zu verdeutlichen, werde ich zunächst einige Grundzüge der gegenwärtigen Hochschulreform beschreiben und daraus in einem zweiten Teil einige Überlegungen ableiten, die ich in Form von fünf Argumenten formuliere. In einem dritten Teil werde ich die Argumentation noch einmal zusammenfassen.

B. *Abhängigkeit durch Freiheit: das Paradox der Hochschulreform*

Seit einigen Jahren werden die Hochschulen so grundlegend umgebaut, dass die neo-institutionalistische Unterscheidung zwischen »talk« und »action«, mit der man sich in anderen Fällen zu trösten vermochte, nur noch bedingt zu greifen scheint.[5] Was als neo-liberale Rhetorik begann, ist heute in Universitätsgesetzen verankert, die für das Funktionieren von Universitäten einschneidende Folgen haben und die man deshalb nicht auf bloßes Fassadenwerk reduzieren kann (vgl. etwa Czarniawska/Genell 2002). Die in Gesetzen verankerten Reformgrundsätze zielen auf eine grundlegende Neustrukturierung der Beziehung zwischen Universität und Politik. Leitvokabeln sind »Wettbewerb«, »Autonomie«, »Selbstverantwortung« und »Leistung«.[6] In einer Art retrospektiver Selbstgeißelung bezichtigt sich die Politik der Überregulierung und der Fesselung wissenschaftlicher Kreativität und verspricht, nun alles anders zu machen: Sie zieht sich aus der direkten Steuerung zurück und überlässt die maßgeblichen Entscheidungen den Universitäten. Der Staat gibt nur noch Rahmenbedingungen und allgemeine Ziele vor; wie diese im Einzelnen umzusetzen sind, entscheiden – »autonom« und »selbstverantwortlich« – die Universitäten.

4 Neben den neuen Hochschulgesetzen in Deutschland vgl. z.B. das *Schweizerische Bundesgesetz über die Förderung der Hochschulen und die Koordination im Schweizerischen Hochschulbereich* (HFKG), das sich augenblicklich in der Vernehmlassung befindet, oder das 2002 in Österreich verabschiedete Universitätsgesetz, das die österreichische Universitätslandschaft radikal veränderte.
5 Vgl. zu dieser Unterscheidung Brunsson 1989.
6 Vgl. exemplarisch das neue Schweizerische Hochschulgesetz (s. Anm. 4), in dem diese Begriffe bereits in den ersten vier Artikeln auftauchen.

Die Reform folgt einem Steuerungsmodell, das sich an der Funktionsweise von Unternehmen orientiert und unter dem Begriff des *New Public Management* an die Besonderheiten des öffentlichen Dienstes angepasst wurde. Unter dem Banner von Effizienz und Leistungsorientierung zielen die Reformen darauf, aus Universitäten und Krankenhäusern, Schulen und Sozialdiensten, Gefängnissen und öffentlichen Verwaltungen »normale« Organisationen zu machen, die einer ähnlichen Logik folgen wie Unternehmen und auch nach ähnlichen Prinzipien lenkbar sind. Brunsson/Sahlin-Andersson (2000: 723) beschreiben diese Reformen »as a way of turning public services into organizations«.[7] Entsprechend interpretieren sie die Umgestaltung des öffentlichen Sektors als einen primär organisatorischen Prozess, der aus Entitäten, die nur bedingt formalen Organisationen entsprachen, entscheidungsfähige Akteure mit hierarchischer Struktur, klaren Grenzen und eigener Identität macht. Diese Zuschreibung von »organizational actorhood« beginnt zunächst auf der semantischen Ebene, hat in der Folge aber einschneidende strukturelle Konsequenzen: Universitäten werden nicht nur neu als formale Organisationen wahrgenommen, sondern auch nach diesem Modell umstrukturiert. Die These, dass es sich beim *New Public Management* um eine Organisationsreform handelt, impliziert, dass die gängige Kritik, die dem NPM eine Ökonomisierung der Wissenschaft vorwirft, auf der falschen Ebene argumentiert. Das NPM stellt nicht die Autonomie der Wissenschaft infrage, sondern zielt auf die Ebene der Organisation. Es geht m.a.W. nicht um einen zunehmenden Primat der Wirtschaft gegenüber der Wissenschaft (das wäre die Gesellschaftsebene), sondern um eine Neustrukturierung der Universität nach dem (Lehrbuch-)Modell der rationalen, an quantitativen Zielgrößen orientierten Organisation, für die prototypisch das Wirtschaftsunternehmen steht.[8]

Wie grundlegend dieser Wandel ist, wird deutlich, wenn man die heutigen Reformen auf die Steuerungstypologie bezieht, die Burton Clark in den frühen 80er Jahren entwickelt hat. Clarks Typologie ist in Form eines Dreiecks formuliert mit Markt, akademischer Profession und Staat als den drei Eckpunkten. Als eigenständige Strukturform kommt die Organisation in dieser Typologie nicht vor (Clark 1983: 136 ff.). Je nachdem, welches Gewicht den einzelnen »Steuerungsagenten« zukommt, ergibt sich ein anderes (nationales) Steuerungsmodell. In Deutschland z.B. wurde die universitäre Steuerung lange Zeit arbeitsteilig durch den Staat und die akademische Profession geregelt. Während der Staat bis auf die Ebene der operativen Entscheidungen durchgriff, indem er sich z.B. das Berufungsrecht vorbehielt, über Zulassungsbeschränkungen entschied und die Ausgaben im Rahmen der kameralistischen Haushaltsführung kontrollierte, blieb der Professorenschaft die Hoheit über wissenschaftliche Belange, rechtlich abgestützt durch die – notabene staatlich verordnete – »Freiheit von Lehre und Forschung« (vgl. u.a. Braun 2001; Schimank 2005; Huber 2008).[9] Eine eigentliche Organisationsebene gab es nur in Ansätzen.[10]

7 Vgl. ähnlich Krücken/Meier 2006 sowie Braun 2001, der von einer Transformation der Universitäten in »korporative Akteure« spricht, allerdings ohne organisationssoziologischen Bezug.

8 Dies schließt allerdings nicht aus, dass die organisatorischen Reformen indirekt auch das Wissenschaftssystem affizieren, vgl. dazu Abschnitt C IV.

9 Huber (2008) charakterisiert die Humboldtsche Universitätsidee über die Paradoxie »Freiheit durch Abhängigkeit«. Im heutigen Universitätsmodell kehrt sich die Paradoxie gewissermaßen um: an die Stelle einer »Freiheit durch Abhängigkeit« tritt eine »Abhängigkeit durch Freiheit«.

Dies ändert sich im Zuge der gegenwärtigen Hochschulreform, die aus Universitäten Organisationen macht, und zwar auf Kosten der akademischen Profession. Der Staat zieht sich aus der direkten Steuerung zurück und vergrößert damit den Handlungsspielraum der Universitäten. Die neu gewonnene Entscheidungskompetenz wird aber nicht auf die akademische Profession übertragen, sondern auf eine spezialisierte und zu diesem Zwecke teils gestärkte, teils erst geschaffene Leitungsstruktur.[11] Die Ausdifferenzierung einer professionellen Managementebene geht in der Regel mit einer radikalen Umgestaltung der Universitätsstruktur einher. Beispiele dafür sind die Abschaffung der Fakultäten oder ihr Zusammenzug zu großen Verwaltungseinheiten, die Besetzung von Leitungspositionen durch externe Kandidaten, die Tendenz, der Professorenschaft das Wahlrecht zu entziehen und es stattdessen externen Gremien zu übergeben, die Ausdifferenzierung von neuen Verwaltungseinheiten (Qualitätsmanagement, Transferstellen, Öffentlichkeitsarbeit, etc.), die primär auf politische Anforderungen reagieren und mit den Kernaufgaben von Universitäten oft nur wenig zu tun haben. Die daraus entstehenden Spannungen zwischen der »absteigenden Profession« und der »aufsteigenden Organisation« sind jedem Universitätsmitglied hinlänglich bekannt.

Die »Organisationswerdung« von Universitäten vollzieht sich vor dem Hintergrund eines Wandels der politischen Steuerung, die von Input- auf Output-Steuerung, von Konditional- auf Zweckprogrammierung umgestellt wird (vgl. zu diesem Begriffspaar Luhmann 2000: 260 ff.). Während im Falle der Konditionalprogrammierung die Mittelwahl durch eine wenn-dann-Klausel festgelegt oder zumindest eingeschränkt ist, orientiert sich die Zweckprogrammierung an den Zielen und lässt die Mittel offen: wie Universitäten die vereinbarten Ziele erreichen, auf welche Weise sie z.B. die geforderte »Exzellenz« zustande bringen, bleibt ihnen überlassen. Die Konditionalprogrammierung funktioniert umgekehrt, indem die Mittelwahl durch die Ausgangsbedingungen weitgehend vorgegeben ist. Wenn ein bestimmter Zustand als Situation X definiert wird, muss (innerhalb eines gewissen Ermessensspielraums) Entscheidung Z getroffen werden, unabhängig davon, wer die Entscheidung fällt und auf wen oder was sie sich bezieht. Erwartungen beziehen sich in diesem Fall nicht auf die Zielerreichung, sondern darauf, ob auf eine bestimmte Situation mit den dafür vorgesehenen Mitteln reagiert wurde: »Es genügt, dass normgemäß entschieden worden ist« (Luhmann 1973: 102).[12] Mit der Formel der »bürokratischen Fesselung« der Universität durch den Staat wurde diese Konditionierung von Entscheidungen auf den

10 Brunsson/Sahlin-Andersson (2000) klassifizieren Universitäten vor der Reform als »Arenen«. Der Unterschied zwischen einer »Arena« und einer »Organisation« besteht darin, dass Arenen stärker von außen kontrolliert werden, keine eigene organisatorische Identität besitzen und der Einfluss der jeweiligen Professionen größer ist.

11 Ein anderer interessanter Fall sind Schulen, bei denen sich eine ähnliche Umstellung von Input- auf Output-Steuerung feststellen lässt. Die Einführung von Management-Konzepten wird in den pädagogischen (Selbst-)Beschreibungen als »Entbürokratisierung« begrüßt und die Verwandlung von Lehrern in »Klein-Manager«, die neben ihren erzieherischen nun auch organisatorische Funktionen – »Gestaltungsarbeiten« – übernehmen müssen/dürfen, wird als neue »Professionalität« gedeutet. Anders sieht es aus soziologischer Perspektive aus: was den Lehrern als Professionalisierung erscheint, kommt aus dieser Sicht einer Deprofessionalisierung gleich (vgl. zu dieser Diskrepanz ausführlicher Tacke 2005).

12 Zu diesem Routinecharakter der Konditionalprogrammierung vgl. bereits Luhmann (1964), hier allerdings noch in anderer Terminologie.

(alltagssprachlichen) Begriff gebracht. Es ist deshalb nicht weiter erstaunlich, dass Hochschulpolitiker auf solche bürokratiekritische Argumente zurückgreifen, um die Umstellung von Konditional- auf Zweckprogrammierung zu rechtfertigen.[13]
Die Transformation von Universitäten in »normale« Organisationen bedeutet, dass explizite und in der Regel quantifizierbare Ziele formuliert werden, deren Erfüllung nach ähnlichen Verfahren evaluiert und kontrolliert wird wie in Unternehmen: überall geht es um Leistung und überall wird Leistung belohnt, im einen Fall durch den Markt, im anderen Fall durch die Politik oder durch beide zusammen. Die Steuerung erfolgt nicht mehr direkt durch Vorschriften, sondern durch die in sogenannten »Zielvereinbarungen« festgelegten Ziele und Aufgaben, die die Universitäten zu erfüllen bzw. zu erbringen haben. Auf welche Weise sie dies tun, ist ihnen überlassen. Damit ist eine Anreizstruktur geschaffen, um zwischen den Universitäten Wettbewerb und Konkurrenz zu etablieren. Das »management by objectives« geschieht durch eine Kopplung von Finanzierung und Zielerreichung. Dazu muss spezifiziert werden, was als Zielerreichung bzw. als Leistung gilt. Die Spezifizierung muss so beschaffen sein, dass sie einen Vergleich zwischen den einzelnen Universitäten erlaubt und sich effizient handhaben lässt. Dazu eignen sich vor allem quantitative Indikatoren wie etwa die Anzahl der Absolventen und der Abschlüsse als Indikatoren für die Lehrleistung und eingeworbene Drittmittel und bibliometrische Daten als Indikatoren für die Forschungsleistung.[14] Wissenschaftliche Leistung wird m.a.W. auf einige Dimensionen reduziert, die sich einfach quantifizieren lassen.
Sobald die Indikatoren und ihre Operationalisierung festgelegt sind, sind sie für längere Zeit nicht mehr verhandelbar. Sie lassen sich vielleicht ergänzen, aber nicht mehr grundlegend ändern, da damit die Logik des Vergleichs untergraben werden würde. Auf der Basis solcher Indikatoren können die Einheiten jederzeit in eine Rangordnung gebracht werden. Die Einheiten, die auf diese Weise geordnet werden, sind beliebig: es können Universitäten, Fakultäten oder auch einzelne Wissenschaftler sein. Damit ist ein quantitativer und prinzipiell hierarchischer Rahmen aufgespannt, in dem sich beliebige Einheiten synchron und diachron vergleichen lassen. Der synchrone Vergleich etabliert Wettbewerb und Konkurrenz zwischen den verschiedenen Einheiten, über den diachronen Vergleich lassen sich die individuellen Leistungsentwicklungen über die Zeit hinweg festhalten. Die Reduktion der komplexen Wirklichkeit einer Universität auf einige wenige Dimensionen, die zudem quantifizierbar sein müssen, um ihre Funktion zu erfüllen, impliziert Abstraktion und Selektivität. Qualitativ Verschiedenes wird in quantitativ Vergleichbares überführt, und was verglichen und damit sichtbar gemacht wird, stellt nur einen kleinen Ausschnitt dar.
Die Installierung einer quantifizierten Vergleichsordnung kann zwar in einem begrenzten lokalen Kontext beginnen, sie tendiert jedoch zu globaler Ausdehnung (vgl. Werron 2005). Wenn man eine Fakultät nach ihrer Forschungsleistung evaluiert,

13 Das Versprechen einer »Entbürokratisierung« qua Autonomisierung erfüllt sich allerdings nur bedingt. Der Grund dafür liegt darin, dass die Umstellung auf Output-Steuerung eine »Organisierung« der Universitäten erfordert (»Organisationswerdung«), die ihrerseits zu einer zunehmenden, aber nun organisationsinternen Regulierung führt.

14 Vgl. beispielhaft das Hochschulkonzept (NRW 2010) und das Hochschulgesetz von Nordrhein-Westfalen, das den trefflichen Namen »Hochschulfreiheitsgesetz« trägt, vgl. dazu ausführlicher Vormbusch 2007.

weshalb dann nicht die gesamte Universität, wenn eine Universität, weshalb dann nicht alle Universitäten in Deutschland, und wenn alle Universitäten in Deutschland, weshalb dann nicht alle Universitäten weltweit? Die Logik bleibt immer dieselbe, und sie ist auf alle Einheiten anwendbar, die Wissenschaft produzieren, unabhängig davon, wo sie sich befinden und wie sie im Einzelnen ausgestaltet sind. Das Ergebnis dieser Globalisierungsdynamik sind die erwähnten »World University Rankings«, nach denen sich jede Universität auf der ganzen Welt mit den Spitzenuniversitäten vergleichen kann.

Diese Logik des quantifizierenden Vergleichs findet sich nicht nur in der Wissenschaft. Andere Beispiele sind Unternehmensbilanzen, Leistungsstatistiken im Sport oder auch internationale Statistiken, die Länder nach ihrem Entwicklungsgrad oder den Teilnahmechancen von Frauen einstufen. In allen diesen Fällen wird eine Beschreibung angefertigt, die Vergleichbarkeit suggeriert, qualitative Unterschiede auslöscht und hoch selektiv ist, indem nur noch das Messbare gesehen und alles andere ignoriert wird. Indem Zahlen von qualitativen Aspekten abstrahieren und soziale Phänomene auf einer primär syntaktischen Ebene beschreiben, braucht man kein Kontextwissen mehr, um sie zu benutzen. Um die Universität Bielefeld und die Jiao Tong University in eine hierarchische Rangfolge zu bringen, muss man höchstens die Konstruktion der verwendeten Indikatoren kennen, nicht aber wissen, wie die Verhältnisse in den beiden Universitäten im Einzelnen beschaffen sind und worin sie sich unterscheiden. Insofern stellt die numerische Repräsentation der Wirklichkeit eine enorme Selektions- und Abstraktionsleistung dar, über die immer mehr Bereiche in einen Vergleichszusammenhang gezogen werden.

C. *Quantifizierung, Governance und Globalisierung: Zur Logik des Vergleichs*

Das Beispiel der Hochschulreform verweist auf einen engen Zusammenhang zwischen Quantifizierung, Steuerung und Globalisierung. Die Klammer, die diese Prozesse zusammenhält, ist der Mechanismus des Vergleichs. Dies soll im Folgenden in Form von fünf Argumenten verdeutlicht werden.

I. *Herstellung von Vergleichbarkeit*

Quantifizierung beruht auf Messung, und Messung erfordert Vergleichbarkeit. Das bedeutet: Phänomene, die in eine numerische Ordnung gebracht werden, müssen unter Absehung ihrer individuellen Unterschiede als vergleichbar eingestuft werden. Insofern ist jede Quantifizierung mit Vereinheitlichung verbunden (Espeland/Stevens 1998). Die Herstellung von Vergleichbarkeit ist ein anspruchsvoller sozialer Prozess, der jeder Messung und damit auch jeder Quantifizierung vorausgeht. Zunächst müssen die zu messenden Einheiten festgelegt und als vergleichbar eingestuft werden. So setzt der Aufbau einer internationalen Statistik voraus, dass die Einheiten – die Länder – trotz ihrer massiven und kulturellen Unterschiede als prinzipiell gleich wahrgenommen werden. Das ist für uns heute selbstverständlich. Aber in den 1940er Jahren, als die UNO ihre ersten Statistiken veröffentlichte, war die Vorstellung, dass man die

Industrieländer und die ehemaligen Kolonien in einen Vergleichszusammenhang bringen kann, noch äußerst ungewohnt (Ventresca 2002). Zu einer Selbstverständlichkeit wurde diese Vorstellung erst mit der Durchsetzung des Nationalstaates als praktisch universelles politisches Organisationsprinzip und der Behandlung aller Staaten als formal gleichberechtigte Mitglieder der Weltgesellschaft.

In einem zweiten Schritt werden die Dimensionen festgelegt, aufgrund derer die ausgewählten Einheiten beobachtet und miteinander verglichen werden – z. B. Bilder hinsichtlich ihres Marktwertes, Länder hinsichtlich ihres Bruttosozialprodukts pro Kopf, Professoren hinsichtlich ihrer Drittelmittelkompetenz. Diese Auswahl ist notwendigerweise selektiv, und das gilt erst recht für ihre Operationalisierung. Die Beurteilung der Leistung eines Wissenschaftlers anhand der Anzahl seiner Publikationen ignoriert alles Übrige: die Innovativität seiner Arbeit, die Qualität der Lehre und die Betreuung seiner Promovenden. Mit der Etablierung einer Vergleichsordnung wird also qualitativ Verschiedenes zusammengebracht und auf einige wenige quantifizierbare Dimensionen abgebildet.

Vergleichbarkeit ist den vermessenen Objekten nicht inhärent, sondern das Resultat einer Ordnungsleistung, die sozial voraussetzungsvoll und entsprechend potentiell kontrovers ist (Bowker/Star 2000). Ein Beispiel für den konstruierten Charakter solcher Kategorisierungen ist die Einführung der statistischen Kategorie »Hispanics« in der amerikanischen Volkszählung, die zunächst kontrovers war, in der Folge aber von der klassifizierten Gruppe übernommen wurde und heute als »natürliche« Einteilung gilt (Petersen 1987). Ein anderes Beispiel ist der Aufbau der Berufsstatistik im 19. Jahrhundert, bei der es mehrere Jahrzehnte dauerte, bis sich ein Konsens über die verwendeten Einteilungsschemata einstellte (Vanderstraeten 2006). Kontrovers waren nicht nur die einzelnen Kategorisierungen, sondern vor allem die Frage, inwieweit Personen, die in einer ständisch geprägten Gesellschaft als sozial inkommensurabel galten – Adlige und Landarbeiter, Kaufleute und Bettler – überhaupt vergleichbar sind: »It makes no sense to count people if their common personhood is not seen as somehow more significant than their differences« (Porter 1986: 24). Der Aufbau nationaler Statistiken im 19. Jahrhundert war insofern nicht nur ein Instrument zur Nationalstaatsbildung (vgl. u.a. Desrosières 2005: Kap. 5 und 6; Patriarca 1994), sondern gleichzeitig Ausdruck der sich durchsetzenden Gleichheitssemantik. Unabhängig davon, welchem sozialen Stand sie angehören, sind alle Bürger(innen) eines Landes im Prinzip vergleichbar und damit in einer gewissen Hinsicht auch gleich.

Dies macht deutlich, dass Vergleichbarkeit und Quantifizierbarkeit historisch kontingent sind. Was vor hundert Jahren noch als inkommensurabel angesehen wurde, z.B. Berufsarbeit und Hausarbeit oder wissenschaftliche Qualität und Effizienz, wird heute in einen Vergleichszusammenhang gebracht. Insofern weist die in den letzten Jahrzehnten zu beobachtende Explosion von Quantifizierungen darauf hin, dass immer mehr soziale Bereiche einem Vergleichsregime unterworfen werden.[15]

15 Es gibt allerdings auch Phänomene, die sich gegen Vergleichbarkeit und damit gegen eine Quantifizierung sperren. Ein Beispiel dafür ist Liebe, die gerade umgekehrt über Einzigartigkeit und Unvergleichbarkeit definiert wird.

II. *Quantifizierung als »technology of persuasion«*

Vergleichsordnungen sind nicht notwendig quantitativer Natur. Barbara Townley (1995) unterscheidet deshalb im Anschluss an Foucault zwischen »taxonomy«, der Herstellung einer Vergleichsordnung, und »mathesis«, der Zuordnung von Zahlwerten. Quantifizierung ist die vorläufig letzte Stufe in einer Kette von komplexen sozialen Bearbeitungsschritten, die sich im Prinzip an jedem Punkt in verschiedene Richtungen verzweigen können. Sie beginnt mit der Herstellung von Kommensurabilität, läuft über Operationalisierung und Messung und erfordert Datenanalyse und rechnerische Transformation. Obschon die Herstellung von Zahlen hochgradig kontingent ist, werden sie in der Regel für die Sache selbst gehalten: »What is counted usually counts« (Miller 2001: 386). Zahlen geben vor, eine Realität zu zeigen, die außerhalb von ihnen liegt und durch sie sichtbar gemacht werden kann. Faktisch sind Statistiken aber nicht mehr oder weniger adäquate Zweitfassungen einer vorausgesetzten Wirklichkeit, sondern selektive Konstruktionen, die diese Wirklichkeit teilweise erst erzeugen.[16] Die Objektivität von Zahlen ist folglich kein Sachverhalt, sondern eine Zurechnung. Es ist der Umschlag der Zurechnung von »Handeln« auf »Erleben«, der Zahlen den Anschein des Unpersönlichen verleiht (vgl. zu dieser Unterscheidung Luhmann 1978).

Woher kommt es, dass Statistiken in der Regel eine größere Objektivität zugeschrieben wird als einer sprachlichen Argumentation? Ein wesentlicher Grund für die persuasive Funktion von Zahlen liegt darin, dass Zahlen – und das gilt ähnlich auch für wissenschaftliche Bilder – schwerer negierbar sind als sprachlich formulierte Aussagen.[17] Während Sprache immer eine Ja- und eine Nein-Fassung bereitstellt und insofern ein Satz seine Negationsmöglichkeit bereits in sich trägt (vgl. dazu Luhmann 1974), muss Negation im Falle von Zahlen aktiv erzeugt werden. Um numerische Aussagen zu relativieren, braucht man alternative Zahlen bzw. ein Wissen darüber, auf welche Weise sie zustande kamen. Ablehnung wird damit voraussetzungsvoller. So gesehen lässt sich Quantifizierung als ein Verfahren interpretieren, das Aussagen mit Überzeugungskraft ausstattet und dadurch Akzeptanz mobilisiert (vgl. zu dieser Argumentation Porter 1995).[18] Die geringere Negationsfähigkeit von Zahlen verhilft dazu, Argumente mit einer Aura des Notwendigen zu versehen, und trägt damit dazu bei, Kommunikation auch dann sicherzustellen, wenn Schriftlichkeit zur dominanten Kommunikationsform wird und die an Anwesenheit gebundene Konsensorientierung nicht mehr vorausgesetzt werden kann.[19]

Die Objektivitätssuggestion von Zahlen bedeutet nicht, dass Zahlen grundsätzlich nicht infrage gestellt werden. Zur Relativierung von Zahlen müssen jedoch alternative

16 Ein Beispiel dafür ist die oben beschriebene Kategorie der *Hispanics*, ein anderes Beispiel ist der Zusammenhang zwischen staatlicher Statistik und Nationenbildung.

17 Vgl. in Bezug auf Bilder Boehm 2001; Mersch 2006 sowie Heintz/Huber 2001.

18 Hacking bezeichnet Statistiken deshalb auch als »technologies of intersubjectivity« (Hacking 1992: 152).

19 Porters These hat eine gewisse Ähnlichkeit mit dem systemtheoretischen Argument, dass mit der Entstehung von Verbreitungsmedien (v.a. Buchdruck) der unmittelbare Zusammenhang von Information/Mitteilung und Verstehen auseinander gerissen wird und deshalb neue Verfahren entwickelt werden müssen, um die Annahme von Kommunikationen sicherzustellen (Luhmann 1981). Vgl. ausführlicher zu Porters Argumentation Heintz 2007.

Zahlen generiert werden, und dazu braucht man Ressourcen und ein Wissen darüber, wie die ursprünglichen Zahlen zustande kamen. Während dies in der wissenschaftlichen Forschung der Normalfall ist und unter dem Begriff der Replikation verhandelt wird, ist dies in anderen gesellschaftlichen Funktionssystemen nur bedingt der Fall. Entweder sind die Daten öffentlich nicht zugänglich oder es besteht ein Datenmonopol, wie etwa im Falle von nationalen statistischen Ämtern oder privaten bibliometrischen Datenbanken (vgl. weiter unten). Dazu kommt, dass die statistischen Verfahren teilweise so komplex sind, dass sie von den Adressaten nicht rekonstruierbar sind. Während in der Wissenschaft Datenproduzenten und Datenrezipienten über dieselbe Qualifikation verfügen, stehen sich in anderen gesellschaftlichen Bereichen in der Regel Experten und Laien gegenüber. Entsprechend stützt sich die Akzeptanz von Zahlen nicht so sehr auf »Verständnis«, sondern vor allem auf »Einverständnis« (im Weberschen Sinne). Zahlen werden im Normalfall ohne Angabe der ihnen zugrundeliegenden Mess- und Bearbeitungsverfahren präsentiert. Sie müssen als »black boxes« behandelt werden, unter Ausblendung der Komplexität und Kontingenz ihrer Herstellung. Entsprechend haben die vertrauensgenerierenden Maßnahmen eine andere Form. Während in der Wissenschaft Vertrauen durch Transparenz und die Möglichkeit zur Replikation geschaffen wird, gibt es in anderen Funktionsbereichen keine vergleichbaren Mittel, um die Vertrauenswürdigkeit von Zahlen zu sichern. Vertrauenswürdigkeit wird hier vornehmlich durch soziale Arrangements hergestellt – durch black boxing, Auditing und Monopolisierung (vgl. u.a. Chua 1995; Jones/ Dugdale 2001; Power 2004).

Ein Beispiel dafür ist die zunehmende Akzeptanz von bibliometrischen Indikatoren. Während das *peer review*-Verfahren immer stärker in die Kritik gerät und als ungerecht und unzuverlässig beurteilt wird (Hirschauer 2004), avancieren bibliometrische Indikatoren zum Garanten von Objektivität. Die Verwendung von bibliometrischen Daten z.B. in Berufungsverfahren ist begleitet von der Fiktion, zu einem »unparteiischen« Urteil zu gelangen und eine rein »objektive« Entscheidung fällen zu können, was auch immer das sein mag. Anstatt die Qualität der Arbeiten zu beurteilen, wird das Qualifikationsprofil der Kandidaten auf Messbares reduziert. Dadurch lässt sich vielleicht, wie Porter argumentieren würde, der Dissens verringern, aber nur auf Kosten einer qualitativen, an Inhalten orientierten Einschätzung. Die zunehmende Akzeptanz von bibliometrischen Indikatoren ist umso erstaunlicher, als sie auf einer Datengrundlage beruhen, die um einiges problematischer ist als das qualitative Urteil der *peers*. Praktisch sämtliche bibliometrischen Daten werden von einem Privatunternehmen, *Thomson Scientific*, geliefert, das sich auf den Verkauf von elektronisch aufbereiteten Fachinformationen spezialisiert hat (vgl. ausführlicher Weingart 2005: 105 ff.). Das Unternehmen besitzt praktisch ein Monopol im Bereich wissenschaftlicher Datenbanken (Web of Science, ISI Web of Knowledge) und entwickelt eigene Evaluationsinstrumente (z.B. Essential Science Indicators, Journal Citation Reports), mit deren Hilfe sich relativ einfach feststellen lässt, welchen Rang ein einzelner Wissenschaftler, eine Universität oder eine Fakultät im Vergleich zu anderen belegt.[20] Abge-

20 Daneben hat *Thomson Scientific* auch Patent- und Produktdatenbanken aufgebaut, z.B. *Derwent World Patents* oder eine pharmazeutische Datenbank mit dem sinnfälligen Namen *Newport Horizon Global*.

sehen davon, dass Publikationen nur selektiv erfasst werden, sind sowohl die Daten wie auch ihre statistische Verarbeitung nur bedingt verlässlich. Dennoch werden sie in zunehmendem Maße eingesetzt, um Gehälter zu bestimmen, die Verteilung von finanziellen Mitteln festzulegen und über die Berufung von wissenschaftlichem Personal zu entscheiden.

Wie dieses Beispiel zeigt, löst Quantifizierung eine Eigendynamik aus, die immer mehr Bereiche in einen Vergleichszusammenhang zieht. Durch rechnerische Transformationen lassen sich immer weitere Zahlen gewinnen, die sich wiederum mit anderen Zahlen in Beziehung setzen lassen: z.B. die Aufenthaltsdauer von Patienten in einem Krankenhaus mit der Art der Erkrankung und dem finanziellen Aufwand für Pflege, Forschung und Betrieb (Chua 1995) oder die Zitationsquote eines Wissenschaftlers mit der Anzahl seiner Promovenden und den finanziellen Mitteln, die ihm zugewiesen wurden. Durch Kombination, Aggregation und Transformation entstehen immer neue Vergleichsmöglichkeiten und Zusammenhänge, die sich ihrerseits wieder numerisch darstellen lassen, z.B. in Form eines Rankings der Kosteneffizienz von Krankenhäusern oder der Forschungsleistung von Universitäten. Power (2004) spricht in diesem Zusammenhang von »second-order measurement«. Zahlen, die aus anderen Zahlen gewonnen werden, lösen sich allmählich von den ihnen zugrunde liegenden »Rohdaten« und bilden eine eigene Wirklichkeit, die sich nur mit Schwierigkeiten zurückübersetzen lässt. Damit wird Kontingenz noch einmal reduziert: die Zahlen erscheinen als »harte Fakten«, die ihre Selektivität immer perfekter verbergen.

III. *Sichtbarmachung und Intransparenz*

Statistiken haben die Aufgabe, bislang Unbekanntes sichtbar zu machen, gleichzeitig erzeugen sie aber immer auch Unsichtbarkeit. Alexandra Heßling (2007) spricht in diesem Zusammenhang von einer »Paradoxie der Sichtbarkeit«. Statistiken beruhen auf Beobachtungsschemata, die so oder auch anders gewählt werden können. Insofern ist jede Statistik notwendigerweise selektiv (vgl. Abschnitt C I). Durch die Selektivität der Beobachtungskategorien wird zwar Komplexität reduziert, gleichzeitig aber auch ein Bereich des Nicht-Beobachtbaren geschaffen.

Diese Gleichzeitigkeit von Sichtbarmachung und Invisibilisierung, Wissen und Nicht-Wissen ist grundsätzlicher Art und lässt sich theoretisch verallgemeinern (u.a. Luhmann 1990: 68 ff.). Beobachten ist die Verwendung einer Unterscheidung (z.B. wahr vs. falsch), um etwas durch sie Unterschiedenes zu bezeichnen (z.B. als wahr). Jede Beobachtung markiert eine Seite und lässt die andere (vorläufig) unbestimmt. Insofern ist jede Beobachtung asymmetrisch konstruiert: sie bezeichnet eine Seite (und nicht die andere) und sorgt dadurch für kommunikative Anschlussfähigkeit. Die Unterscheidung selbst bleibt während der Beobachtung unbeobachtet.[21] Sie kann zwar zu einem späteren Zeitpunkt zum Thema gemacht werden, aber wiederum nur mit Hilfe einer anderen Unterscheidung, die ihrerseits während der Beobachtung

21 D.h. um etwas als »wahr« zu bezeichnen, muss im Moment der Beobachtung die Unterscheidung wahr/falsch latent gehalten werden. Wäre dem nicht so, würde man zwischen der Kategorisierung und ihrer Relativierung permanent hin- und herpendeln. Anschlussfähigkeit wäre nicht mehr gegeben.

latent gehalten werden muss. Die Annahme, dass bei jeder Beobachtung etwas (und nichts anderes) bezeichnet wird, impliziert, dass man nicht gleichzeitig beide Seiten – wahr *und* falsch – bezeichnen kann. Die Bezeichnung der anderen Seite – z.B. die Kategorisierung als »falsch« – erfordert ein Überschreiten, ein *crossing*, der Grenze, die durch die Unterscheidung gesetzt wurde, und braucht folglich Zeit.[22]

Soziologisch lassen sich verschiedene Konstellationen unterscheiden, die sowohl das Wechseln der Seite wie auch die Thematisierung der Unterscheidung selbst blockieren. Eine solche Blockierungsmöglichkeit ist Quantifizierung, indem Zahlen die kommunikativen Anschlüsse in Richtung auf das durch sie Bezeichnete lenken (vgl. Abschnitt C II).[23] Händler schließen mit ihren Entscheidungen an die von Unternehmen publizierten Zahlen an und nicht an das, was durch Bilanzen nicht erfasst wird; Hochschulpolitiker beziehen sich auf Publikationen, Studierendenzahlen und das Drittmittelaufkommen und nicht auf die Inhalte der Forschungsarbeiten, wenn sie darüber diskutieren, welche Universität gefördert werden soll. In beiden Fällen bleibt die zugrunde liegende Unterscheidung – die Unterscheidung von Messbarem und Nicht-Messbarem – latent: *dass* etwas ausgeblendet wird und *was* es ist, entzieht sich der Thematisierung. Ein wesentlicher Grund für diese Asymmetrisierung zugunsten des Quantifizierten liegt in der Objektivitätssuggestion und der damit verbundenen Überzeugungskraft von Zahlen (vgl. Abschnitt C II). Entscheidungen, die sich auf Zahlen stützen, führen eine Aura des Sachnotwendigen mit sich. Sie präsentieren sich gewissermaßen als Entscheidungen, die keine sind. Oder wie es Theodore Porter formuliert: »Quantification is a way of making decisions without seeming to decide« (Porter 1995: 8).

Die Unterscheidung zwischen Messbarem und Nicht-Messbarem, Gewusstem und Nicht-Gewusstem wird erst dann zum Thema, wenn das Vertrauen in Zahlen schwindet und in Misstrauen umschlägt. Sobald dies geschieht, tritt an die Stelle des für sicher gehaltenen Wissens ein Wissen um das Nichtwissen: man weiß, dass man etwas nicht weiß, und definiert dieses Wissen als zu lösendes Problem.[24] In diesem Fall bieten sich zwei Strategien an, um Vertrauen wiederherzustellen und Kontingenz erneut zu blockieren. Beide Strategien zielen darauf ab, spezifisches Nicht-Wissen in Wissen zu transformieren. Die erste Strategie besteht in der Forderung nach einer Verbesserung der Messinstrumente. Durch neue Indikatoren sollen die »blinden Flek-

22 Die beobachtertheoretische Konzeption unterscheidet sich nicht nur von der *positive accounting*-Literatur sondern auch von den sog. *critical accounting studies* (vgl. zu den beiden Ansätzen Vollmer 2004). Während die *critical accounting studies* den selektiven und konstruierten Charakter von Statistiken hervorheben und sich damit gegen die Annahme wenden, dass Statistiken ein Abbild der Wirklichkeit darstellen, geht die beobachtertheoretische Konzeption einen Schritt weiter, indem sie jede Beobachtung als Festlegung interpretiert, die gleichzeitig und notwendig Unbeobachtbares produziert.

23 Luhmann behandelt solche Konstellationen vor allem im Rahmen seiner Theorie symbolisch generalisierter Kommunikationsmedien (Luhmann 1974). Symbolisch generalisierte Kommunikationsmedien (z.B. Liebe, Macht oder Wahrheit) sind für Luhmann Kommunikationsanweisungen, die es ermöglichen, an sich unwahrscheinlichen Kommunikationen Akzeptanz zu verschaffen. Eine ähnliche Funktion haben auch Quantifizierung (und Visualisierung), die jedoch von Luhmann kaum thematisiert werden. Vgl. dazu ausführlicher Heintz 2007.

24 Vgl. zur Unterscheidung zwischen spezifischem und unspezifischem Nichtwissen Luhmann 1995, insb. S. 177 ff., sowie Japp 1997. Im Falle von spezifischem Nichtwissen weiß man um das (noch) nicht Gewusste, während man bei unspezifischem Nichtwissen nicht weiß, in welchen Hinsichten man nicht weiß.

ken« der früheren Vermessung aufgehoben werden. Die zweite Strategie besteht darin, Kontrollmechanismen zu installieren, die auf einer höheren Beobachtungsebene angesiedelt sind und die Aufgabe haben, die Selektivität resp. den »Realitätsbezug« der statistischen Beschreibungen zu prüfen. Das bekannteste Beispiel ist die Institution der Wirtschaftsprüfung, ein anderes Beispiel sind sozialwissenschaftliche Audit-Verfahren, die eine Art funktionales Äquivalent zur Replikation in der Wissenschaft bilden (Power 2004). Damit wird das Problem jedoch nicht gelöst, sondern nur verschoben, da beide Strategien ihrerseits Unterscheidungen verwenden, die nicht gleichzeitig mit beobachtet werden können. Insofern ist die »Paradoxie der Sichtbarkeit« – oder allgemeiner: die »Paradoxie des Wissens« – prinzipiell nicht auflösbar.[25]

IV. *Indirekte Steuerung*

Quantifizierende Vergleiche sind eine Form der Steuerung, die indirekt operiert und deshalb als Steuerung oft nicht wahrgenommen wird, im Unterschied zur direkten Regulierung durch Vorschriften. Ihr Grundmechanismus ist die Installierung einer Vergleichsordnung, die umso effizienter ist, je quantitativer sie sich gibt. Wie eine solche indirekte Steuerung funktioniert und wie sie sich gleichzeitig als Steuerung verbirgt, zeigt exemplarisch die gegenwärtige Hochschulreform.[26] Der Leitbegriff der Reform ist zwar Autonomie, faktisch wird sie aber an Bedingungen geknüpft, die sie von innen her aushöhlen. Universitäten können nun zwar selber entscheiden, wie sie ihre Mittel verteilen, wen sie berufen und welche Schwerpunkte sie setzen wollen, gleichzeitig unterstehen sie aber dem Zwang, extern festgelegte Leistungen zu erbringen und über ihre Leistungserfüllung permanent Rechenschaft abzulegen. Selbststeuerung ja, aber im Dienste vorgegebener Leistungsziele.

Steuerung setzt Wissen über den Bereich voraus, der gesteuert werden soll, sowie ein Wissen darüber, ob die Steuerung erfolgreich war. Dieses Wissen wird über die Erhebung von Daten erzeugt und in Form von Statistiken festgehalten. Diese Statistiken sind nicht neutral, sondern sie geben Ziele vor, indem sie als hierarchische Vergleichsordnungen aufgebaut sind. Eine Universität, eine Fakultät, eine Forscherin ist besser, je mehr (quantifizierbare) Leistungen sie erbringt: je mehr Studierende sie betreut, je mehr Drittmittel sie anschafft und je mehr Arbeiten sie publiziert. Was traditionell als Qualitätsmerkmal von Wissenschaft galt, Originalität oder argumentative Brillanz, wird in solchen quantifizierenden Rangfolgen nicht mehr erfasst und verschwindet im Dunkel des »unmarked space«.

Diese Form der Selbststeuerung betrifft nicht nur die Universitäten, sondern wird bis auf die Ebene der Wissenschaftler und Wissenschaftlerinnen herunter gebrochen.

25 Dieser Mechanismus wird auch von Nicht-Systemtheoretikern konstatiert, wenn auch in anderer Terminologie. So wendet sich z.B. Frey (2008) gegen den Versuch, den Unzulänglichkeiten der gegenwärtigen Evaluationsinstrumente dadurch beizukommen, dass man mehr und bessere Indikatoren verwendet. Wie differenziert man auch immer die Forschungsleistung vermesse, die Messung selbst bleibe notwendigerweise selektiv und werde deshalb immer dieselben nicht-intendierten Effekte haben. Vgl. zu solchen nicht-intendierten Effekten Abschnitt C IV.

26 Andere Beispiele sind die »Offene Methode der Koordinierung« in der EU oder die Politik der UNO, internationale Statistiken als Evaluationsinstrumente und Politikanreize einzusetzen, vgl. etwa Mikkelsen/Menozzi 2000.

Alle Forscherinnen und Forscher werden in denselben Vergleichsrahmen gespannt und hinsichtlich ihrer Leistung in eine öffentlich beobachtbare Rangordnung gebracht, bei Professoren bekanntlich auch mit Folgen für ihr Gehalt. Dieser quantitative Vergleich führt zu einer Selbstdisziplinierung, die oft nicht mehr als solche registriert wird.[27] Während sich Wissenschaftler früher aufgrund der Inhalte ihrer Publikationen voneinander abgrenzten und nur innerhalb ihres eigenen Arbeitsfeldes in Vergleichs- und Konkurrenzbeziehungen traten, werden ihre Leistungen nun auf einige wenige quantitative Indikatoren reduziert und unabhängig von ihrem Arbeitsfeld und ihrer Disziplin anhand identischer Kriterien vergleichbar gemacht. Dieses »Governing by Numbers« wirkt auf die wissenschaftliche Arbeit zurück und hat damit Folgen für die Wissenschaft selbst. Wenn nur noch zählt, was gezählt werden kann, und inhaltliche Beurteilungen irrelevant werden, bietet es sich an, aus einem Ergebnis möglichst viel Publikationen zu machen, Neues und Unerwartetes zu vermeiden, auf Forschungsfelder zu setzen, die nicht riskant sind, und die Prüfungsanforderungen so abzusenken, dass der Zulauf der Prüflinge möglichst groß ist (vgl. Weingart 2005; Frey 2008). Das Ziel ist dann nicht mehr die wissenschaftliche Qualität, sondern der Erfolg im Evaluationsprozess.

Ein wesentliches, aber oft übersehenes Moment der Durchsetzung einer quantitativen Vergleichsordnung ist die Tatsache, dass Leistungen nicht nur vergleichbar, sondern vor allem auch öffentlich beobachtbar werden mit der Folge, dass die Beobachtung reflexiv wird. Die von Universitäten veröffentlichten Zahlen und ihre (Selbst-)Einordnung in universitätsübergreifenden Rankings sind Selbstbeschreibungen, die sich zunehmend an der Beobachtung des Beobachtetwerdens orientieren. Universitäten (und Wissenschaftler) beschreiben sich im Lichte der Beobachtung, von anderen beobachtet zu werden, und beobachten ihrerseits andere Universitäten (und Wissenschaftler), die sich auf ebenso reflexive Weise beschreiben. Diese reflexive Beobachtung und ihre strategische Nutzung für die eigene Selbstbeschreibung werden durch die genannten Quantifizierungsbestrebungen erleichtert. Eine typische Folgeerscheinung dieser Beobachtung des Beobachtetwerdens sind die immer glanzvolleren Homepages, mit denen sich Universitäten und Forscher präsentieren. Die Entstehung einer solchen reflexiven Beobachtungsordnung affiziert aber nicht nur die Ebene des »talk«, in Form der genannten Selbststeuerung schlägt sie auch auf die strukturelle Ebene durch.

V. *Quantifizierung und Globalisierung*

»Globalisierung« ist bekanntlich ein passepartout-Begriff, der mit unterschiedlichsten Bedeutungen belegt wird. Die einen definieren Globalisierung als Intensivierung weltweiter sozialer Beziehungen mit der Konsequenz, dass Ereignisse an einem Ort sich auf Strukturen und Prozesse an einem ganz anderen Ort auswirken (etwa Giddens 1995). Für andere ist Globalisierung primär ein kulturelles Phänomen und äußert sich im Bewusstsein, Teil einer gemeinsamen sozialen Welt zu sein (etwa Robertson

27 Dieser Aspekt wird in den durch Foucault inspirierten *critical accounting studies* unter dem Begriff der »Selbsttechnologien« thematisiert, vgl. etwa Bröckling 2000.

1992). Die dritten schließlich setzen Globalisierung mit der Entstehung einer globalen Ordnungsstruktur gleich, die gewissermaßen von »oben« auf »lokale« Ereignisse und Strukturen einwirkt (etwa Meyer u.a. 2005). Mit solchen Bestimmungen ist aber wenig darüber ausgesagt, welche Mechanismen dem Globalisierungsprozess zugrunde liegen und wie die Globalisierungsdynamik im Einzelnen verläuft.

Ich möchte deshalb eine andere Perspektive vorschlagen, die zwischen den genannten Sichtweisen vermittelt. Sie legt den Hauptakzent auf die Beziehung zwischen Quantifizierung und der Entstehung eines potentiell weltweiten Vergleichsrahmens. Aus dieser Perspektive besteht ein wesentliches Moment der Globalisierung in der Herausbildung globaler Vergleichskategorien mit der Folge, dass Ereignisse, wie »lokal« sie sich auch immer präsentieren, vor diesem Hintergrund eingestuft und bewertet werden. Unabhängig davon, ob es zu faktischen Verflechtungen kommt – Universitäten verschiedener Länder miteinander kooperieren, die Handelsbeziehungen zwischen Ländern ausgebaut werden, Staaten sich zusammenschließen und sich einem gemeinsamen Vertrag unterwerfen –, führt die Entwicklung globaler Vergleichsdimensionen zu einer wechselseitigen Beobachtung, die umso dichter und folgenreicher ist, je quantifizierter die Vergleichsdimensionen sind.

Ein Beispiel dafür ist das Ranking von Universitäten (und Wissenschaftlern) aufgrund einiger weniger quantitativer Dimensionen. Damit entsteht ein Vergleichssystem, das gewissermaßen von selbst zu globaler Ausdehnung tendiert. Ein anderes Beispiel ist die Etablierung einer weltweiten Vergleichsordnung im Sport.[28] Wettkämpfe werden zwar lokal ausgetragen und oft in einem nationalen (oder sogar: nationalistischen) Rahmen interpretiert, faktisch besteht jedoch ein weltweiter Vergleichszusammenhang, der die Sportler in den einzelnen Disziplinen gemäß weltweit gültiger Kriterien einstuft. Insofern ist Sport heute »Weltsport«, oder in systemtheoretischer Terminologie, ein globales Funktionssystem, und zwar trotz der notwendig lokalen Verankerung der einzelnen Wettkämpfe.[29] Dass eine solche Globalisierung des Sports möglich ist, verdankt sich vor allem drei Bedingungen, die zusammenkommen müssen, damit eine Globalisierungsdynamik einsetzen kann. 1. Eine Vergleichsordnung kann sich nur dann etablieren, wenn kontinuierlich öffentlich beobachtbare Ereignisse produziert werden, die miteinander verglichen werden können – Wettkämpfe im Falle des Sports, Bilanzen im Falle von Unternehmen, Publikationen im Falle der Wissenschaft, jährliche Rechenschaftsberichte im Falle von Universitäten. Kommt es nur sporadisch und zufällig zu solchen Vergleichsereignissen, kann sich kein Vergleichsregime etablieren. 2. Um die Vergleichsereignisse miteinander in Beziehung setzen zu können, müssen sie unter ähnlichen Bedingungen zustande kommen. Fußballspiele lassen sich nur dann vergleichen, wenn es einheitliche Regeln gibt, wie Fußball zu spielen und ein Tor zu werten ist; Ergebnisse in einem Forschungsgebiet können nur dann aufeinander bezogen werden, wenn die Bedingungen, unter denen sie produziert werden, praktisch identisch sind, d.h. wenn zufällige Variationen, z.B. aufgrund unterschiedlicher Apparaturen oder Experimentalan-

28 Vgl. zu Folgendem Werron (2007; 2008), der am Beispiel des Sports die Bedingungen herausarbeitet, unter denen sich eine Globalisierungsdynamik entfalten kann

29 Was übrigens deutlich macht, dass sich Lokalität und Globalität nicht ausschließen.

ordnungen, weitgehend ausgeschaltet sind; die Quartalsergebnisse von Großbanken lassen sich nur dann vergleichen, wenn überall dieselben Bilanzierungsstandards verwendet wurden. 3. Eine letzte Bedingung ist die Etablierung von Vergleichsdimensionen, um die Vergleichsereignisse untereinander in Beziehung zu setzen. Hochspringer lassen sich hinsichtlich der Höhe ihres Sprunges vergleichen und Eiskunstläufer hinsichtlich der Eleganz ihrer Bewegungen, Universitäten können in Hinblick auf ihre Nobelpreisträger und die von ihnen eingeworbenen Drittmittel in eine Rangfolge gebracht werden und Forscher und Forscherinnen hinsichtlich ihrer Publikationszahl und Zitationsquote.

Diese Vergleichsdimensionen müssen nicht notwendigerweise quantitativ sein, ihre Quantifizierung verhilft jedoch dazu, zeitlich und räumlich weit entfernte Ereignisse zu relationieren, unabhängig vom jeweiligen Kontext, in dem sie stattgefunden haben. Der Grund dafür liegt einerseits in der Reduktionsleistung von Zahlen und andererseits in ihrer relativen Kontextunabhängigkeit. Numerische Darstellungen reduzieren die Komplexität von Ereignissen und Situationen auf einige wenige Informationen – auf die Höhe des Sprungs, auf den Umsatz eines Unternehmens oder auf die Anzahl der Publikationen. Im Vergleich zu Bildern und Texten sind numerisch repräsentierte Informationen von Kontextbezügen weitgehend gereinigt und folglich auch ohne Kontextwissen kommunikativ anschlussfähig.

Die Etablierung einer Vergleichsordnung ist ein – oder sogar: das – wesentliche Moment der Globalisierung. Insofern hängen Quantifizierung und Globalisierung eng zusammen. Quantifizierte Vergleiche sind eine besonders effiziente Sonderform dieses globalen Vergleichs. Es ist deshalb kein Zufall, dass eine Zunahme quantitativer Vergleiche, wie ich sie vor allem am Beispiel der Hochschulpolitik dargestellt habe, auch in anderen Funktionssystemen zu beobachten ist.

D. *Abschließende Bemerkungen*

Das Beispiel der Hochschulpolitik zeigt, dass eine globale Vergleichsordnung auch von »unten« entstehen kann, und nicht nur von »oben« gesetzt wird, wie es z.B. im Falle der Standardsetzung der Fall ist und vom Neo-Institutionalismus als genereller Trend behauptet wird. Im Falle der Standardsetzung sind es in der Regel internationale Organisationen und Gremien, die globale Standards aushandeln und für verbindlich erklären, z.B. das *International Accounting Standard Board* (IASB) in Bezug auf die Standards der Rechnungslegung (Brunsson/Jacobsson 2000). Auf diese Weise wird zwar ebenfalls eine globale Vergleichsordnung installiert, aber eine, die von oben initiiert wurde und deren regulative Kraft auf den ersten Blick ersichtlich ist. Daneben gibt es jedoch Standardisierungsprozesse, die lokal beginnen, diffundieren und am Ende eine ähnliche Steuerungswirkung entfalten wie offizielle Standards, wenn auch über einen anderen Mechanismus. Eine wesentliche Erfolgsvoraussetzung für diesen Diffusionsprozess ist die Quantifizierung des Vergleichs. Kein internationales Gremium hat festgelegt, dass Universitäten oder einzelne Forscher nach ihrem Drittmittelaufkommen und ihrer quantitativen Publikationsleistung eingestuft und miteinander verglichen werden sollen. Dennoch hat sich dieser »Standard« durchgesetzt und entfaltet überall auf der Welt seine verhaltenssteuernde Wirkung. Er operiert jedoch im Gegensatz zu offiziellen Standards nicht durch explizite Vorschriften, sondern indirekt über den Mechanismus der Selbststeuerung – über das »Governing by Numbers«.[30]

Ich habe in diesem Aufsatz versucht, zwei thematische Felder, die in der Regel gesondert diskutiert werden, in einen Zusammenhang zu bringen: das Bedingungsverhältnis zwischen Quantifizierung und Globalisierung auf der einen Seite und die vor allem in der Organisationssoziologie untersuchte Beziehung zwischen Output-Steuerung, Quantifizierung und Organisationswerdung auf der anderen Seite.[31] Die Klammer, die beide Bereiche zusammenhält, ist die Installierung einer Vergleichsordnung. Vergleiche, insbesondere quantitative Vergleiche, setzen gewissermaßen von selbst eine globale Dynamik in Gang und sie sind gleichzeitig ein Steuerungsmechanismus, der vor allem indirekt wirkt. Sobald Prozesse oder Phänomene als vergleichbar eingestuft werden, entwickelt sich eine Dynamik, die einerseits zum Aufbau von potentiell globalen Beobachtungsverhältnissen führt, und andererseits aufgrund des erwartungsbildenden Effekts von Vergleichen den Möglichkeitsspielraum des Handelns einschränkt. Diese Dynamik ist umso durchgreifender, je quantifizierter die Vergleichsdimensionen sind. Indem Zahlen von qualitativen Aspekten abstrahieren und komplexe Phänomene auf einige wenige Informationen reduzieren, lassen sich immer mehr und qualitativ immer unterschiedlichere Bereiche in einen Vergleichszusammenhang ziehen. Dieser über Vergleich und Quantifizierung vermittelte Zusammenhang zwischen Globalisierung und (Selbst-)Steuerung ist auch insofern von Bedeutung, als sich weltgesellschaftliche Ordnungsstrukturen erst ansatzweise herausgebildet haben (vgl. dazu ausführlicher Heintz 2008). Unter dieser Bedingung ist gerade nicht zu erwarten, dass die zentrale Dynamik von top-down-Prozessen ausgeht, wie es der Neo-Institutionalismus behauptet. Entscheidender sind vermutlich sozial »bescheidenere« Prozesse – Vergleich und reflexive Beobachtung sind dafür Beispiele.

Literatur

Academic Ranking of World Universities, 2007, http://ed.sjtu.edu.cn/rank/2007/ranking2007.htm.

30 Anders Krücken/Meier (2006), die dasselbe Phänomen aus einer neo-institutionalistischen Perspektive interpretieren und entsprechend einen top-down-Prozess postulieren, ohne alternative Diffusionsmechanismen in Betracht zu ziehen. Aber nicht jede Isomorphie verdankt sich der Orientierung an global institutionalisierten Erwartungen, es sind auch andere Mechanismen denkbar, die zum selben Ergebnis führen können.

31 Auch der Neo-Institutionalismus hat beide Themenfelder lange Zeit getrennt voneinander behandelt. Erst in jüngster Zeit gibt es Ansätze, Organisationssoziologie und Weltgesellschaftsforschung systematischer miteinander zu verbinden, vgl. Drori u.a. 2006. Die Verbindung wird aber weniger über eine Analyse der zugrundeliegenden Mechanismen hergestellt, sondern vor allem über die Thematisierung der Bedeutung internationaler Organisationen für den Globalisierungsprozess.

Boehm, Gottfried, 2001: Zwischen Auge und Hand: Bilder als Instrumente der Erkenntnis, in: *Heintz, Bettina/Huber, Jörg* (Hrsg.), Mit dem Auge denken. Strategien der Sichtbarmachung in wissenschaftlichen und virtuellen Welten. Zürich/Wien, 43-54.

Bowker, Geoffrey C./Star, Susan Leigh, 2000: Sorting Things Out. Classification and its Consequences. Cambridge.

Braun, Dietmar, 2001: Regulierungsmodelle und Machtstrukturen an Universitäten, in: *Stölting, Erhard/Schimank, Uwe* (Hrsg.), Die Krise der Universitäten. Opladen, 243-262.

Bröckling, Ulrich, 2000: Totale Mobilmachung. Menschenführung im Qualitäts- und Selbstmanagement, in: *Bröckling, Ulrich/Krasmann, Susanne/Lemke, Thomas* (Hrsg.), Gouvernmentalität der Gegenwart. Frankfurt/M., 131-167.

Brunsson, Nils, 1989: The Organization of Hypocrisy. Talk, Decisions, and Actions in Organizations. New York.

Brunsson, Nils/Jacobsson, Bengt, 2000: A World of Standards. Oxford.

Brunsson, Nils/Sahlin-Andersson, Kerstin, 2000: Constructing Organizations. The Case of Public Sector Reform, in: Organizational Studies 21, 721-746.

Chua, Wai Fong, 1995: Experts, Networks and Inscriptions in the Fabrication of Accounting Images. A Story of the Representation of Three Public Hospitals, in: Accounting, Organizations and Society 20, 111-145.

Clark, Burton R., 1983: The Higher Education System. Berkeley.

Czarniawska, Barbara/Genell, Kristina, 2002: Going Shopping? Universities on Their Way to the Market, in: Scandinavian Journal of Management 18, 455-474.

Desrosières, Alain, 2005: Die Politik der großen Zahlen. Eine Geschichte der statistischen Denkweise. Heidelberg.

Drori, Gili S./Meyer, John W./Hwang, Hokyu (Hrsg.), 2006: Globalization and Organization. World Society and Organizational Change. Oxford.

Espeland, Wendy Nelson/Stevens, Mitchell L., 1998: Commensuration as a Social Process, in: Annual Review of Sociology 24, 313-343.

Frey, Bruno S., 2008: Evaluitis – eine neue Krankheit, in: *Matthies, Hildegard/Simon, Dagmar* (Hrsg.), Wissenschaft unter Beobachtung. Effekte und Defekte von Evaluationen. Wiesbaden, 125-138.

Giddens, Anthony, 1995: Konsequenzen der Moderne. Frankfurt/M.

Hacking, Ian, 1992: Statistical Language, Statistical Truth, and Statistical Reason. The Self-Authentification of a Style of Scientific Reasoning, in: *McMullin, Ernan* (Hrsg.), The Social Dimensions of Science. Notre Dame, Indiana, 130-157.

Heintz, Bettina, 2007: Zahlen, Wissen, Objektivität, in: *Mennicken, Andrea/Vollmer, Hendrik* (Hrsg.), Zahlenwerke. Wiesbaden, 65-85.

Heintz, Bettina, 2008: Soziale und gesellschaftliche Differenzierung: Überlegungen zu einer Interaktionstheorie der Weltgesellschaft, in: Soziale Systeme (im Druck)

Heintz, Bettina/Huber, Jörg, 2001: Der verführerische Blick. Formen und Folgen wissenschaftlicher Visualisierungsstrategien, in: *Heintz, Bettina/Huber, Jörg* (Hrsg.), Mit dem Auge denken. Strategien der Sichtbarmachung in wissenschaftlichen und virtuellen Welten. Zürich/Wien, 9-40.

Heßling, Alexandra, 2006: Die globale Taxis der Rechnungslegung. Soziologische Studien zur Zahlenproduktion in der Wissensökonomie. Bielefeld, Univ., Diss. d. Fak. für Soziologie.

Hirschauer, Stefan, 2004: Peer Review auf dem Prüfstand. Zum Soziologiedefizit der Wissenschaftsevaluation, in: Zeitschrift für Soziologie 33, 62-83.

Huber, Michael 2008: Die Zukunft der Universität, Antrittsvorlesung an der Universität Bielefeld. Ms.

Japp, Klaus, 1997: Die Beobachtung von Nichtwissen, in: Soziale Systeme 3, 289-312.

Jones, Colwyn T./Dugdale, David, 2001: The Concept of an Accounting Regime, in: Critical Perspectives on Accounting 12, 35-63.

Krücken, Georg/Meier, Frank, 2006: Turning the University into an Organizational Actor, in: *Drori, Gili S./Meyer, John W./Hwang, Hokyu* (Hrsg.), Globalization and Organization. World Society and Organizational Change. Oxford, 241-257.

Luhmann, Niklas, 1964: Lob der Routine, in: Verwaltungsarchiv 55, 1-33.

Luhmann, Niklas, 1973: Zweckbegriff und Systemrationalität. Frankfurt/M.

Luhmann, Niklas, 1974: Einführende Bemerkungen zu einer Theorie symbolisch generalisierter Kommunikationsmedien, in: *Ders.*, Soziologische Aufklärung. Bd 2. Opladen 1995, 170-92.

Luhmann, Niklas, 1978: Erleben und Handeln, in: *Ders.*, Soziologische Aufklärung. Bd. 3. Opladen 1993, 67-80.

Luhmann, Niklas, 1981: Die Unwahrscheinlichkeit der Kommunikation, in: *Ders.*, Soziologische Aufklärung. Bd. 3. Opladen 1995, 25-34.

Luhmann, Niklas, 1990: Die Wissenschaft der Gesellschaft. Frankfurt/M.

Luhmann, Niklas, 1995: Die Soziologie des Wissens: Probleme ihrer theoretischen Konstruktion, in: *Ders.*, Gesellschaftsstruktur und Semantik. Bd. 4. Frankfurt/M., 151-189.

Luhmann, Niklas, 2000: Organisation und Entscheidung. Opladen.

Mersch, Dieter, 2006: Naturwissenschaftliches Wissen und bildliche Logik, in: *Heßler, Martina* (Hrsg.), Konstruierte Sichtbarkeiten. Wissenschafts- und Technikbilder seit der Frühen Neuzeit. München, 405-420.

Meyer, John W./Boli, John/Thomas, George M./Ramirez, Francisco O., 2005: Die Weltgesellschaft und der Nationalstaat, in: *Meyer, John W.,* Weltkultur. Frankfurt/M., 85-132.

Mikkelsen, Lene/Menozzi, Clare, 2000: Statistics for Social Progress, in: Statistical Journal of the United Nations 17, 201-260.

Miller, Peter, 2001: Governing by Numbers. Why Calculative Practices Matter, in: Social Research 28, 379-390.

Münch, Richard, 2007: Die akademische Elite. Zur sozialen Konstruktion wissenschaftlicher Exzellenz. Frankfurt/M.

Patriarca, Silvana, 1994: Statistical Nation Building and the Consolidation of Regions, in: Social Science History 18, 359-376.

Petersen, William, 1987: Politics and the Measurement of Ethnicity, in: *Alonso, William/Starr, Paul* (Hrsg.), The Politics of Numbers. New York, 187-234.

Porter, Theodore W., 1986: The Rise of Statistical Thinking. 1820-1900. Princeton.

Porter, Theodore W., 1995: Trust in Numbers. The Pursuit of Objectivity in Science and Public Life. Princeton.

Power, Michael P., 2004: Counting, Control and Calculation. Reflections on Measuring and Management, in: Human Relations 57, 765-783.

Robertson, Robert, 1992: Globality, Global Culture, and Images of World Order, in: *Haferkamp, Hans/Smelser, Neil J.* (Hrsg.), Social Change and Modernity. Berkeley/Los Angeles, 395-411.

Schimank, Uwe, 2005: Die akademische Profession und die Universitäten. »New Public Management« und die drohende Entprofessionalisierung, in: *Klatzetzki, Thomas/Tacke, Veronika* (Hrsg.), Organisation und Profession. Wiesbaden, 143-164.

Tacke, Veronika, 2005: Schulreform als aktive Deprofessionalisierung? Zur Semantik der lernenden Organisation im Kontext der Erziehung, in: *Klatzetzki, Thomas/Tacke, Veronika* (Hrsg.), Organisation und Profession. Wiesbaden, 165-198.

Townley, Barbara, 1995: Managing By Numbers. Accounting Personnel Management and the Creation of a Mathesis, in: Critical Perspectives on Accounting l6, 555-575.

Vanderstraeten, Raf, 2006: Soziale Beobachtungsraster. Eine wissenssoziologische Analyse statistischer Klassifikationsschemata, in: Zeitschrift für Soziologie 35, 193-211.

Ventresca, Marc, 2002: Global Policy Fields. Conflicts and Settlements in the Emergence of Organized International Attention to Official Statistics, 1853-1947. Institute for Policy

Research Working Paper, WP 02-/45, http://www.northwestern.edu/ipr/publications/papers/2002/WP-02-45.pdf.

Vollmer, Hendrik, 2004: Folgen und Funktionen organisierten Rechnens, in: Zeitschrift für Soziologie 33, 450-470.

Vormbusch, Uwe, 2007: Die Kalkulation der Gesellschaft, in: *Mennicken, Andrea/Vollmer, Hendrik* (Hrsg.), Zahlenwerke. Wiesbaden, 43-64.

Weingart, Peter, 2005: Das Ritual der Evaluierung und die Verführung der Zahlen, in: *Ders.*, Die Wissenschaft der Öffentlichkeit. Essays zum Verständnis von Wissenschaft, Medien und Öffentlichkeit. Weilerwist, 102-122.

Werron, Tobias, 2005: »Quantifizierung« in der Welt des Sports. Gesellschaftstheoretische Überlegungen, in: Soziale Systeme 11, 199-235.

Werron, Tobias, 2007: Die zwei Wirklichkeiten des modernen Sports. Soziologische Thesen zur Sportstatistik, in: *Mennicken, Andrea/Vollmer, Hendrik* (Hrsg.), Zahlenwerke. Wiesbaden, 217-238.

Werron, Tobias 2008: Der Weltsport und sein Publikum. Soziologische Thesen zur Entstehung, Differenzierung und Globalisierung des Sports. Universität Luzern, Diss.

NGOs als Träger transnationalen und alternativen Wissens – Wissenszulieferer oder Wissensstrategen?

Janina V. Curbach

Inhaltsübersicht

A. *Einleitung*

NGOs sind in der Öffentlichkeit dafür bekannt geworden, spektakuläre Kampagnen gegen Staaten und große Konzerne zu führen, um deren Politiken und Praktiken anzuklagen. Ein weithin bekanntes Beispiel hierfür ist der europaweite Boykottaufruf von Greenpeace gegen Shell im Jahr 1995, durch den die vom Konzern geplante Versenkung der ausgedienten Ölplattform Brent Spar in der Nordsee verhindert wurde (vgl. Holzer 2001; Yearley 2000). Ende der neunziger Jahre hat außerdem eine von NGOs angetriebene globale Protestwelle gegen Nike und die Textilindustrie weite Kreise gezogen. Nicht zuletzt dadurch ist Kinderarbeit in unterregulierten Produktionsländern zu einem anerkannten (unternehmens-) politischen Problem geworden.
Die breite Öffentlichkeit nimmt NGOs fast ausschließlich als politische Aktivisten in solchen Kampagnen und in für die Massenmedien inszenierten Skandalen wahr. Im Stillen jedoch haben sich NGOs darüber hinaus zu wichtigen nicht-staatlichen Wissensträgern in ihren Arbeitsfeldern gemausert. Längst haben sie sich als ernstzunehmende Experten in internationale Politiknetzwerke eingeschlichen und sind heute aus der Debatte um *Global Governance* und um steuerungspolitische Möglichkeiten jen-

seits des Nationalstaats nicht mehr wegzudenken (z.B. Brunnengräber/Klein 2001; Curbach 2003; Gordenker/Weiß 1996; Willets 1996). Einer der Hauptgründe für diese Erfolgsgeschichte von NGOs als Governance-Akteure ist, dass sie wertvolle, teilweise sogar unentbehrliche Wissensbestände in steuerungspolitische Governance-Prozesse einbringen können. Vor diesem Hintergrund fragt der vorliegende Beitrag zum einen nach den besonderen Eigenschaften von NGO-Wissen im Vergleich zu Wissensbeständen anderer Governance-Akteure: Welche Eigenschaften machen NGO-Wissen zu besonderem Wissen, das für globale Steuerungspolitik relevant und nützlich ist? Zum anderen wird der Frage nachgegangen, auf welche Weise NGOs ihr Wissen in den politischen Prozess einbringen, und welche Rückschlüsse sich daraus auf ihre Rolle im Governance-Prozess ziehen lassen: Inwieweit sind NGOs in Governance-Prozessen passive Wissenszulieferer, Experten und Berater – und inwieweit sind sie aktive Wissensstrategen und Wissenspolitiker?

Hierzu wird in einem ersten Schritt die Grundidee von *Global Governance* kurz skizziert und NGOs werden begrifflich und konzeptuell als *nicht-staatliche Governance-Akteure* im Feld zwischen anderen Akteuren verortet. In einem zweiten Schritt wird anschließend auf die besondere Bedeutung von *Wissen als strategische Ressource* von NGOs eingegangen. NGOs setzen ihr Wissen in Informations- und Überzeugungsstrategien gegenüber mächtigeren Akteuren ein und sie verfügen hierbei über eine besondere *Wissensmacht*, die auf ihrer Glaubwürdigkeit aufbaut. Der darauf folgende, dritte Teilabschnitt dient dazu, einige herausstechende Eigenschaften von NGO-Wissen vorzustellen, insbesondere wird dabei auf NGO-Wissen als *alternatives und transnationales Wissen* eingegangen. Hierzu werden einige illustrierende Beispiele zu NGO-Wissen aus der so genannten Killer-Coke-Kampagne herangezogen, die seit einigen Jahren von transnationalen NGO-Netzwerken gegen den Coca-Cola-Konzern geführt wird. Im Anschluss wird in einem vierten Teilabschnitt gezeigt, dass NGOs nicht nur neutrale Wissensträger und *Informationsquellen* für andere, regulierende Akteure sind, sondern dass sie eigene normative und politische Agenden als *Wissensstrategen* und *Wissenspolitiker* verfolgen. In diesem Kontext werden abschließend die Strategien von NGOs für die Beschaffung, Aufbereitung und für den gezielten Einsatz von Wissen in Öffentlichkeiten und politischen Governance-Prozessen im Detail vorgestellt.

B. *NGOs – ein nicht-staatlicher Idealtyp wird zum Governance-Akteur*

Im vorliegenden Beitrag wird unter dem Begriff *Governance* eine Form der institutionellen und politischen Steuerung verstanden, die regelsetzende und damit handlungskanalisierende Wirkung hat. Auf der politischen und wissenschaftlichen Suche nach Lösungen für transnationale gesellschaftspolitische Herausforderungen hat sich inzwischen weithin die Idee durchgesetzt, dass es zu einer Verschiebung kommt, *weg vom Government durch (Staats-) Regierungen, zur Governance durch Netzwerke staatlicher und nichtsstaatlicher Akteure.* Dementsprechend basiert auch die Idee eines *Global Governance* auf der Annahme, dass die passende Antwort auf transnationale Probleme und politische Steuerungsanforderungen in der Kooperation unterschiedlicher staatlicher und nicht-staatlicher Akteure liegt (z.B. Brand u.a. 2000; CGG 1995; Curbach 2003). An die Stelle des Governments auf nationalstaatlicher Ebene tritt demnach keine neue Weltregierung auf globaler Ebene, sondern eine problemorientierte Zusammenarbeit von unterschiedlichen Akteuren wie Nationalstaaten, internationalen und regionalen Organisationen, lokaler sowie globaler Zivilgesellschaft. Mit anderen Worten: Global Governance bedeutet »das *Zusammenwirken von staatlichen und nicht-staatlichen* Akteuren von der lokalen bis zur globalen Ebene« (SEF 1996: 4). Im Gegensatz zur herkömmlichen Konzeptualisierung von staatlicher Politik heißt das:

> »Governance wird als eine Form der Regierungstechnik konzeptualisiert, die nicht mehr zwingend an einen Ort gebunden ist. Politische Macht wird damit nicht nur mehr bei den politischen Eliten und in der Staatsregierung verortet, sondern in einem netzwerkartigen Geflecht mehrerer gesellschaftlich relevanter Akteure.« (Stickler 2005: 165 f.)

Im Zuge dieser theoretischen und praxisbezogenen Neukonzeptualisierung von politischer Steuerung haben nicht-staatliche Akteure in der letzten Dekade an politischen Beteiligungsmöglichkeiten, und damit auch an Macht hinzugewonnen. Auch NGOs haben sich auf diese Weise zu wertgeschätzten Governance-Akteuren entwickelt. Aber worum geht es eigentlich, wenn man von *Nichtregierungsorganisationen, Non-Governmental Organizations oder NGOs* spricht? Diese Frage ist vor allem deshalb vorab zu klären, weil in der politischen und wissenschaftlichen Debatte sehr viel Unklarheit über den NGO-Begriff herrscht. Häufig werden Äpfel mit Birnen verglichen und es wird damit stillschweigend eine normative Verzerrung und Idealisierung perpetuiert, durch die NGOs zu selbstlosen Helden und moralischen Weltrettern hochstilisiert werden.

In der schematischen Darstellung (Abb. 1) sind unterschiedliche Akteure abgebildet, die an Governance- und Regelsetzungsprozessen beteiligt sein können. Die Governance-Akteure sind jeweils dem staatlich-öffentlichen Sektor, dem Marktsektor oder der zivilgesellschaftlichen, organisierten sozialen Sphäre zugeordnet. Öffentliche Akteure sind Regierungen, staatliche und zwischenstaatliche Organisationen, d.h. also »GOs« oder »Governmental Organizations«. Wörtlich genommen sind damit eigentlich alle anderen Organisationen aus dem Marktsektor und der Zivilgesellschaft »NGOs« oder »Non-Governmental Organizations«. Dieser einfachen Logik entspricht beispielsweise die negativ gefasste NGO-Definition der Union for International Associations (UIA), die auch von den Vereinten Nationen übernommen wurde: »Jede internationale Organisation, die nicht durch ein zwischenstaatliches Abkommen zustande kommt, soll als nicht-staatliche Organisation im Sinne dieser Vereinbarungen betrachtet werden.« (UN/ECOSOC 1968; vgl. auch Take 2002: 39)

Diese Negativdefinition von NGOs als Nicht-Regierungsorganisation schließt alle Organisationen aus dem ökonomischen und dem zivilgesellschaftlichen Sektor mit ein: Privatunternehmen, Professionsverbände und Interessengruppen, Umweltverbände und Gewerkschaften, Bürgervereinigungen und organisierte Gruppen der Nachbarschaftshilfe, sowie theoretisch auch Terrororganisationen und organisierte Netzwerke für Drogenschmuggel und Menschenhandel. Aus dieser Perspektive ist die Bezeichnung »NGO« zu umfassend, um eine nutzbare begriffliche Grenzziehung zu

Abbildung 1: *Staatliche und nicht-staatliche Governance-Akteure (eigene Darstellung)*

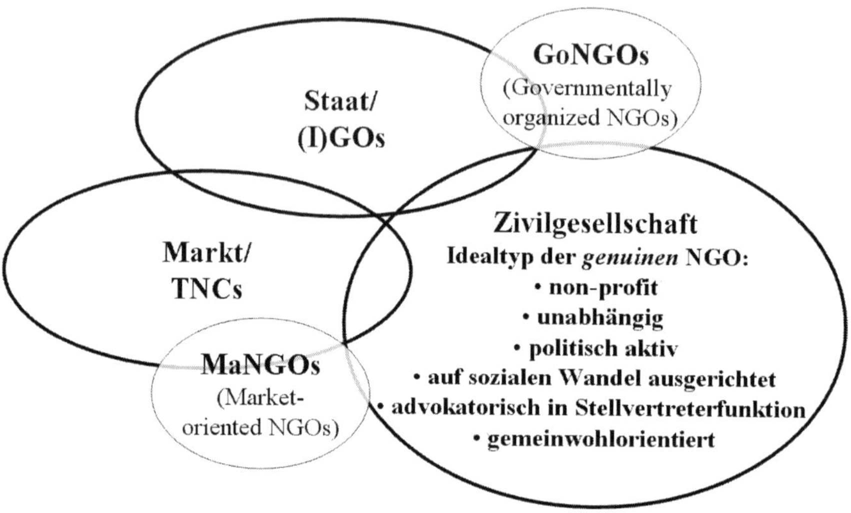

ermöglichen. In der Praxis der UN und UIA wird darum zusätzlich zur Nicht-Staatlichkeit die Non-Profit-Orientierung als Kriterium angewendet. Demzufolge dürfen NGOs im Gegensatz zu privaten Wirtschaftsakteuren nicht gewinn-orientiert sein, Akteure der Marktsphäre, d.h. Unternehmen von kleinen und mittelständischen Betrieben (KMUs) bis hin zu transnationalen Unternehmen (TNCs) werden ausgeschlossen. NGOs gehören nach diesem Ausschlusskriterium also nicht dem Marktsektor an, sondern der organisierten sozialen Sphäre bzw. der Zivilgesellschaft.

Häufig wird noch eine Reihe von zusätzlichen Kriterien zur begrifflichen Eingrenzung der NGO-Community angewendet oder implizit vorausgesetzt: fast immer wird die »unzivile« Zivilgesellschaft ausgeschlossen, also illegale und gewaltbereite Assoziationen wie die Mafia oder Al-Qaida. Häufig werden aber auch Glaubensgemeinschaften, Gewerkschaften, akademische Forschungsinstitute oder Freizeit- und Sportverbände nicht als NGOs gehandelt. Über diese Ausschlusskriterien hinaus gibt es jedoch auch eine Reihe von positiv gefassten Anforderungen an den Idealtyp einer *genuinen NGO.* Take hat einen solchen Katalog von Kriterien auf der Basis von NGO-Literatur herausgearbeitet, nach dem NGOs Organisationen sind, die:

> ». . . unabhängig von der Regierung bzw. dem Staat agieren und weder regierungsamtliche Ressourcen noch staatliche Ämter besitzen oder anstreben; . . . die ausschließlich öffentliche Interessen (in Stellvertreterfunktion) wahrnehmen; deren Handeln sich an universellen Prinzipien und Gemeinnützigkeit orientiert und politische Zielsetzungen verfolgt; und die ihre Ressourcen auf der Basis von Freiwilligkeit erhalten.« (Take 2002: 42)

Viele andere Autoren definieren genuine NGOs vorrangig nach ihren politischen Zielen aus dem Repertoire der sozialen Bewegungen und ihrem entsprechenden Einsatz für Menschenrechte, Frieden, Umwelt, Gleichberechtigung, eine gerechtere Weltordnung etc. (z.B. Keck/Sikkink 1998; Smith 2004). Es gibt allerdings begründete Zweifel, ob es in der Realität wirklich viele dieser autonomen, gemeinwohlorientierten und politisch aktiven NGOs gibt, die alle oben genannten Kriterien erfüllen. Nur wenige NGOs sind in der Realität vollkommen unabhängig vom öffentlichen Sektor oder vertreten rein öffentliche und gemeinwohlorientierte Interessen in Stellvertreterfunktion. Die NGO-Forschung arbeitet vielmehr mit einem Idealtyp, den sie sicherlich zum Teil aus pragmatischen Gründen, aber auch aus einem normativen Wunschdenken heraus konstruiert hat (vgl. Stickler 2005: 40 ff.).
Erstens ist eine klare Abgrenzung zwischen Regierungs- und Nichtregierungsorganisationen in der Realität oft schwierig, weil Regierungen in vielen Fällen an der Gründung von NGOs beteiligt sind, sie finanziell unterstützen, und NGOs oft sehr eng mit Regierungseinheiten oder Internationalen Organisationen (IGO) zusammenarbeiten. Die Versuche einer Definition von NGOs hat deshalb in der Literatur zu einer ganzen Reihe von hybriden Kategorien *auf einem Kontinuum zwischen staatlich- und nicht-staatlicher Organisationen* geführt. Daraus sind seltsam anmutende Abkürzungen entstanden: z.B. wird eine NGO, die organisatorisch eng mit staatlichen Organen verbunden ist als GoNGO (governmentally organized NGO) bezeichnet (vgl. Abb. 1), eine durch staatliche Mittel finanzierte NGO heißt entsprechend QuaNGO, also Quasi-NGO (z.B. Curbach 2003: 41; Take 2002: 39). Stubbs erklärt entsprechend für den Bereich der Entwicklungszusammenarbeit, dass eine Unterscheidung zwischen öffentlichen und privaten Akteuren zunehmend uneindeutig wird:

> »... the typology must be built on a recognition that many important new initiatives in global social governance further erode the ›public/private‹ dichotomy such as notions of ›corporate social responsibility‹ and of ›public-private partnerships‹.« (Stubbs 2003: 323)

Zweitens ist eine klare Abgrenzung zum Marktsektor ebenso schwierig, weil viele Wirtschafts- und Industrieverbände formal zwar NGOs sind, tatsächlich aber Unternehmens- und Marktinteressen vertreten oder in Handelsfragen aktiv sind. Shamir hat für diese marktnahen NGOs den Begriff der Market-oriented NGOs oder *MaNGOs* eingeführt. MaNGOs sind formal zwar zivilgesellschaftliche, nicht-staatliche Organisationen, sind aber durch Unternehmen und Marktakteure gegründet und vertreten deren Interessen, oftmals als Mitgliederorganisationen. MaNGOs sind damit Zwitterwesen zwischen Zivilgesellschaft und Markt, und sind deshalb in der Abbildung der Governance-Akteure im Grenzbereich zwischen Zivilgesellschaft und Markt zu finden (vgl. Abb. 1).[1]

1 So ist z.B. das World Economic Forum (WEF) eine solche MaNGO, die beim Wirtschafts- und Sozialrat (ECOSOC) der Vereinten Nationen offiziell als beratende NGO registriert ist und dort die Interessen ihrer Mitglieder aus dem Marktsektor vertritt – und ihre nicht-staatliche Expertise in Marktfragen einspeist. Einen solchen sogenannten höchstrangigen Konsultativstatus bei den UN als beratende NGO halten außerdem noch Organisationen wie die Internationale Handelskammer (ICC) und die Internationale Arbeitgeberorganisation. Insgesamt machen MaNGOs, oder wie die UN sie selbst bezeichnet *business, trade, professional and industry-related associations*, ungefähr ein Zehntel der zur Beratung registrierten NGOs aus (Nelson 2002: 65).

Diese Schwierigkeiten bei der Abgrenzung und Definition von NGOs verdeutlichen, dass die gängigen Vorstellungen von NGOs als gemeinnütziges, altruistisches *Gewissen der Welt* (Willets 1996) auf sehr tönernen Füßen stehen. Die Idee der *genuinen NGO* beruht weitgehend auf normativen Verzerrungen. Die meisten transnational operierenden NGOs kämpfen weder aus dem Schlauchboot heraus für Gerechtigkeit und Weltfrieden, noch sind sie Fürsprecher für diejenigen, die keine eigene Stimme im politischen Prozess haben, egal ob es sich dabei um die Ureinwohner von Borneo oder um bedrohte Buckelwale handelt. Auch sind NGOs nicht immer aus Graswurzelbewegungen gewachsene Repräsentanten der Weltzivilgesellschaft, und ihre Partizipation am globalen Regieren ist damit nicht unbedingt, wie so oft argumentiert wird, automatisch demokratisierend und legitimitätssteigernd. Oftmals sind NGOs schlicht und einfach Interessengruppen – und faktisch sind die meisten transnationalen NGOs nicht einmal explizit politisch aktiv, sondern erfüllen Aufgaben wie eine internationale Normierung von Kfz-Sicherheitsgurten (z.B. durch die Standardisierungsorganisation ISO), die Ausrichtung von Olympischen Spielen (durch das Internationale Olympische Kommittee IOC), oder das weltweite Zusammenführen von Wissenschaftlern oder Kaninchenzüchtern (vgl. Boli/Thomas 1999: 41 ff.). Darüber hinaus sind viele NGOs in weiten Teilen ihrer Arbeit eher auf Dienstleistungen spezialisiert oder operativ tätig, wie z.B. das Internationale Rote Kreuz bei seinen humanitären Hilfseinsätzen.

Für die Frage nach NGOs als Wissensträgern ist es trotz all dieser Einschränkungen aus forschungspragmatischen Gründen sinnvoll, sich auf den gebräuchlichen Idealtyp der *genuinen NGO* zu beziehen, und damit auf diejenigen NGOs, die man weithin mit dem Begriff NGO assoziiert: zivilgesellschaftliche Organisationen wie Greenpeace, Amnesty International, mit politischen Zielsetzungen aus dem Repertoire der neuen sozialen Bewegungen. Den normativen *bias* zu ihrer Gemeinwohlorientierung und zu ihren hehren Zielen beizubehalten, ist dann vertretbar, wenn man sich an einem Zitat von Stickler zu orientiert, nach dem NGOs zumindest Organisationen sind, »die *sich selbst* als altruistisch darstellen und hieraus ihre Legitimität beziehen« (Stickler 2005: 33; Hervorhebung durch Autorin).

C. *Wissen und Information als strategische Ressource von NGOs*

Wie im Feld der unterschiedlichen Governance-Akteure bereits dargestellt wurde, sind NGOs nur *ein* Akteurstyp unter vielen anderen. Was macht dann aber die besondere Rolle von NGOs als Governance-Akteure aus und warum ist *Wissen* dabei von entscheidender Bedeutung?

NGOs verfügen im Vergleich zu ihren öffentlichen Mitspielern nicht über politische Macht oder demokratische Legitimation, um – wie Staatsregierungen – verbindliche, kollektive Regeln setzen zu können. Ebenso wenig verfügen sie über ausreichende Finanzkraft wie Marktakteure, um damit diese Regeln zu beeinflussen. Boli und Thomas begründen den strategischen Fokus von internationalen NGOs, d.h. INGOs ähnlich:

»... they have no formal jurisdiction over specified domains. If they are to be effective, INGOs must either sidestep state authority or devote considerable effort to influencing states and other social entities to act in line with INGO purposes and goals.« (Boli/Thomas 1999: 288 f.)

I. *Informations- und Überzeugungsstrategien*

NGOs sind für eine Umsetzung ihren politischen Ziele auf Strategien der *weichen Steuerung* (Messncr 1995) angewiesen, die sie einsetzen, um andere, mächtigere Akteure zu beeinflussen. Auf einem angenommenen steuerungspolitischen Handlungs- und Strategiespektrum zwischen harter Steuerung durch Weisung und weicher Steuerung durch Kooperation, stehen NGOs somit zwangsläufig am Kooperationsende. Ihr strategischer Fokus liegt in der »prozeduralen Steuerung durch Überzeugung, Informationsfluss, Zusammenführen von Akteuren« (Messner 1995: 162). Im Zentrum ihrer Arbeit steht deshalb eine ganze Reihe von mehr oder weniger radikalen *Informations- und Überzeugungsstrategien* (vgl. Keck/Sikkink 1998). Diese Strategien können in Form von groß angelegten Inszenierungen von Skandalen für die Öffentlichkeit angewendet werden, in Form von Lobbying im politischen System, oder auch in Form von Erziehung von Kindern und Jugendlichen in lokalen Ortsgruppen (vgl. unten F.I.3.). Newell unterteilt die Strategien von NGOs in diesem Kontext in die konfrontative Form der *critical governance* durch Proteste und Boykotts einerseits, und die kooperativeren Formen der *liberal governance* durch friedliches Verbreiten und Teilen von Wissen andererseits (Newell 2000). Beide Strategievarianten – Konfrontationen und Zusammenarbeit – sind also Spielarten der Informations- und Überzeugungspolitik von NGOs und können politischen Druck erzeugen.

Mit ihren Informations- und Überzeugungsstrategien verfolgen NGOs zweierlei Ziele: Erstens versuchen sie *Zielakteure* über ihre Anliegen zu informieren und von ihrer Sicht auf die Dinge zu *überzeugen*. Klassische Zielakteure, die überzeugt werden sollen, sind Staaten, transnationale Unternehmen (TNCs) oder Internationale Organisationen (IGOs). Die internationale politische Ebene ist für viele NGOs von besonderer Bedeutung, weil es vor allem transnational und global orientierten NGOs darum geht, politische Normen *jenseits* oder sogar *gegen* vereinzelte nationalstaatliche Regulierungsräume durchzusetzen. Beispielsweise ist ein weltweites Verbot von Kinderarbeit in der Textilindustrie nicht unbedingt im Interesse derjenigen Produktionsländer, die auf die Auslandsinvestitionen der Unternehmen angewiesen sind. Für die Durchsetzung einer Ächtung oder eines Verbots von Kinderarbeit sind die geeigneten Zielakteure von NGOs daher eher Internationale Organisationen oder TNCs, um über diese wiederum Druck auf einzelstaatliche Regierungen ausüben zu können. In einer zweiten Richtung setzen NGOs Information und Wissen ein, um *Unterstützung für ihre Anliegen in Öffentlichkeiten* und damit in der breiten Bevölkerung zu mobilisieren. Öffentlichkeiten werden von NGOs informiert und im Erfolgsfall überzeugt, sich in ihren Einstellungen oder ihrem Handeln – z.B. gegen Kinderarbeit – einzusetzen, indem sie ihr Konsumverhalten danach ausrichten und keine Textilware aus unregulierter Herstellung kaufen.

II. *Einflussmöglichkeiten von NGOs*

Die Erfolge der Informations- und Überzeugungsstrategien von NGOs messen sich dementsprechend an den Veränderungen im Wissen, in den Überzeugungen und in den Handlungsorientierungen von Zielakteuren wie Staaten, Unternehmen und Öffentlichkeiten. Keck und Sikkink haben die Einflussmöglichkeiten von advokatorischen Netzwerken auf Zielakteure beschrieben und eine Reihe von Erfolgsstufen von politisch aktiven NGOs identifiziert (Keck/Sikkink 1998: 25): Danach können NGOs zunächst ein Problem konstruieren und Problembewusstsein schaffen, und damit ein Anliegen auf die politische Agenda setzen. Keck und Sikkink bezeichnen diesen Schritt als *issue creation and agenda setting*, in dem NGOs mit Hilfe ihrer Informationspolitik auf die Dringlichkeit der zu behandelnden Probleme aufmerksam machen. Auf einer weiteren Stufe des *influence on discursive positions* können NGOs bewirken, dass Zielakteure ihre Position im Diskurs verändern, d.h. Staaten oder IGOs passen sich rhetorisch und symbolisch der von NGOs geforderten politischen Linie an. Ein Beispiel hierfür ist die (zwischen-) staatliche Rhetorik des guten Willens zu Umweltverpflichtungen im Kyoto-Prozess, die jedoch weitgehend entkoppelt von entsprechenden politischen und Handlungsänderungen bleibt. Ähnliche diskursive Veränderungen lassen sich auch bei Unternehmen beobachten, die in ihrer Öffentlichkeitsarbeit nach außen Umweltfreundlichkeit zur Schau stellen, faktisch aber in ihrer Unternehmenspolitik und ihrem Handeln weit hinter ihren Versprechungen zurückbleiben. Die dritte und vierte Stufe des Erfolgs von NGOs wird von Keck und Sikkink als *influence on institutional procedures* und *influence on policy change* bezeichnet: Hier verändern Zielakteure dann auch ihre formale (unternehmens-) politische Linie, ihre *policies* und Verfahrensweisen. In diesem Fall unterzeichnen z.B. Staaten offiziell das Kyoto-Protokoll und nehmen in das nationale politische Programm formal entsprechende Klimaschutzziele auf. Am schwersten ist für NGOs der letzte, entscheidende Schritt zum Erfolg, den sie mit ihrer Überzeugungspolitik erreichen möchten, nämlich auf der Basis dieser symbolischen und formalen Veränderungen auch die erwünschte Verhaltensänderung der Zielakteure zu erwirken (*influence on behaviour*). Bekanntlich ist Papier sehr geduldig, d.h. formal durchgesetzte Veränderungen müssen nicht unbedingt durchwegs zur tatsächlichen Veränderung im Handeln führen. Für Keck und Sikkink sind diese verschiedenen Einflussarten von NGOs nicht nur gleichwertige, nebeneinander existierende Typen, sondern sie bedingen einander, so dass z.B. eine diskursive Veränderung erst dann erfolgen kann, wenn ein Problem überhaupt als solches wahrgenommen wird, und eine Veränderung von Politiken und Verhalten erst aus der Diskrepanz zwischen einer bereits veränderten diskursiven Position und der Handlungspraxis heraus resultieren kann (Keck/Sikkink 1998: 25).

Insgesamt lässt sich an dieser Stelle festhalten, dass für die Informations- und Überzeugungsstrategien von NGOs *Wissen* eine wichtige, wenn nicht sogar *die* zentrale strategische Ressource ist, mit der NGOs einerseits Anhänger gewinnen und andererseits ihre politischen Interessen durch die Beeinflussung von Zielakteuren durchsetzen. Anders ausgedrückt: Informationen und Wissen sind für NGOs »*stock in trade*« (Gordenker/Weiss 1996: 215).

D. *Glaubwürdigkeit und Wissensmacht*

Im vorangehenden Abschnitt wurde bereits festgestellt, dass NGOs Governance-Akteure sind, die nicht im traditionellen Sinne mit Macht ausgestattet oder demokratisch legitimiert sind. Darüber hinaus steht aber auch ihre Wissensproduktion in Konkurrenz zu allen anderen Akteuren. Deshalb stellt sich die Frage: Warum haben NGOs und ihr Wissen unter diesen Voraussetzungen überhaupt eine Chance, sich gegen andere Akteure und deren Wissen durchzusetzen?
Dass ihre Stimme trotzdem – und in zunehmendem Maße – im öffentlichen Diskurs und im politischen Prozess gehört wird, verdanken NGOs einer ganz besonderen Form von *Wissensmacht*. Boli und Thomas haben diese besondere Macht von NGOs in ihren Arbeiten zur Konstruktion und Verbreitung von Weltkultur als *cultural authority* beschrieben (Boli/Thomas 1999). Die kulturelle Macht von NGOs beruht danach auf der Fähigkeit, sozial geteilte Definitionen zu konstruieren sowie Werte und Normen diskursiv und politisch durchzusetzen. Wie bereits oben beschrieben wurde, üben NGOs in ihren Informations- und Überzeugungsstrategien eben diese kulturelle Wissensmacht aus und setzen sie ein, um die Wahrnehmung von anderen Governance-Akteuren und Öffentlichkeiten zu beeinflussen und zu verändern. NGOs definieren auf diese Weise gezielt mit, welches Verhalten oder Handeln gesellschaftlich als *moralisch gut* oder als *rational* bewertet wird. Sie sind dadurch zu so genannten »moralischen Unternehmern«, zu weltgesellschaftlichen *moral entrepreneurs* geworden. Allerdings ist diese kulturelle Macht von NGOs wissenschaftlich schwer greif- oder messbar: »As an essentially cultural process, the exercise of INGO authority is difficult to observe« (Boli/Thomas 1999: 298).
In Becks Terminologie beteiligen sich NGOs durch die strategische Verbreitung von moralischen Wertungen und wissensbasierten Kategorien an so genannter *Subpolitik* (Beck 1993), und als solche Subpolitiker verfügen NGOs über eine besondere *Öffentlichkeitsmacht* durch *Legitimationskapital*. Er beschreibt die Wissensmacht von NGOs in seinen Worten:

> »Es ist dieses Legitimationskapital, das advokatorische Netzwerke in die Lage versetzt, Tatsacheninformationen strategisch zur Geltung zu bringen oder sogar neue Anliegen und Kategorien gegenüber sehr viel mächtigeren Organisationen und Regierungen durchzusetzen. In diesem Sinne beeinflussen advokatorische Strategien und Netzwerke nicht nur die Ergebnisse von Entscheidungen, sondern transformieren auch die Begriffe und die Wahrnehmungsrahmen für öffentliche Kontroversen. Bei Netzwerken handelt es sich folglich nicht nur um ›*moralische* Unternehmer‹, sondern auch um ›*kategoriale* Unternehmer‹.« (Beck 2002: 353)

Das Legitimationskapital von NGOs, das sie zur Ausübung ihrer kulturellen Macht befähigt, ist dabei keinesfalls demokratisch begründet, sondern gesellschaftlich und organisational. Es beruht zu weiten Teilen auf ihrer Glaubwürdigkeit, die entscheidend für Informations- und Überzeugungspolitik ist, weil sie aus NGO-Wissen geglaubtes Wissen, d.h. *durch Glaubwürdigkeit legitimiertes Wissen* macht. NGO-Wissen wird also erst durch das von der Öffentlichkeit in NGOs gesetzte *Vertrauen* als glaubwürdig und legitim wahrgenommen. In anderen Worten, NGO-Wissen kann sich deshalb gegen die Wissensproduktion anderer Akteure durchsetzen, weil es aufgewertet wird, und zwar genau durch diese öffentliche Glaubwürdigkeit. Ihre Glaubwürdigkeit wird wiederum getragen von dem sich selbst verstärkenden Mythos um ihre weltgesellschaftliche Legitimität und ihre altruistischen Motive. NGO-Wissen wird also zu großen Teilen aufgewertet und legitimiert durch die Idealisierung ihres altruistischen öffentlichen Profils als »Gewissen der Welt« (Willets 1996). Die Existenz dieser NGO-Wissensmacht durch Legitimationskapital ist sehr deutlich geworden im Fall der Brent Spar, als Greenpeace seinen Boykotterfolg gegen Shell auf Faktenwissen aufbaute, welches sich peinlicherweise nachträglich doch als falsch und schlecht recherchiert entpuppt hat. Die boykottierte Versenkung der Ölplattform hatte sich im Nachhinein dann doch als die umweltfreundlichste Variante der Entsorgung herausgestellt. Unabhängig von seiner »Richtigkeit« hatte das Wissen der Greenpeace-Experten dennoch längst seine volle öffentliche und subpolitische Wirkmächtigkeit entfaltet. Greenpeace hat sich mit seinem NGO-Wissen gegen die öffentlichen Darstellungen durch den Shell-Konzern durchgesetzt – und das ausschließlich auf der Basis eines öffentlichen Vertrauensvorschusses und damit auf der Basis von Glaubwürdigkeit.

Wenn man einer Reihe von international angelegten Meinungsumfragen durch PR-Agenturen und Meinungsforschungsinstitute Glauben schenkt, genießen NGOs im Vergleich zu Regierungen und Marktakteuren tatsächlich einen Vorsprung an öffentlichem Vertrauen. Die Erhebungen hierzu haben in den letzten Jahren unabhängig voneinander gezeigt, dass NGOs in der breiten Bevölkerung im Vergleich zu öffentlichen Institutionen und Unternehmen das höchste Vertrauen genießen, »im besten Interesse der Gesellschaft zu handeln«. Diese Wahrnehmung ist besonders in der Bevölkerung in Europa und Nordamerika verbreitet. Zur Illustration dieser Befunde sind in Abbildung 2 die Umfrageergebnisse aus dem Edelman Vetrauensbarometer 2006 dargestellt, einer Umfrage, die von der Edelman PR-Agentur seit 2000 jährlich durchgeführt wird (Edelman 2006).

Die Befragten sollen dabei die Frage beantworten: »How much do you trust each institution to do what is right?«.[2] An den Antworten wird deutlich, dass NGOs tatsächlich einen Vertrauensvorschuss unter den Befragten genießen, während die Wirtschaft (Business), Regierungen (Government) oder die Medien (Media) als gesellschaftliche Institutionen im Vergleich dazu auf der Vertrauensskala schlechter abschneiden. Laut der PR-Agentur füllen NGOs damit eine Vertrauenslücke, die Unternehmen, Regierungen und Medien hinterlassen.[3]

Zusammengefasst kann man daraus schließen, dass NGOs mit ihren Wissensbeständen im Vergleich zu anderen, mächtigeren Governance-Akteuren oftmals nur deshalb konkurrenzfähig sind, weil sie über eine besondere Wissensmacht verfügen. Diese beruht auf ihrer öffentlichen Glaubwürdigkeit und ihrem darauf aufbauenden Legitimationskapital. Dieses Kapital verleiht NGOs die Fähigkeit, als moralische Unterneh-

2 Mehrfachantworten waren zulässig.

3 Die dargestellten Zahlen sind sicherlich zu hinterfragen, vor allem wenn man sich nach den Motiven fragt, die eine internationale PR-Agentur dazu bringt, solche Umfragen durchzuführen – eine zuverlässigere Messung von öffentlichem Vertrauen oder Glaubwürdigkeit in Bezug auf NGOs ist der Autorin jedoch derzeit nicht bekannt.

mer sozial geteilte Definitionen und Wahrnehmungen von rationalem und moralisch »gutem« Handeln durchzusetzen.

Abbildung 2: *Umfrageergebnisse auf die Frage: How much do you TRUST each institution to do what is right? (Quelle: Edelman 2006)*

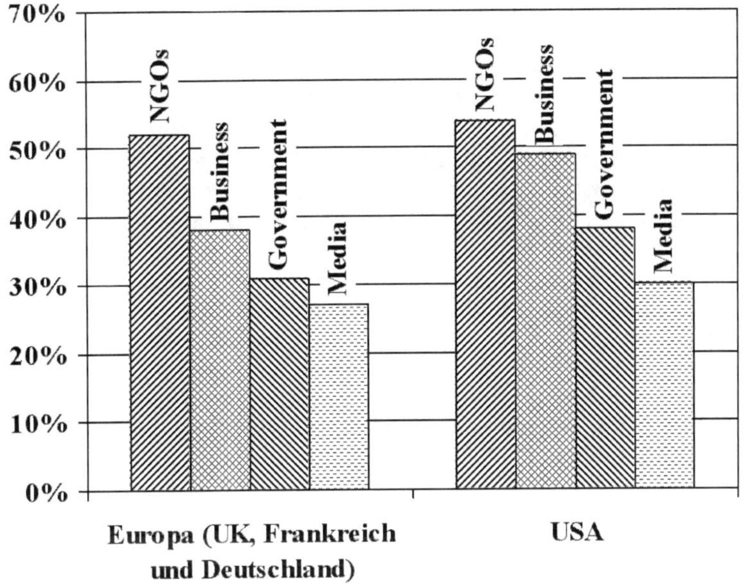

E. *Alternatives und transnationales Wissen von NGOs*

Die Wissensbestände von NGOs in Governance-Prozessen und in Informations- und Überzeugungspolitik zeichnen sich jedoch nicht nur durch Legitimationskapital und Glaubwürdigkeit aus. Darüber hinaus hat NGO-Wissen noch eine Reihe von besonderen Eigenschaften, die es zusätzlich zu gesellschaftspolitisch wertgeschätztem Wissen machen. Es wird auf den folgenden Seiten argumentiert, dass NGO-Wissen in mehrfacher Hinsicht *transnational* und *alternativ* ist. Diese Eigenschaften von NGO-Wissen werden anhand einiger Beispiele aus der globalen *Killer-Coke-Kampagne* illustriert, die zu diesem Zweck hier kurz anskizziert wird.

Seit einigen Jahren wird von einem Netzwerk von NGOs aus Indien, England, den USA und Kolumbien gegen den Coca-Cola-Konzern recht erfolgreich die so genannte Killer-Coke-Kampagne geführt (z.B. www.stopcorporateabuse.org; www.corpwatch.org). Die Vorwürfe, die NGOs im Zuge dieser Kampagne gegen die US-amerikanische TNC hervorbringen sind vielfältig, wobei ein großer Teil des Killer-Coke-Aktivismus seine Wurzeln in Indien hat: Erstens wird dem Konzern vorgeworfen, lokalen Kommunen in Indien mit seinen angrenzenden Abfüllanlagen buchstäblich das Wasser abzugraben. Für die fast ausschließlich von Landwirtschaft und Viehzucht lebende Landbevölkerung rund um die Coca-Cola-Abfüllanlagen hat das verheerende, zum Teil existenzbedrohende Folgen.[4] Ein zweiter Vorwurf von NGOs gegen den Konzern lautet, dass das Wasser, mit dem Coca-Cola in Indien produziert, hochgradig pestizidbelastet ist. Dadurch sind auch die Endprodukte selbst, d.h. die Erfrischungsgetränke belastet und überschreiten die europäischen Höchstgrenzen und Empfehlungen der WHO für Pestizide in Getränken bei weitem. Die indische Regierung hat bis heute noch keine verbindlichen Pestizid-Grenzwerte für Erfrischungsgetränke erlassen, steht aber inzwischen unter großem Druck von unten und von außen, in dieser Hinsicht aktiv zu werden. So hat z.B. China aufgrund der Killer-Coke-Vorwürfe die Einfuhrerlaubnis indischer Coca-Cola ins Reich der Mitte stark eingeschränkt. Eine Reihe von weiteren Vorwürfen aus dem Arbeits- und Menschenrechtsbereich werden von Gewerkschaften und NGOs aus Kolumbien gegen Coca-Cola ins Feld geführt, sollen hier aber der Einfachheit halber vernachlässigt werden. Coca-Cola hat im Übrigen als Antwort auf die Killer-Coke-Kampagne eine eigens dafür vorgesehene Homepage mit dem Titel *The Truth About the Coca-Cola-Company Around the Globe* eingerichtet, in der die Vorwürfe mit einer Artillerie von Richtigstellungen und »Coca-Cola-Fakten« entkräftet werden sollen – der Konzern hat damit sozusagen zur wissenspolitischen Abwehr und Gegenattacke angesetzt (www.cokefacts.org). Anhand von Beispielen aus der NGO-Kampagne soll nun gezeigt werden, auf welche Weise NGO-Wissen als *transnationales und alternatives Wissen* für politische Prozesse relevant wird.

I. *NGOs als Träger von alternativem Wissen*

NGOs sind erstens Träger von *alternativem Wissen*, das nicht der öffentlichen Wissensproduktion entspringt und zudem in zweierlei Hinsicht alternativ ist: Zum einen ist es lokales Kontext- und Erfahrungswissen, zum anderen Expertenwissen. Die Beamten von Staatsregierungen und Internationalen Organisationen in ihren Hauptquartieren greifen zunehmend und gerne auf dieses alternative Erfahrungs- und Expertenwissen von NGOs zurück. Das liegt nicht zuletzt daran, dass öffentliche Akteure selbst oft keinen anderen Zugang zu den für sie relevanten Informationen haben. Frantz und Martens beschreiben dieses Problem der Wissensknappheit bei den UN im Vergleich zu NGOs:

> »UNO-Diplomaten fehlt dagegen oft das nötige Wissen, da ihr Beruf den Wechsel zwischen verschiedenen Posten mit entsprechend unterschiedlichen Sachzuständigkeiten mit sich bringt, während NGO-Vertreterinnen und Vertreter in ihren angestammten Arbeits- und Expertisefeldern verbleiben und Informationsvorsprünge aufbauen können. In der

4 Kritiker der Kampagne behaupten hingegen, dass sich dieser Feldzug gegen Coca-Cola vielmehr in einer tiefsitzenderen Antipathie gegen Post-Kolonialisierungserfahrungen in der indischen Bevölkerung gründe. Dann wäre nicht die lokale Wasserknappheit an sich das Problem, sondern die globale Ressourcenaufteilung und der Unmut darüber, dass ein US-amerikanischer Konzern seine Limonaden ausgerechnet dort herstellt, wo sich keiner der lokalen Mitarbeiter und Anwohner eine Flasche Coca-Cola leisten kann.

> Folge nehmen viele Diplomaten im Menschenrechtsbereich kurz nach Antreten ihrer Posten häufig Kontakt mit Repräsentanten der von der UNO akkreditierten NGOs auf, da solche Kontakte normalerweise verlässliche Materialien und hilfreiche Analysen einbringen.« (Frantz/Martens 2006: 95)

In diesem Zusammenhang haben NGOs erstens als Träger von *lokalem Kontextwissen* einen Wissensvorsprung über die Stimmigkeit, die Einhaltung oder auch Verletzung von nationalen oder internationalen Standards auf der lokalen Ebene. Sie wissen durch ihre Arbeit vor Ort häufig mehr über die lokalen Kontexte und Erfahrungen von Betroffenen und können dieses lokale Erfahrungs- und Kontextwissen entsprechend auf höhere politische Entscheidungsebenen weiterleiten. Ein Beispiel für solch lokales Wissen ist die Information, dass die Bevölkerung rund um Coca-Colas Abfüllanlagen in Indien unter einem sinkenden Grundwasserspiegel leidet. NGOs erfahren und verbreiten das Wissen aus dem lokalen indischen Kontext, nach dem Coca-Cola das Grundwasser in Indien zur Abfüllung seiner Erfrischungsgetränke benutzt und in den umliegenden Dörfern das Wasser zur Viehzucht und Landwirtschaft fehlt. Dieses lokale Wissen würde schlichtweg kein Publikum haben und wäre unentdecktes, politisches *Nicht-Wissen* geblieben, wenn nicht NGOs vor Ort in ihrer Entwicklungsarbeit von der Wasserknappheit erfahren hätten und diese als politischen Interessenskonflikt (global) publik gemacht hätten.

Zweitens sind NGOs auch zunehmend Träger von *Expertenwissen.* Zum einen haben sie jahrelange Arbeitserfahrungen mit hochkomplexen, transnationalen Problemzusammenhängen, wie z.B. globalen Klimafolgen durch illegale Abholzung in Russland. Zum anderen produzieren NGOs in ihren Arbeitsfeldern auch aufgrund ihrer Professionalisierung alternatives wissenschaftliches Expertenwissen in Form von Studien und Gutachten. Auch in der Kampagne gegen Coca-Cola gibt es ein Beispiel für solches NGO-Expertenwissen, und zwar im Aufdeckungsskandal durch die indische NGO Centre for Science and Environment (CSE, www.CSEindia.org). Das CSE hat in Indien seit 2003 mehrfach eigenständig Laboruntersuchungen in Auftrag gegeben, in denen die Pestizidbelastung in indischer Coca-Cola gemessen wurde. Nach den Ergebnissen der Studien wurden die von der indischen Regierung empfohlenen, aber *nicht verbindlichen* Grenzwerte für Pestizide in Erfrischungsgetränken um das 25fache überschritten – und die Grenzwerte der EU als Referenz um das 32fache. Dieses Expertenwissen geht wiederum in die Killer-Coke-Kampagne ein, und zwar als Forderung nach strengerer Regulierung durch die Regierung, aber auch als Skandal in eine internationale politische Diskussion um eine Verklappung von toxischen Pestiziden wie DDT durch Industrieländer in den Entwicklungsländern.

Zusammengefasst bieten NGOs also aufgrund ihres nicht-staatlichen Charakters eine einzigartige Alternative zur öffentlichen, aber auch zur marktbasierten und industriellen Wissensproduktion. NGO-Wissen ist dabei nicht nur deshalb alternativ, weil es nicht-staatlich in seinem Ursprung und seiner Verbreitung ist, sondern es ist *lokales Kontextwissen und Expertenwissen*, und damit häufig auch *gezielt produziertes Wissen über Nicht-Wissen* und *Basiswissen* im Gegensatz zu Elitenwissen. Keck und Sikkink beschreiben das alternative Wissen von NGOs sehr treffend, wenn sie feststellen: »They provide information that would not otherwise be available, from sources that might not otherwise be heard« (Keck/Sikkink 1998: 18 f.).

F. *NGOs als Träger von transnationalem Wissen*

Eine zweite Eigenschaft von NGO-Wissen ist seine *Transnationalität*, die sich ebenfalls auf zwei Arten niederschlägt: zum einen formal, zum anderen inhaltlich.
Erstens kann NGO-Wissen durch transnationale organisationale Vernetzungen von der lokalen bis zur globalen Ebene vermittelt werden. NGOs agieren häufig als Wissensmittler und Übersetzer, als Scharniere, die Wissen mit Hilfe modernster Kommunikationstechnologie und mit Hilfe globaler Massenmedien transnational oder sogar global weiterleiten. Organisationale Vernetzung ist deshalb *die* wesentliche Voraussetzung für die *transnationale Vermittlung von NGO-Wissen*. Das wird auch im folgenden Zitat deutlich, das aus der Selbstbeschreibung des India Resource Centre (IRC) stammt, einer transnationalen NGO aus der Killer-Coke-Kampagne:

> »In Indien ist das IRC ein wichtiger Partner zahlreicher Basisorganisationen. Die NGO unterstützt deren Aktivitäten, hilft ihnen, sich auf lokaler Ebene zu organisieren und öffnet den Organisationen mit seiner Webseite und zahlreichen Medienkontakten *ein Fenster zur Welt.*« (Public-Eye-Award 2006, Hervorhebung nicht im Original)

Die transnationale Vernetzung von NGOs ermöglicht also einen Informations- und Wissensfluss von der lokalen bis hin zur globalen Ebene – und umgekehrt. NGOs machen auf diese Weise Wissen verfügbar und leiten es weiter in einer Form, die nationalstaatliche Akteure kaum bewältigen könnten. Durch diese lokal-globale Vermittlung können NGOs auch unterschiedliche Politikebenen gegeneinander ausspielen: z.B. trägt das IRC das lokale indische Wissen um die umweltschädlichen Praktiken und die gesundheitsschädliche Produktqualität von Coca-Cola nach England und in die USA. Dort, in Europa und den USA, werden mit dem Wissen Öffentlichkeiten mobilisiert, die wiederum *von außen* normativen Druck auf den Konzern in den USA und auf die indische Regierung ausüben.[5]
Ein zweiter Aspekt, der NGO-Wissen zu transnationalem Wissen macht, ist schlichtweg sein Inhalt. NGOs stellen ihr Wissen häufig in einen globalen Zusammenhang, indem sie lokale Ereignisse mit globalen Standards oder universellen Rechten in Verbindung bringen. In der Killer-Coke-Kampagne bedeutet das z.B., dass die Wasserknappheit der indischen Bauern von NGOs strategisch als Menschenrechtsverletzung interpretiert wird, weil Coca-Cola den Betroffenen das fundamentale, universell gültige und global anerkannte Menschenrecht auf den Zugang zu Wasser und die Rechte an ihren natürlichen Ressourcen versagt. Das India Resource Centre IRC schreibt in einem Flugblatt zur Kampagne entsprechend:

> »Join us as we build a unique, grassroots, international campaign that links HUMAN RIGHTS, ENVIRONMENTAL JUSTICE AND LABOR RIGHTS and advocates for: the rights of communities over natural resources, the right of communities to live free of toxics and violence, [. . .] the right to water as a fundamental human right.« (India Resource Centre/Kampagnenbroschüre, Hervorhebung durch IRC)

5 Keck und Sikkink haben diese Form der transnationalen Mobilisierung über Umwege als *boomerang pattern* bezeichnet (Keck/Sikkink 1998: 12ff.).

Das Problem der indischen Bauern wird dadurch also transnationalisiert und *inhaltlich als globales Problem konstruiert*, das alle Menschen – nicht nur in Indien – etwas angeht. Auf diese Weise wird an eine globale Solidarität der Bevölkerung mit den Betroffenen appelliert (vgl. Beckert u.a. 2004) und transnational öffentliche Unterstützung, Resonanz und politischer Druck aufgebaut. Dasselbe gilt für die Pestizidbelastung in indischer Coca-Cola: Auch hier führen die NGOs als Referenzpunkt europäische Höchstgrenzen und globale Richtlinien der WHO an, um die Brisanz der Grenzwertüberschreitung in einen globalen Kontext jenseits des indischen Regulierungsraumes zu stellen.
NGO-Wissen ist demzufolge in zweifacher Hinsicht transnational: zum einen in seiner *Vermittlung und Verbreitung*, zum anderen aber auch in seinen *Inhalten*. NGOs verbreiten ihr Wissen global für transnationale Mobilisierungen, sie spielen politische Ebenen gegeneinander aus und konstruieren gleichzeitig mit ihren Wissensinhalten globale Solidaritätsvorstellungen und verbreiten »universelle« Werte und Normen.

I. *Wissenszulieferer oder Wissensstrategen?*

Man kann aus den vorherigen Ausführungen schließen, dass NGOs Träger von Wissen sind, das für Staatsregierungen, Internationale Organisationen und Öffentlichkeiten anders schwer zugänglich und nicht unmittelbar verfügbar wäre. Trotzdem kann dieses Wissen für Governance-Prozesse, politischen Regulierung und Steuerung relevant und von großem Nutzen sein: Es kann zur politischen Entscheidungsfindung beitragen, Steuerungs- und Regulierungsbedarf aufdecken oder zur Überwachung der lokalen Implementierung und Einhaltung von Standards vor Ort dienen. NGOs sind damit eine wertvolle *Informations- und Wissensquelle*, sowohl für Regierungen und IGOs, aber auch für Bevölkerungen. Die außerordentliche Fähigkeit von NGOs, in komplexen und transnationalen Problembereichen Informationen zu beschaffen, zu verarbeiten und weiterzuleiten, wird deshalb oft als ihr komparativer Vorteil gegenüber anderen Akteuren angeführt.
Im Zusammenhang mit der Beschäftigung mit NGO-Wissen in Governance-Prozessen drängt sich an diesem Punkt dennoch eine entscheidende Frage auf: Sind NGOs tatsächlich lediglich nützliche Informationsquelle und -vermittler, quasi *Wissenszulieferer* für öffentliche, regulierende Akteure? Oder sind NGOs vollwertige *Wissenspolitiker* bzw. *Wissensstrategen* mit eigenen Interessen und einer eigenen politischen Agenda? Wie schon an einigen Stellen dieses Beitrags deutlich wurde, sind NGOs nämlich häufig alles andere als passive und neutrale Wissensquellen, sondern sie verfolgen in ihren Informations- und Überzeugungsstrategien durchaus eigene normative und politische Ziele. Im Gegensatz zu einer funktional-instrumentellen Sicht auf NGOs als nützliche Wissensträger für den Governance-Prozess bedeutet das, dass NGOs ihr Wissen meist nicht einfach nur auf Abruf zur Verfügung stellen. Sie nutzen ihre komparativen Wissensvorteile durchaus für pro-aktive Strategien der gezielten Einflussnahme. In diesen Fällen sind NGOs nicht nur Politikberater, sondern Politik-Macher. Wie bereits in Abschnitt C gezeigt wurde, soll ihr gezielter Einsatz von Wissen Resonanz erzeugen, Anhänger mobilisieren und Regierungen und Unternehmen zum Umdenken und zur politischen Kursänderung bringen. NGOs versuchen als Wis-

sensstrategen aktiv andere Akteure, Entscheidungsträger und Öffentlichkeiten von ihrer Weltsicht zu überzeugen. Sie werden nicht durch eine bereitwillige Zulieferung von Information und vermeintlich »neutralem« Wissen für andere zu vollwertigen Governance-Akteuren mit eigener Gestaltungsmacht und -wirkung. Nicht das politisch relevante Wissen selbst macht sie zu Wissenspolitikern, sondern ihre pro-aktive, bisweilen sogar radikal-aggressive Artikulation von normativen und politischen Forderungen, die sie mit ihrem Wissen um gesellschaftspolitische Herausforderungen verknüpfen.

Die Wissenspolitik von NGOs basiert dabei auf der Annahme, dass das Wissen, welches sie über ein Problem zur Verfügung stellen, auch die Wahrnehmung des Problems und die Herangehensweise an eine Problemlösung beeinflussen kann (vgl. Haas 1990: 1-23). NGOs konkurrieren dabei stets mit anderen Governance-Akteuren um Deutungshoheit und Deutungsmacht, um die kollektive Definition von gesellschaftlichen Normen und entsprechende politische Lösungen. Laut Finnemore macht gerade diese Konkurrenz um Problemdefinitionen und normative Deutungsmacht sogar den Kern des Politischen an sich aus:

> »These contestation processes for normative dominance are political. In fact, normative contestation is in large part what politics is all about; it is about competing values and understandings of what is good, desirable, and appropriate in our collective communal life. Debates about civil rights, affirmative action, social safety nets, regulation and deregulation, and the appropriate degree of government intrusion into the lives of citizens are all debates precisely because there is no clear stable normative solution.« (Finnemore 1996: 342)

Aus diesem diskurs- und wissensbasierten Verständnis von Politik heraus sind NGOs also strategisch agierende *Wissenspolitiker* und *Wissensstrategen*, die Wissen gezielt im Namen ihrer eigenen politischen Interessen und normativen Anliegen generieren, aufbereiten, und anschließend in öffentliche Diskurse und politische Governance-Prozesse einspeisen. Diese Strategien von NGOs im wissenspolitischen Prozess werden im Folgenden abschließend beschrieben.

I. *Wissensstrategischer Prozess*

Es lassen sich drei Schritte im wissenspolitischen Prozess unterscheiden, in denen NGOs als moralische Unternehmer Wissen zuerst als Rohstoff *beschaffen*, anschließend *verarbeiten* und zuletzt als Endprodukt auf dem politischen Markt vertreiben bzw. *verkaufen* (siehe Abb. 3).

1. *Wissensbeschaffung*

Im ersten Schritt beschaffen sich NGOs Informationen und ihr Wissen vorrangig durch die Strategie des *Monitoring*, das heißt durch eine aktive Überwachung ihrer Umwelt im Austausch mit anderen Akteuren. Zum Monitoring gehört in erster Linie die Unterhaltung eines möglichst vielseitigen und breiten Netzwerkes von Kontakten zu relevanten Akteuren und Organisationen aus allen gesellschaftlichen Bereichen, wie z.B. Politik, Medien, Wissenschaft, aber auch Kontakte zu NGOs aus der Basis-

Abbildung 3: *Strategische Schritte im wissenspolitischen Prozess (eigene Darstellung)*

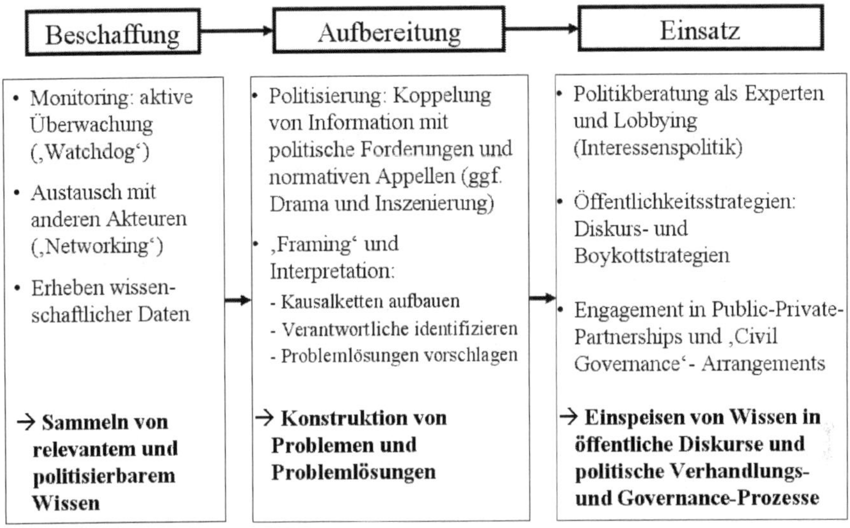

arbeit und am »High-Profile«-Ende. Für das Ziel der Informationsbeschaffung knüpfen NGOs so viele *formelle und informelle Kontakte* wie möglich. Darüber hinaus können sie, wie schon erwähnt, auch selbst wissenschaftliche Untersuchungen und Umfragen durchführen oder in Auftrag geben. NGOs sammeln auf diese Weise in ihrem Arbeitsfeld relevantes Wissen, das sie danach, in einem zweiten Schritt, in ihrem Sinne *politisieren* können und für ihre Überzeugungsstrategien verwendbar machen.

2. *Wissensaufbereitung*

Die gesammelten Informationen werden von NGOs in diesem zweiten Schritt in eine Form von Wissen umgewandelt, in der es für ihre Organisationsziele verwendet werden kann. In anderen Worten (siehe Abb. 3): NGOs begnügen sich hier häufig nicht nur mit der Rolle als Mittler zwischen Informationsquellen und -empfängern, sondern für sie steht das »Verpacken« von Wissen für ihre Interessen und normativen Anliegen im Vordergrund:
Eine erste Form der Aufbereitung von Wissen ist seine *Politisierung* durch eine Koppelung von Information mit normativen Appellen und den politischen Forderungen, die eine NGO durchsetzen möchte. Politisiertes NGO-Wissen setzt sich aus einer Kombination von Fakten und »Gewissenswissen« zusammen, wobei mit letzterem ein normativer Appell verbunden ist, der Zielakteure und Öffentlichkeiten zum Umdenken oder Handeln anregen soll (vgl. Curbach 2003: 74). Tierschutz-NGOs

kombinieren z.B. die Information, dass in Kanada die Robbenjagd wieder aufgenommen wird, mit dramatischen Bildern von blutüberströmten Robbenbabys, die an das Werteempfinden der Menschen appellieren sollen, dass das Abschlachten der noch jungen, wehrlosen Tiere unmenschlich bzw. moralisch falsch ist und gestoppt werden muss. Zahlen und Fakten werden auf diese Weise mit Opfergeschichten und Einzelschicksalen vermischt. NGOs aus der Killer-Coke-Kampagne untermalen ihre Informationen zur Pestizidbelastung von Coca-Cola-Produkten z.B. mit Bildern von leidgeplagten indischen Kindern, Protestteilnehmern und dramatischen Slogans wie »Coca-Cola: Unthinkable, Undrinkable!« (*India Resource Centre*/Kampagnenbroschüre). Dadurch wird gleichzeitig an ein rationales Problembewusstsein und an ein moralische Gewissen von Akteuren appelliert.

Zur Aufbereitung von Wissen gehört auch eine *Interpretation* in Form von so genanntem *strategischem Framing* von Informationen (Benford/Snow 2000; Gamson u.a. 1992). NGOs müssen ihr Wissen für seine Empfänger verstehbar und nutzbar machen, und dazu müssen sie es in einfach zu verstehende Deutungs- und Wahrnehmungsrahmen, d.h. *Frames* verpacken (Gamson 1988). Ein solcher Frame besteht meistens aus drei Teilen (vgl. Snow/Benford 1992): erstens aus klaren, kurzen Kausalketten, aus denen hervorgeht, was das Problem ist und wo seine Ursachen liegen. In der Killer-Coke-Kampagne wird z.B. als Ursache für die Wasserknappheit in den indischen Kommunen die Abfüllaktivität durch Cola-Cola identifiziert. Zweitens werden in Frames Verantwortliche ausgemacht, z.B. der Coca-Cola-Konzern oder die indische Regierung, die keine verbindlichen Standards für die Pestizidbelastung in Erfrischungsgetränken durchsetzt. Als dritter Bestandteil der strategischen Framings werden Lösungen für ein Problem vorgeschlagen, wie z.B. strengere gesetzliche Regulierung, oder eine Kompensation der geschädigten Anwohner durch den Coca-Cola-Konzern.

Es ist entscheidend für NGOs, komplexe Zusammenhänge so einfach wie möglich darzustellen, damit Nicht-Experten in politischen Gremien oder in Öffentlichkeiten eine klare Vorstellung von einer Thematik bekommen. Strategisches Framing mit einfachen Kausalketten, einer Zuweisung von Verantwortung und dem Aufzeigen adäquater Lösungswege garantiert, dass die normativen Appelle und politischen Ziele von NGOs auch für Zielakteure ohne Expertise problemlos und schnell verstanden werden. Klare Argumentationen und kurze, leicht nachvollziehbare Kausalketten sind dabei oft überzeugender als komplexe und detaillierte Darstellungen. Unsicherheiten über Ursachen- und Wirkungszusammenhänge müssen für eine kompetente Außendarstellung häufig ausgeblendet werden. NGO-Wissen wird in Deutungsrahmen verpackt, die für die Empfänger der Botschaft keine Zweifel mehr daran lassen, worin das entsprechende politische Problem liegt, wer verantwortlich ist und wie es am besten gelöst werden kann. Mit dieser Art von »frisiertem« Wissen wird eine weithin geteilte Vorstellung davon konstruiert, worin das politische Problem liegt und was seine Ursache und was seine passende Lösung ist. Von NGOs werden zu diesem Zwecke Informationen selektiert, ihren Interessen entsprechend alternativ und zielgruppengerecht interpretiert, damit sie dieses Wissen anschließend gezielt in ihrer Interessens- und Überzeugungspolitik einsetzen können.

3. *Wissenseinsatz*

Auch beim dritten Schritt im wissensstrategischen Prozess, beim Wissenseinsatz, lassen sich unterschiedliche Strategien ausmachen (siehe Abb. 3): Erstens können NGOs ihr Wissen *direkt in politische Institutionen* wie Regierungen oder Internationale Organisationen einspeisen. Dazu gibt es verschiedene Wege, entweder den formellen, bei dem NGOs als *Politikberater und Experten* auftreten, oder den informellen Weg, über den NGOs als *Lobbyisten* Interessenpolitik betreiben. Eine zweite Art, ihr Wissen zu verbreiten, sind die so genannten *Öffentlichkeitsstrategien*, bei denen NGOs über Massenmedien, Flugblätter, Webseiten usw. ihr Wissen an breite Bevölkerungsteile weitergeben. Wenn NGOs Öffentlichkeiten adressieren, speisen sie ihr Wissen entweder friedlich in öffentliche Diskurse ein, d.h. sie *informieren* und *sozialisieren* die Bevölkerung, indem sie bestimmte normative und politische Vorstellungen verbreiten. Zu solchen Sozialisationsstrategien gehören z.B. Informationsstände von NGOs auf öffentlichen Veranstaltungen, über die das Wissen über Möglichkeiten für umweltschonendes Verhalten an die Bevölkerung weitergegeben wird. In radikaleren und konfliktträchtigeren Kampagnen mobilisieren NGOs zum anderen auch Öffentlichkeiten als Mittel zum Zweck für *Boykotts und Proteste*, indem sie moralisches Fehlverhalten von Regierungen oder Konzernen anprangern und skandalisieren. Die Killer-Coke-Kampagne ist hierfür ein Paradebeispiel. Neben diesen klassischen Strategien der Beratung, Interessenpolitik, Sozialisierung und Öffentlichkeitsmobilisierung gibt es noch eine dritte Variante, die vor allem in der letzten Dekade an Bedeutung gewonnen hat: NGO-Wissen kommt zunehmend in institutionalisierten Arrangements der *civil governance* (Zadek 2001) zum Einsatz. Es handelt sich bei dieser Art der Governance um standardsetzende und steuerungspolitisch aktive Public-Private Partnerships (PPPs) (Börzel/Risse 2005) und Global Public Policy Networks (Reinicke/Deng 2000). Diese haben zum Ziel, Sozial- oder Umweltstandards jenseits von staatlicher Gesetzgebung zu entwickeln, zu implementieren und zu verbreiten, z.B. über Zertifizierungs- und Labelingsysteme (z.B. Scherrer 2001). Ein Beispiel hierfür ist das Forest Stewardship Council (FSC), das seit Mitte der Neunziger Jahre sehr erfolgreich globale Standards mit Hilfe eines Zertifizierungssystems für nachhaltige Forst- und Holzprodukte institutionalisiert hat (z.B. Pattberg 2004). In den Entscheidungsgremien des FSC stellt der öffentliche Sektor lediglich ein Drittel der Vertreter, während der Rest anteilig dem Unternehmenssektor und dem NGO-Sektor angehört. NGO-Wissen gewinnt in der *civil governance* entsprechend an politischem Gewicht, weil es auf neuartige, zunehmend institutionalisierte Art und Weise direkt über diese Governance-Arrangements in die Gestaltung von Steuerungspolitik jenseits (zwischen-) staatlicher Bemühungen einfließt.

Es gibt also eine ganze Reihe von strategischen Möglichkeiten für NGOs, ihre Wissensbestände für ihre politischen Ziele einzusetzen und dem politischen System verfügbar zu machen. Dabei ist es gerade dieser letzte Schritt im wissensstrategischen Prozess, nämlich das Einspeisen von Wissen in öffentliche Diskurse, in politische Gremien und Governance-Arrangements, bei dem NGO-Wissen akut governance-relevant wird. Erst hier entfaltet es seine volle Wirkung im (sub-) politischen Prozess.

G. *Fazit*

Es wurde gezeigt, dass NGOs Träger von Wissen sind, das für Governance-Prozesse, insbesondere für Steuerungspolitik jenseits des Nationalstaats, zunehmend relevant und nützlich ist. Das liegt daran, dass NGO-Wissensbestände in vielerlei Hinsicht alternativ und transnational sind: NGOs wissen häufig mehr über lokale Kontexte und bieten reichhaltigere Expertise in ihren Arbeitsfeldern als öffentliche politische Vertreter. NGOs haben aber auch einzigartige Fähigkeiten entwickelt, Wissen transnational weiterzuleiten oder lokale Probleme in globale politische Herausforderungen umzudeuten. Zusätzlich verfügen NGOs durch ihr Legitimationskapital und ihre hohe Glaubwürdigkeit über vergleichsweise große Wissensmacht. Dadurch wird ihr Wissen zu »geglaubtem« Wissen, das teilweise hohe Resonanz bei Bevölkerungen und politischen Zielakteuren erzeugt.

NGOs sind jedoch nicht nur passive Wissensträger, neutrale Informationsquellen und Wissenszulieferer für Regierungen und IGOs, sondern sie engagieren sich als Wissensstrategen, die ihre eigene Agenda mit Hilfe von Informations- und Überzeugungsstrategien durchzusetzen versuchen. Dazu politisieren sie ihr Wissen, indem sie relevante Informationen mit normativen Appellen koppeln und für ihre Zielgruppen und Empfänger interpretieren und ausdeuten. Dieses strategisch aufbereitete Wissen speisen NGOs dann gezielt in den politischen Prozess ein, auf direktem Wege als Berater und Lobbyisten, indirekt über Öffentlichkeiten oder über multi-sektorale Arrangements der *civil governance*. Auf diese Weise füllen NGOs nicht nur die aufklaffenden Lücken in öffentlichen Wissensbeständen, sondern sie beeinflussen und definieren zeitweise die politische Agenda selbst mit. Nichtsdestotrotz stehen ihre Wissensproduktion und ihre Wissenspolitik in Konkurrenz zu anderen Governance-Akteuren, die sich ebenfalls in den wissensstrategischen Prozess einbringen und Informations- und Überzeugungsstrategien anwenden.

In jedem Fall sollte die Governance-Forschung diese und ähnliche wissensbasierte politische Strategien auch zukünftig in den Fokus nehmen, sowie die unterschiedlichen Quellen und Effekte der Wissensmacht von Governance-Akteuren weiter erforschen. Denn nicht zuletzt ist eine Politik ohne Government und ohne Weisung zwangsläufig deutlich abhängiger von den Wissensbeständen, Situationsdeutungen, Überzeugungen und normativen Orientierungen nicht-staatlicher Akteure. Auch Boli und Thomas kommen in ihren Arbeiten zu diesem Schluss: »To understand global governance, we need to understand where interest comes from, how new sources of purpose and value emerge, why actor identities change, how definitions of ›rational behavior‹ evolve« (Boli/Thomas 1999: 299).

Literatur

Beck, Ulrich, 1993: Die Erfindung des Politischen. Frankfurt am Main.

Beck, Ulrich, 2002: Macht und Gegenmacht im globalen Zeitalter. Neue weltpolitische Ökonomie. Frankfurt am Main.

Benford, Robert D./Snow, David A., 2000: Framing Processes and Social Movements: An Overview and Assessment, in: Annual Review of Sociology 26, 611-639.

Börzel, Tanja/Risse, Thomas, 2005: Public-Privat-Partnerships: Effective and Legitimate Tools of Transnational Governance?, in: *Grande, Edgar/Pauly, Louis* (Hrsg.), The Reconstitution of Political Authority in the 21st Century. Toronto, 195-216.

Boli, John/Thomas, George M., 1999: Constructing World Culture. International Nongovernmental Organizations since 1875. Stanford.

Brunnengräber, Achim/Klein, Ansgar, 2001: NGOs als Legitimationsressource. Zivilgesellschaftliche Partizipationsformen im Globalisierungsprozess. Opladen.

Brand, Ulrich/Brunnengräber, Achim/Schrader, Lutz/Stock, Christian/Wahl, Peter (Hrsg.), 2000: Global Governance. Alternative zur neoliberalen Globalisierung? Münster.

CGG (Commission on Global Governance), 1995: Our Global Neighbourhood. Oxford.

CSE India: http://www.cseindia.org, 10.04.2007.

Curbach, Janina 2003: Global Governance und NGOs. Transnationale Zivilgesellschaft in internationalen Politiknetzwerken. Opladen.

Edelman 2006: Edelman Annual Trust Barometer, http://edelman.com/image/insights/content/FullSupplement.pdf; 1.2.2007.

Finnemore, Martha, 1996: Norms, Culture, and World Politics: Insights from Sociology's Institutionalism, in: International Organization 50/2, 325-347.

Gamson, William A., 1988: Political Discourse and Collective Action. From Structure to Action, in: *Klandermanns, Bert* (Hrsg.), Comparing Social Movement Research Across Cultures. Greenwich, Connecticut/London, UK, 219-244.

Gamson, William A./Croteau, David/Hoynes, William/Sasson, Theodore, 1992: Media Images and the Social Construction of Reality, in: Annual Review of Sociology 18, 373-393.

Gordenker, Leon/Weiss, Thomas G., 1996: NGO Participation in the International Process, in: *Gordenker, Leon/Weiss, Thomas G.* (Hrsg.), NGOs, the UN, and Global Governance. Boulder, 209-223.

Haas, Ernst B., 1990: When Knowledge is Power. Three Models of Change in International Organizations, Oxford.

Holzer, Boris, 2001: Transnational Subpolitics and Corporate Discourse. A Study of Environmental Protest and the Royal Dutch/Shell Group. London.

India Resource Centre/Kampagnenbrochure: http://www.indiaresource.org/campaigns/coke/2004/Brochure.pdf, 12.04.2007.

Keck, Margaret E./Sikkink, Kathryn, 1998: Activists Beyond Borders. Advocacy Networks in International Politics. Ithaca and London.

Killer-Coke-Kampagne: z.B. http://www.stopcorporateabuse.org; http://www.corpwatch.org; http://www.indiaresource.org; http://www.cseindia.org; Gegendarstellungen durch Coca-Cola auf: http://www.cokefacts.org.

Messner, Dirk, 1995: Die Netzwerkgesellschaft. Wirtschaftliche Entwicklung und internationale Wettbewerbsfähigkeit als Probleme gesellschaftlicher Steuerung, Köln, 150-167.

Nelson, Jane/United Nations Department of Public Information, 2002: Building Partnerships. Cooperations between the United Nations System and the Private Sector. New York.

Newell, Peter, 2000: Globalisation and the New Politics of Sustainable Development, in: *Bendell, Jem/Murphy, David F.* (Hrsg.), Terms of Endearment. Business, NGOs, and Sustainable Development. Bristol, 31-39.

Pattberg, Philipp, 2004: Private-Private Partnerships als innovative Modelle zur Regel(durch)setzung? Möglichkeiten und Grenzen eines neuen Konzepts am Beispiel des Forest Stewardship Council (FSC), in: *Brühl, Tanja/Feldt, Heide/Hamm, Brigitte/Hummel, Hartwig/Martens, Jens* (Hrsg.), Unternehmen in der Weltpolitik: Politiknetzwerke, Unternehmensregeln und die Zukunft des Multilateralismus. Bonn, 143-162.

Public-Eye-Award 2006, Nominierungen bei der Initiative von Bern, www.publiceye.ch/nominierungen, 15.06.2005, und: http://www.evb.ch/cm_data/India_Resource_Center_DE_edited_.pdf, 28.05.2007.

Reinicke, Wolfgang H./Deng, Francis M., 2000: Critical Choices. The United Nations, Networks, and the Future of Global Governance. New York.

SEF (Stiftung Entwicklung und Frieden), 1996: Global Governance. Herausforderungen an die deutsche Politik an der Schwelle zum 21. Jahrhundert, Policy Paper 2, Bonn.

Scherrer, Christoph, 2001: Global Rules for Trade: Codes of Conduct, Social Labeling, Workers' Rights Clauses. Münster.

Smith, Jackie, 2004: Transnational Movements and Processes, in: *Snow, David A./Soule, Sarah A./Kriesi, Hanspeter* (Hrsg.), The Blackwell Companion to Social Movements. Maldon u.a., 311-336.

Snow, David A./Benford, Robert D., 1992: Master Frames and Cycles of Protest, in: Morris, Aldon D./Mueller McClurg, Carol (Hrsg.), Frontiers in Social Movement Theory. New Haven and London, 133-155.

Stickler, Armin, 2005: Nichtregierungsorganisationen, soziale Bewegungen und Global Governance. Bielefeld.

Stubbs, Paul, 2003: International Non-State Actors and Social Development Policy, in: Global Social Policy 3/3, 319-348.

Take, Ingo, 2002: NGOs im Wandel. Von der Graswurzel auf das diplomatische Parkett. Wiesbaden.

UN/ECOSOC, 1968: Resolution 1269 vom 23. 5.1968, § 7.

Willets, Peter, (Hrsg.), 1996: The Conscience of the World. The Influence of Non-Governmental Organisations in the U.N. System. London.

Yearley, Steve/Forrester, John, 2000: Shell, a Sure Target for Global Environmental Campaigning, in: Cohen, Robin/Rai, Shirin M. (Hrsg.), Global Social Movements. London, 134-145.

Zadek, Simon, 2001: The Civil Corporation. London.

Die Rolle von Wissen und Nichtwissen in informellen politischen Steuerungsprozessen am Beispiel von Mediationsverfahren

Anna Geis

Inhaltsübersicht

A. *Politisches Entscheiden in der »Wissensgesellschaft«*

Das Rationalitätsversprechen des modernen Staates verbindet sich mit der Vorstellung, dass die Agenten des Staates vernünftig und nachvollziehbar begründet handeln sollen (Voßkuhle 2008). In der Politikwissenschaft ist die Frage nach der »vernünftigen« Qualität von politischen Entscheidungen und den Möglichkeiten der Rationalitätssteigerung daher ein beständiges Thema, das in demokratietheoretischer Perspektive am anspruchsvollsten in den von Jürgen Habermas' Diskurstheorie inspirierten Modellen einer »deliberativen Demokratie« erörtert wird (z.B. Bohman/Rehg 1997). Zunehmend geriet bei der Konzeptualisierung von Politik als »rational« auch die Rolle von Wissen, Wissensgenerierung und Lernprozessen in politischen Entscheidungsprozessen in den politwissenschaftlichen Fokus (z.B. Maier u.a. 2003); nicht zuletzt wird die Schnittstelle zwischen Politik und Wissenschaft in traditionellen wie neuen Form von Politikberatung nunmehr intensiver beobachtet (z.B. Falk u.a. 2006).

Das vermehrte politologische Interesse an der Rolle von Wissen profitiert dabei in hohem Maße von soziologischen Debatten, die sich im Rahmen etwa der Theorie der reflexiven Modernisierung (Beck/Bonß 2001) oder der neueren soziologischen Gegenwartsdiagnosen über die »Wissensgesellschaft« (z.B. Willke 1997; Bittlingmayer/Bauer 2006) entsponnen haben. Die Selbstwahrnehmung als »Wissensgesellschaft« stellt die Fortschreibung des abendländischen Selbstverständnisses einer Moderne als Gesellschaftsform dar, die auf der kontinuierlichen Steigerung von Wissen und Rationalität beruht (vgl. Vogel 2004: 659; Wehling 2006: 313). Insofern solche Deutungen sich lediglich auf die Gegenwart beziehen, rufen sie allerdings die Kritik hervor, dass im Prinzip alle menschlichen Gemeinschaften und Gesellschaften »Wissensgesellschaften« waren (vgl. van Dülmen/Rauschenbach 2006), da sie stets auf Erfahrungswissen aufbauen – hier wird deutlich, dass es unterschiedliche Typen des Wissens gibt. Peter Weingart plädiert daher dafür, die gegenwärtige Gesellschaft besser als »verwissenschaftlichte« Gesellschaft zu charakterisieren (2003: 8).

Für politikwissenschaftliche Untersuchungen ist in diesem Kontext bedeutsam, dass politische Entscheidungsinstanzen zur Bewältigung der zunehmenden Komplexität ausdifferenzierter moderner Gesellschaften auf eine immer engere Kopplung zwischen der Infrastruktur der politischen Institutionen und der wissenschaftlichen Infrastruktur angewiesen sind (Willke 1997). Um politische Probleme diagnostizieren und sie »lösen« zu können, sind Entscheidungsträger auf die Zufuhr von Wissen aus allen Teilbereichen der Gesellschaft angewiesen, die sie über die Beobachtung der Medien, über interne Planungsabteilungen und die Einholung externer Expertisen steuern.

Allerdings reichen herkömmliche Formen von Politikberatung oder bürokratie- und parlamentsinterne Formen der Wissensproduktion bei weitem nicht aus, um in komplexen Konfliktlagen Entscheidungen fällen zu können, die sowohl dem Anspruch der (Sach-)Rationalität als auch der demokratischen Legitimität genügen. Seit Jahrzehnten werden insbesondere in der Demokratietheorie und der Technik- und Umweltforschung institutionelle und prozedurale Ergänzungen zum bestehenden Institutionenbestand diskutiert, die zur Modernisierung der politischen Entscheidungsinstanzen sowie der Demokratie insgesamt beitragen sollen (Schmalz-Bruns 1995; Renn u.a. 1995; Minsch u.a. 1998). Umwelt- und Technologiepolitik schien in besonderem Maße von dem Fehlen eines Hintergrundkonsenses betroffen; die Kriterien für »Entscheidungsrichtigkeit« galten hier als noch schwieriger zu ermitteln als in anderen Politikbereichen (van den Daele 1991: 30). Zahlreiche Bürger, Gruppen, Institutionen und Organisationen mit höchst unterschiedlichen Erfahrungen und Rationalitäten erzeugen komplizierte Konfliktlagen, mit denen nicht einfach im bewährten Modus von Mehrheitsentscheidungen umgegangen werden kann (vgl. Döbert 1997). Daher wurden vorwiegend in Umwelt- und Technikkonflikten alternative Konfliktregelungsverfahren erprobt. Zu diesen zählen auch die im Folgenden näher zu betrachtenden Umweltmediationsverfahren, welche genau an der rationalen Vermittlung in Konfliktsituationen und an der Verbesserung von Entscheidungsqualität ansetzen.

Zunächst sind Mediationsverfahren als Verkörperung eines besonderen Rationalitätsversprechens und als wissensgenerierende Governance-Form zu charakterisieren (B.). Sodann ist am Beispiel der Frankfurter Flughafen-Mediation zu zeigen, dass auch solche avancierten Regierungstechniken der informellen Politikberatung nicht nur neues Wissen erzeugen und einen Entscheidungsprozess erheblich rationalisieren können, sondern dass gleichzeitig auch das Problem von Nichtwissen sichtbar wird. Dies führt zu einer Politisierung des Nichtwissens (C.). Abschließend sind über das konkrete

Fallbeispiel hinausgehend einige zentrale Aspekte eines Regierens mit Wissen zu thematisieren, die das Rationalitätsversprechen des Staates als fragwürdig erscheinen lassen (D.).

B. *Mediationsverfahren als Verhandlungssysteme besonderer Art*

I. *Das Rationalitätsversprechen von Mediationsverfahren*

Mediationsverfahren sind als informelle Verfahren »alternativer Konfliktregelung« in den deutschen Sozialwissenschaften inzwischen relativ ausführlich diskutiert worden (z. B. Dally u.a. 1995, Fietkau/Weidner 1998, Zilleßen 1998, Feindt 2001 und Geis 2005), in der Praxis werden sie jedoch zumindest im öffentlichen Bereich immer noch eher selten eingesetzt (vgl. Wörner 2003). Mediation findet jedoch verstärkt im privaten Bereich Anwendung, z.B. als Scheidungsmediation, als Wirtschaftsmediation oder beim Täter-Opfer-Ausgleich. Wissenschaftlich wurden Umweltmediationsverfahren hierzulande zunächst von der Verwaltungsrechtswissenschaft erörtert (z.B. Hoffmann-Riem/Schmidt-Aßmann 1990), später wurden sie auch Gegenstand demokratietheoretischer Überlegungen. In dieser Perspektive betrachtete man sie als innovative Formen reflexiver Institutionalisierungen, die zur Modernisierung der Demokratie beitragen könnten (Schmalz-Bruns 1995: 236). Die Verfahrensidee erscheint allgemein als so attraktiv, dass sich hohe Erwartungen an die Leistungsfähigkeit dieses Instruments ausgebildet haben: Sie könnten »Reflexionsschleifen« im Vorfeld politischer Entscheidungen darstellen, aufgrund der frühzeitigen Einbeziehung der Entscheidungsbetroffenen sowohl Rationalität als auch Legitimität von Entscheidungen vergrößern und die Nachhaltigkeit von Entscheidungen verbessern. Die erhöhte Sachrationalität kommt durch die Verknüpfung unterschiedlicher Wissensarten bzw. Rationalitäten im Verfahren zustande, die gesteigerte Legitimität durch die partizipative Erweiterung des Teilnehmerkreises. Die Effektivität der Entscheidungen soll durch das Interesse der Teilnehmer an der nachhaltigen Umsetzung der von ihnen erarbeiteten Lösungen gewährleistet werden.

Es gibt allerdings keine allgemein verbindliche, präzise Definition von Mediation; es handelt sich hierbei eher um eine Idee, die in den konkreten Anwendungsfällen ganz unterschiedlich auszugestalten ist. Es können jedoch Grundmerkmale von Mediation identifiziert werden: vermittelnder Dritter (Mediator), Teilnahme möglichst aller betroffenen Parteien, freiwillige Teilnahme, Konsensorientierung, Ergebnisoffenheit des Verfahrens, selbstbestimmte Verhandlungen der Parteien (Fietkau/Weidner 1998: 15 f.).

Ähnlich wie in den USA behandelt man Mediationsverfahren auch in Deutschland häufig unter dem Aspekt der Konfliktregelung. In einer solchen Perspektive interessiert sich die Forschung vorwiegend für interne Vorgänge innerhalb eines Mediationsprozesses, wie z.B. Kommunikationsverhältnisse und Verhandlungsstrategien, psychologische Prozesse, Möglichkeiten der Ergebnisfindung unter Konfliktparteien oder die Rolle des Mediators – Mediation wird hier primär als *Sozialtechnik* zur Vermittlung in Konflikten aufgefasst. Man kann Umweltmediation und mediationsähnliche Verfahren jedoch auch als *Regierungstechnik* untersuchen, als symbolisch aufgeladenes politisches Instrument der Politikberatung und des Konfliktmanagements – d.h. Mediation als eigentümliche, zeitlich begrenzte Form von Governance im viel zitierten »Schatten der Hierarchie«.

Mediationsverfahren werden in Deutschland im Allgemeinen von der Exekutive (Staatskanzleien, Kommunalverwaltungen) initiiert und nur in besonders heiklen Konfliktfällen eingesetzt, die schon von vornherein langwierige Auseinandersetzungen zwischen den Konfliktparteien erwarten lassen. Bei Standortsuchen, Großbauprojekten und anderen umweltrelevanten kommunalen Problemen sollen sie Entscheidungsblockaden zwischen Anwohnern, Projektbetreibern und Verwaltung verhindern helfen. Die Haupteinsatzfelder liegen bislang im Bereich Abfall/Entsorgung, Verkehr, Chemie/Gentechnik/Energie und Umweltprogramme (Jeglitza/Hoyer 1998; Troja 2001; Wörner 2003).

Die Exekutive schafft mit der Einsetzung von Mediationsverfahren einen besonderen Typ von Verhandlungssystem unter der Leitung eines überparteilichen Dritten: Repräsentanten von Akteursgruppen aus Politik, Wirtschaft, (Protest-) Öffentlichkeit und Wissenschaft werden in einem moderierten, expertisegestützten Diskussionsprozess zusammengeführt. Mit Hilfe von wissenschaftlicher Expertise werden in gelingenden Fällen Probleme gemeinsam diagnostiziert, Analysen erstellt, Gutachten in Auftrag gegeben, offene Fragen identifiziert, eigene Interessen offen gelegt und potenzielle Handlungsoptionen für alle Beteiligten erörtert. Die Machtverhältnisse der im Verfahren repräsentierten Interessengruppen bleiben allerdings ein wichtiger Einflussfaktor im Verfahrensprozess (insofern sich hieraus eine unterschiedliche Verfügung über Personal, Zeit, Geld und Expertise ergibt). Das Gelingen der Verfahren hängt zudem stark davon ab, ob Vertrauen zwischen den Konfliktparteien gebildet werden kann.

Politisch symbolisch aufgeladen wird dieser Typ Verhandlungssystem, weil Mediation häufig (und häufig fälschlich) in der Experten-Literatur und öffentlichen Wahrnehmung mit mehr Bürgerbeteiligung, Diskurs und Dialog gleichgesetzt wird (kritisch dazu Saretzki 1997a). Mit der Initiierung eines Mediationsverfahrens oder ähnlicher reflexiver Dialogverfahren kann sich eine Regierung oder Verwaltung daher als progressiv und innovativ darstellen (vgl. Barthe 2001). Mediationsverfahren können demnach als staatlich initiierte, gemischte Verhandlungssysteme auf Zeit aufgefasst werden. Ihre Analyse lässt sich so sehr gut mit der Governance-Debatte verknüpfen – der Governance-Begriff hebt ja gerade die gewachsene Bedeutung von Verhandlungen und Verhandlungssystemen für die Findung und Implementation politischer Entscheidungen hervor (Mayntz 2004: 71).

II. *Versprechen und Wirklichkeit: Die Probleme von Umweltmediation in der Praxis*

Trotz der häufig hohen Erwartungen an Mediationsverfahren sind solche Verfahren mit zahlreichen Schwierigkeiten in der Praxis konfrontiert, die das Versprechen auf gesteigerte Rationalität und Legitimität bei näherer Betrachtung relativieren: Weil die Verfahren in der Praxis einen hohen Ressourcenverbrauch haben, können sie nur selten eingesetzt werden; für ihr Gelingen wird viel Zeit, Geld und Personal benötigt.

Zudem müssen alle Teilnehmer vorgängig bereits das Vertrauen haben, dass das ihnen angebotene Verfahren fair verlaufen wird und eine faire Lösung überhaupt (noch) möglich ist – die Teilnahme an einem informellen Prozess ohne institutionalisierte Rechte, die immer auch Risiken mit sich bringt, muss sich also »lohnen« für die betreffende Konfliktpartei. Gerade ressourcenschwächere Gruppen wie Bürgerinitiativen und Umweltverbände sind in dieser Hinsicht äußerst misstrauisch. Zum einen, weil sie argwöhnen, für einen politischen Zweck instrumentalisiert zu werden; zum anderen sprechen ihre eigenen Organisationsinteressen (heterogene Klientel; Vorfestlegung auf eine Position; wenig Ressourcen) eher gegen eine Teilnahme. Die Einbindung solcher Gruppierungen, die durch Mediationsverfahren gerade angesprochen werden sollen, ist daher in der Praxis häufig schwierig oder gelingt nicht (vgl. Lauer-Kirschbaum 1996; Jansen 1997; Tils 1997).

Die Informalität der Verfahren bietet den Teilnehmern die Chance, auf den Prozess und das Ergebnis selbst stark einzuwirken. Diese Chance ist aber abhängig von den außerhalb des Verfahrens bestehenden Macht- und Organisationsverhältnissen der vertretenen Gruppierungen, da die jeweils verfügbaren Ressourcen aller Art und die Form der Rückbindung der Repräsentanten an die entsendende Organisation/Institution den Gestaltungseinfluss mitbestimmen. Da zumindest in Deutschland häufig die politische Exekutive die Verfahren initiiert, nehmen staatliche Akteure eine Reihe von Steuerungsmaßnahmen vor. Mediationsverfahren können daher, wie oben betont, auch als staatlich initiierte, zeitlich begrenzte Verhandlungssysteme (Geis 2005) oder als Policy-Netzwerke (Feindt 2001; Troost 2001) aufgefasst werden. Damit werden in problematischen Entscheidungslagen die Willensbildungs- und Kompromissfindungsprozesse zunächst aus der parteipolitischen Arena ausgelagert und an die Gesellschaft gleichsam »zurückgegeben«. Der Prozess wird jedoch in erheblichem Maße von staatlichen Akteuren vorgeprägt, z.B. indem zeitliche Fristsetzungen und finanzielle Ausstattungen gesetzt werden. Die Vorgabe eines prozeduralen Rahmens schließt zudem häufig die Identifizierung der Teilnehmergruppierungen und die Vorgabe der Themenkreise ein.

Ob Mediationsverfahren dann zu einem umsetzbaren Ergebnis kommen, ist jedoch alles andere als garantiert, da Verfahren teils abgebrochen werden oder kein »greifbares« Ergebnis produzieren (Troost 2001: 273; Herz 2003: 174, 179). Nach Abschluss einer Mediation ist prinzipiell völlig unklar, wie die politischen Entscheidungsträger mit etwaigen Ergebnissen umgehen. Aufgrund der rechtlichen Unverbindlichkeit der Ergebnisse ist es den legitimierten Entscheidungsträgern überlassen, ob sie die Ergebnisse übernehmen, modifizieren oder gänzlich ignorieren. Allerdings kann die Einbeziehung von Mitgliedern der Verwaltung in die Mediationsverfahren die Chancen erhöhen, mögliche Ergebnisse in die politischen Institutionen hinein zu vermitteln und die Mediationsteilnehmer umgekehrt bereits frühzeitig auf die Bedenken aus Sicht der später Verantwortlichen hinweisen (vgl. van den Daele/Neidhardt 1996: 32).

C. *Die Frankfurter Flughafen-Mediation*

I. *Hintergrund, Einleitung und Arbeit der Frankfurter Mediation*

Im Folgenden soll am Beispiel der Frankfurter Flughafen-Mediation beleuchtet werden, inwieweit solche der Idee nach als »Reflexionsschleifen« fungierenden Verfahren tatsächlich zu einer Rationalisierung des politischen Entscheidungsprozesses beitragen können. Besonderes Augenmerk gilt hier der Rolle von Wissen.

Das Frankfurter Verfahren wurde von der Hessischen Landesregierung eingeleitet, weil im Herbst 1997 der Lufthansa-Vorstandsvorsitzende mit seiner Forderung nach einer neuen Start- und Landebahn auf dem siebtgrößten Flughafen der Welt eine neue Debatte um die Flughafenerweiterung in der Rhein-Main-Region auslöste. Viele in der Region betrachteten diese Forderung als Tabu-Bruch, da seit den langandauernden gewalttätigen Auseinandersetzungen um die Startbahn West Ende der 1970er/ Anfang der 1980er Jahre das Thema weiterer möglicher Großausbaumaßnahmen peinlich vermieden wurde. Die zahlreichen Anwohner des Flughafens sehen die Grenze an Lärm- und Umweltbelastung erreicht, während die Flughafenbetreiberin Fraport AG und die angesiedelten Wirtschaftsunternehmen auf die ihrer Meinung nach drohenden Kapazitätsengpässe und den Abstieg Frankfurts vom »Weltflughafen« zum »Provinzflughafen« hinweisen (Sack 2001).

Diese Debatte traf die damalige rot-grüne Landesregierung zu einem ungünstigen Zeitpunkt: Die Regierung stand kurz vor einem Landtagswahlkampf, und in der Koalitionsvereinbarung war eine Begrenzung des Flughafens auf sein damaliges Gelände festgeschrieben. Die Grünen sprachen sich in der Debatte gegen eine neue Erweiterung aus, während die SPD keine eindeutige Position zum Ausbau hatte. In dieser Situation suchte die Staatskanzlei nach einem Weg, sowohl den Konfliktaustrag zu kanalisieren als auch den Konflikt aus der Koalitionsregierung und dem Wahlkampf herauszuhalten. Ein von Ministerpräsident Eichel einberufener »Gesprächskreis Flughafen« schlug schließlich die Einleitung eines »Mediationsverfahrens« vor. Interessanterweise wollte die Landesregierung darunter aber keine Konfliktvermittlung verstanden wissen, sondern ein »Informations- und Beratungsverfahren« (Gesprächskreis 1998: Kap. A: 1). Die Staatskanzlei und der Gesprächskreis bereiteten Konzeption, Zusammensetzung und Fragestellung des Verfahrens vor und legten bereits zwei der drei vorgesehenen Mediatoren fest, die zudem aus den Reihen des Gesprächskreises stammten. Die Mediationsgruppe sollte laut Prüfauftrag klären, »unter welchen Voraussetzungen der Flughafen Frankfurt dazu beitragen kann, die Leistungsfähigkeit der Wirtschaftsregion Rhein-Main im Hinblick auf Arbeitsplätze und Strukturelemente dauerhaft zu sichern und zu verbessern, ohne die ökologischen Belastungen für die Siedlungsregion außer Acht zu lassen« (Mediationsgruppe 2000: 7).

Zur Teilnahme an der Mediation eingeladen wurden insgesamt 20 Personen: Bürgerinitiativen (vertreten durch vier Personen), Umweltverbände (2), Städte und Kommunen (4), das Hessische Wirtschaftsministerium (1), das Hessische Umweltministerium (1), das Bundesverkehrsministerium (1), die Flughafenbetreiberin Fraport AG (1), die Lufthansa (1), die Interessenvertretung der Fluglinien BARIG (1), die Deutsche Flugsicherung (1), die Gewerkschaft ÖTV (1), die IHK Frankfurt (1) und die Vereinigung der hessischen Unternehmerverbände (1).

Umweltverbände und Bürgerinitiativen waren in die Vorbereitung des Verfahrens nicht eingebunden, was für die Vorbereitung einer aussichtsreichen Mediation unabdingbar gewesen wäre. Es kann kaum überraschen, dass diese Gruppierungen sich gegenüber anderen in der Vorbereitung privilegierten Gruppen zurückgesetzt sahen und die Landesregierung mit massiver Kritik überzogen. Schließlich lehnten Umweltverbände und Bürgerinitiativen eine Teilnahme unter den gegebenen Bedingungen ganz ab. Sie stützten sich in ihrer Kritik an dem Verfahren u.a. auf Kriterien, die in der Expertenliteratur zu Mediation erarbeitet worden sind. Sie vermissten eine Selbstbestimmtheit des Verfahrens und hielten die Mediatoren für parteiisch. Zudem sei eine Ergebnisoffenheit des Verfahrens nicht gewährleistet, weil der Ausbau schon feststehe. Einige Gegner bezweifelten prinzipiell, dass man in der Frage einer Landebahn überhaupt einen Kompromiss finden könne, der alle Seiten zufrieden stellt. Insgesamt erfülle das angestrebte Verfahren also keines der wichtigen Kriterien eines Mediationsverfahrens und diene nur der Akzeptanzbeschaffung für eine schon feststehende Entscheidung. Schließlich, so der letzte Einwand der Nichtteilnehmer, sei auch überhaupt nicht zu erkennen, wie etwaige Ergebnisse des Verfahrens die Politik binden würden. Die Landesregierung hatte lediglich zugesagt, dass das Ergebnis »Beachtung« finden würde.

Ungeachtet der starken Kritik konstituierte sich die Mediationsgruppe im Juli 1998 auf der Basis der Vorgaben der Staatskanzlei. Die vakanten Plätze der Bürgerinitiativen und Umweltverbände nahmen schließlich vor allem Vertreter von Städten und Kommunen ein. Es wurde erwartet, dass die zahlreichen Kommunalvertreter die Argumente der nichtteilnehmenden Ausbaugegner quasi »mitrepräsentieren« würden, da viele von ihnen ebenfalls gegen den Ausbau waren. Um ihr komplexes Arbeitsprogramm zu bewältigen, bildete die Mediationsgruppe differenzierte Strukturen aus, sie gründete drei Arbeitskreise und weitere Untereinheiten. Für die fachliche Begleitung wurden die Hessische Landesanstalt für Umwelt (HLfU) und die Hessische Landesentwicklungs- und Treuhandgesellschaft (HLT) ausgewählt, für die wissenschaftliche Begleitung das Öko-Institut e.V. Die Mediationsgruppe sollte die Struktur der derzeitigen Beziehungen des Flughafens zur Region unter ökonomischen, verkehrlichen, ökologischen und sozialen Aspekten beschreiben und die bestehenden Erkenntnisse aus vorliegenden Untersuchungen bewerten. Schließlich sollte sie die zukünftigen Konsequenzen der Entwicklung des Flughafens für die Region abschätzen und beurteilen.

Die Mediationsgruppe entwarf für das Frankfurter Verfahren vier Szenarien, die jeweils eine Zielgröße von im Jahr 2015 nachgefragten jährlichen Flugbewegungen angaben und eine Aussage über die Anzahl der Nachtflüge enthielten (Mediationsgruppe 2000: 30-35). Diesen vier Szenarien wurden nach Auswertung der eingeholten Gutachten, der Experten-Hearings und der Arbeitspapiere die jeweils bis 2015 zu erwartenden gesundheitlichen, ökologischen, sozialen, siedlungsstrukturellen und ökonomischen Wirkungen zugeordnet. Im Laufe des Verfahrens konsultierte die Mediationsgruppe 129 externe Experten (Mediationsgruppe 2000: 9). Die fachliche und wissenschaftliche Begleitung leistete erhebliche Vorarbeiten bei der inhaltlichen

Konkretisierung des Arbeitsprogramms und der Vorbereitung der Gutachten, da die meisten Mitglieder der Mediationsgruppe – mit Ausnahme der Fraport und der Flugsicherung – nicht die notwendige Expertise zur außerordentlich komplexen Problematik eines Flughafenbetriebs hatten. Daher fungierte die Mediationsgruppe häufig vorwiegend als Beschlussorgan.

Nach insgesamt 24 nichtöffentlichen Sitzungen innerhalb eines 18-monatigen Arbeitszeitraums verfasste die Mediationsgruppe im Januar 2000 ihren 192-seitigen Endbericht. Darin bewertete sie insgesamt neun denkbare Bahnvarianten und ihre Auswirkungen; aber auch die derzeit schon bestehenden erheblichen Belastungen für die Bevölkerung und die Siedlungsentwicklung wurden hier deutlich. Die Mediationsgruppe schloss ihren Endbericht mit konkreten politischen Empfehlungen ab, dem sog. Mediationspaket. Dieser Kompromissvorschlag besteht aus fünf »untrennbar miteinander verbundenen« Komponenten: Optimierung des vorhandenen Bahnensystems, Kapazitätserweiterung durch Ausbau, Nachtflugverbot, Anti-Lärm-Pakt, Regionales Dialogforum. Mit dem Regionalen Dialogforum unterbreitete die Mediationsgruppe der Landespolitik den Vorschlag einer Institutionsgründung, die ihren eigenen Kommunikationszusammenhang auf Dauer etablieren sollte. Inhaltlich sollte das Gremium insbesondere offen gebliebene Sachfragen klären sowie detaillierte Umsetzungsvorschläge für das Nachtflugverbot und den Anti-Lärm-Pakt entwickeln.

II. *Orientierungswissen für die Landespolitik*

Obwohl sich Mitglieder der Mediationsgruppe sofort von einzelnen Elementen des Mediationsergebnisses distanzierten – die Flugwirtschaft lehnte das Nachtflugverbot ab, Kommunalvertreter den Ausbau –, hatte das Mediationspaket eine erstaunliche Orientierungswirkung auf die Landespolitik: Obwohl inzwischen ein Regierungswechsel stattgefunden hatte, nahm die Landesregierung das Mediationspaket geradezu dankbar an, der Landtag stimmte mit CDU-FDP-Mehrheit ebenfalls für die komplette Umsetzung des Pakets. Im Juni 2000 wurde auch das »Regionale Dialogforum« eingerichtet, das auf unbestimmte Zeitdauer besteht. Das Mediationsergebnis wurde schließlich als Ziel in den Landesentwicklungsplan aufgenommen, und es ist als Referenz in die laufenden Verwaltungsverfahren eingegangen. Das derzeit noch andauernde Planfeststellungsverfahren arbeitet allerdings bereits mit anderen Expertisen und Informationen als noch die Mediationsgruppe – dennoch wird bis heute von der Landesregierung und dem Vorsitzenden des Regionalen Dialogforums immer wieder auf das Mediationsergebnis als besten möglichen Kompromiss im Flughafen-Konflikt verwiesen.[1] Die Mediationsgruppe hat zudem davon profitiert, dass sowohl Medienöffentlichkeit wie Protestöffentlichkeit dem Verfahren in der Endphase und insbesondere dem Mediationspaket große Beachtung schenkten. Die von der Mediations-

1 Für eine bis heute andauernde optimistische und positive Bewertung der Rolle des Regionalen Dialogforums (RDF) und der fortwährenden Bedeutung des Mediationspakets im Entscheidungsprozess siehe die Dokumentationen auf der Web-Seite des RDF unter http://www.dialogforum-flughafen.de; für eine dezidiert pessimistische und kritische Bewertung dagegen beispielsweise die laufende Berichterstattung der Frankfurter Rundschau, die in einem Online-Dossier gesammelt wird, unter http://www.fr-online.de/flughafen.

gruppe markierten Diskussionspunkte und Erkenntnisse haben monatelang die intensive öffentliche Debatte in den Kommunen wie in den Medien prägen können. Es zeigte sich, dass die Landesregierung mit Einrichtung des Mediationsverfahrens quasi ein »Outsourcing« von Politikentwicklung vorgenommen hatte (vgl. Mayntz 2006: 115), was die Politik zeitlich entlasten und die sachliche Basis der Entscheidung erhöhen sollte.

III. *Die Rationalisierungswirkung auf den politischen Entscheidungsprozess*

Rückblickend lässt sich feststellen, dass das Mediationsverfahren in den ersten Jahren nach seiner Einsetzung den Rationalitätsgehalt des Entscheidungsprozesses tatsächlich gesteigert hat.[2] Vergleichsmaßstab ist der gewaltträchtige Entscheidungsprozess um die Startbahn West am Frankfurter Flughafen in den 1970er/1980er Jahren, der als »bürgerkriegsähnliche Auseinandersetzung« beschrieben (Johnsen 1996) und in der kollektiven Erinnerung der Rhein-Main-Region bis heute intensiv wach gehalten wird. Die Angst vor einer neuerlichen Eskalation und die Verhinderung einer Emotionalisierung des Protests war ausdrücklich einer der Impulse für die Landesregierung, in diesem Konflikt neue Wege der informellen Entscheidungsvorbereitung vorzuschlagen.

Die Rationalisierungswirkung des Mediationsverfahrens lässt sich in drei Unteraspekte aufgliedern: Strukturierung der öffentlichen Flughafen-Debatte (a), Steigerung des Wissensgehalts der Debatte (b) und »Empowerment« der beteiligten Akteure (c).

(a) Das Mediationsverfahren bewirkte, dass nicht irgendeine diffusen Themenkarrieren folgende öffentliche Debatte entstand, sondern eine in hohem Maße strukturierte und auch kontinuierliche Debatte. Trafen wichtige Gutachten in der Mediation ein, reagierten auch die unterschiedlichen Öffentlichkeiten auf die darin angesprochenen Inhalte; setzte die Mediationsgruppe das Thema Nachtflugverbot überraschend und eher spät auf die verfahrensinterne Agenda, so geriet es danach auch sofort auf die öffentliche Agenda. Besonders auffällig ist aber die Strukturierungswirkung nach Abschluss des Verfahrens: die Vorlage des Mediationspakets mit den fünf Komponenten hat zu einer punktuellen Bearbeitung genau dieser Themenkomplexe geführt. Medienöffentlichkeit und Parlamentsdebatten nahmen die Strukturierungsleistung der Mediation dankbar auf.

(b) Des Weiteren ist der Wissensgehalt und die thematische Komplexität der öffentlichen Debatte durch die Mediation enorm gesteigert worden (vgl. Gerhards u.a. 1998: 184-187). Selten oder womöglich nie zuvor lagen in einem so frühen Stadium so viele Daten und eine solch breite Untersuchungsgrundlage über ein geplantes Großprojekt vor. Zwar wurde zu Recht auch bemängelt, dass noch viele sachliche und rechtliche Fragen offen und ungeklärt seien, doch wurde diesem Monitum zumindest teilweise

2 Es sei betont, dass ich mich für die Zwecke dieses Beitrags recht einseitig auf die eher positiven Aspekte der Flughafen-Mediation beschränke – die ganz erheblichen Probleme des Verfahrens als Regierungsinstrument habe ich an anderer Stelle ausführlich diskutiert, siehe Geis (2005).

durch »Nacharbeitung« im Regionalen Dialogforum (RDF) auch entsprochen.[3] Das gegenwärtig noch arbeitende RDF hat zahlreiche weitere Gutachten vergeben und Experten-Hearings veranstaltet. Durch die Mediation ist ein großes Reservoir an Wissen produziert worden, aus dem entgegen ihrer kritischen Erwartungen auch die Ausbaugegner schöpfen können, die nicht an der Mediation teilnehmen wollten. Viele Entscheidungsträger und Verfahrensbeteiligte, insbesondere die Kommunalvertreter, zeigten sich offen überrascht über die Komplexität des Flughafen-Themas.

Die Protestakteure (Umweltverbände, Bürgerinitiativen, Kommunalvertreter) bezeichnen ihren Protest selbst als »reifer« als zu Zeiten der Startbahn West, da sich die Ausbaugegner jetzt auf wesentlich mehr Informationen stützen und damit auch mehr rationale Argumente gegen den Ausbau vorbringen können. Der Protest setzt heute frühzeitig ein, wird koordiniert getragen und besteht vor allem in wohl präparierten, kumulierten Klagen gegen die Pläne der Flughafenbetreiberin. Die »Rationalisierung« des Protests ist gewiss nicht allein Folge der Mediation, da sich die Arbeitsweise von Bürgerinitiativen und insbesondere Umweltverbänden vor dem Hintergrund eines gesellschaftlichen Wertewandels in Deutschland generell stärker professionalisiert hat (vgl. Take 2002). Die enorme Wissensproduktion, die die Mediation (und anschließend das Dialogforum) über Gutachtenvergabe und andere Maßnahmen in Gang gesetzt hat, ist jedoch auf umfangreiche finanzielle und politische Ressourcen angewiesen, über die Protestgruppen nicht dauerhaft verfügen.

Die Steigerung des Wissensgehalts durch Hervorbringung von wissenschaftlichem Wissen (siehe unten) und neuen Argumenten versetzte zum einen die Konfliktparteien in die Lage, mit dem Verweis auf wissenschaftlich abgesicherte Argumente die Berechtigung ihrer jeweiligen Forderungen und Interessen vor der Allgemeinheit zu legitimieren. Vor der Mediation fanden Forderungen eines kleineren Personenkreises nach Lärmminderungsmaßnahmen oder nach einem Nachtflugverbot keinen besonderen Widerhall. Erst nachdem die tatsächlichen starken Belastungen durch die Arbeit der Mediation belegt worden waren, erlangten diese Forderungen auch in der Landespolitik höhere Aufmerksamkeit und Durchschlagskraft. Zum anderen waren nun auch die Entscheidungsträger mit zahlreichen neuen Fakten und Argumenten konfrontiert, die geprüft und gegeneinander abgewogen werden mussten. Die Risiken und Chancen, die mit der politischen Entscheidung über die weitere Flughafenentwicklung verbunden sind, sind nunmehr wesentlich besser bekannt als je zuvor.

Insgesamt hat die Mediation dazu beigetragen, dass die Politisierung des Konflikts vorwiegend auf den Gebrauch von rationalen Argumenten zurückzuführen ist und nicht wie im Entscheidungsprozess zur Startbahn West auf einen »emotionalisierten Widerstand« (Rucht 1984: 269), wie er sich z.B. in Form des »Kampfes um den Wald« oder des Hungerstreiks der Politiker in Mörfelden-Walldorf manifestierte. Diese rationale Hegung des Konflikts stellt im Vergleich zum Anfang der 1980er

3 Siehe die »Restanten-Liste« in Regionales Dialogforum (2003: Anhang D). Bearbeitet wurden im Dialogforum aus dieser Liste u.a. Fragen aus den Bereichen »Grundlagen zum Thema Luftverkehr«, »Folgen des Luftverkehrs für die Region (Wirtschaft, Ökologie und Gesundheit)« sowie zu »Durchsetzung und Auswirkungen des Mediationspakets«. Die neuere Arbeit des RDF konzentrierte sich stark auf die Durchsetzbarkeit des Nachtflugverbots und die Verabschiedung des »Anti-Lärm-Pakts«. Dieser »Pakt« wurde jüngst an die Planfeststellungsbehörde weitergeleitet, siehe unter http://www.regionales-dialogforum.de/index.php?id=131.

Jahre eine Zivilisierung des Konfliktaustrags dar (vgl. Dubiel 1997): Dissense werden im gegenwärtigen Konflikt zwischen allen im Feld aktiven Akteuren vorwiegend argumentativ und mit Verweis auf Wissensbestände geklärt. Ob sie nun an der Mediation teilgenommen haben oder nicht, spielt dabei keine Rolle, da die Argumente und das Wissen kein Eigentum des Verfahrens darstellen, sondern in den allen zugänglichen öffentlichen Diskursraum eingewandert sind.
(c) Dadurch ist es schließlich zu einem argumentativen »Empowerment« aller politisch wirksamen Akteure gekommen: alle am Politikprozess Teilnehmenden wurden insgesamt besser in die Lage versetzt, ihre Interessen, Positionen und Handlungsoptionen rational zu entdecken, zu klären und zu prüfen (vgl. Saretzki 1996: 209). Viele Akteure gaben zu, dass sie zu Beginn der Debatte nicht recht wussten, welche gut zu verteidigende Position sie zu der »Flughafen-Frage« entwickeln sollten. Außer einer intuitiv gebildeten Meinung »Ich bin für den Ausbau« oder »Ich bin gegen den Ausbau« konnten viele nicht genau angeben, mit welchen Gründen sie eigentlich diese Meinung stützen würden und ob diese stichhaltig sind.
Bei einigen Betroffenen entstand sogar erst im Laufe des Verfahrens oder der Debatte ein Bewusstsein von dem tatsächlichen Ausmaß ihrer Betroffenheit. So erklärten viele Kommunalvertreter – die wohlgemerkt alle Flughafen-Anrainer, aber keine Flughafen-Experten sind –, dass sie erst durch das im Verfahren erarbeitete Wissen erfahren hätten, welche problematischen Auswirkungen der Flughafenbetrieb im Einzelnen hat und wie lärmbelastet bestimmte Kommunen tatsächlich bzw. potenziell sind. Die Entdeckung von Betroffenheit durch das Verfahren kann als eine seiner bedeutsamsten Wirkungen überhaupt gewürdigt werden, da Betroffenheit der Ausgangspunkt eigenen politischen Handelns ist. Es ist ein Gebot demokratischer Selbstbestimmung, dass die entsprechenden Personenkreise überhaupt in die Lage versetzt werden, ein Bewusstsein von ihrer Betroffenheit ausbilden zu können.
Wenn hier von einer starken Rationalitätssteigerung der Flughafen-Debatte gesprochen wird, ist dies ausdrücklich nicht mit der Herstellung von Übereinstimmungen in den Sachfragen gleichzusetzen. Die Rationalisierungswirkung macht sich in längerfristig wahrnehmbaren, schleichend sich vollziehenden Verschiebungsprozessen in der öffentlichen Debatte bemerkbar:

> »Bestimmte Positionen oder Argumente werden allmählich unglaubwürdig, verlieren an Einfluß oder verschwinden aus dem öffentlichen Argumentations-Haushalt. Andere gewinnen an Einfluß innerhalb des Spektrums. Zugleich tauchen neue Ideen, neue Probleme oder Problematisierungen, neue Kontroversen auf. [. . .] Bestimmte Ideen, Überzeugungen, normative Prinzipien, Wissensbestände sedimentieren sich gewissermaßen als weithin (wenn auch nicht einhellig) akzeptiert, bewährt, überzeugend, ohne daß ein Konsens notwendigerweise explizit deklariert würde.« (Peters 2001: 667)

In der Produktion von neuem Wissen und Argumenten ist m.E. die größte Leistung des Frankfurter Verfahrens zu sehen (Geis 2005: 276-286). Das Verfahren hat wesentliche Strukturierungsleistungen für die politische Debatte erbracht, die Entstehung von zahlreichen Öffentlichkeiten zu einem sehr frühen Zeitpunkt des Entscheidungsprozesses angeregt, und es hat eine starke Wissensproduktion in Gang gesetzt, von der alle Akteure im politischen Prozess profitieren – wider Erwarten auch die

Ausbaugegner, die eine Teilnahme an der Mediation abgelehnt hatten. Sie konnten sich auf die Dokumentation der hohen Belastung der Kommunen stützen, und ihre Forderung nach Nachtflugverbot und Lärmminderungsmaßnahmen fanden nun aufgrund ihrer Verankerung im Mediationspaket wesentlich größere Resonanz in der Öffentlichkeit.

Mit der Einleitung der Verwaltungsverfahren[4] zeichnete sich allerdings ab, dass die Hauptkontrahenten Fraport, Lufthansa und Kommunen die große Vermehrung des Wissens über viele Sachfragen, über komplexe Problemzusammenhänge, aber auch über die anderen Akteure im Feld immer weniger dazu nutzen, Kompromisse zu erreichen – vielmehr hilft ihnen das neue Wissen nun auch bei der intensiven Vorbereitung ihrer anstehenden gerichtlichen Auseinandersetzungen. Die enorme Steigerung der Rationalität eines Politikprozesses ist offenkundig nicht gleichbedeutend mit einer Konsensbildung: auch der rationalste Prozess *kann* am Ende in der Entscheidungsblockade münden.

IV. *Die Mediation als Politikberatungserfolg zwischen Wissen und Nichtwissen*

Obwohl derzeit unklar ist, wie die lokal Betroffenen mit dem erzeugten und weiter wachsenden Wissen im andauernden Konflikt umgehen, ist für die Zwecke dieses Beitrags hervorzuheben, dass sich aus Sicht der Landesregierung die Mediation als ein erfolgreicher Fall von Politikberatung darstellt. Das Verfahren hat unmittelbar politikberatend gewirkt, was durchaus selten ist (Beck/Bonß 1989: 24). Wie lässt sich also der »Erfolg« der Mediation in Bezug auf seine politikberatende, politikorientierende Funktion erklären? Wie ist die Rolle von Wissen in diesem Governance-Prozess zu bewerten?

Die Mediationsgruppe konnte sich dank ihrer guten Finanzausstattung eine umfangreiche wissenschaftliche Unterstützung leisten, mit deren Hilfe sie den Typ Wissen produzierte, der in der Wissenshierarchie trotz der »Entzauberung der Wissenschaft« noch immer eine Sonderstellung einnimmt: wissenschaftliches Wissen (Weingart 2003: 10-30). Zumindest in Ansätzen gelang es der Mediationsgruppe aber auch, in ihre Arbeit unterschiedliche Wissenstypen einfließen zu lassen (vgl. Saretzki 1997b: 281-308; Fischer 2000): das Sachwissen der Flugwirtschaft, das interdisziplinäre Wissen unterschiedlicher Wissenschaftszweige, das »Wertewissen« und das »lokale Erfahrungswissen« der betroffenen Kommunalvertreter. Aus diesem Wissen, das in komprimierter Form im Endbericht zugänglich gemacht wurde, hat die Gruppe dann für die fünf Empfehlungen des Endberichts praktisch umsetzbare Schlussfolgerungen gezogen, die die Landesregierung anschließend genau so übernommen hat – d.h. die Mediationsgruppe hat auch politisch nutzbares Wissen zur Verfügung gestellt (vgl. Renn 2006: 53-60). Am Zustandekommen des wissenschaftlichen Wissens gab es während des gesamten Verfahrens erhebliche Kritik von Umweltverbänden und Bürgerinitiativen und zum Teil von Wissenschaftlern, die mit der offen gelegten Methodenbasis einzelner Gutachten oder der Auswahl von Experten nicht einverstanden waren. Zudem räumten auch nach Abschluss der Mediation zahlreiche daran betei-

4 Der Planfeststellungsbeschluss erging nunmehr im Dezember 2007.

ligte Akteure ein, dass viele Fragen noch ungeklärt waren. So richteten sich zahlreiche Vorwürfe nach Ende der Mediation auf das Problem des *Nichtwissens*: Die Entscheidung zur Erweiterung des Flughafens sei unverantwortlich, weil man entweder *noch* nicht genug wisse, oder weil man prinzipiell nicht *genug* wissen könne über die Folgen, oder weil man nicht wisse, ob das in der Mediationsgruppe produzierte Wissen »solide« sei.

An dieser Stelle kann man verdeutlichen, dass auch »fortgeschrittene« Formen der Politikberatung, die auf die Erweiterung des Beteiligtenkreises und die kreative Verknüpfung unterschiedlicher Wissenstypen setzen, einem heiklen Grundproblem nicht entgehen können: der Politisierung des Nichtwissens (Wehling 2004: 100). Seit einigen Jahren wird insbesondere in der Soziologie das Paradox intensiv erörtert, dass mit dem Wissen zugleich das Nichtwissen wächst (Wehling 2004, 2006). Die Erkenntnis über das wachsende Nichtwissen ist keineswegs neu, es wurde im Zuge jüngerer Diskussionen um die schwer beherrschbare Komplexität der Risikogesellschaft jedoch wissenssoziologisch neu entdeckt und insbesondere unter dem Aspekt seiner potenziell dramatischen Folgen problematisiert (Beck 1996; Stehr 2003: 268-273; Weingart 2003: 100). Ähnlich wie Wissen ist auch Nichtwissen in sich differenzierbar, es umfasst Noch-Nicht-Wissen, gewusstes und nicht-gewusstes Nicht-Wissen-Können, Nicht-Wissen-Wollen und falsches ›Wissen‹ (Irrtümer) (Beck 1996: 302; Wehling 2004: 69-74).

Peter Wehling unterscheidet die Idealtypen von Nichtwissen nach den drei Dimensionen ›Wissen des Nichtwissens‹, ›Intentionalität von Nichtwissen‹ und ›zeitliche Stabilität und Dauerhaftigkeit von Nichtwissen‹ (Wehling 2004: 71-74, 2006: 116-148): Nichtwissen kann erkannt werden oder unbekannt sein, es kann bewusst gewollt sein oder unbeabsichtigt sein, und es kann zeitlich begrenztes Nichtwissen sein, das durch weitere Forschung reduziert werden kann, oder es kann unauflösbares Nichtwissen sein. Allerdings fehlt ein eindeutiger Maßstab, anhand dessen sich erkennen ließe, ob und wann »wahres« und »vollständiges« Wissen vorliegt.

Im Falle des Frankfurter Mediationsverfahrens waren drei Arten des Umgangs mit Nichtwissen zu beobachten: Angehörige der Mediationsgruppe drängten auf Einrichtung des Regionalen Dialogforums, das wiederum mit Hilfe umfangreicher wissenschaftlicher Unterstützung die Liste offener Fragen des Mediationsverfahrens (»Restanten-Liste«) abarbeiten und zahlreiche weitere, sich daraus ergebende Themen untersuchen sollte. Man nahm hier mehrheitlich ein durch zukünftige Forschung reduzierbares Noch-Nicht-Wissen an. Umweltverbände, Bürgerinitiativen und die Grünen reklamierten, dass angesichts einiger zweifelhafter Gutachten und insbesondere der vielen ungeklärten Fragen eine Entscheidung für den Ausbau unverantwortlich sei. Ihre kritische Haltung speiste sich dabei insbesondere aus dem von ihnen unterstellten hohen Ausmaß an nicht-gewusstem Nicht-Wissen-Können und teils auch Nicht-Wissen-Wollen. Die Landesregierung und die Mehrheit der Landtagsabgeordneten waren der Meinung, dass die Mediation beeindruckend viel Wissen produziert hätte, auf dessen Basis die Politik eine wohl abgewogene Entscheidung treffen könne. Das Nicht-Wissen-Können wurde ignoriert und man erweckte den Eindruck, dass man mit einem anderen Typ des Nichtwissens konfrontiert sei, dem Noch-Nicht-Wissen. Denn dieses würde schließlich durch die Arbeit des Regionalen Dialogforums sowie die intensiven Prüfungen der Verwaltungsverfahren verringert werden, d.h. in den Planfeststellungsbeschluss würde genügend neu produziertes Wissen einfließen können, um das Risiko der Entscheidung zum absehbaren Zeitpunkt rechtfertigen zu können.

Auch wenn einzelne Bestandteile des Wissens, das die Mediation produziert hat, aufgrund ihr unterstellter »parteilicher« Produktionsbedingungen von einer Reihe der Ausbaugegner in Frage gestellt wurde, so bedienten sich diese doch anderer Bestandteile zur Legitimation ihrer eigenen Position. Das Wissen der Mediation wurde (wie jedes andere Wissen) in der öffentlichen Debatte umkämpft und angeeignet. Insgesamt wird man davon sprechen dürfen, dass es eine relativ hohe Geltungskraft im politischen Diskurs erlangen konnte. Um dies zu erklären, sollen einige Überlegungen aus der Wissenspolitologie (Nullmeier 1993; Nullmeier/Rüb 1993) – die partiell an die Wissenssoziologie Karl Mannheims anschließt – fruchtbar gemacht werden. Auf allen Ebenen der Gesellschaft wird permanent Wissen unterschiedlichster Art erzeugt, und die produzierten Deutungsmuster und Wissensangebote stehen miteinander auf »Wissensmärkten« in der Konkurrenz um legitime Geltung (Nullmeier 1993: 177, 182 f.). Die »Marktmacht« einzelner Akteure ergibt sich nicht nur aus ihrer Macht- und Rechtsposition, sondern auch aus der Verfügung über spezielle Interpretations- und Wissensressourcen, zu denen zum einen materielle, personelle und organisatorische Mittel zur Erzeugung und Prüfung von Wissen gehören, zum anderen die »kognitive Fähigkeit zur Mobilisierung guter Gründe« (Nullmeier 1993: 184; Nullmeier/Rüb 1993: 20, 30 f.).

Die überlegene Stellung der Mediationsgruppe auf dem Wissensmarkt könnte man dann damit erklären, dass sie aufgrund ihrer politischen Protektion, der Initiation und Ausstattung durch die Landesregierung, eine gewisse öffentliche Machtposition mit im Laufe des Verfahrens anwachsenden Ressourcen zur Wissensproduktion zu verbinden vermochte. Dies befähigte sie schließlich zur wissenschaftlich abgestützten Präsentation »guter Gründe«. Letzteres gelang zwar auch Umweltverbänden und Bürgerinitiativen, indem sie zum Teil aus Gegenexpertise bzw. Erfahrungswissen schöpften; sie konnten sich jedoch bei weitem nicht auf den gleichen Umfang an materiellen, organisatorischen und personellen Ressourcen zur Wissensproduktion stützen wie die Mediationsgruppe. Zudem fehlte jenen eine ebenbürtige politische Machtstellung und Protektion, um mit den von ihnen mobilisierten »guten Gründen« die politische Entscheidung in ihrem Sinne zu beeinflussen. So mögen sie zwar eine ähnlich hohe »argumentative Konfliktfähigkeit« wie die Befürworter und Mitglieder der Mediation besessen haben, ihre »Aktionsfähigkeit«, die auf asymmetrischen Chancen der Wissensproduktion, -verbreitung und -kommunikation beruht (Nullmeier/Rüb 1993: 31), war aber geringer. Hier wird deutlich, wie eng Macht und Wissensgeltung miteinander verknüpft sind; es gilt daher die »Machtdurchwirktheit von Wissensgeltung und die von Geltungsfragen geprägten Machtauseinandersetzungen zu betonen – und dies ohne Hoffnung auf eine auch nur analytische Trennbarkeit von Macht und Geltung« (Nullmeier/Rüb 1993: 26).

D. *Regieren mit Wissen als Legitimationsressource*

Unter den unterschiedlichen Wissenstypen nimmt das wissenschaftliche Wissen trotz der Entzauberung der Wissenschaft, trotz öffentlich ausgetragener Expertenstreitigkeiten nach wie vor eine Sonderstellung ein.[5] Das besondere Vertrauen in wissenschaftliches Wissen rührte lange aus dem Glauben an ein spezifisches »wissenschaftliches Ethos« (Merton 1942/1972); die Wissenschaftssoziologie förderte jedoch viele Befunde zutage, die größte Zweifel an einer objektivierten Wissensproduktion nährten (Weingart 2003: 15-30, 81-88): So wirken auch in der Wissenschaft erhebliche sozialstrukturelle Selektionsmechanismen, die den universalistischen Charakter von Wissenschaftskommunikation beschädigen; die Theorieauswahl wird von gesellschaftlichen Interessen (mit-)bestimmt, was einen Schatten auf die unterstellte Autonomie der Wissenschaft wirft; und oft sind es soziale, nicht sachliche Gründe, die für die Schließung von Kontroversen verantwortlich sind, was den epistemologischen Sonderstatus wissenschaftlichen Wissens in Frage stellt.

Obwohl in jüngerer Zeit insbesondere Vertreter der Theorie der reflexiven Modernisierung erneut zahlreiche Gründe für Skepsis und Misstrauen gegenüber Wissenschaft und Experten beibrachten (Beck 1993: 254-299; Beck u.a. 1996), könnte es dennoch sein, dass das Vertrauen der Massen in Experten größer ist als vermutet. Nico Stehr z.B. argumentiert, dass die kognitive Distanz zwischen Öffentlichkeit und Wissenschaft zumindest zum Teil erklären könnte, warum die Wissenschaft trotz vielfältiger Verwertungszusammenhänge ihre relative kognitive Autonomie aufrechterhalten kann. Der »mangelnde kognitive Kontakt« der Öffentlichkeit zur Wissenschaft könne vom Wissenschaftssystem »als eine Ressource verbraucht werden, die zum Beispiel Unabhängigkeit und Objektivität symbolisiert« (Stehr 2003: 187), was Wissenschaft wiederum zur attraktiven Legitimationsinstanz nicht nur für die Politik macht:

> »Der Eindruck der Objektivität und Unabhängigkeit der Wissenschaft kann seinerseits in einen Aktivposten für den Staat und andere gesellschaftliche Institutionen, die in bestimmten Situationen die kognitive Autonomie der Wissenschaft zu schätzen wissen, umgesetzt werden. Die Wissenschaft wird zu einer in kontroversen Entscheidungen disponiblen Autorität« (Stehr 2003: 187).

Trotz aller Skepsis gegenüber der Wissenschaft scheinen doch einige systemimmanente Sicherungen dafür zu sorgen, dass das wissenschaftliche Wissen anderen Formen des Wissens nicht einfach gleichgestellt ist. So existieren im Wissenschaftssystem spezifisch ausgebildete Kommunikationsformen (Luhmann 1990; Schimank 1995). Zwar versuchen Wissenschaftler Anerkennung ihrer Ergebnisse auch mit strategischen Mitteln zu erlangen und Sozialkapital anzusammeln, jedoch geschieht dies im Rahmen des »Wahrheitscodes« des Wissenschaftssystems und unterliegt den spezifischen Beschränkungen des Systems: »Wissenschaftliche Behauptungen lassen sich letztlich nicht mit den Mitteln der politischen Macht durchsetzen, und Reputa-

5 Siehe dazu Nennen/Garbe (1996) und Weingart (2003: 10-30); zu den unterschiedlichen Arten von Wissen siehe Fischer (2000), Nullmeier (1993: 183 f.), Nullmeier/Rüb (1993: 45 ff.) und Weingart (2003: 136-141).

tion wird in der Wissenschaft nicht über Abstimmungen erlangt« (Weingart 2003: 84).

Dies leitet über zur Betrachtung des prekären Verhältnisses zwischen Politik und Wissenschaft, das sich am deutlichsten in der institutionalisierten Politikberatung manifestiert. Angesichts der stilisierenden Gegenüberstellung von Wahrheit suchenden Wissenschaftlern und nach Macht strebenden Politikern ist es kaum verwunderlich, dass die Wirkungen der herkömmlichen externen Politikberatung oft kritisch beurteilt werden (Müller-Rommel 1984; Saretzki 1997b). Politik und Wissenschaft werden häufig als zwei »Welten« mit völlig unterschiedlichen Handlungslogiken und Rationalitäten aufgefasst, die unvereinbar scheinen (vgl. Mayntz 1994; Stehr 2003: 212). Die Erwartungen der Politiker könnten von den Wissenschaftlern demnach kaum je erfüllt werden:

Wo Politiker Reduzierung von Komplexität und umsetzbare Problemlösungen erwarten, erzeugt wissenschaftliche Expertise häufig nur noch mehr Komplexität und wirft neue Probleme auf. Während Politiker an den nächsten Wahlen und raschen Entscheidungen orientiert sind und daher auf schnell verfügbare Informationen drängen, benötigen Wissenschaftler für solide Analysen oft eine wesentlich längere Zeit, als ihnen seitens der Auftraggeber zugebilligt wird. Schließlich bestehen zwischen Wissenschaftlern und Praktikern erhebliche Kommunikationsschwierigkeiten, die aus fundamental unterschiedlichen »Sprachspielen«, Spezialisierungsgraden und Adressatenkreisen von Praxis und Wissenschaft herrühren (vgl. Müller-Rommel 1984; Mayntz 1994).

Die kritischen Urteile über den scheinbar geringen Wirkungsgrad externer Politikberatung werden jedoch durch Erkenntnisse aus der Wissensverwendungsforschung abgemildert, die die vermittelten, indirekten Wirkungen von Politikberatung hervorheben, die in längerfristigen Diffusions- und Lernprozessen bestehen (Beck/Bonß 1989). Sozialwissenschaftliches Wissen z.B. wird demnach sowohl »trivialisiert«, d.h. durch seine Verwendung in außerwissenschaftliche Medien übersetzt und veralltäglicht, als auch »gespalten« oder »versetzt« verwendet, d.h. trotz öffentlicher Zurückweisung von Expertisen werden diese dann intern durchaus genutzt oder in die Vorbereitung späterer politischer Entscheidungen eingearbeitet (Beck/Bonß 1989: 11, 24-28; Bröchler 1999: 60). Wissenschaftliches Wissen hat direkt oder indirekt großen Einfluss auf politische Entscheidungen; und nicht zuletzt kann es auch als zusätzliche Legitimationsressource dienen, wenn Politiker zur Rechtfertigung einer Entscheidung auf die Rationalität und Objektivität wissenschaftlicher Erkenntnisse verweisen (Weingart 2003: 92).

Die Verfügbarkeit von wissenschaftlichem Wissen als Legitimationsressource – wie sie sich auch sehr deutlich im Umgang der politischen Parteien mit den Ergebnissen des Frankfurter Mediationsverfahrens zeigte – verschleiert allerdings die Grenzen von Wissen. Auch scheinbar »aufgeklärtes« Regieren mit Wissen, das sich besonders intensiver Formen der Politikberatung bedient, ist mit gravierenden, aber selten offen politisch erörterten Problemen konfrontiert, die im Umgang mit Unsicherheit, Risiko und Nichtwissen liegen. Die Politik erwartet zu ihrer Orientierung in der hochkomplexen Welt von der Wissenschaft (von wem sonst?) Sicherheit, gesichertes Wissen – während jedes Wissen doch prinzipiell unsicher und unvollständig ist, da es unvermeidlich an Erkenntnisschranken stößt und von den gewählten Perspektiven, Fragestellungen, Methoden und Ansätzen abhängig ist (Saretzki 1997b: 283; Stehr 2003: 213 f.).

Neben dieser *epistemischen* Grenze stößt Expertenwissen zumindest in der Politikberatung noch auf drei weitere Grenzen (Saretzki 1997b: 281-284): Die *normative* Grenze von Sachwissen zeigt sich, wenn politische Entscheidungen darüber anstehen, was für die Gesellschaft normativ wünschenswert ist. Experten haben weder Mandat noch Autorität, dies aufgrund unterstellten höheren Sachverstands allein zu beurteilen, denn ein wissenschaftlicher Sachverhalt wird erst dann zu einem bearbeitungsbedürftigen politischen Problem, wenn man ihn in Begriffen von Soll-Ist-Differenzen erfasst, die immer auch Wertungen einschließen. Ob ein Phänomen einen gesellschaftlichen »Missstand« darstellt und wie dieser dann bearbeitet werden soll, kann nicht von Experten entschieden, sondern muss in einer öffentlichen Debatte von der betroffenen Gesellschaft selbst verhandelt werden.

Sodann gibt es eine quasi »*lokale*« Grenze von Sachwissen. Meist verfügen Experten über ein relativ abstraktes Wissen, das in Bezug auf konkrete Anwendungskontexte in der Politik erst spezifiziert werden muss. Daher ist dieses Sachwissen mit dem »lokalen Wissen« und den Erfahrungen der von einer politischen Maßnahme jeweils Betroffenen zu verknüpfen, wenn es zur Behebung von Problemen wirklich beitragen und sie nicht noch verschärfen soll. Schließlich gelangen Experten in der Politikberatung auch an *disziplinäre* Grenzen ihres Fachwissens. Aufgrund der hohen Komplexität von Politik müssen zur Analyse von Problemen und zur Entwicklung etwaiger Lösungsmöglichkeiten viele Fachdisziplinen in einem interdisziplinären Beratungszusammenhang integriert werden. Der einzelne Experte kann in einem solchen interdisziplinären Kontext nicht mehr nur auf den je eigenen, notwendig begrenzten Diagnosen und Vorschlägen beharren. Er könnte daher auf Beschreibungen und Argumentationsweisen verwiesen sein, die denen gut informierter Laien durchaus ähneln.

Diese Grenzen des Expertenwissens bildeten eines der Motive zur Entwicklung von alternativen Konfliktregelungs- und Dialogverfahren (wie Mediation eines darstellt), da man sich durch partizipativ erweiterte Modelle der Politikberatung – durch die paradoxe »Demokratisierung der Expertise« – die kreative Zusammenführung unterschiedlicher Wissenstypen, wie Sachwissen, interdisziplinäres Wissen, »Wertewissen« und »lokales« Erfahrungswissen erhoffte (Saretzki 1997b: 281-308; Fischer 2000; Stehr 2003: 211-214). Aber selbst wenn solche aufwändigen Versuche in der Praxis gelegentlich einmal gelingen *würden*, könnten auch sie zwei politisch brisanten Problemen nicht entkommen: dem Einebnen der Differenzperspektive von Entscheidern und Betroffenen und dem Entpolitisieren des Umgangs mit dem Nichtwissen, das gleichzeitig mit dem Wissen wächst (Stehr 2003: 265-273).

Zunächst ist die Wahrnehmungsdifferenz von Risiko und Gefahr zu vergegenwärtigen, die darin besteht, dass bei Risiken etwaige künftige Schäden eigenen Entscheidungen zugerechnet werden, während es sich bei Gefahren um mögliche eintretende Schäden handelt, die der Betroffene nicht beeinflussen kann. Es geht nicht um Wahrscheinlichkeiten oder Unwahrscheinlichkeiten, sondern um die subjektiv zu beantwortende Frage, ob die »Möglichkeit der Enttäuschung von unserem eigenen früheren

Verhalten abhängt oder nicht« (Luhmann 2001: 149, 152 f.). Politische Entscheidungen im Bereich Umwelt und Technologie nehmen die unmittelbar Betroffenen häufig als Gefahren wahr, die Entscheider als Risiken. Während letztere versuchen, die Entscheidung mit Hilfe von Risikobewertungen und Szenarien zu »rationalisieren«, nehmen erstere die Folgen der riskanten Entscheidung als eine Gefahr wahr, der sie ausgesetzt sind; sie reagieren daher oft mit Unsicherheit und Angst. Zur Auflösung dieses Dissenses steht kein übergreifendes Rationalitätskriterium zur Verfügung, die »Entscheidung über mögliche Risiken mag noch so komplex und voraussetzungsreich angelegt sein, eines kann sie nicht: das Risiko als Gefahr sehen und damit auf Betroffenheit umschalten« (Stehr 2003: 267).

Das zweite, damit zusammenhängende Problem für die Politik besteht darin, dass inzwischen auch das Nichtwissen politisiert wird, da mit dem Wissen zugleich das Nichtwissen wächst, wie oben verdeutlicht wurde. Für die Politik, die trotzdem zu Entscheidungen *gezwungen* ist, folgt aus diesem Dilemma eine zweifache Unsicherheit, eine kognitive und eine normative (vgl. Beck/Bonß/Lau 2001: 54 f.): Die kognitive Unsicherheit über potenziell extrem schädliche Folgen von Entscheidungen ist die Kehrseite eines fortschreitenden wissenschaftlich-technologischen Erkenntnisprozesses, der die Handlungsoptionen einer sich selbst gefährdenden Gesellschaft immer weiter vermehrt. Die normative Unsicherheit über das, was unter diesen Umständen überhaupt wünschenswerte Optionen sein könnten, verböte eigentlich politische Entscheidungen mit weit in die unbekannte Zukunft reichenden Folgen. Vor diesem Hintergrund kommt es zu einer »Politisierung des Nichtwissens in dem Sinn [. . .], dass divergierende Behauptungen darüber aufgestellt werden, was überhaupt gewusst werden kann und was gewusst werden muss« (Weingart 2003: 100).

Nun ist der Einsatz von reflexiven Diskurs- und Verhandlungsverfahren zwar gerade auch durch die Hoffnung motiviert, Nichtwissen in Risikobereichen erheblich reduzieren zu können, jedoch wird trotzdem immer ein Gutteil des Nichtwissens unhintergehbar sein. So bliebe selbst im Falle eines verstärkten Einsatzes reflexiver Verfahren unklar, wie die Imperative politischer Rationalität in der Wahldemokratie mit der Tatsache vermittelt werden könnte, dass der Umgang mit Nichtwissen zur »ausschlaggebenden Variablen bei Entscheidungen« geworden ist (Stehr 2003: 272). Vernünftigerweise sollte auch Politikern die öffentliche Kommunikation ihres Nichtwissens zugestanden werden, da wir schließlich alle diesem Nichtwissen unterworfen sind; aber verantwortliche Entscheidungsträger müssen zumindest so tun, als handelten sie auf der Basis von Wissen, denn gäben sie das Ausmaß ihres Nichtwissens zu, würden manch andere Akteure vermutlich Nichthandeln fordern (Beck/Holzer/Kieserling 2001: 77). Wie unter der Bedingung der Offenlegung des Nichtwissens demokratische Politik noch ihrer Aufgabe, kollektiv verbindliche Entscheidungen herzustellen, die als legitim anerkannt werden, nachkommen können sollte, ist nicht leicht zu sehen. Generell sind Unsicherheiten nur in beschränktem Umfang auszuhalten, weshalb sie in »neue Sicherheiten oder zumindest in Sicherheitsfiktionen auf Zeit transformiert« werden müssen (Beck/Bonß/Lau 2001: 55).

Während Wissens- und Wissenschaftssoziologen seit längerem eindringlich vor den Folgen von Entscheidungen unter Unsicherheit warnen, scheinen die politischen Konsequenzen dieses Problems – wie Renate Mayntz moniert (1999: 34) – in der Politik-

wissenschaft noch nicht in gebührendem Maße untersucht worden zu sein. Es wäre ja eher deren Aufgabe, den politischen Umgang mit Nichtwissen genauer zu analysieren. Dabei müsste die Politikwissenschaft die Differenzierung der Typen von Nichtwissen, wie sie in der sich entwickelnden Soziologie des Nichtwissens vorgenommen wird (Wehling 2006), berücksichtigen, da diese auch unterschiedliche Konsequenzen für politische Entscheidungsprozesse haben. Mayntz weist hier darauf hin, dass kognitive Unsicherheit im Sinne eines spezifizierten, d.h. bewussten Nichtwissens völlig andere Folgen hat als einfaches Nichtwissen (das unbeabsichtigte Ignorieren von Tatbeständen oder Zusammenhängen) oder als falsches Wissen (Aussagen, die sich später als Irrtümer erweisen) (1999: 35). Die stärkere Berücksichtigung der Rolle des Nichtwissens in politischen Entscheidungen könnte schließlich auch dazu beitragen, den »szientistischen Optimismus« (Wehling 2006: 335) der so genannten Wissensgesellschaft und damit auch die Rationalitätsansprüche einer »problemlösenden« Politik zu relativieren.
Abschließend kann man in Bezug auf ein »Regieren mit Wissen« daher zwei Forschungsperspektiven zusammenfassen: Nicht nur die politischen Konsequenzen von unterschiedlichen Typen des Nichtwissens müssten besser untersucht werden (Mayntz 1999: 34), sondern gemäß einem Vorschlag Peter Weingarts (2003: 102) sollten auch häufiger die »Karrieren von Wissen« in den Diskursen zwischen Wissenschaft, Politik und den Medien verfolgt werden; darunter fallen u.a. Fragen nach den Veränderungen, die Wissen in unterschiedlichen Interpretationskontexten erfährt, und nach den Wirkungen von Wissen als Legitimationsressource.

Literatur

Barthe, Susan, 2001: Die verhandelte Umwelt. Zur Institutionalisierung diskursiver Verhandlungssysteme im Umweltbereich am Beispiel der Energiekonsensgespräche. Baden-Baden.

Beck, Ulrich, 1993: Die Erfindung des Politischen. Frankfurt a.M.

Beck, Ulrich, 1996: Wissen oder Nicht-Wissen?, in: *Beck, Ulrich/Giddens, Anthony/Lash, Scott*: Reflexive Modernisierung. Eine Kontroverse. Frankfurt a.M., 289-315.

Beck, Ulrich/Bonß, Wolfgang, 1989: Verwissenschaftlichung ohne Aufklärung?, in: *Beck, Ulrich/Bonß, Wolfgang* (Hrsg.), Weder Sozialtechnologie noch Aufklärung? Analysen zur Verwendung sozialwissenschaftlichen Wissens. Frankfurt a.M., 7-45.

Beck, Ulrich/Bonß, Wolfgang/Lau, Christoph, 2001: Theorie reflexiver Modernisierung, in: *Beck, Ulrich/Bonß, Wolfgang* (Hrsg.), Die Modernisierung der Moderne. Frankfurt a.M., 11-59.

Beck, Ulrich/Holzer, Boris/Kieserling, André, 2001: Nebenfolgen als Problem soziologischer Theoriebildung, in: *Beck, Ulrich/Bonß, Wolfgang* (Hrsg.), Die Modernisierung der Moderne. Frankfurt a.M., 63-81.

Bittlingmayer, Uwe H./Bauer, Ullrich (Hrsg.), 2006: Die »Wissensgesellschaft«: Mythos, Ideologie oder Realität? Wiesbaden.

Bohman, James/Rehg, William (Hrsg) 1997: Deliberative Democracy. Essays on Reason and Politics. Cambridge/London.

Bröchler, Stephan, 1999: Wissenschaftliche Politikberatung und Technikfolgenabschätzung; in: *Bröchler, Stephan u.a.* (Hrsg.), Handbuch Technikfolgenabschätzung (3 Bände). Berlin, 53-64.

Dally, Andreas/Weidner, Helmut/Fietkau, Hans-Joachim, (Hrsg.) 1995: Mediation als politischer und sozialer Prozess (2. Aufl.). Rehburg-Loccum: Loccumer Protokolle 73/95.

Döbert, Rainer, 1997: Rationalitätsdimensionen von partizipativer Technikfolgenabschätzung, in: *Köberle, Sabine/Gloede, Fritz/Hennen, Leonhard* (Hrsg.), Diskursive Verständigung? Mediation und Partizipation in Technikkontroversen. Baden-Baden, 200-213.

Dubiel, Helmut, 1997: Unversöhnlichkeit und Demokratie, in: *Heitmeyer, Wilhelm* (Hrsg.), Was hält die Gesellschaft zusammen? Frankfurt a.M., 425-444.

Falk, Svenja/Rehfeld, Dieter/Römmele, Andrea/Thunert, Martin (Hrsg.) 2006: Handbuch Politikberatung. Wiesbaden.

Feindt, Peter-Henning, 2001: Regierung durch Diskussion? Diskurs- und Verhandlungsverfahren im Kontext von Demokratietheorie und Steuerungsdiskussion. Frankfurt a.M.

Fietkau, Hans-Joachim/Weidner, Helmut, 1998: Umweltverhandeln. Konzepte, Praxis und Analysen alternativer Konfliktregelungsverfahren. Berlin.

Fischer, Frank, 2000: Citizens, Experts, and the Environment. The Politics of Local Knowledge. Durham.

Geis, Anna, 2005: Regieren mit Mediation. Das Beteiligungsverfahren zur zukünftigen Entwicklung des Frankfurter Flughafens. Wiesbaden.

Gerhards, Jürgen/Neidhart, Friedhelm/Rucht, Dieter, 1998: Zwischen Palaver und Diskurs. Strukturen öffentlicher Meinungsbildung am Beispiel der deutschen Diskussion zur Abtreibung, Opladen.

Gesprächskreis Flughafen, 1998: Mediation- Eine Zukunftsregion im offenen Dialog. Vereinbarung über das weitere Verfahren mit der Diskussion um den Flughafen Frankfurt, Wiesbaden.

Herz, Jochen, 2003: Eine Auswertung von praktischen Erfahrungen bei Beteiligungs- und Konfliktregelungsverfahren um Großbauvorhaben, in: *Wörner, Johann-Dietrich* (Hrsg.), Das Beispiel Frankfurt Flughafen. Mediation und Dialog als institutionelle Chance. Dettelbach, 163-186.

Hoffmann-Riem, Wolfgang/Schmidt-Aßmann, Eberhard, (Hrsg.) 1990: Konfliktbewältigung durch Verhandlungen (2 Bände). Baden-Baden.

Jansen, Dorothea, 1997: Mediationsverfahren in der Umweltpolitik, in: Politische Vierteljahresschrift 38, 274-297.

Jeglitza, Matthias/Hoyer, Carsten, 1998: Deutsche Verfahren alternativer Konfliktregelung bei Umweltstreitigkeiten, in: *Zilleßen, Horst* (Hrsg.), Mediation. Opladen, 137-183.

Johnsen, Hartmut, 1996: Der Startbahn-West Konflikt. Ein politisches Lehrstück? Frankfurt a.M.

Lauer-Kirschbaum, Thomas, 1996: Argumentatives Verhandeln in Mediationsverfahren, in: *Von Prittwitz, Volker* (Hrsg.), Verhandeln und Argumentieren. Opladen, 111-133.

Luhmann, Niklas, 1990: Die Wissenschaft der Gesellschaft. Frankfurt a.M.

Luhmann, Niklas, 2001: Vertrautheit, Zuversicht, Vertrauen, in: *Hartmann, Martin/Offe, Claus* (Hrsg.), Vertrauen. Frankfurt a.M./New York, 143-160.

Maier, Matthias L./Hurrelmann, Achim/Nullmeier, Frank/Pritzlaff, Tanja/Wiesner, Achim, (Hrsg.) 2003: Politik als Lernprozess? Wissenszentrierte Ansätze in der Politikanalyse. Opladen.

Mayntz, Renate, 1994: Politikberatung und politische Entscheidungsstrukturen, in: *Murswieck, Axel* (Hrsg.), Regieren und Politikberatung. Opladen, 17-29.

Mayntz, Renate, 2004: Governance im modernen Staat, in: *Benz, Arthur* (Hrsg.), Governance – Regieren in komplexen Regelsystemen. Wiesbaden, 65-76.

Mayntz, Renate, 2006: Die Organisation wissenschaftlicher Politikberatung in Deutschland, in: *Heidelberger Akademie der Wissenschaften* (Hrsg.), Politikberatung in Deutschland. Wiesbaden, 115-122.

Mediationsgruppe, (Hrsg.) 2000: Bericht Mediation Flughafen Frankfurt/Main. Darmstadt.

Merton, Robert K. (1942/1972): Science and Technology in a Democratic Order, in: Journal of Legal and Political Sociology, 1, 115-126; dt.: Wissenschaft und demokratische Sozialstruktur, in: *Weingart, Peter* (Hrsg.) (1972): Wissenschaftssoziologie 1. Wissenschaftliche Entwicklung als sozialer Prozeß, Frankfurt a.M., 45-59.

Minsch, Jürg/Feindt, Peter-Henning/Meister, Hans-Peter/Schneidewind, Uwe/Schulz, Tobias, 1998: Institutionelle Reformen für eine Politik der Nachhaltigkeit. Berlin u.a.

Müller-Rommel, Ferdinand, 1984: Sozialwissenschaftliche Politik-Beratung, in: Aus Politik und Zeitgeschichte B 25, 26-39.

Nennen, Hans-Ulrich/Garbe, Detlef, (Hrsg.) 1996: Das Expertendilemma. Zur Rolle wissenschaftlicher Gutachter in der öffentlichen Meinungsbildung. Berlin u.a.

Nullmeier, Frank, 1993: Wissen und Policy-Forschung, in: *Héritier, Adrienne* (Hrsg.), Policy-Analyse. Kritik und Neuorientierung (PVS-Sonderheft 24). Opladen, 175-196.

Nullmeier, Frank/Rüb, Friedbert W., 1993: Die Transformation der Sozialpolitik. Vom Sozialstaat zum Sicherungsstaat. Frankfurt a.M./New York.

Peters, Bernhard, 2001: Deliberative Öffentlichkeit, in: *Wingert, Lutz/Günther, Klaus* (Hrsg.), Die Öffentlichkeit der Vernunft und die Vernunft der Öffentlichkeit. Frankfurt a.M., 655-677.

Regionales Dialogforum, (Hrsg.) 2003: Jahresbericht Juni 2002 – Juni 2003, o.O.

Renn, Ortwin, 2006: Möglichkeiten und Grenzen sozialwissenschaftlicher Politikberatung, in: *Heidelberger Akademie der Wissenschaften* (Hrsg.): Politikberatung in Deutschland. Wiesbaden, 47-70.

Renn, Ortwin/Webler, Thomas/Wiedemann, Peter, 1995: Fairness and Competence in Citizen Participation. Evaluating Models for Environmental Discourse. Dordrecht u.a.

Rucht, Dieter, 1984: Fallstudie: Startbahn West, in: *Rucht, Dieter* (Hrsg.), Flughafenprojekte als Politikum. Die Konflikte in Stuttgart, München und Frankfurt. Frankfurt a.M./New York, 195-272.

Sack, Detlef, 2001: Jobs, Lärm und Mediation. Zur demokratischen Partizipation bei glokalen Großprojekten, in: *Berndt, Michael/Sack, Detlef* (Hrsg.), Glocal Governance? Opladen, 219-237.

Saretzki, Thomas, 1996: Technikfolgenabschätzung – ein neues Verfahren der demokratischen Konfliktregelung?, in: *Feindt, Peter Henning u.a.* (Hrsg.), Konfliktregelung in der offenen Bürgergesellschaft. Dettelbach, 191-214.

Saretzki, Thomas, 1997a: Mediation, soziale Bewegungen und Demokratie, in: Forschungsjournal Neue Soziale Bewegungen 10, 27-42.

Saretzki, Thomas, 1997b: Demokratisierung von Expertise? Zur politischen Dynamik der Wissensgesellschaft, in: *Klein, Ansgar/Schmalz-Bruns, Rainer* (Hrsg.), Politische Beteiligung und Bürgerengagement in Deutschland. Baden-Baden, 277-314.

Schimank, Uwe, 1995: Für eine Erneuerung der institutionellen Wissenschaftssoziologie, in: Zeitschrift für Soziologie 24, 42-57.

Schmalz-Bruns, Rainer, 1995: Reflexive Demokratie. Baden-Baden.

Stehr, Nico, 2003: Wissenspolitik. Die Überwachung des Wissens. Frankfurt a.M.

Take, Ingo, 2002: NGOs im Wandel. Von der Graswurzel auf das diplomatische Parkett. Opladen.

Tils, Ralf, 1997: »Vorsicht: Mediation!«, in: Forschungsjournal Neue Soziale Bewegungen 10, 43-52.

Troja, Markus, 2001: Umweltkonfliktmanagement und Demokratie. Zur Legitimation kooperativer Konfliktregelungsverfahren in der Umweltpolitik. Köln.

Troost, Hans J., 2001: Neue Vernetzungsstrategien in der metropolitanen Region Rhein-Main: Das Beispiel des Mediationsverfahrens Flughafen Frankfurt, in: *Esser, Josef/Schamp, Eike W.* (Hrsg.), Metropolitane Region in der Vernetzung. Der Fall Rhein-Main. Frankfurt a.M./ New York, 245-279.

Van den Daele, Wolfgang, 1991: Zum Forschungsprogramm der Abteilung »Normbildung und Umwelt«. Berlin: WZB-Paper FS II 91-301.

Van den Daele, Wolfgang, 2001: Von moralischer Kommunikation zur Kommunikation über Moral. Reflexive Distanz in diskursiven Verfahren, in: Zeitschrift für Soziologie 30, 4-22.

Van den Daele, Wolfgang/Neidhardt, Friedhelm, 1996: »Regierung durch Diskussion«, in: *Van den Daele, Wolfgang/Neidhardt, Friedhelm* (Hrsg.), Kommunikation und Entscheidung. Politische Funktionen öffentlicher Meinungsbildung und diskursiver Verfahren. Berlin, 9-50.

Van Dülmen, Richard/Rauschenbach, Sina, (Hrsg.) 2006: Macht des Wissens. Die Entstehung der modernen Wissensgesellschaft. Köln/Weimar.

Vogel, Jakob, 2004: Von der Wissenschafts- zur Wissensgeschichte. Für eine Historisierung der »Wissensgesellschaft«, in: Geschichte und Gesellschaft 30, 639-660.

Voßkuhle, Andreas, 2008: Das Konzept des rationalen Staates, in diesem Band, 13-32.

Wehling, Peter, 2004: Weshalb weiß die Wissenschaft nicht, was sie nicht weiß?, in: *Böschen, Stefan/Wehling, Peter*, Wissenschaft zwischen Folgenverantwortung und Nichtwissen. Wiesbaden, 35-105.

Wehling, Peter, 2006: Im Schatten des Wissens? Perspektiven der Soziologie des Nichtwissens. Konstanz.

Weingart, Peter, 2003: Wissenschaftssoziologie. Bielefeld.

Weingart, Peter, 2006: »Demokratisierung« der wissenschaftlichen Politikberatung, in: *Heidelberger Akademie der Wissenschaften* (Hrsg.), Politikberatung in Deutschland. Wiesbaden, 73-84.

Willke, Helmut, 1997: Supervision des Staates. Frankfurt a.M.

Wörner, Johann-Dietrich, (Hrsg.) 2003: Das Beispiel Frankfurter Flughafen. Mediation und Dialog als institutionelle Chance. Dettelbach.

Zilleßen, Horst, (Hrsg.) 1998: Mediation. Kooperatives Konfliktmanagement in der Umweltpolitik. Opladen.

Peers and Politics
Wissenschaftsevaluationen in der Audit Society

Andreas Knie/Dagmar Simon

Inhaltsübersicht

A. *Einleitung*

Die »Audit Society« zeichnet sich laut Michael Power durch die Einführung von Kontrollsystemen in den verschiedensten gesellschaftlichen Bereichen aus, die steigende Effizienz und Effektivität versprechen, aber oftmals auch zu nicht intendierten Effekten führen, die Innovationen und Kreativität verhindern (Power 1997). Nun hat auch die »Auditierung« und damit die Mentalität der Rechnungslegung die Wissenschaftssysteme ereilt und droht, die hier eingesetzten etablierten Instrumente der Bewertung von Qualität zu überformen. »What is meant by ›auditization‹ is the processes, explicit or implicit, by which practices of evaluation come to constitute themselves in the shadow of the financial audit model – specifically through the emergence of best-practice standards of performance which can be checked« (Power 2008: 16). Diese Tendenz könnte dazu führen – so die Kritiker –, dass Wissenschaft nur noch dahin überprüft wird, ob die Best Practice Standards eingehalten sind. In der Konsequenz wird bei einer solchen Perspektive das bisherige Modell der wissenschaftsinternen Qualitätsprüfung, das Peer-Review, entwertet und den Fachkollegen im Grunde die Legitimation abgesprochen, die kompetenten Experten für die Qualitätssicherung in der Wissenschaft darzustellen. Power arbeitet jedoch auch heraus, dass die Tendenz zur »Auditierung« von Evaluationen neben anderen Gründen auch mit dem Verhältnis von Wissenschaft und Politik zusammenhängt: »[. . .] we can point to the decline of science as a cultural model informing policy even though [. . .] echoes of science are inherent in the model of audit« (Power 2008: 22).
Unerwünschte (Neben-)effekte von Auditierungen, Zertifizierungen und anderen Instrumenten in Unternehmen, Verwaltungen und Politikfeldern werden zwar überall kritisch diskutiert, aber in keinem gesellschaftlichen Teilsystem so vehement abgelehnt wie in der Wissenschaft. Konnte dies schon bei der Einführung flächendeckender Evaluationen im deutschen Wissenschaftssystem in den achtziger Jahren beobachtet

werden, steigerte sich diese Kritik an den externen Bewertungsverfahren mit der Einführung neuer Ansätze von Rankings und Ratings (vgl. Heintz in diesem Band). Neben dem grundsätzlichen Gefühl, einem permanenten Prozess sachfremder Qualitätsüberprüfungen ausgesetzt zu sein, die zudem die Wissenschaftler nur von ihren eigentlichen Forschungs- und Lehraufgaben abhalten, gesellen sich weitere Argumente der Kritiker hinzu: Die quantifizierenden Instrumente der Beobachtung und Bewertung seien dem Gegenstand Wissenschaft und Forschung nicht adäquat und führten zu einer unsachgemäßen »Ökonomisierung« der Wissenschaft, wodurch im Ergebnis fatale Anpassungseffekte produziert würden (vgl. Hoffmann 2003).
Warum also das ganze Zählen, Gewichten, Wiegen, Prüfen und weshalb die Vehemenz der Kritik aus der Wissenschaft, denn die Prüfung und Bewertung wissenschaftlicher Leistungen existiert, solange es organisierte Wissenschaft gibt? In diesem Beitrag soll dazu auf den Transitionsprozess eingegangen werden, in dem sich zurzeit viele Wissenschaftssysteme der OECD-Staaten befinden. Versucht wird dabei, die Rolle von Evaluationen im Gewirr unterschiedlicher Governanceversuche und -strategien zu klären. Referenzpunkt sind dabei die Veränderungsprozesse in der wissenschaftlichen Produktionsweise, deren Umfang und Auswirkungen auf die Wissenschaftspolitik noch nicht ausreichend Aufmerksamkeit gewidmet werden. Denn bei aller Zurückweisung externer Kontroll- und Überwachungsversuche, ist daran zu erinnern, dass Wissenschaft Teil der Gesellschaft ist und hier auch Dynamiken und strukturelle Brücken tangiert werden. Eine permanente und nahezu reflexartige Abweisung wissenschaftspolitischer Beaufsichtigung kann nicht auf eine intakte wissenschaftsinterne Qualitätssicherung verweisen.
Denn auch das Peer Review hat Grenzen. Immer wieder wird bemängelt, dass nur risikolose Mainstream-Forschung mit starkem Disziplinbezug eine Chance auf Zustimmung hat, implizite Ausschlussprozesse stattfinden und das Verfahren eine Gender-Bias aufweist (Wenneras/Wold 1997). Am Ende des Beitrages wird die Frage diskutiert, wie Evaluationen einerseits stärker in die scientific communities integriert werden und stärker im wissenschaftlichen Reputationssystem Berücksichtigung finden können, andererseits aber auch gewährleisten, dass sich die gesellschaftliche Einbettung von Wissenschaft in den Bewertungssystemen und -instrumenten wieder findet.

B. *Wer steuert wen und was im Wissenschaftssystem?*

Wissenschaft und Forschung – und damit ihre erzeugenden organisatorischen Kontexte wie die Hochschulen und außeruniversitären Forschungseinrichtungen – sehen sich in den letzten Dekaden einem verstärkten Legitimationsdruck ausgesetzt. Die gesellschaftliche Relevanz muss unter Beweis gestellt werden und das auch noch im Zusammenhang zunehmender Erwartungen an wissenschaftliche Beiträge zur Sicherung der ökonomischen Wettbewerbsposition der Volkswirtschaften. Diese Situation ist grundsätzlich keine neue, sondern mehrmals schon in der Vergangenheit entwikkelten sich die staatlichen Eingriffsbedürfnisse stärker, und zwar in der Regel immer dann, wenn Handlungsspielräume des Staates durch wirtschaftliche Rezessionen eingeschränkt wurden (Knie/Lengwiler 2007). Mittlerweile hat sich auch die Erkenntnis durchgesetzt, dass für die Beschreibung des Verhältnisses zwischen Wissenschaft und Staat das »Delegationsmodell«, bei dem der Staat seine Interessen, Vorstellung und Wünsche auf die Wissenschaft in der Hoffnung überträgt, dass die autonome Forschung bei Wahrung größtmöglicher Freiheitsgrade diese optimal erfüllt, nicht trägt (Braun 2003). Inspiriert wurden solche Ideen durch die Situation, die für einige Jahrzehnte nach dem Zweiten Weltkrieg kennzeichnend war. Es wurde der staatlichen Politik von Seiten der Wissenschaft das Versprechen eines langfristigen »return of investment« gegeben, so wie es der berühmte Report von Vannevear Bush (1945) »Science, the Endless Frontier« formuliert hatte. Wissenschaft und Gesellschaft waren aber offenkundig zu jeder Zeit enger und komplexer miteinander verbunden, als es dieses »Delegationsmodell«, das vorzugsweise zur Sicherung wissenschaftlicher Eigeninteressen eingesetzt wurde und wird, suggeriert.

In den hochschul- und wissenschaftspolitischen Diskursen spiegelt sich daher auch dieser grundlegende Wandel der gesellschaftlichen Legitimationsbedingungen von Wissenschaft wider (Krücken 2006). Damit verbunden ist ein erheblicher Vertrauensverlust in die wissenschaftliche Selbststeuerung, der zu neuen Modellen der Koordinierung öffentlicher Lehr- und Forschungseinrichtungen geführt hat. Zentrales Element für die Schaffung einer »neuen« Legitimationsbasis für die Finanzierung sind die Evaluationen als Instrument zur Überprüfung der Qualität und Dignität der Wissenschaft. Hier geht es in erster Linie um eine wissenschaftliche Qualitätskontrolle, aber auch in vielen Fällen um die Überprüfung der gesellschaftlichen Bedeutung von Forschungsergebnissen. Evaluationen bilden mittlerweile ein zentrales Element in der aktuellen Hochschuldebatte, die vielfach mit dem Begriff des »New Public Management« verbunden ist (Schiene/Schimank 2006: 47 ff.).

Als Zielgröße neuer Steuerungsversuche gilt jedoch nicht nur die Relevanz – letztendlich bezogen auf den volkswirtschaftlichen Nutzen von Wissenschaft und Forschung –, sondern auch die Steigerung der Effizienz bei der Mittelverwendung, die mit erhöhtem Wettbewerbsdruck erreicht werden soll. Anreiz- und Sanktionsmodelle wie leistungsorientierte Mittelvergabe wurden in den Hochschulen eingeführt. In den außeruniversitären Forschungseinrichtungen kommen immer mehr betriebswirtschaftlich orientierte Instrumente wie Kosten-Leistungs-Rechnungen und Programmbudgets in Mode. Allerdings bedeutet dies nicht, dass die »alten« Elemente der Kameralistik abgeschafft wurden, sie bestehen und wirken weiter. Neben dem »modernen« Forschungsmanager eines Fachbereiches existiert der klassische Ordinarius, der Dank seines beamtenrechtlichen Status und seiner Berufungszusagen eine eigene, lediglich an den Standards seiner Fachkollegen orientierte Lehr- und Forschungsplanung betreibt. Man kann also eine ganze Mixtur von inkonsistenten exogenen und endogenen Steuerungsversuchen beobachten, so dass man in der Tat von einem Transitionsprozess des Wissenschaftssystems sprechen kann, mit den auf die Hochschulen bezogenen Elementen:

- Financial support and regulation by the state,
- External guidance, whether by the state or by delegated authority,
- Institutional competition,
- Mangerial self-governance,
- Academic self-governance (vgl. de Boer u.a. 2007: 138/139).

Diese verschiedenen Governance-Logiken führen dazu, dass zum einen eine marktliche Wettbewerbsituation simuliert wird, beispielsweise gewinnen die Evaluationen von Forschung und Lehre den Charakter von »Quasi-Märkten«. Auf der anderen Seite aber lassen die staatlichen finanziellen Rahmenbedingungen den Universitäten nach wie vor nur bedingte Bewegungsfreiheit, die Kameralistik schafft den neuen internen Steuerungsmodellen wenig Entfaltungsmöglichkeiten, weil die Mittelvergabe detailliert und weitgehend objektfixiert ja gerade dazu erfunden wurde, unternehmerische Handlungen zu unterbinden.

Ebenfalls in dem außeruniversitären Bereich – also der von Bund und Ländern grundfinanzierten Institute der Max-Planck-Gesellschaft, der Fraunhofer Gesellschaft, der Leibniz-Gemeinschaft und in den Helmholtz Zentren – ist die Situation nicht viel anders: Kosten-Leistungs-Rechnungen, Programmbudgets mischen sich mit Kameralistik und Beamtenrecht und lassen den Instituten wenig Möglichkeiten für autonome Spielräume. Diese Situation erklärt auch die zum Teil so vehemente Kritik an Evaluationen und Audits. Diese Verfahren zur Leistungsmessung und Budgetsteuerung werden im wesentlichen als aufgesetzte, wirkungslose und der Bevormundung dienende Instrumente wahrgenommen, da ihre Konsequenzen vor allem im Blick auf Struktur- und Organisationsfragen von den Einrichtungen kaum umgesetzt werden können.

Die Persistenz gegenüber neuen Anreizen ist aber auch für die soziale Ordnung der Wissenschaft typisch: »Die das wissenschaftliche Wissen produzierenden Fachgemeinschaften weisen das für Gemeinschaften charakteristische Defizit endogener Governance auf, das zugleich ein Defizit von Kanälen für die Intervention exogener Governance ist« (Gläser/Lange 2007: 438).

Symptomatisch für die deutsche Diskussion ist in diesem Kontext jedoch das Beharren großer Teile der akademischen Gemeinde auf der Re-Etablierung eines Status quo ante, auch und gerade in der Debatte um die seit 2006 von den Ländern und dem Bund initiierte »Exzellenzinitiative«, die letztendlich das Ziel einer Differenzierung der Forschungslandschaft verfolgt (vgl. Münch 2007). Vergessen werden dabei die erheblichen Strukturprobleme des deutschen Wissenschaftssystems in den letzten zwanzig Jahren, die man mit einer fehlenden Nachwuchsförderung, der mangelnden Gleichstellung von Frauen in der Wissenschaft sowie kaum vorhandenen beruflichen Entwicklungspfaden bei einer institutionellen Verkrustung und Versäulung der Institutslandschaften nur unzureichend beschreiben kann (vgl. Winnacker 2006).[1] Dem Ansinnen von Bund und Ländern, die Zahlung von öffentlichen Mitteln mehr und mehr zu konditionieren, mit einem einfachen Reflex auf die vermeintlich guten Zeiten in der Wissenschaft zu begegnen, führt somit nicht weiter, zumal es eine »staatsfreie« öffentliche Forschung auch nie gegeben hat. Denn immer dann, wenn eine öffentliche Finanzierung für Wissenschaft und Forschung bereit gestellt wurde, bestehen politische Abhängigkeiten.

1 Schimank sieht hier gar die Gefahr einer De-Professionalisierung der Universitäten (Schimank 2005: 374).

C. *Evaluationen im Governance-Mix*

Bei einer ersten Betrachtung des unübersichtlichen und z. T. widersprüchlichen Governance-Mix im Wissenschaftssystem nehmen die systematisch eingeführten und auf Dauer gestellten Evaluationen mehr und mehr die zentrale Rolle bei der Bewertung der Qualität von Leistungen in Wissenschaft und Forschung ein. Die Kritik ist seitens der wissenschaftlichen Fachgemeinschaften zwar groß und die Überfrachtung des Wissenschaftssystems mit zum Teil »fachfremden« Instrumenten, Kriterien und Verfahren wird stark beklagt. Bei einer historischen Betrachtung des Phänomens wird jedoch deutlich: Die Prüfung und Bewertung wissenschaftlicher Leistungen ist – wie schon erwähnt – alles andere als neu. Das gilt insbesondere für die Evaluierung von Wissen und Erkenntnisansprüchen der Wissenschaft. Auf der anderen Seite beharrt die Wissenschaft bis heute darauf, in ihren eigenen Erkenntnisprozessen auf eigene, unabhängige Verfahren zurückzugreifen. Die Einhaltung von impliziten Normen und Verhaltenserwartungen kennzeichnet ein wichtiges Identität stiftendes Merkmal von Wissenschaft, wie etwa Robert Merton (1942/1973) in seinen Analysen zum Ethos der Wissenschaft konstatierte (vgl. Matthies/Simon 2008). Das heißt, die Wissenschaft hat sich mittels einer Fülle von impliziten Regeln ein System der Selbststeuerung geschaffen, das auch die Qualitätssicherung einschließt. Zu nennen sind etwa die Verfahren der Personalauswahl bei der Besetzung von Lehrstühlen, die Praktiken der Fördermittelvergabe oder der Einführung neuer Lehrstühle oder Forschungseinrichtungen, aber auch die Verfahren der Promotion und Habilitation des wissenschaftlichen Nachwuchses. Diese Prozeduren haben aber offensichtlich nach wie vor den Nimbus einer »freiheitlichen« Selbststeuerung durch die scientific communities selbst, während die staatlicherseits eingeführten systematisierten Qualitätssicherungsprozesse als wesensfremde Eingriffe und Interventionen wahrgenommen und abgelehnt werden, obwohl auch diese Qualitätsprüfung immer und ausschließlich auf der Basis der Bewertung durch die Fachkollegen erfolgt.

Die Kritik richtet sich dabei insgesamt auf die Dimensionen, Ziele, Verfahren und Kriterien der Evaluationen. Hierbei entsteht das objektive Problem, dass Evaluationen häufig die Rolle einer Multifunktionswaffe einnehmen und in engem Zusammenhang mit anderen Steuerungsinstrumenten wie leistungsbezogener Mittelvergabe stehen. Geht es beispielsweise um die Bewertung von Erkenntnissen im Hinblick auf ihre wissenschaftliche Güte oder ihre gesellschaftliche Relevanz oder sind es Fragen nach einer effizienten Organisation der Erkenntnisproduktion, also Probleme der Steuerung von wissenschaftlichen Institutionen im Hinblick auf den effizienten Einsatz von Ressourcen und eine Optimierung ihres Ertrages? In Bezug auf letztere Dimension wird die Ökonomisierung der Wissenschaft kritisiert, weil in diesem Prozess die »ökonomischen Kriterien zunehmend den Primat gegenüber anderen Leitvorstellungen übernehmen« (Hoffmann/Neumann 2003: 9) und Kriterien zur Anwendung kommen, die einer wissenschaftlichen Leistungsbeurteilung nicht angemessen seien. Dieser Paradigmenwechsel – so wird gemutmaßt – ersetzt die Kategorie der »Wahrheit«, die auch immer schon stark umstritten war, durch die der »Nützlichkeit«, die aus instrumentell-technologischer Perspektive entwickelt wird (Hoffmann/Neumann 2003: 18). Zu einem ähnlichen Ergebnis kommt Helga Nowotny, die drei signifikante

Veränderungen in der Forschungspraxis beschreibt, die vor allem die Bedingungen für die Erbringung von individuellen wissenschaftlichen Leistungen ein Stück in den Hintergrund gedrängt sieht – u.a. durch die thematische Förderung von »research portfolios«: »the steering of research priorities, the ongoing contextualisation of research, and the accountability of science« (Nowotny 2003: 33). Damit wird eine immer wieder geäußerte Kritik formuliert, die auch schon Michel Power Ende der 1990er Jahr geäußert hat: »the audit explosion has actually closed off avenues of official scepticism and modesty« (Power 1997: 144). Allerdings bleibt fraglich, ob ohne Verpflichtung auf diese externen Evaluationen, die Wissenschaft tatsächlich den Antrieb zum unkonventionellen und riskanten, risikoreichen und erkenntnisgetriebenen Denken entwickeln würde.

Ebenso in der Kritik stehen die vermeintlich nicht angemessenen Indikatoren, mit denen die Aufgaben, Ziele und Leistungen des entsprechenden Instituts oder Fachbereichs abgebildet werden sollen und die einen »Zwang zur Anpassung an Leistungsindikatoren« entwickeln, der Annahmen über »gute« und auch »gesellschaftlich relevante« Forschung vornimmt. Unterschiede in der Aufgabenstellung der wissenschaftlichen Einrichtung oder in den wissenschaftlichen Disziplinen würden nur ungenügend zur Kenntnis genommen und es entstünden opportunistische Anpassungseffekte, die den jeweiligen wissenschaftlichen Zielen zum Teil zuwider liefen. Es geht hierbei nicht nur um die Art der Kriterien, sondern auch um die Entwicklung zur Quantifizierung bei der Bewertung der Qualität von wissenschaftlichen Leistungen, frei nach dem Motto: Bei Evaluationen wird nicht mehr gelesen, sondern gezählt. Hierbei stehen insbesondere die Zahl der Veröffentlichungen in refereed journals, die Zahl der Zitationen und die Einwerbung von Drittmitteln hoch im Kurs.

Der Wissenschaftsphilosoph Jürgen Mittelstraß hat in diesem Zusammenhang die »Arithmetisierung aller wissenschaftlicher Verhältnisse« beklagt. Der Science Citation Index wird zum heiligen Gral, der Impact-Faktor zur magischen Zahl. Evaluationen würden auf diese Weise zunehmend die Funktion eines Legitimationsritual einnehmen: »Evaluierung verschafft ein gutes Gewissen auf allen Seiten: seht her, wir tun was! Etwas, das uns vor Mittelmaß, Verschwendung, Ineffizienz, Ineffektivität, Lug und Trug schützt. Und wer derartige dornige Wege geht, der kann nicht schlecht sein« (Mittelstraß 2003: 23/24).

Richard Brook hat diese Kritik verallgemeinert und anhand der Erfahrungen mit dem »Research Assessment Exercise« in Großbritannien auf folgende Wiederholungseffekte durch Evaluationen hingewiesen: Erstens der Verlust von Originalität, denn Evaluationen fördern den Mainstream, zweitens der Erfolg im Evaluationsprozess, der wichtiger wird als der Forschungserfolg selbst, drittens die daraus resultierende Risikovermeidung bei der Wahl von Forschungsprojekten (vgl. Brook 2002). Dies sind interessanterweise alles Vorwürfe oder Kritiken, die im Zusammenhang mit der akademischen Selbstverwaltung bereits seit Jahren kommuniziert werden.

D. *Möglichkeiten und Grenzen des Peer Review*

Für die Wissenschaft selbst sind und bleiben die legitimierten Instrumente zur Bewertung einzig und alleine die Fachkollegen: die Peers. Nur ihnen wird letztendlich die Fähigkeit zugetraut, »gute« Wissenschaft und ihre Ergebnisse zu erkennen und zu evaluieren. Die Orientierung, Vergewisserung und Validierung wissenschaftlicher Arbeit bleibt in letzter Instanz den Fachgemeinschaften vorbehalten. Das Peer Review wurde zu einem generalisierten Bewertungsinstrumentarium, das über alle Disziplinen und Subdisziplinen sowie Organisationstypen, institutionelle und nationale Arrangements hinweg weltweit anwendbar ist. Und dies vor dem Hintergrund, dass es die Wissenschaftsphilosophie längst aufgegeben hat, Kriterien für wissenschaftliche Leistungen festzulegen. Beim Peer Review hat man sich letztlich auf ein Verfahren mit wenigen, aber eindeutigen Regeln verständigt, es geht um »vernünftige Wetten« der Fachgenossen, wie es Friedhelm Neidhardt einmal ausgedrückt hat (Neidhardt 2006).

Das Peer Review muss sich jedoch in der wissenschaftssoziologischen Diskussion immer wieder der Kritik stellen. Die Forschungsergebnisse über Ausgrenzungen, die Anwendung des »Matthäus-Prinzips«, die Qualität des Gutachterwesens, vor allem hinsichtlich seiner Validität und Reliabilität sind und bleiben ambivalent (Hornbostel/ Simon 2006). Diese Kritik scheint in der Diskussion über die Folgen von Quantifizierungen ein Stück weit in den Hintergrund zu geraten.

Peer Review gilt aber – und dies macht unter anderem diese unübersichtliche Situation der unterschiedlichen Steuerungs- und Koordinierungsphilosophien aus – in den staatlich initiierten Evaluationsprozessen als Kernelement und als unverzichtbar für die Akzeptanz des gesamten Prozesses für die betroffenen Forschungseinrichtungen. Solange es Peer Review in den unterschiedlichen Qualitätskontrollen der Wissenschaft gibt – insbesondere bei Forschungsfördereinrichtungen und bei wissenschaftlichen Journals –, wird dieses Verfahren daher auch dahingehend kritisiert, dass sich Partialinteressen durchsetzten, dass es innovationsfeindlich wirke und hohe Anpassungsleistungen erfordere und dass es keine Revisionsmöglichkeiten biete, weil die Entscheidungsfindung nicht transparent sei. Mit dem Peer Review lässt sich aber das Bild aufrechterhalten, dass Wissenschaft mit einem einheitlichen Kriteriensatz zu beurteilen ist. In den Evaluationen von Forschungseinrichtungen ist tatsächlich – selbst bei multidisziplinär und aus unterschiedlichen Institutionen zusammengesetzten Gutachtergruppen – immer wieder die Homogenität einer Vorstellung von »guter Forschung« verblüffend (Barlösius 2006; Schimank 2006), ein »normative isomorphism« wie es Powell einmal ausdrückte. Dieser »Trick« funktioniert deshalb, weil sich alle beteiligten Wissenschafter/innen ihrer gegenseitigen Abhängigkeit bewusst sind und die Beteiligung am Peer Review nicht nur eine Frage der inhaltlichen Bewertung ist, sondern vor allem auch eine Verständigung auf Verfahrensgrundsätze darstellt, die eine Anerkennung und Akzeptanz dieser wechselseitigen Abhängigkeiten voraussetzt.

Vor dem Hintergrund der unterschiedlichen Ausdifferenzierungs- und Entdifferenzierungsprozesse in der wissenschaftlichen Produktion sowie auch in der institutionellen Konstitution des Wissenschaftssystems, sind die Versprechen eines »einheitlichen«

Bewertungsmaßstabes zur Bewertung der Qualität von Wissenschaft nicht unproblematisch. Dies betrifft im Wesentlichen drei unterschiedliche Ebenen: (a) die der wissenschaftlichen Disziplinen, (b) Wissenschaft im gesellschaftlichen Kontext und (c) die Organisationsformen und Strukturen der Forschung:

(a) In der Wissenschaftsforschung, die sich mit den epistemischen Praktiken beschäftigt hat, liegen neuere Untersuchungen (Knorr Cetina 2002; Heintz u.a. 2004) vor, dass eine voranschreitende Ausdifferenzierung der Wissenschaft Anlass gibt, die Idee eines universellen Verständnisses von guter Wissenschaft aufzugeben, weil »sich die Selbstvergewisserungsprozesse in der Wissenschaft weit ausdifferenziert haben. Von einer geschlossenen Einheit der Wissenschaft kann jedenfalls – empirisch gesehen – nicht mehr ausgegangen werden. Die in den epistemischen Praktiken niedergelegten Denk-, Handlungs- und Orientierungsmuster repräsentieren mittlerweile einen Grad an Unterschiedlichkeit, der die Vorstellung eines einheitlichen wissenschaftlichen Selbstverständnisses obsolet werden lässt« (Knie u.a. 2008: 340). Die Konsequenzen für die Qualitätssicherung und -förderung von Wissenschaft liegen auf der Hand und einige Konsequenzen für Evaluationsverfahren werden abschließend angerissen.

(b) Dass das Verhältnis von Wissenschaft und Gesellschaft in Bewegung geraten ist und engere Kopplungen zwischen Wissenschaft und Wirtschaft, Öffentlichkeit und Politik zu beobachten sind, scheint mittlerweile in der Wissenschaftsforschung unumstritten (Weingart 2003; Gibbons u.a. 1994; Nowotny u.a. 2001). Die Unterschiede beziehen sich auf die Art, das Ausmaß und die Schlussfolgerungen, die aus den Veränderungen gezogen werden. Während Helga Nowotny davon ausgeht, dass die eine Form der Produktion wissenschaftlichen Wissens – im akademischen Feld angesiedelt, disziplinär und grundlagenorientiert – abgelöst wurde durch eine praxisorientierte, vernetzte, an keine institutionellen Standorte gebundene und interdisziplinärer angelegte Forschung, konstatieren Peter Weingart u.a., dass zwischen den verschiedenen Formen der Wissensproduktion eher eine friedliche Koexistenz herrscht. Darüber hinaus ist zu berücksichtigen, dass die Unterschiede zwischen den Disziplinen mit Blick auf ihren Grad der Verwobenheit mit den wissenschaftlichen Fachgemeinschaften – aber auch anderen gesellschaftlichen Adressatengruppen – auffallend groß sind (Heintz u.a. 2004). In den Geistes- und großen Teilen auch den Sozialwissenschaften wird neues Wissen zum überwiegenden Teil durch den Diskurs innerhalb der Disziplinen generiert und durch die Fachgemeinschaften legitimiert, während in Teilen der Natur- und vor allem der Technikwissenschaften die Wissensproduktion in der Konfrontation und in Auseinandersetzung mit den Bedarfen von Anwendern, Praktikern etc. vollzieht. Wenn Gesellschaft, Technik und Wissenschaft ko-evolutionäre Prozesse durchlaufen, gesellschaftliche Dimensionen in die Wissenschaft einbringen – wenn auch in unterschiedlicher Weise und im unterschiedlichen Ausmaß – und hiermit »sozial robustes Wissen« (Nowotny 2004) erzeugen, dann sind die Konsequenzen für die Bewertungsprozesse von Wissenschaft, vor allem für das Peer Review, nicht unerheblich. Denn dann ist zu fragen: Können nur die scientific communities die Qualität von wissenschaftlichen Erkenntnissen auch in diesen »hybriden Produktionsformen« bewerten, bzw. wer validiert den Nutzen für gesellschaftliche Praxisbereiche?

(c) Die Strukturen des deutschen Wissenschaftssystems – insbesondere im außeruniversitären Bereich – sehen programmatisch deutliche Abgrenzungen zwischen Grundlagenforschung auf der einen und der Anwendungsforschung bzw. der industrienahen Forschung auf der anderen Seite vor. Diese strategische Ausformung der außeruniversitären Forschungslandschaft wird aufgrund forschungspolitisch notwendiger Legitimationserfordernisse immer noch gerne gepflegt, faktisch aber haben sich die Forschungstypen in vielen Bereichen in konvergente Formate transformiert, bei denen Grundlagenforschung und Anwendungsorientierung in einem permanenten Wechsel vollzogen werden und die Prüfung der Ergebnisse sowie die Generierung der Empirie entlang der gesamten Wertschöpfungskette des Wissens geschieht. Ein Indiz dafür, dass unterhalb der offiziellen Institutsebene diese instituts- und programmübergreifenden Formate längst etabliert sind, zeigt sich in der steilen Karriere der »problemorientierten Grundlagenforschung«. Eine solche »Integrationsformel« ist notwendig, weil es den Peers immer schwerer fällt, die notwendigen Konsense in diesem unübersichtlichen Geflecht unterschiedlicher institutioneller Kontexte und angesichts entdifferenzierter Praktiken zu finden. Wie stabil die impliziten Verständnisse bei den Peers angesichts der hohen Zentrifugalkräfte zukünftig noch bleiben, scheint eine offene Frage zu sein (Knie/Simon 2006; Simon 2007).

E. *Eine neue Wissenschaftsgovernance in Sichtweite?*

Zusammenfassend können die folgenden Entwicklungstrends als prägend für das deutsche Wissenschaftssystem in den letzten Jahren gelten, die auch für die Governanceformen von hoher Relevanz sind: ein stärkerer Legitimationsdruck auf die Wissenschaft, ihre Bedeutung für die Gesellschaft bzw. gesellschaftliche Teilbereiche zu explizieren, eine engere Verkoppelung von Wissenschaft, Forschung und Wirtschaft, die Aus- und Entdifferenzierungen in den Formen der Wissensproduktion – und dies in disziplinärer, epistemischer und organisatorischer Hinsicht. Auf der anderen Seite herrscht ein unübersichtlicher Governance-Mix im Wissenschaftssystem mit neuen Instrumenten der externen Steuerung vor, die auch die Rahmenbedingungen von Wissenschaft und Forschung verändern und die dabei vor allen Dingen auch Elemente der Rechenschaftslegung und des Kostenbewusstseins akzentuieren. Diese Formen der Evaluationen oder auch die der Kosten-Leistungs-Rechnungen werden einerseits als neues Element der Selbstvergewisserung, aber auch als Konkurrenzveranstaltung zu der ausgewiesenen Selbststeuerung des Wissenschaftssystems begriffen, denen wiederum die charakteristischen Defizite endogener Governance anheften und die auch das klassische Peer Review »under review« stellen. Was bedeutet dies für eine Wissenschaftsgovernance, die idealerweise die Defizite der herkömmlichen Selbststeuerungsinstrumente reflektiert, die aber auch die Akzeptanz in den scientific communities sucht und finden sollte?

Es kann hier nicht darum gehen, ein neues Modell der Governance zu entwickeln. Es kann aber auf die Chance zur Weiterentwicklung bereits bestehender Instrumente hingewiesen werden: Evaluationen, die die Einrichtungen der Hochschulen und außeruniversitäre Forschungseinrichtungen bewerten, können unter bestimmten Bedingungen ein Bindeglied zwischen den in der Wissenschaft akzeptierten Verfahrensregeln des Peer Review und den völlig legitimen Interessen beispielsweise von Bund und Ländern sein, die Bedingungen wissenschaftlichen Arbeitens im weitesten Sinne mitzugestalten. Evaluationen sollten daher *erstens* stärker in das Wissenschaftssystem integriert werden (Wiesenthal 2007) und *zweitens* die Außenwelten der Wissenschaft stärker berücksichtigen und einbinden.

Erstens: Chancen und Optionen, Ziele, Verfahren und Kriterien von Evaluationen mit zu gestalten, werden oft nicht in dem Ausmaß wahrgenommen, in dem sie tatsächlich gestaltbar sind, sondern vielmehr den Wissenschaftsadministrationen mit bekannten Ergebnissen überlassen: »Academics should no longer leave evaluations to others, but should invest in self-defined measures of qualitiy, relevance and efficiency, and in the collection and propagation of data [. . .]. Destructive, ›one formula fits all‹ approaches should be replaced by discipline- and faculty-specific criteria, rendered transparent to the paymasters« (Schimank 2005: 375). Dabei besteht auch die Chance darin, die Aus- und Entdifferenzierung der wissenschaftlichen Disziplinen und Fachgebiete in ihren verschiedenen epistemischen Praktiken und Bezügen auf unterschiedliche Adressatengruppen stärker in Verfahrenselemente und Kriterien zu respektieren und zu integrieren.

Evaluierungen werden von den Betroffenen zumeist als zusätzliche Belastung wahrgenommen, die den Wissenschaftler/innen ausschließlich ihr wertvollstes Gut rauben: nämlich Zeit für die Erstellung wissenschaftlicher Produkte. Ein Kernproblem besteht u. E. daher vor allem darin, dass Evaluationen im Reputationssystem der Wissenschaft überhaupt nicht verankert sind, keine Anerkennung genießen und nicht als Element der eigenen Professionsentwicklung wahrgenommen werden. Dies liegt auch an den bisherigen Evaluationsprozessen, denn gezählt werden in der Bewertung von Forschungseinrichtungen und Hochschulen die Publikationen und Drittmitteleinwerbungen, aber nicht das Engagement der Wissenschaftler/innen in Evaluierungen und anderen bewertenden und beratenden Aktivitäten. Wenn die Peers belohnt werden wollen, dann in der für sie akzeptablen Währung der Reputation, wie dies auch eine kürzlich abgeschlossene Studie zur Reform des Fachkollegiatensystems der Deutschen Forschungsgemeinschaft erbracht hat (Hornbostel/Siekermann 2007).

Zweitens: Wenn man von einer starken Verflechtungen zwischen Wissenschaft und Öffentlichkeit, Wirtschaft, Medien und anderen gesellschaftlichen Teilsystemen ausgehen muss, dann sollten diese Aspekte eine deutlich stärkere Beachtung in Evaluationsverfahren erhalten. Dies heißt nicht, bei jedem passenden und unpassenden Anlass nach Verwendungsmöglichkeiten oder der Praxisrelevanz zu fahnden. Außerwissenschaftliche Nützlichkeit ist zudem nicht immer und überall mit wirtschaftlicher Verwertbarkeit und entsprechenden Patentstatistiken gleichzusetzen. Auch die bereits mehrfach angemahnte Weiterentwicklung des Peer Review hin zu einem Expert Review (Wissenschaftsrat 2002) wird nicht ausreichend sein, komplexe Formen entgrenzter und hybridisierter Wissenschaftsproduktion angemessen zu erfassen. Es muss vielmehr um die systematische Validierung der gesellschaftlichen Einbettung und Bedeutung von Forschungsfeldern und ihrer Weiterentwicklung durch entsprechende Experten gehen – auch aus der Perspektive der staatlichen Politik. Erst die

Zusammenschau beider Validierungen ergibt ein adäquates Bild von der Leistungsfähigkeit der wissenschaftlichen Einrichtungen.[2]

Ein Bewertungssystem, das Disziplinen- und Organisations- und Institutionenspezifika stärker berücksichtigt, die Attraktivität eines Engagements für Evaluationen in den scientific communities erhöht, den Peers weiterhin eine wichtige Rolle bei der Qualitätsbeurteilung zukommen lässt, aber gleichzeitig auch Validierungsinstanzen für außerwissenschaftliche Relevanzsysteme schafft und somit ein wissenschaftsadäquates und zugleich gegenüber Gesellschaft und Politik offenes Verfahren bietet, kann neue Optionen für die Governance von Wissenschaft eröffnen und über das gerade an den Universitäten nur halbherzig und unsystematisch praktizierte »neue Managementmodell« weiterentwickeln. Dies setzt jedoch einerseits eine allgemeine Akzeptanz der prinzipiellen Berechtigung von Kontrollen, Relevanz- und Effizienzanforderungen und andererseits eine aktive Einflussnahme der Wissenschaft auf adäquate Qualitäts- und Revelanzkriterien voraus, bevor andere völlig unangemessene Parameter konstruiert werden. Damit könnte man ein völlig neues Verständnis wissenschaftlicher Performance entwickeln im Sinne eines »new social contract – [. . .] between those who produce and diffuse knowledge, and those who guard the public purse« (Schimank 2005: 376).

Literatur

Barlösius, Eva, 2006: Wissenschaft evaluiert – praktische Beobachtungen und theoretische Betrachtungen, in: Flick, Uwe (Hrsg.), Qualitative Sozialforschung. Konzepte, Methoden, Umsetzungen. Reinbek bei Hamburg, 385-404.

Brook, Richard, 2002: The Role of Evaluation as a Tool for Innovation in Research, in: Max-Planck-Forum, 173-183.

Bush, Vannevar, 1945: Science The Endless Frontier. Washington.

De Boer, Harry/Enders, Jürgen/Schimank, Uwe, 2007: On the Way towards New Public Management, in: Jansen, Dorothea (Hrsg.), New Forms of Governance in Research Organisations. Dortrecht, 137-154.

Hoffmann, Dietrich, 2003: Zur Kritik einer ›neuen‹ Hochschulpolitik: Läßt sich wissenschaftlicher Erfolg institutionell organisieren? in: Ders./Neumann, Karl (Hrsg.): Ökonomisierung der Wissenschaft: Forschen, Lehren und Lernen nach den Regeln des »Marktes«. Weinheim, 15-41.

Gibbons, Michael/Limoges, Camille/Nowotny, Helga, 1994: The New Production of Knowledge: The Dynamics of Science and Research in Contemporary Societies, London.

Gläser, Jochen, 2006: Wissenschaftliche Produktionsgemeinschaften. Die soziale Ordnung der Forschung, Frankfurt/New York.

Gläser, Jochen, Lange Stefan, 2007: Wissenschaft, in: *Benz, Arthur/Lütz, Susanne/Schimank, Uwe/Simonis, Georg* (Hrsg.): Handbuch Governance. Theoretische Grundlagen und empirische Anwendungsfelder. Wiesbaden.

2 Gerade bei der Systemevaluation der Ressortforschung durch den Wissenschaftsrat hat sich noch einmal deutlich gezeigt, dass dies zwangsläufig, denn so lautete der Auftrag, nur auf die Seite der Qualität der Forschung bezog. Die Qualität der Politikberatung, die die Ressortforschung leitet, blieb außen vor (vgl. Wissenschaftsrat 2007).

Heintz, Bettina/Merz, Martina/Schumacher, Christina, 2004: Wissenschaft, die Grenzen schafft. Geschlechterkonstruktionen im disziplinären Vergleich. Bielefeld.
Hoffmann, Dietrich/Neumann, Karl, 2003: »Einleitung«. in: *dies.* (Hrsg.), Ökonomisierung der Wissenschaft: Forschen, Lehren und Lernen nach den Regeln des »Marktes«, Weinheim, 7-14.
Hornbostel, Stefan/Simon, Dagmar (Hrsg.), 2006: Wie viel (In-)Transparenz ist notwendig? Peer Review Revisited. iFQ-Working Paper 1/2006.
Hornbostel, Stefan/Siekermann, Meike, 2007: Die Reform des Fachkollegiatensystems der Deutschen Forschungsgemeinschaft, iFQ-Working Paper 2/2007.
Knie, Andreas/Simon, Dagmar, 2006: Wissenschaft im Cross-over-Modus. Wissenschaftliche Ausgründungen in neuen Arrangements der Wissensproduktion. Discussion Paper P 2006-101, Wissenschaftszentrum Berlin für Sozialforschung.
Knie, Andreas/Matthies, Hildegard/Simon, Dagmar, 2008: Gefühlte Exzellenz – Implizite Kriterien der Bewertung von Wissenschaft als Dilemma der Wissenschaftspolitik, in: Matthies, Hildegard/Simon, Dagmar (Hrsg.), Wissenschaft unter Beobachtung. Effekte und Defekte von Evaluationen, Leviathan Sonderband 2007, Wiesbaden, 331-344.
Knie, Andreas/Martin Lengwiler, 2007: Alibiveranstaltungen, Die Bedeutung von akademischen Spin-offs im Technologietransfer der Forschungspolitik, Discussion Paper P 2007-101, Wissenschaftszentrum Berlin für Sozialforschung.
Knorr Cetina, Karin, 2002: Wissenschaftskulturen. Frankfurt.
Krücken, Georg, 2006: Wandel – welcher Wandel? Überlegungen zum Strukturwandel der universitären Forschung in den Gegenwartsgesellschaft, in: die hochschule 1/2006, 7 – 18.
Matthies, Hildegard/Simon, Dagmar, 2008: Editorial, in: Matthies, Hildegard/Simon, Dagmar (Hrsg.), Wissenschaft unter Beobachtung: Effekte und Defekte von Evaluationen, Leviathan Sonderband 2007, 9-12
Merton, Robert K., 1942: The Normative Structure of Science, in: Merton, Robert K. (1973): The Sociology of Science, Theoretical and Empirical Investigations, Chigago/London
Mittelstraß, Jürgen, 2002: Research Evaluation, in: Max-Planck-Forum.
Münch, Richard, 2007: Die akademische Elite, Frankfurt/Main.
Neidhardt, Friedhelm, 2006: Fehlerquellen und Fehlerkontrollen in dem Begutachtungssystem der Wissenschaft, in: *Hornbostel, Stefan/Simon, Dagmar* (Hrsg.), Wie viel (In-)Transparenz ist notwendig? Peer Review Revisited. iFQ-Working Paper 1/2006, 7-13.
Nowotny, Helga/Scott, Peter/Gibbons, Michael, 2003: Wissenschaft neu denken: Wissen und Öffentlichkeit in einem Zeitalter der Ungewißheit. Weilerswist.
Power, Michael, 1997: The Audit Society: Rituals of Verification. Oxford.
Power, Michael, 2008: Research Evaluation in the Audit Society, in: Hildegard Mattthies/Simon, Dagmar (Hrsg.), Wissenschaft unter Beobachtung, Effekte und Defekte von Evaluationen, Leviathan Sonderband 2007. Wiesbaden, 15 – 24.
Schiene, Christof/Schimank, Uwe, 2006: »Forschungsevaluation als Organisationsentwicklung: die Wissenschaftliche Kommission Niedersachsen« in: die hochschule 1/2006, 46 – 62.
Schimank, Uwe, 2005: »New Public Management« and the Academic Profession: Reflections on the German Situation, in: Minerva 43, 361 – 376.
Simon, Dagmar, 2008: Als Konsequenz mehr Kohärenz? Strukturelle Wirkungen von Evaluationen, in: Matthies, Hildegard, Simon, Dagmar (Hrsg.), Wissenschaft unter Beobachtung, Effekte und Defekte von Evaluationen, Leviathan Sonderband 2007, Wiesbaden, 178- 190.
Wenneras, Christine/Wold, Agnes, 1997: Nepotism and Sexism in Peer-review, in: Nature Fr. 389, 22. Main, 341-343.
Wiesenthal, Helmut, 2008: Evaluationen als Organisationslernen, in: Matthies, Hildegard/Simon, Dagmar, 2008, 315-328
Winnacker, Ernst-Ludwig, 2006: Wissenschaft an der Zeitenwende. Freiburg i. Br.
Wissenschaftsrat, 2002: Stellungsnahme zu Querschnittsbegutachtungen in der Forschung, DRS. 5360/02, Berlin 12. Juli 2002.

Wissenschaftsrat, 2007: Empfehlungen zur Rolle und künftigen Entwicklung der Bundeseinrichtungen mit FuE-Aufgaben, Drs. 7702-07, Berlin 26.1. 2007.

Dritter Teil: Wissen und Recht

Veränderung von Verfassung und Verwaltung durch Wissen – am Beispiel des demographischen Wandels

Jens Kersten

Inhaltsübersicht

A. *Einleitung: Politik, Moral, Statistik*

Jean-Jacques Rousseau stellt im dritten Buch seines *Contrat Social* die Frage, wann ein Land gut oder schlecht regiert sei, und hält fest, dass jeder diese Frage nur auf seine Weise beantworte (Rousseau 1762: 91 f.): Die Untertanen rühmten die öffentliche Ruhe, die Bürger die Freiheit. Der eine ziehe die Sicherheit seines Besitzes, der andere die der Person vor. Teilweise werde die strengste, teilweise die mildeste Regierung für die beste gehalten. Dieser möchte, dass die Verbrechen bestraft, jener, dass ihnen vorgebeugt werde. Mancher begrüße, dass man bei seinen Nachbarn gefürchtet sei, mancher sehe es lieber, dass man von ihnen nicht beachtet werde. Einer sei zufrieden, wenn das Geld umlaufe, andere forderten, dass das Volk Brot habe. Doch für Rousseau sind diese Antworten nicht verallgemeinerungsfähig, da diese moralischen Größen eines genauen Maßes entbehrten. Dabei sei die Antwort doch so einfach: Zweck der politischen Vereinigung sei die Erhaltung ihrer Glieder und das sicherste Zeichen dafür die Bevölkerungszahl: »Ist alles übrige gleich,« so folgert Rousseau, »dann ist diejenige Regierung unfehlbar die bessere, unter der sich die Bürger ohne fremde Mittel, ohne Einbürgerungen und Kolonien besser ausbreiten und vermehren: diejenige, unter der ein Volk weniger wird und abnimmt, ist die schlechtere. Statistiker, jetzt seid ihr daran: zählt, meßt und vergleicht« (Rousseau 1762: 92).

Diese Verbindung aus Politik, Moral und Statistik bestimmt das demographische Wissen nicht erst seit 200 Jahren. Man muss auch nicht erst auf die nationalsozialistische Bevölkerungs- und Rassenpolitik verweisen (Stolleis 2003: 184 ff.), um die Paranoia dieser Diskussionen zu erkennen (hierzu und zum Folgenden Matz 1980: 95 ff., bes. 103 ff., Birg 1989: 53 ff., Wohlrab 1997: 204, Fuhrmann 2002: 217 ff., 287

ff., Jellinghaus 2006: 33 ff.). Selbst ein Liberaler des 19. Jahrhunderts wie Robert von Mohl vergaß seine Liberalität nach seiner durchaus kritischen Lektüre des *Principle of Population, as it Affects the Future Improvement of Society*. In diesem Essay entwarf Thomas Robert Malthus 1798 seine pessimistische Theorie der demographischen *checks and balances*: Der natürlichen Neigung der menschlichen Gesellschaft zur Überbevölkerung – so Malthus Grundthese – muss gegebenenfalls durch Intervention begegnet werden (Malthus 1798: 13 ff., 71 ff., v. Mohl 1844: 81 ff., 1846: 471 f., 477). »Traurig« – so sekundiert Robert von Mohl 1844 in seiner *Polizei-Wissenschaft* – »muß der Zustand eines überbevölkerten Landes seyn« (v. Mohl 1844: 78; Jellinghaus 2006: 38): Der Staat solle die Bevölkerungszahl in einem idealen Mittelmaß halten (v. Mohl 1844: 94 ff., 1846: 468, 470 ff.). Deshalb müsse er sowohl die Unter- als auch die Überbevölkerung bekämpfen. Die Unterbevölkerung könne behoben werden durch die Beendigung von sittlichen Ausschweifungen, die Bekehrung der »Selbstsucht der freiwilligen Hagestolze« (v. Mohl 1844: 105), die Erziehung »der weiblichen Jugend, welche darauf ausgeht, sorgsame und vernünftige Hausfrauen, anstatt Putz-Puppen zu bilden« (v. Mohl 1844: 106), die »Aussetzung von Prämien für die Eltern besonderes zahlreicher Kinder, der Ausstattung armer Brautpaare auf öffentliche Kosten, der Errichtung von Brautcassen« (v. Mohl 1846: 477, 1844: 110 ff.), die gesetzliche Aufhebung der Ehelosigkeit der Geistlichen und der Angehörigen des stehenden Heeres und die Begünstigung der Einwanderung (v. Mohl 1844: 106 ff., 1846: 476 f.). Der Überbevölkerung habe der Staat durch gesetzliche Erschwerung der Ehe sowie durch eine restriktive Familien- und Kindpolitik entgegenzutreten, gegebenenfalls auch mittels der »Wegschaffung seiner überschüssigen armen Bevölkerung« (v. Mohl 1844: 126), notfalls nach Losentscheid mit Gewalt (v. Mohl: 1844: 115 ff., bes. 129 f., 1846: 478 f.).
Es ist leicht, den Stab über diesen demographischen Positionen Robert von Mohls zu brechen. Genauso leicht wie man in der Perspektive von 150 Jahren vielleicht einmal den Stab über unsere gegenwärtigen Diskussionen brechen wird: über den demographischen »Krieg der Generationen« (Schirrmacher 2005: 54, krit. Hondrich 2007: 82 ff.) oder den demographischen »Kampf der Kulturen« (Heinsohn 2006: passim, bes. 13 ff., 37 ff.). »Traurig muss der Zustand eines unterbevölkerten Landes seyn« – mag der eine oder andere heute in Variation auf von Mohl formulieren. Und von Mohls »selbstsüchtige Hagestolze« und »Putz-Puppen« tauchen als »selbstsüchtige Familienverweigerer« in den Debatten dieser Tage auf. Nähme man darüber hinaus Rousseaus Testfrage für die beste Regierung ernst, so wäre die Bundesrepublik sowieso das fünft schlechtest regierte Land der Welt, rangiert doch Deutschland derzeit im Hinblick auf die Geburtenrate von 190 Staaten auf Platz 185.

B. *Demographische Wende und staatlicher Wandel*

Das Verhältnis von Regierung und Bevölkerungsstatistik ist also prekär. Doch aufgrund der sozialen, politischen und wirtschaftlichen Probleme, die der demographische Wandel bereits gegenwärtig zeitigt, können wir der näheren Bestimmung des Verhältnisses von demographischem Wissen, Verfassung und Verwaltung nicht ausweichen (vgl. hierzu und zum Folgenden BVerfGE 103, 242 [267 ff.], BMVBW/BBR 2005: 7 ff., Kaufmann 2005: 11 ff., 38 ff.): Seit den 1970er Jahren liegt die Geburtenziffer in Deutschland bei durchschnittlich 1,3 Kindern und damit um ein Drittel unterhalb des Bestandserhaltungsniveaus. Gleichzeitig steigt aufgrund der besseren Lebensverhältnisse und des medizinischen Fortschritts die Lebenserwartung. Die so veränderte Altersstruktur der Bevölkerung stellt die Funktionsfähigkeit der umlagefinanzierten Sozialversicherungssysteme in Frage (Haverkate 2004: 1061, Becker 2004: 929, Kingreen 2004a: 938, Wallerath 2004: 949 f.). Sie verstärkt auch die bestehenden sozialen und regionalen Gegensätze der Bundesrepublik (Kaufmann 2005: 112, 115, Birg 2006: 43, Tutt 2007: 21 ff., 39 ff.), die durch Binnenwanderungen von Ost nach West und von Nord nach Süd noch weiter intensiviert werden (BMVBW/BBR 2005: 7 ff., Kaufmann 2005: 16, 91, 101, 111, 161, Tutt 2007: 23 f.). Anziehungspunkte sind die wachstumsstarken Metropolregionen. Diese spannen sich geographisch in Form eines »C« von Hamburg über Bremen, Rhein-Ruhr, Rhein-Main, Rhein-Neckar und Stuttgart bis nach München. In Ostdeutschland werden sie allein durch den Wachstumspunkt Berlin ergänzt. »C mit Punkt« lautet deshalb die neue wirtschaftsgeographische Formel für die Bundesrepublik.

Die Folgen dieses demographischen Strukturwandels zeigen sich vor allem in den ländlichen Gebieten, die in dem Dreieck Düsseldorf, Stralsund, Dresden liegen (BMVBW/BBR 2005: 8 ff.; Tutt 2007: 121 ff., 195 ff.): Die Gemeinden und Städte schrumpfen personell, sozial, finanziell, wirtschaftlich und politisch. Sie perforieren städtebaulich. Innenstädte veröden. Kirchen schließen. Industrie stirbt oder wandert ab. Daseinsvorsorge und Infrastruktur brechen weg. Öffentliche Einrichtungen veralten. Medizinische Versorgung ist nicht mehr gesichert. Schulen werden geschlossen. Immobilien verlieren ihren Wert. Kulturlandschaften verwildern. Vom »Implosionsrisiko« (Beirat für Raumordnung 2004: 13) ganzer Regionen ist die Rede, von der »Gefahr regionaler Abwärtsspiralen« (BMVBW/BBR 2005: 11), von »Wüstungen« (Keim 2006: 5, Tutt 2007: 34), vom »Regionaldarwinismus« (Weiß 2005: 348). Demgegenüber wird das infrastrukturelle Niveau in den expandierenden Metropolregionen der Bundesrepublik künftig noch weiter ansteigen. Deutschland wächst und schrumpft folglich zugleich (Canzler 2007: 524).

Dieser demographische Wandel ist nach der Einschätzung der Europäischen Kommission gegenwärtig im Begriff, eine »neue Gesellschaft zu formen« (Kommission der Europäischen Gemeinschaften 2005: 7, vgl. auch Tutt 2007: 31). Das Hauptproblem dieser neuen Gesellschaft ist ihr sozialer Zusammenhalt (Dahrendorf 1995: 103 ff., Tutt 2007: 16, 41, 131). Der demographische Wandel hat das Potential, gesellschaftliche Institutionen wie beispielsweise den Arbeitsmarkt, die soziale Sicherung, die Städte oder die Daseinsvorsorge zu beeinträchtigen, die den sozialen Zusammenhalt der Bundesrepublik konstituieren. Die damit angesprochene »neue« soziale Frage der Exklusion von Menschen, Gruppen und Regionen stellt sich aber bereits seit den 1970er Jahren, in denen der Strukturwandel der Bundesrepublik von der relativ homogenen Industriegesellschaft zu einer pluralistischen Dienstleistungs- und Wissensgesellschaft beginnt (Dahrendorf 1995: 116 ff., Wolfrum 2006: 391 ff., Vogel 2007: 84, Tutt 2007: 114 ff.). Die nach 1989 einsetzende informationelle und wirtschaftliche Globalisierung hat die neue soziale Frage weiter zugespitzt: Prekäre Arbeits- und

Lebensverhältnisse erreichen und verunsichern die gesellschaftliche Mitte (Dahrendorf 1995: 117, Castel 2005: 13 ff., 54 ff., Vogel 2007: 71 ff.). Das Schrumpfen der Gesellschaft ist Teil dieses sozialen, politischen und wirtschaftlichen Strukturwandels, der sich einer direkten staatlichen Steuerung entzieht. Deshalb gibt es auch keine Patentrezepte, um die Folgen des demographischen Wandels zu bewältigen. Der Wohlfahrtsstaat ist finanziell zu erschöpft, um die sich verschärfenden Disparitäten durch eine schlichte Steigerung seiner Leistungen zu kompensieren. Dies würde bedeuten, den Weg des Wohlfahrtsstaats in den Schuldenstaat ohne Rücksicht auf die Entwicklungschancen künftiger Generationen fortzusetzen. Andererseits kann sich der Staat aber auch nicht auf die schlichte Moderation der neuen sozialen Frage zurückziehen, ohne damit den sozialen Zusammenhalt, den wirtschaftlichen Wohlstand und die politische Freiheit in der Bundesrepublik aufs Spiel zu setzen. Der Staat muss sich also verändern, um den neuen gesellschaftlichen Herausforderungen gerecht zu werden: Der sorgende Wohlfahrtsstaat entwickelt sich zu einem aktivierenden, gewährleistenden und nachhaltigen Sozialstaat (Kingreen 2004b: 13 ff., Vogel 2007: 40 ff., 47 ff., Kotzur 2007: 258 f.). Es ist das Ziel dieses aktivierenden, gewährleistenden und nachhaltigen Sozialstaats, den sozialen Zusammenhalt in einer schrumpfenden Gesellschaft neu zu formulieren. Aus verfassungs- und verwaltungsrechtlicher Perspektive stellt sich damit die Frage, wie der Staat demographisches Wissen einschätzen, wie aktualisieren und wie verarbeiten soll.

C. *Wie schätzt der Staat demographisches Wissen ein?*

Der Staat muss bei seinem Umgang mit demographischem Wissen dessen Ambivalenz in Rechnung stellen: Auf der einen Seite sind die demographischen Bevölkerungsvorausrechnungen wissenschaftlich und damit auch politisch belastbar (BVerfGE 103, 242 [267], Birg 2005: 66 ff., Vaupel u.a. 2006: 35 ff., Böhret 2006: 60 ff.). Auf der anderen Seite besteht jedoch Unsicherheit im Hinblick auf die Schlussfolgerungen, die aus demographischen Statistiken zu ziehen sind.

Dies lässt sich beispielhaft anhand der Folgen des demographischen Wandels für die wirtschaftliche Entwicklung veranschaulichen: »Der demographische Wandel wird«, so Axel Börsch-Supan im *Demographiemonitor* der Bertelsmann-Stiftung, »potenziell große Auswirkungen auf den Wohlstand unseres Landes haben« (Börsch-Supan 2006: 101). »Potenziell große Auswirkungen« – denn in der Tat mag es wahrscheinlich sein, dass der Bevölkerungsrückgang in Verbindung mit niedrigen Bildungsinvestitionen zu einem Mangel an qualifizierten Arbeitskräften und damit an Wirtschaftswachstum führt. Prognosesicherheit besteht in diesem Punkt aber deshalb keineswegs: Die wesentlichen Parameter der künftigen wirtschaftlichen Entwicklung in Deutschland lassen sich gegenwärtig überhaupt nicht abschätzen, wie beispielhaft wissenschaftliche Innovationen der Arbeitswelt, das Verhältnis von Arbeit und Wertschöpfung oder der Einfluss der globalen wirtschaftlichen Entwicklung. Daraus folgt, dass die notwendige Zukunftsbezogenheit der Bevölkerungsstatistiken bis 2020, 2050 oder darüber hinaus nicht dazu verführen darf, gegenwärtige Probleme für solche der Zukunft zu halten (Walla u.a. 2006: 12). Zukünftige Probleme können auch nur in der

Zukunft gelöst werden. Umgekehrt darf der bevölkerungsstatistische Zukunftsbezug aber auch nicht dazu führen, den demographischen Wandel allein für eine Zukunftsaufgabe zu halten, die sich erst 2010, 2020 oder 2050 stellt. Der demographische Wandel ist – wie eingangs gezeigt – bereits gegenwärtig ein zentrales gesellschaftliches Problem.

Diesen beiden demographischen Fehlschlüssen kann man begegnen, indem man die Wissensperspektive des Sozialstaats auf Vergangenheit, Gegenwart und Zukunft bezieht (Stolleis 2005: 18 ff., Haverkate 2005: 562 ff.). Die Vergangenheitsperspektive eröffnet dabei den Blick für die Pfadabhängigkeit der Probleme, die gegenwärtig und künftig zu lösen sind: In der Vergangenheit wurden – bewusst oder unbewusst – Entscheidungen getroffen, die sich gegenwärtig nicht oder jedenfalls nicht ohne Weiteres korrigieren lassen. Dies lässt sich im Hinblick auf den demographischen Wandel an den beiden Beispielen verdeutlichen, die uns gleich näher beschäftigen werden: die Sozialversicherung und den Städterückbau. So wurde 1957 durch die Umstellung der sozialen Sicherungssysteme von der Kapitaldeckung auf das Umlageverfahren eine Pfadabhängigkeit begründet (Stolleis 2003: 278 f., Waltermann 2005: 162 ff., Muckel 2007: 290 f.), die als solche nicht ad hoc revidierbar ist: Es stehen gegenwärtig und wohl auch künftig nicht genügend Finanzmittel zur Verfügung, um eine vollständige Kapitaldeckung der sozialen Sicherung zu gewährleisten (Speich 2004: 121, Stolleis 2005: 23). Und die ständige Erweiterung der netzbasierten kommunalen Daseinsvorsorge hat in den letzten 150 Jahren dazu geführt, dass diese für eine schrumpfende Gesellschaft zu groß und deshalb mit immens steigenden Fixkosten verbunden sind (Koziol 2004: 69 ff., Holz-Rau/Scheiner 2004: 345, Möller 2006: 44 ff., Thielen 2006: 20, v. Löwis u.a. 2006: 59). Auch dieser Pfad kann nicht ad hoc verlassen, sondern nur finanzaufwendig korrigiert werden.

Die historische Perspektive veranschaulicht dem Sozialstaat aber nicht nur die rein technische und finanzielle, sondern auch die politische Seite der Pfadabhängigkeit seiner demographischen Zukunftsentscheidungen. Wiederum am Beispiel: Konrad Adenauer hat bei der auf die Rentenreform 1957 folgenden Bundestagswahl einen triumphalen Wahlsieg errungen (Stolleis 2005: 16, Schwarz 2004: 153 f.). Dies zeigt, dass man mit dieser Pfadentscheidung Wahlen gewinnen, bei der Pfadkorrektur aber auch Wahlen verlieren kann. Und ein 150 Jahre langer Infrastrukturwachstumspfad veranschaulicht, dass Infrastruktur- und Stadtrückbau mit der Abkehr von der optimistischen Gesellschaftsphilosophie des Wachstums in einen Kulturpessimismus münden könnten, der auch eine politische Gefahr für den freiheitlichen Verfassungsstaat darstellt (Stern 1961, Kersten 2006: 254).

Das historische Wissen der sozialen und technischen, aber auch der politischen Pfadabhängigkeit führt dem Sozialstaat also vor Augen, dass die Zukunftsgestaltung die Entscheidung über bereits gegenwärtige Pfadprobleme ist. Die verantwortungsvolle Zukunftsgestaltung beginnt folglich damit, die in der historischen Perspektive erkannten Pfadprobleme in der Gegenwart politisch sensibel zu lösen. Sie dürfen nicht mit einer exponentiellen Problemakkumulation nachfolgenden Generationen hinterlassen werden.

Nur soweit der demographische Wandel – wie etwa bei der wirtschaftlichen Entwicklung – künftige Probleme »nur« erwarten lässt, können diese nicht gegenwärtig

»gelöst« werden. In diesem Fall gilt es, neue investive Entwicklungspfade zu begründen, um zur künftigen Problemlösung beizutragen. Im Hinblick auf die Sicherung wirtschaftlichen Wachstums und damit gesellschaftlichen Wohlstands würde die Investition in Familien-, Bildungs- und Wissenschaftsinfrastrukturen neue Pfade eröffnen, die die Entscheidungsspielräume künftiger Generationen nicht einengen, sondern erweitern. In diesen Zukunftsinvestitionen liegt zugleich die optimistische Zukunftsvision, ohne die die Bundesrepublik derzeit einem »demographischen Fatalismus« (Kaufmann 2005: 31) zu verfallen droht.

D. *Wie aktualisiert der Staat demographisches Wissen?*

Eine verfassungsrechtliche Antwort auf diese Frage hat das Bundesverfassungsgericht in seiner Entscheidung zur Reform der sozialen Pflegeversicherung vom 3. April 2001 gegeben (BVerfGE 103, 242). Das Bundesverfassungsgericht hatte über die Verfassungsbeschwerde eines Vaters von zehn Kindern zu entscheiden, die sich gegen die Nichtberücksichtigung der Betreuung und Erziehung von Kindern bei der Bemessung des Beitrags zur sozialen Pflegeversicherung richtete. Im Ergebnis sah der Erste Karlsruher Senat Art. 3 Abs. 1 i.V. mit Art. 6 Abs. 1 GG dadurch als verletzt an, »dass Mitglieder der sozialen Pflegeversicherung, die Kinder betreuen und erziehen und damit neben dem Geldbeitrag einen generativen Beitrag zur Funktionsfähigkeit eines umlagefinanzierten Sozialversicherungssystems leisten, mit einem gleich hohen Pflegeversicherungsbeitrag wie Mitglieder ohne Kinder belastet werden« (BVerfGE 103, 242 [242, 263]). Das Bundesverfassungsgericht löst den demographischen Konflikt um die Generationengerechtigkeit also innerhalb der Pflegeversicherung: Zieht eine ganz überwiegende Zahl der beitragspflichtigen Versicherten Kinder auf, befindet sich ein auf dem Umlageverfahren gründendes Sozialversicherungssystem in einem »generativen Gleichgewichtszustand« (BVerfGE 103, 242 [266]). Der Gesetzgeber ist jedoch durch Art. 3 Abs. 1 i.V. mit Art. 6 Abs. 1 GG zu einer Beitragsdifferenzierung gezwungen, wenn immer weniger Versicherte neben ihrer finanziellen Beitragslast »ihren« »generativen Beitrag« zum Erhalt des Umlagesystems leisten. So wächst den kinderlosen Versicherten ein »systemspezifischer Vorteil« zu. Dieser Vorteil wird auch nicht durch die beitragsfreie Mitversicherung des Ehegatten und der Kinder (§ 25 SGB XI) wieder kompensiert, so dass er im Beitragsrecht auszugleichen ist.

Jeder vom demographischen Wandel belastete Beitragszahler in der umlagefinanzierten Sozialversicherung kann so das demographische Wissen im Sozialversicherungssystem über den Allgemeinen Gleichheitssatz des Art. 3 Abs. 1 GG aktualisieren, den das Bundesverfassungsgericht mit der sozialpolitischen Theorie des Gesellschaftsvertrags in Form des »Dreigenerationenvertrags« kombiniert (zu den heuristischen Möglichkeiten, aber auch Grenzen der Metapher des Sozial- und damit auch des Generationenvertrags Kaufmann 2005: 204 ff., Hebeler 2001: 57 ff., Waltermann 2005: 163 f., 260 f.). Der Sache nach knüpft das Gericht damit letztlich an die Vorschläge des Bundes katholischer Unternehmer zur Reform der Sozialversicherungen an, in denen Wilfried Schreiber 1955 den Dreigenerationenvertrag ausformuliert hatte (hierzu und zum Folgenden Stolleis 2003: 277, Kingreen 2004: 944 ff., Kaufmann 2005, S. 204 ff., Schwarz 1991: 283 f., Winkler 2000: 183). Dieser Dreigenerationenvertrag sollte auf das »vitale Problem des Industrialismus« – die »Verteilung des Lebenseinkommens auf die drei Lebensphasen: Kindheit und Jugend, Arbeitsalter und Lebensabend« – reagieren und dementsprechend die »Kindheits- und Jugendrente« neben der Altersrente einführen (Schreiber 1955: 22, 32 ff.). Doch angesichts eines demographischen Optimismus – »Kinder haben die Leute immer« (Kaufmann 2005: 208, zu dieser kolportierten Bemerkung Konrad Adenauers) – ist der Vorschlag der Jugendrente nicht aufgegriffen worden. Damit wurde die nachwachsende dritte Generation aus dem Generationenvertrag ausgeblendet. Der demographische Wandel hat die Geschäftsgrundlage des Generationenvertrags, die von einem finanziellen und einem generativen Beitrag ausgeht, in Frage gestellt. Auf der Grundlage dieser vertragstheoretischen Rekonstruktion der umlagefinanzierten Sozialversicherungssysteme kann jeder Versicherte über Art. 3 Abs. 1 i.V. mit Art. 6 Abs. 1 GG das demographische Wissen der Gesellschaft in den Sozialverscherungssystemen aktualisieren und eine entsprechende Anpassung des Generationenvertrags – vorbehaltlich parlamentarischer Gestaltungsspielräume – einklagen. Auf diese Weise wird die Gegenseitigkeit von sozialen Leistungen und damit des sozialen Zusammenhalts in der schrumpfenden Sozialversicherung sichtbar. Dies ist auch ganz im Sinne eines aktivierenden Sozialstaats, der die konkreten Leistungen von Bürgern – in diesem Fall Eltern durch einen Familienleistungsausgleich – in den sozialen Subsystemen sichtbar machen will.

Die Entscheidung des Bundesverfassungsgerichts hat aber keineswegs nur Zustimmung (Haverkate 2004: 1068, Kingreen 2004: 944 ff., Waltermann 2005: 260 f.), sondern auch Kritik erfahren (Ruland 2001: 1675 ff., Ebsen 2002: 406 ff.). Der Ausgleich des generativen Beitrags in der Sozialversicherung – so ein zentraler Einwand – sei als Familienlastenausgleich von der Allgemeinheit durch Steuern und nicht von den Versicherten zu tragen. Doch Thorsten Kingreen (2004: 946) hat diesen Einwand pointiert gekontert: Warum sollte es gerechter sein, dass mit der Gesamtheit der Steuerzahler auch die Eltern die Beseitigung des Gleichheitsverstoßes und die Wiederherstellung der Leistungsgerechtigkeit in der Sozialversicherung mit bezahlen sollen und nicht allein diejenigen, die von der bisherigen Scheinäquivalenz profitiert haben? Der Gesetzgeber kann also der Frage nach einer generationengerechten Finanzierung der sozialen Sicherungssysteme auch nicht durch eine »Flucht in den allgemeinen Familienlastenausgleich« entgehen. Görg Haverkate (2004: 1068) hat darauf hingewiesen, dass in diesem Fall der Familienlastenausgleich umfassend umgestaltet werden müsse. Dies würde aber – so Haverkate weiter – finanzielle Umschichtungen so großen Ausmaßes nach sich ziehen, dass die Realisierung eines allgemeinen generationengerechten Familienlastenausgleichs in absehbarer Zeit nicht zu erwarten sei.

E. *Wie reagiert der Staat auf demographisches Wissen?*

Diese Frage lässt sich am Beispiel des Städterückbaus beantworten: Der demographische Wandel betrifft alle Städte der Bundesrepublik. Wachsende Städte kämpfen mit

Segregation (Stohmeier/Terporten 2006: 12 ff., Thielen 2006: 20, Kersten 2007a: 50 ff.), schrumpfende Städte mit Perforation (Reuther 2003: 579, Tutt 2007: 137, 142). Das klassische, harte Bauplanungs- und Städtebaurecht ist bei der Steuerung der urbanen Folgen des demographischen Wandels einerseits unerlässlich, andererseits aber auch überfordert (Bauer 2003: 643, Möller 2006: 143 ff., 269 ff.). Der durch die demographische Entwicklung angestoßene Wandel der Planungskultur zeigt sich vor allem an zwei Instrumenten, die durch das EAG Bau 2004 neu in das Baugesetzbuch aufgenommen wurden: Mit der Regelung des Stadtumbaus – § 171a bis § 171d BauGB – hat der Gesetzgeber auf die demographische Notwendigkeit reagiert, schrumpfende Städte umzubauen. Die Soziale Stadt – § 171e BauGB – will der sozialen und wirtschaftlichen Segregation der Städte begegnen. Bei beiden städtebaulichen Instrumenten handelt es sich um *Urban Governance*. Mit diesem Begriff werden Handlungskonzepte umschrieben, die einen »intermediären Raum zwischen Staat, Privatwirtschaft und Zivilgesellschaft« informal vernetzen (Einig u.a. 2005: III, Kersten 2007b: 124 ff., grds. Heinelt 2004: 29 ff., Hill 2005: 567 ff., 2006: 155 ff., Schuppert 2006: 889 ff.; Holtkamp 2007: 366 ff.). Schon diese knappe Definition legt nahe, dass ein aktivierender, gewährleistender und nachhaltiger Sozialstaat in Ergänzung seines klassisch hoheitlichen Handlungsinstrumentariums auf Urban Governance setzen wird, um die sehr unterschiedlichen urbanen Folgen des demographischen Wandels in den Städten zu bewältigen.

Dies lässt sich am Beispiel des Stadtumbaus näher erläutern: Mit der Regelung des Stadtumbaus in den §§ 171a bis 171d BauGB hat der Gesetzgeber auf das Schrumpfen von Städten reagiert. Das Schrumpfen von Städten ist ein gesellschaftlich äußerst komplexer Prozess, der sich nicht allein im Rückgang der Bevölkerung, sondern auch in der veränderten Altersstruktur, dem Gesamtwanderungssaldo, der Arbeitsplatzentwicklung, der Arbeitslosenquote sowie der Realsteuer- und Kaufkraft der Städte manifestiert (Gatzweiler u.a. 2003: 564 f.; Besecke u.a. 2006: 64 ff.). In einigen Fällen kann die demographische und wirtschaftliche Entwicklung dazu führen, dass Gemeinden oder Städte funktionslos und deshalb von ihren Bewohnern aufgegeben werden (Kröhnert u.a. 2006: 26). Doch im Unterschied zu nordamerikanischen Beispielen (Tutt 2007: 151 ff.) mag dies aufgrund der vergleichsweise dichten Besiedlung Deutschlands doch eher die Ausnahme bleiben. Die Regel wird die notwendige planerische Gestaltung des Städteschrumpfens bilden.

Das Paradox schrumpfender Städte liegt in deren wachsendem Flächenverbrauch (Bauer 2003: 637 ff.). Dieser geht auf eine asymmetrische räumliche Flächennutzung zurück: Die Verödung der Innenstädte, der Wohnungsleerstand und die Wanderungsbewegung an die Stadtränder perforieren den sozialen Raum im Innern der Städte und führen zu immer neuen Ausweisungen von peripheren Bauflächen. Gäbe man dieser Entwicklung nach, entstünden perforierte Städte ohne urbanes Zentrum und ohne städtischen Zusammenhalt. Dieser Prozess lässt sich insgesamt nicht aufhalten, durch den Stadtumbau jedoch planerisch steuern. Steuerungsgegenstand von Stadtumbaumaßnahmen sind Gebiete, die durch einen erheblichen städtebaulichen Funktionsverlust gekennzeichnet sind (§ 171a Abs. 2 S. 1 BauGB). Dieser äußert sich in einem Überangebot an baulichen Anlagen für bestimmte Nutzungen – insbesondere Wohnzwecke (§ 171a Abs. 2 S. 2 BauGB). Steuerungsziel von Stadtumbaumaßnahmen ist die Herstellung nachhaltiger städtebaulicher Strukturen (§ 171a Abs. 2 S. 1 BauGB). Dieses Leitbild einer nachhaltigen Stadtentwicklung wird über die Gemeinwohlbelange konkretisiert, denen die Stadtumbaumaßnahmen verpflichtet sind (§ 171a Abs. 3 BauGB): Grundsätzlich geht es darum, die Siedlungsstruktur der demographischen und wirtschaftlichen Entwicklung anzupassen (Nr. 1). Dabei sollen die Innenstädte gestärkt (Nr. 3) und innerstädtische Altbaubestände erhalten werden (Nr. 7). Eine Stadt soll also idealer Weise ihr Zentrum behalten und folglich von Außen nach Innen schrumpfen. Soweit keine neue Nutzung für bauliche Anlagen in Betracht kommt (Nr. 4), liegt es im Allgemeininteresse, diese auch zurückzubauen (Nr. 5) und die freigelegten Flächen einer nachhaltigen städtebaulichen Nutzung zuzuführen (Nr. 6). Dadurch wird eine städtebauliche Perforation verhindert. Insgesamt sollen die Maßnahmen die Wohn- und Arbeitsverhältnisse sowie die Umwelt verbessern (Nr. 2).

Damit lässt sich die Leitvorstellung einer nachhaltigen Stadtentwicklung in den Zeiten des demographischen Wandels auf die Formel »kompakt, urban, grün« bringen (Bauer 2003: 643, ferner Holz-Rau/Scheiner 2004: 347, Holz-Rau 2007: 23, Scheiner 2006: 148, vgl. jedoch zu entgegengesetzten kommunalen Präferenzen für die »perforierte« Stadt Besecke u.a. 2006: 67).

Dieses Leitbild im Einzelfall zu verwirklichen, ist Aufgabe des konsensual auszuarbeitenden städtebaulichen Entwicklungskonzepts (§ 171b Abs. 2 und 3 BauGB). Es bildet zugleich die Grundlage der Festsetzung des Stadtumbaugebiets (§ 171b Abs. 1 BauGB) und der finanziellen Städtebauförderung (§ 171b Abs. 4 BauGB). Das städtebauliche Entwicklungskonzept wird von der Gemeinde durch städtebauliche Verträge mit den betroffenen Eigentümern umgesetzt (§ 171c S. 1 BauGB). Gegenstände von Stadtumbauverträgen können die Durchführung des Rückbaus baulicher Anlagen innerhalb einer bestimmten Frist und die Kostentragung für den Rückbau (§ 171c S. 2 Nr. 1 BauGB), der Verzicht auf die Ausübung von Ansprüchen nach den §§ 39 bis 44 BauGB (§ 171c S. 2 Nr. 2 BauGB) sowie der Ausgleich von Lasten zwischen den beteiligten Eigentümern sein (§ 171c S. 2 Nr. 3 BauGB). Schon diese beispielhafte Aufzählung von Vertragsgegenständen zeigt, dass der Gesetzgeber davon ausgeht, die harten wirtschaftlichen und rechtlichen Konflikte des Stadtrückbaus konsensual im Rahmen von Urban Governance lösen zu können (v. Löwis u.a. 2006: 61 f.): Der Stadtrückbau ist insbesondere im Bereich des Wohnungseigentums mit der Verschiebung wirtschaftlicher Vor- und Nachteile verbunden (Goldschmidt 2006: 85, Köhler 2006: 1785 f., Möller 2006: 114 ff., Krautzberger 2007: 1199). Der Eigentümer einer zurückzubauenden Anlage muss diese vorbehaltlich staatlicher Förderung auf eigene Kosten beseitigen. Darüber hinaus verzichtet er auf eventuelle Planungsgewährleistungsansprüche, die ihm im Rahmen einer bauplanungsrechtlichen Bereinigung des Stadtrückbaus zustehen können. Im Gegensatz dazu gewinnt der Eigentümer, dessen Anlage vom Stadtrückbau verschont bleibt, wirtschaftliche Vorteile. Diese entstehen durch die Wertsteigerung, die seine bauliche Anlage als ein nun knappes Wirtschaftsgut erfährt. Im Fall des Wohneigentums kann sich dies in einem Zuzug von Mietern in die verbleibenden Wohnanlagen niederschlagen. Schließlich kann in den vertraglichen Ausgleich auch die Gemeinde im Hinblick auf die steigenden Fixkosten für die kommunale Infrastruktur in einer schrumpfenden Stadt einbezogen werden. Dieser komplexe, vertraglich zu gestaltende Lastenausgleich zwischen rückbauenden und nicht rückbauenden Eigentümern sowie der infrastrukturbeschwerten Gemeinde lässt sich überhaupt nur in einer für alle aussichtslosen Schrumpfungssituation erwarten: Nur wenn das Aussitzen der Konkurrenzsituation auf einem schrumpfenden Immobilien- und Wohnungsmarkt keinen Gewinner mehr verspricht (Tutt 2007: 140 f.), werden die Eigentümer und die Gemeinde einen Lastenausgleich konsensual realisieren. Unter diesen Bedingungen sind die Eigentümer bereit, den wirtschaftlichen Wert ihrer Immobilien gemeinsam neu zu bestimmen. Im Stadtumbauvertrag werden die wirtschaftlichen Leistungen und Gegenleistungen als Grundlage der zukunftsfähigen Gestaltung der schrumpfenden Städte festgelegt. Der soziale Zusammenhalt schrumpfender Städte wird neu formuliert. Damit löst Urban Governance den Vorsatz eines aktivierenden, gewährleistenden und nachhaltigen Sozialstaats ein, den neuen urbanen Zusammenhalt schrumpfender Städte sichtbar zu machen.

F. *Zusammenfassung*

Der demographische Wandel gefährdet den sozialen Zusammenhalt der Bundesrepublik, den der Staat in Kooperation mit den Bürgern und der Zivilgesellschaft neu gestalten muss. Ein aktivierender, gewährleistender und nachhaltiger Sozialstaat ist dabei auf einen rationalen Umgang mit demographischem Wissen angewiesen. Die Bürger können den Staat vor allem über den allgemeinen Gleichheitssatz zwingen, demographisches Wissen in der Rechtssetzung zu aktualisieren, wenn der demographische Wandel – wie beispielsweise in den umlagefinanzierten Sozialversicherungssystemen – zu einer sachlich nicht gerechtfertigten Ungleichbehandlung führt. Um die demographische Herausforderung anzunehmen, muss ein aktivierender, gewährleistender und nachhaltiger Sozialstaat von den standardisierten Wissens- und Handlungsroutinen des erschöpften Wohlfahrtsstaats Abschied nehmen und – wie das Beispiel des Stadtumbaus zeigt – auf flexible Handlungsformen setzen. Insbesondere im Rahmen von Governance-Konzepten kann der Staat die neue Gegenseitigkeit der sozialen Beziehungen und Leistungen seiner Bürger in einer schrumpfenden Gesellschaft sichtbar machen.

Literatur

Bauer, Uta, 2003: Nachhaltige Stadtentwicklung in schrumpfenden Städten. Selbstläufer oder neue Gestaltungsaufgabe?, in: Informationen zur Raumentwicklung, 635-646.

Becker, Ulrich, 2004: Die alternde Gesellschaft – Recht im Wandel, in: Juristenzeitung 59, 929-938.

Beirat für Raumordnung, 2004: Raumordnung und demographischer Wandel. Berlin.

Besecke, Anja/Hänsch, Robert/Henckel, Dietrich, 2006: Stadtplanung unter veränderten Vorzeichen, in: Zeitschrift für Europäisches Umwelt- und Planungsrecht 5, 64-71.

Birg, Herwig, 1989: Johann Peter Süssmilch und Thomas Robert Malthus – Marksteine der Bevölkerungswissenschaftlichen Theorieentwicklung, in: *Mackensen, Rainer/Thill-Thouet, Lydia/Stark, Ulrich* (Hrsg.), Bevölkerungsentwicklung und Bevölkerungstheorie in der Geschichte und Gegenwart. Deutsche Gesellschaft für Bevölkerungswissenschaft. 21. Arbeitstagung. Frankfurt und New York, 53-75.

Birg, Herwig, 2005: Die ausgefallene Generation. München.

Birg, Herwig, 2006: Unser Verschwinden würde gar nicht auffallen, in: Frankfurter Allgemeine Zeitung, Nr. 147. 28.06.2006, 43.

Böhret, Carl, 2006: Möglichkeiten und Grenzen der Folgenabschätzung als Instrument prospektiver Politikgestaltung, in: *Bertelsmann Stiftung* (Hrsg.), Demographiemonitor. 2. Band. Gütersloh, 60-97.

BMVBW (Bundesministerium für Verkehr, Bau- und Wohnungswesen)/BBR (Bundesamt für Bauwesen und Raumordnung) (Hrsg.) 2005: Öffentliche Daseinsvorsorge und demographischer Wandel. Berlin und Bonn.

Börsch-Supan, Axel, 2006: Ökonomischen Wohlstand erhalten bzw. mehren, in: *Bertelsmann Stiftung* (Hrsg.), Demographiemonitor. 2. Band. Gütersloh, 101-124.

Canzler, Weert, 2007: Verkehrsinfrastrukturpolitik in der schrumpfenden Gesellschaft, in: *Schöller, Oliver/Canzler, Weert/Knie, Andreas* (Hrsg.), Handbuch der Verkehrspolitik. Wiesbaden, 510-532.

Castel, Robert, 2005: Die Stärkung des Sozialen, Hamburg.

Dahrendorf, Ralf 1995: Die Quadratur des Kreises: Wirtschaftlicher Wohlstand, sozialer Zusammenhalt und politische Freiheit, in: *ders.*, Der Wiederbeginn der Geschichte. München 2004, 103-131.

Ebsen, Ingwer, 2002: Die gesetzliche Pflegeversicherung (SGB XI) auf dem Prüfstand des Bundesverfassungsgerichts, in: Jura 24, 401-408.

Einig, Klaus/Grabher, Gernot/Ibert, Oliver/Strubelt, Wendelin, 2005: Urban Governance, in: Informationen zur Raumentwicklung. Heft 9/10, I-IX.

Fuhrmann, Martin, 2002: Volksvermehrung als Staatsaufgabe? Bevölkerungs- und Ehepolitik in der deutschen politischen und ökonomischen Theorie des 18. und 19. Jahrhunderts. Paderborn.

Gatzweiler, Hans-Peter/Meyer, Katrin/Milbert, Antonia, 2003: Schrumpfende Städte in Deutschland? Fakten und Trends, in: Informationen zur Raumordnung, 557-574.

Goldschmidt, Jürgen 2006: Stadtumbau und Soziale Stadt, in: Deutsches Verwaltungsblatt 120, 81-89.

Haverkate, Görg, 2004: Die Zukunft der sozialen Sicherungssysteme, in: Deutsches Verwaltungsblatt 118, 1061-1070.

Haverkate, Görg, 2005: Langzeitperspektiven im Recht: Edmund Burkes Gesellschaftsvertrag, in: *Grupp, Klaus* (Hrsg.), Recht, Kultur, Finanzern: Festschrift für Reinhard Mußgnug zum 70. Geburtstag am 26. Oktober 2005. Heidelberg, 555-563.

Hebeler, Timo, 2001: Generationengerechtigkeit als verfassungsrechtliches Gebot in der sozialen Rentenversicherung, Baden-Baden.

Heinelt, Hubert, 2004: Governance auf lokaler Ebene, in: *Benz, Arthur* (Hrsg.), Governance – Regieren in komplexen Regelungssystemen. Wiesbaden, 29-44.

Hill, Hermann, 2006: Urban Governance – Zum Wohle der Kommune, in: *Deutsches Institut für Urbanistik* (Hrsg.), Brennpunkt Stadt. Lebens- und Wirtschaftsraum, gebaute Umwelt, politische Einheit. Festschrift für Heinrich Mäding zum 65. Geburtstag. Berlin, 155-172.

Hill, Hermann, 2005: Urban Governance und Lokale Demokratie, in: Informationen zur Raumentwicklung, 567-577.

Holtkamp, Lars, 2007: Local Government, in: Benz, Arthur/Lütz, Susanne/Schimank, Uwe/ Simonis, Georg (Hrsg.), Handbuch Governance. Theoretische Grundlagen und empirische Anwendungsfelder. Wiesbaden, 366-377.

Hondrich, Karl Otto, 2007: Weniger sind mehr. Warum der Geburtenrückgang ein Glücksfall für unsere Gesellschaft ist. Frankfurt und New York.

Holz-Rau, Christian/Jansen, Ute, 2007: Nachhaltige Raum- und Verkehrsplanung, in: Aus Politik und Zeitgeschichte (29-30), 17-26.

Holz-Rau, Christian/Scheiner, Joachim 2004: Verkehrsplanung und Mobilität im Kontext der demographischen Entwicklung, in: Straßenverkehrstechnik 48, 341-348.

Kaufmann, Franz-Xaver 2005: Schrumpfende Gesellschaft. Frankfurt.

Keim, Karl-Dieter, 2006: Peripherisierung ländlicher Räume, in: Aus Politik und Zeitgeschichte (37), 3-7.

Kersten, Jens, 2006: Daseinsvorsorge und demographischer Wandel – Wie ändert sich das Raum- und Staatsverständnis?, in: Raumforschung und Raumordnung 64, 245-257.

Kersten, Jens, 2007a: Segregation in der Schule, in: Die Öffentliche Verwaltung 60, 50-58.

Kersten, Jens, 2007: Business Improvement Districts in der Bundesrepublik Deutschland – Urban Governance zwischen privater Initiative und staatlichem Zwang –, in: Umwelt- und Planungsrecht 27, 121-129.

Kingreen, Thorsten, 2004a: Familie als Kategorie des Sozialrechts, in: Juristenzeitung 59, 938-948.

Kingreen, Thorsten, 2004b: Rechtliche Gehalte sozialpolitischer Schlüsselbegriffe: Vom daseinsvorsorgenden zum aktivierenden Sozialstaat, in: Schriftenreihe des Deutschen Sozialversicherungsverbandes 52, 7-47.

Köhler, Horst, 2006: § 171c BauGB, in: *Schrödter, Hans* (Hrsg.), Baugesetzbuch. Kommentar. 7. Auflage. München, 1785-1786.

Krautzberger, Michael, 2007: § 171c BauGB, in: *Battis, Ulrich/Krautzberger, Michael/Löhr, Rolf-Peter*: Baugesetzbuch. BauGB, 10. Auflage. München, 1197-1199.

Kommission der Europäischen Gemeinschaften, 2005: Grünbuch »Angesichts des demografischen Wandels, eine neue Solidarität zwischen den Generationen«, KOM 94(2005) endgültig.

Kotzur, Markus, 2007: Der nachhaltige Sozialstaat, in: Bayerische Verwaltungsblätter 53, 257-263.

Koziol, Matthias, 2004: Folgen des demographischen Wandels für die kommunale Infrastruktur, in: Deutsche Zeitschrift für Kommunalwissenschaften 43, 69-83.

Löwis, Sabine von/Neumann, Ingo/Wickel, Martin, 2006: Kommunale Schrumpfungsprozesse in Deutschland und Europa. Schrumpfungsphänomene, Auswirkungen und Handlungsansätze, in: Zeitschrift für Europäisches Umwelt- und Planungsrecht 5, 54-63

Malthus, Thomas Robert, 1798: An Essay on the Principle of Population, as it Affects the Future Improvement of Society, with Remarks on the Speculations of Mr. Godwin, M. Condorcet, and Other Writers. London.

Matz, Klaus-Jürgen, 1980: Pauperismus und Bevölkerung. Die gesetzlichen Ehebeschränkungen in den süddeutschen Staaten während des 19. Jahrhunderts. Stuttgart.

Möller, Andreas, 2006: Siedlungsrückbau in den neuen Ländern nach Stadtumbau- und Sanierungsrecht. Berlin.

Mohl, Robert von, 1844: Die Polizei-Wissenschaft nach den Grundsätzen des Rechtsstaates. 1. Band. 2. Auflage. Tübingen.

Mohl, Robert von, 1846: Bevölkerung, in: *Rotteck, Carl von/Welcker, Carl* (Hrsg.), Das Staats-Lexikon. Enzyklopädie der sämmtlichen Staatswissenschaften für alle Stände. 2. Band. Neuauflage. Altona, 458-481.

Muckel, Stefan, 2007: Sozialrecht. 2. Auflage. München.

Reuther, Iris, 2003: Learning from the East?, in: Informationen zur Raumentwicklung, 575-588.

Rousseau, Jean-Jacques, 1762: Vom Gesellschaftsvertrag oder Grundsätze des Staatsrechts. Hrsg. v. *Brockard, Hans/Pietzcker, Eva*. Stuttgart 2004.

Ruland, Franz, 2001: Das BVerfG und der Familienlastenausgleich in der Pflegeversicherung, in: Neue Juristische Wochenschrift 54, 1673-1678.
Scheiner, Joachim, 2006: Auswirkungen des demographischen Wandels auf den Verkehr, in: *Gans, Paul/Schmitz-Veltin, Ansgar* (Hrsg.): Demographische Trends in Deutschland. Folgen für Städte und Regionen. Hannover, 131-153.
Schirrmacher, Frank, 2005: Das Methusalem-Komplott. München.
Schreiber, Wilfrid, 1955: Existenzsicherheit in der industriellen Gesellschaft. Vorschläge des Bundes Katholischer Unternehmer zur Reform der Sozialversicherungen. Köln.
Schuppert, Gunnar Folke, 2006: Governance, in: *Heun, Werner/Honecker, Martin/Morlok, Martin/Wieland, Joachim* (Hrsg.), Evangelisches Staatslexikon, Neuauflage. Stuttgart, 889-893.
Schwarz, Hans-Peter, 1991: Adenauer: Der Staatmann: 1952-1967. Stuttgart.
Schwarz, Hans-Peter, 2004: Anmerkungen zu Adenauer. Stuttgart.
Speich, Mark, 2004: Demographie und Politik, in: *Herbert-Quandt-Stiftung* (Hrsg.), Gesellschaft ohne Zukunft? Bevölkerungsrückgang und Überalterung als politische Herausforderung. Bad Homburg v.d. Höhe, 118-125.
Stern, Fritz, 1961: Kulturpessimismus als politische Gefahr. Nachdruck 2005. Stuttgart.
Stohmeier, Klaus Peter/Terporten, Tobias, 2006: Herausforderung der Stadtpolitik, in: der städtetag 59 (4), 10-14.
Stolleis, Michael, 2003: Geschichte des Sozialrechts in Deutschland. Stuttgart.
Stolleis, Michael, 2005: Die unvollendete Gerechtigkeit. Stuttgart.
Thielen, Hartmut, 2006: Neue Aufgaben für die Stadtentwicklung, in: der städtetag 59 (4), 19-23.
Tutt, Cordula 2007: Das große Schrumpfen. Berlin.
Vaupel, James W./Schnabel, Sabine/Kistowski, Kristin G. von/Gampe, Jutta, 2006: Möglichkeiten und Grenzen demographischer Prognosen, in: *Bertelsmann Stiftung* (Hrsg.), Demographiemonitor. 2. Band. Gütersloh, 35-59.
Vogel, Berthold, 2007: Die Staatsbedürftigkeit der Gesellschaft. Hamburg.
Walla, Wolfgang/Eggen, Bernd/Lipinski, Heike, 2006: Der demographische Wandel. Stuttgart.
Wallerath, Maximilian, 2004: Der Sozialstaat in der Krise, in: Juristenzeitung 59, 949-961.
Waltermann, Raimund, 2005: Sozialrecht. 5. Auflage. Heidelberg.
Weiß, Wolfgang, 2005: Tragfähigkeit – ein unscharfer Schlüsselbegriff im Schnittpunkt von Raumordnung und Regional-Demographie, in: Raumforschung und Raumordnung 63, 340-349.
Winkler, Heinrich August, 2000: Der lange Weg nach Westen. 2. Band. München.
Wolfrum, Edgar, 2006: Die geglückte Demokratie. Geschichte der Bundesrepublik von ihren Anfängen bis zur Gegenwart. Stuttgart.
Wohlrad, Klaus, 1997: Armut und Staatszweck. Die politische Theorie der Armut im deutschen Naturrecht des 18. und 19. Jahrhunderts. Goldbach.

Internetsuchmaschinen als Hüter des Wissens? Tatsächliche Probleme für den freien Informationszugang und rechtlicher Handlungsbedarf

Jürgen Kühling[1]

Inhaltsübersicht

A. *Einleitung*

Internetsuchmaschinen werden zunehmend nicht nur als nützliche Lotsen im unendlichen Informationsozean des Internets angesehen, sondern auch in ihrer machtvollen und ambivalenten Gatekeeper-Rolle für den Informationszugang kritisch beobachtet. Die Gatekeeper-Rolle der Suchmaschinen wirft dabei unterschiedliche rechtliche Fragen auf. So stellt sich zunächst die Frage, wie sich die Gatekeeper-Rolle auf den Informationszugang auswirkt und wie dieser beeinflusst werden kann (vgl. dazu auch Kühling/Gauß 2007a). Angesichts der zunehmenden Expansionslust der Suchmaschinenanbieter ist darüber hinaus fraglich, inwiefern es insoweit einer kartellrechtlichen Abwehrreaktion bedarf und ob die dazu bereit stehenden Instrumente genügen (vgl. dazu auch Kühling/Gauß 2007b). Im Folgenden sollen diese Fragen im Lichte der

1 Der Vortrag und die folgenden Ausführungen sind im Zusammenhang mit weiterführenden Untersuchungen entstanden, die der Verfasser gemeinsam mit seinem Doktoranden Nicolas Gauß durchgeführt hat, vgl. dazu Kühling/Gauß 2007a und Kühling/Gauß 2007b. Der Verfasser ist Herrn Gauß für die Hilfe bei der Recherche und für die kritische Diskussion des vorliegenden Textes zu Dank verpflichtet.

Auswirkungen der Rolle der Internetsuchmaschinen für den Wissenszugang analysiert werden.
Dazu werden zunächst die wesentlichen Anbieter und deren Dienstleistungen dargestellt (B.) sowie die technischen Hintergründe der Suchmaschinentechnologie skizziert (C.). Im Anschluss daran wird die Rolle der Suchmaschinen analysiert (D.I.). Sodann werden insbesondere die Auswirkungen der redaktionellen Bearbeitung seitens der Suchmaschinenbetreiber (D.II.) und der Trend zur personalisierten Suche für den Informationszugang bewertet (D.III.). Schließlich wird auf die Expansionstendenzen der Suchmaschinenbetreiber eingegangen, die die bereits bestehenden Gefahren noch verstärken könnten (E.I. und II.). Daher stellt sich auch insoweit die Frage nach den diesbezüglichen (kartell-)rechtlichen Reaktionsmöglichkeiten (E.III.). Den Beitrag beschließt ein Fazit (F.).

B. *Die Dominanz von Google*

Es besteht die Befürchtung, dass Google im Suchmaschinenmarkt eine ähnlich dauerhafte Dominanz erlangt, wie sie Microsoft in den Märkten für Betriebssysteme, Tabellenkalkulationen, Textverarbeitungen und Webbrowser erreicht hat und sich dies für den Suchmaschinenmarkt innovationshemmend auswirken könnte. Dabei wäre eine ähnliche Entwicklung mit Blick auf die Suchmaschinendienste bedenklich, da diese für den freien Informationszugang und für die Informationsvielfalt der online verfügbaren Inhalte eine enorme Bedeutung haben (dazu D.I.). Angesichts der Marktsituation – insbesondere in Deutschland – erscheinen diese Bedenken auf den ersten Blick nicht völlig ungerechtfertigt.
So verfügte Google im deutschen Markt für allgemeine Internet-Suchmaschinen im September 2006 über einen Marktanteil von 86,3 % (Heise 2006a).[2] Die zweitplatzierte Suchmaschine von Yahoo kam lediglich auf 3,3 % Marktanteil. Andere Suchmaschinenanbieter hatten nur sehr geringe Marktanteile. Hinzu kommt, dass AOL, T-Online und Freenet auf ihren Seiten ebenfalls die Google-Suchfunktion verwenden. Die Marktanteile der Anbieter Anfang Oktober 2007 sind ähnlich: Google allein kam auf 89,4 %, Yahoo auf 3,4 % und MSN (Microsoft Network) auf 1,5 % (Webhits 2007). In vielen ausländischen Märkten verfügt Google auch über eine starke Marktstellung. So ist Google in den USA klarer Marktführer. Google erreichte dort im August 2007 einen Marktanteil von 56,5 %, Yahoo kam auf 23,3 %, MSN auf 11,3 % und das Time Warner Network, zu dem AOL gehört, das die Google-Suche verwendet, erreichte 4,5 % (Comscore 2007).
Allerdings ist darauf hinzuweisen, dass Google keinesfalls in allen führenden Wirtschaftsnationen eine vergleichbar starke Stellung innehat. So verfügt der südkoreanische Suchmaschinenbetreiber Naver auf dem süd-koreanischen Markt über einen Marktanteil von 77 %, Google aber nur über einen 1,7 %-prozentigen Marktanteil. Bei Naver handelt es sich allerdings nicht um eine herkömmliche Suchmaschine, son-

2 Allgemeine Suchmaschinen sind von Meta-Suchmaschinen und spezialisierten Suchmaschinen (wie z.B. »LexisNexis«) zu unterscheiden.

dern um ein Webportal, das mittlerweile ca. 70 Millionen von Nutzern erstellte Einträge enthält (International Herald Tribune 2007).

Google, das 1998 in den USA gegründet wurde, war ursprünglich eine reine Suchmaschine. Das Unternehmen verfügt durch seine kontextabhängige Werbung (»Keyword Advertising«) auch über eine sehr starke Stellung im Markt für Online-Werbung. So wird angenommen, dass Google im deutschen Online-Werbemarkt 2006 mit seiner Suchwortvermarktung einen Marktanteil von 31,5 % besaß (Computerwoche 2007). Bei der kontextabhängigen Werbung »Adwords« von Google wird Werbung zu bestimmten Stichwörtern in optischer Nähe zur Trefferliste gesetzt. Diese Werbung enthält ebenfalls Links und wird auf die Suchbegriffe abgestimmt verkauft. Dazu arbeiten die Diensteanbieter mit dem Suchmaschinenbetreiber zusammen und übermitteln entsprechende Suchbegriffe, zu denen sie die Einblendung ihrer Werbung wünschen. Die Rangfolge der Platzierung der Textwerbung auf den Ergebnisseiten von Google ist von der Höhe des Gebots eines Unternehmens für jeden erfolgten Click auf die eigene Textwerbung und von der Anzahl der bisherigen Klicks auf die Webseite[3] des Unternehmens abhängig. Andere Suchmaschinen benutzen ähnliche Verfahren wie »AdWords«.

Googles größter Wettbewerber Yahoo startete seine Suchmaschine als Webverzeichnis, also als redaktionell sortierte Sammlung von Adressen von Webseiten. Später benutzte Yahoo andere Suchmaschinen, unter anderem auch die von Google. Seit 2004 verfügt Yahoo über eine eigene Suchtechnologie. Microsoft, der dritte große Anbieter, betreibt seit Ende 2004 eine eigene allgemeine Suchmaschine (Lewandowski 2005: 2.1; Battelle 2005: 126). Die Suchmaschine »Windows Live Search« ist Teil des Webportals MSN, das eine Vielzahl von Inhalten anbietet.

Die drei großen Suchmaschinenanbieter Google, Yahoo und Microsoft erzielen alle sehr hohe Gesamtumsätze. So erwirtschaftete Google 2006 einen Umsatz von 10,6 Milliarden US-Dollar weltweit (Heise 2007a), Yahoo erreichte einen weltweiten Gesamtumsatz von 6,4 Milliarden US-Dollar (Golem 2007) und der Umsatz von Microsoft betrug 2006 über 44 Milliarden US-Dollar (Heise 2006b). Vor diesem Hintergrund werden die hohen Beträge verständlich, die die drei großen Suchmaschinenanbieter für Forschung und Entwicklung ausgeben. So wird geschätzt, dass Google im Quartal bis zu 312 Millionen Dollar für Forschung und Entwicklung investiert (Der Spiegel 2006: 30 f.).

C. *Technischer Hintergrund*

Zur Erläuterung der tatsächlichen und rechtlichen Probleme bei der Auswahl von Suchergebnissen wird im Folgenden ein kurzer Überblick über die Technik der Suchmaschinen gegeben. Im Prinzip besteht der Ablauf einer Suchanfrage darin, dass ein Nutzer einen oder mehrere Suchbegriffe eingibt und die Suchanfrage dann an eine Datenbank mit Informationen über die Webseiten, den Index, weitergeleitet wird.

3 Wenn im Folgenden von Webseiten die Rede ist, werden damit auch sonstige Seiten im Internet gemeint, die sich nicht im World Wide Web befinden.

Anschließend wird eine auf die Suchanfrage ausgerichtete Liste von Webseiten an den Nutzer zurückgesendet.
Damit eine Webseite von einer Suchmaschine erfasst werden kann, kann sie entweder bei den Suchmaschinenanbietern registriert werden oder – was der Regelfall ist – automatisch von einem Webcrawler erfasst werden (Rath 2005: 64 f.). Webcrawler sind Computerprogramme, die Webseiten für die Suchmaschinenanbieter regelmäßig scannen, um neue Webseiten zu entdecken und die aktuelle Version bereits bestehender Seiten zu erfassen. Die Webcrawler registrieren dabei auch die Links, die sich in den aufgefundenen Seiten befinden und rufen die verlinkten Webseiten auf. Die Webcrawler senden die Informationen über die Webseiten sodann an den Index der Suchmaschine, in dem Informationen über die Webseiten abgelegt werden. Bei der Indexierung wird eine Inhaltsanalyse vorgenommen und anhand dieser eine Klassifizierung nach bestimmten Kategorien sowie eine Sortierung nach Schlagwörtern durchgeführt (Battelle 2005: 20 f.). Voraussetzung dafür, dass eine Internet-Seite bei einer Suchanfrage überhaupt angezeigt werden kann, ist somit, dass sie indexiert wurde (Schulz u.a. 2005: 14). Bei einer Suchanfrage eines Nutzers leitet der sogenannte »Query Processor« die Anfrage an den Index der Suchmaschine weiter. Dabei wertet der »Query Processor« anhand der vom Nutzer eingegebenen Suchbegriffe (und weiterer Anweisungen, wie z.B. der IP-Adresse des Computers) die Indexdaten aus und sortiert die aufgefundenen Fundstellen in Form einer nach Relevanz sortierten Ergebnisliste. Im Zuge dieses Prozesses entsteht ein Ranking (eben jene sortierte Liste von Suchergebnissen) der gefundenen Webseiten. Das Ranking bestimmt sich bei Suchmaschinen nach verschiedenen Kriterien. Dabei werden vor allem die folgenden Kriterien – einzeln oder kumulativ – gewichtet:

- die Anzahl der extern gesetzten Links auf eine bestimmte Webseite (als Ausdruck ihrer Reputation),
- die Inhalte der Webseite und ihrer benachbarten Seiten,
- die Anzahl der bisherigen Zugriffe auf die in der Ergebnisliste der Suchmaschine angezeigten Links zu der Webseite (»Clickstream«),
- der Grad der Webseiten-internen Verlinkung,
- die logische Struktur einer Webseite (Rath 2005: 70-72; Schulz u.a. 2005: 16).

Das Kriterium der extern gesetzten Links auf eine Webseite ist Grundlage des von Google verwendeten und patentierten »PageRank«-Algorithmus. Dieses Verfahren wird in ähnlicher Form auch von anderen Suchmaschinenbetreibern benutzt. Danach wird eine Webseite umso höher eingestuft, je mehr Links anderer Seiten auf diese Webseite gesetzt sind. Dabei wird auch die Formulierung des Ankertexts[4] sowie die Beliebtheit bzw. Bedeutung der den externen Link enthaltenen Webseite berücksichtigt (Battelle 2005: 22). Google analysiert insgesamt – je nach Zählweise – über 200 weitere Faktoren, um die Bedeutung einer Seite für die jeweilige Suchanfrage festzustellen (FAZ 2007a; Battelle 2005: 22).

4 Unter Ankertext ist der anklickbare, meist unterstrichene Text eines Hyperlinks auf ein anderes Dokument zu verstehen.

Damit gibt es für Anbieter von Webseiten zwei neuralgische Punkte: Die Aufnahme in den Index, die über das »Ob« des Erscheinens bei einer Suchanfrage entscheidet, und das komplexere Ranking, das das »Wo« des Erscheinens in der Ergebnisliste bestimmt.

D. *Rolle der Suchmaschinen, Missbrauchsgefahren und rechtliche Reaktionsinstrumente*

I. *Zunehmende Bedeutung der Suchmaschinen*

Die Benutzung der Suchmaschinen als Navigationshilfe für die Interaktion mit dem Internet ist vergleichbar mit der Situation von Windows als Schnittstelle für die Interaktion mit dem PC (Battelle 2005: 4). Laut der »ARD/ZDF-Online-Studie 2007« benutzen 76 % aller Internetnutzer mindestens einmal wöchentlich eine Suchmaschine (Online-Studie 2007: 369 f.). Dabei sind Suchmaschinen vor allem für unspezifische Informationsanfragen von Bedeutung. Also nicht in den Fällen, in denen sich ein Nutzer bei Spiegel-Online oder Wikipedia informieren möchte, sondern in denen er erst die passenden Webseiten für bestimmte Begriffe sucht. Denn das Problem für den Suchenden ist meist nicht, möglichst viele Informationen zu erhalten, sondern eine strukturierte Auswahl für ihn relevanter Informationen zu bekommen (Tinnefeld 2007: 628). Durch die starke Zunahme der Internetnutzung – 2001 gab es in Deutschland 38,8 Mio. Internetnutzer, 2007 waren es bereits 62,7 Mio. (Online-Studie 2007: 363 f.) – und der Inhalte im Internet wird sich der Einfluss der Internetsuchmaschinen in Zukunft weiter erhöhen. Suchmaschinen nehmen eine wichtige Rolle als Informationszugangsvermittler bzw. »Gatekeeper« ein, d.h. sie können darüber entscheiden, welches Wissen zugänglich ist. Denn eine Webseite, die nicht von einer der großen Suchmaschinen in den Index aufgenommen worden ist oder bei einer Suchanfrage nicht auf einer der ersten Seiten der Ergebnisliste auftaucht, ist für die Internet-Nutzer faktisch nicht existent (Rath 2005: 24). Das »Wo« des Rankings ist somit letztlich von ähnlicher Bedeutung wie das »Ob« der Indexierung einer Seite (Kühling/Gauß 2007a: 882).

Aufgrund der hohen Konzentration des Suchmaschinenmarktes (s.o. B.) und des starken Einflusses der Suchmaschinen auf die Zugangsvermittlung zu Wissen bestehen somit erhebliche Gefährdungspotenziale für einen offenen und diskriminierungsfreien Zugriff auf Internet-Inhalte. Dies gilt insbesondere vor dem Hintergrund, dass Suchmaschinen redaktionelle Eingriffe vornehmen.

II. *Redaktionelle Eingriffe der Suchmaschinenbetreiber und rechtliche Reaktionsmöglichkeiten*

Redaktionelle Eingriffe der Suchmaschinenbetreiber sind inhaltliche Eingriffe in den Suchindex oder in die Ranking-Algorithmen, die zum Ausschluss einzelner Seiten oder deren »Abrutschen« im Ranking führen. Ein aktuelles Beispiel dafür ist die Abwertung durch Google von Webseiten, denen vorgeworfen wurde, sich am Handel mit gekauften Links (»Linktrading«) beteiligt zu haben. Diese Webseiten wurden im Oktober 2007 zum Teil stark im Ranking herabgesetzt (Heise 2007b). Eingriffe wie diese sind von großer Tragweite, da bereits kleinste Veränderungen exponentielle Auswirkungen auf die von Suchanfragen abhängigen Webseiten haben können. Denn Suchmaschinen sind der Ursprung für eine große Menge an Verkehr auf vielen Webseiten.

Verhältnismäßig eindeutig zu bewerten sind zunächst diejenigen redaktionellen Eingriffe, die sich nach dem »Verhaltenssubkodex der Suchmaschinenanbieter« (Verhaltenssubkodex 2004; Heise 2005) oder aufgrund gesetzlicher Verbote beurteilen lassen. Dem Verhaltenssubkodex haben sich 2005 alle großen in Deutschland tätigen Suchmaschinenanbieter freiwillig unterworfen. In § 2 Nr. 5 b des Verhaltenssubkodex verpflichten sich die Anbieter unter anderem dazu, die Internetadressen, die durch die Bundesprüfstelle für jugendgefährdende Medien indiziert werden, so weit wie möglich aus dem Index zu entfernen bzw. nicht anzuzeigen. Schließlich ist die Einhaltung gesetzlicher Verbote (wie z.B. § 130 StGB) ein zwingender Maßstab für redaktionelle Eingriffe. Daher dürften entsprechende Maßnahmen regelmäßig einfach nach zu verfolgen und grundsätzlich als rechtlich unproblematisch einzustufen sein. Zu wesentlich umstritteneren Fällen, wie dem Streichen einer Scientology-kritischen Seite aus dem Suchindex aufgrund eines entsprechenden Urteils eines amerikanischen Gerichts (Heise 2002), ist es in Deutschland noch nicht gekommen. Daher erscheint im Bereich der Anpassung des Suchindexes an eindeutige rechtliche Vorgaben in Deutschland bislang kein Problem und damit auch kein rechtspolitischer Handlungsbedarf zu bestehen.

Bei der Beurteilung der rechtlichen Zulässigkeit redaktioneller Bearbeitungen geht es im Übrigen in erster Linie um die Abgrenzung der zulässigen Suchmaschinen-Optimierung, die Webseitenbetreiber vornehmen, um ein gutes Ranking ihrer Seite zu erreichen, vom unzulässigen Suchmaschinen-Spamming (Kühling/Gauß 2007a: 883 f.). Suchmaschinen-Spamming erfasst Vorgehensweisen, die speziell darauf ausgerichtet sind, den Index und das Ranking einer Suchmaschine zu täuschen (van Couvering 2007: 116).[5] Ein Beispiel dafür war das vor einigen Jahren weitverbreitete »Metatagging«. Bei »Metatags« handelt es sich um für den Internetnutzer nicht ohne weiteres sichtbare Informationen auf einer Webseite, die Daten über die betreffende Webseite enthalten, um damit das Ranking der Webseite bei Suchanfragen zu erhöhen. Beim »Metatagging« wurden sachfremde Schlagwörter (wie Marken Dritter) verwendet, um das Ranking zu manipulieren (Kühling/Gauß 2007a: 884). Die Bekämpfung solchen Spammings ist zulässig, da sie dem berechtigten Interesse der Suchmaschinenanbieter und der Nutzer dient, dass Suchmaschinen für die Suchbegriffe relevante Inhalte enthalten. Eine derartige Vorgehensweise durch die Suchmaschinen-Anbieter selbst wird in der Regel auch wesentlich effektiver sein als der Einsatz rechtlicher Instrumente (Kühling/Gauß 2007a: 886 f.). Deshalb müssen Suchmaschinenbetreiber die Möglichkeit haben, gewisse redaktionelle Eingriffe in die Suchalgorithmen vorzunehmen, um Spamming, Betrügereien und andere verbotene Inhalte zu beseitigen. Dies führt zwar zu einer gewissen Verzerrung (Goldman 2007: 119), ist rechtlich aber

5 Ähnlich auch die Definition von Rath (Rath 2005: 224).

unproblematisch (vertieft zu Formen der redaktionellen Bearbeitung und zu deren Rechtmäßigkeit: Kühling/Gauß 2007a: 885, 887 f.). Da die Richtlinien der Suchmaschinenbetreiber aber keinen abschließenden »Negativkatalog« an Verhaltensweisen, die Spamming darstellen, enthalten[6] und es zu immer neuen Formen von Suchmaschinen-Spamming kommt, kann es im Einzelfall schwer sein, zu beurteilen, ob ein redaktioneller Eingriff noch gerechtfertigt oder bereits willkürlich ist. Ein Beispiel dafür ist der (angebliche) »Digital-Kamera-Fall«, den Battelle beschreibt. So sollen im November 2003 bei »google.com« bei der Suchanfrage »Digitalkameras« auf den Spitzenplätzen der Trefferliste vor allem Händler aufgelistet worden sein, die Digitalkameras verkauften. Im Mai 2005 erschienen bei der gleichen Suchanfrage auf den Spitzenplätzen dann vor allem Tests und Preisvergleiche von Digitalkameras (Batelle 2005: 163). Das gleiche Ergebnis findet man heutzutage bei dieser Suchanfrage unter »google.de«, wobei die Webseiten mit den Kamera-Tests häufig auch dem Verkauf dienen. Unabhängig von der Beurteilung dieses Vorgangs (Batelle 2005: 163 ff.) steht fest, dass Google eine redaktionelle Änderung des entsprechenden Algorithmus vorgenommen hat, die wesentliche Auswirkungen auf die Publizität der verschiedenen Webseiten hatte. Dies kann zur Konsequenz haben, dass die Suchmaschinen-Optimierung einer einzelnen Seite dem Kampf eines Suchmaschinenanbieters wie Google gegen das Suchmaschinen-Spamming zum Opfer fällt und die Webseite bei der Anzeige des Suchergebnisses ein völlig anderes Ranking erhält (Batelle 2005: 158). Die Grenzen zwischen unzulässiger Einflussnahme des Suchmaschinenbetreibers und der Spamming-Bekämpfung sind also fließend. Im Übrigen ist danach zu unterscheiden, ob in der Konsequenz eines Handelns des Suchmaschinenbetreibers eine »bloße« Rückstufung oder sogar ein vollständiger Ausschluss erfolgt.

Ein »Abrutschen« in der Trefferliste kann nicht nur für reine Online-Händler, die noch keinen festen Kundenstamm haben und auf ein gutes Ranking angewiesen sind, existenzgefährdende Auswirkungen haben. Es beeinflusst vielmehr de facto auch den Informationszugang der Internetnutzer. Denn diese rufen in der Regel nur die ersten Suchergebnisse auf bzw. schauen sich nur die ersten Seiten der Suchergebnislisten an. Es ist einzuräumen, dass es insoweit an belastbaren Rechtsgrundlagen fehlt, um eine »Ranking-Kontrolle« durchzuführen. Schon der Nachweis einer entsprechenden willkürlichen Manipulation wird regelmäßig nicht gelingen, da es insoweit an Beweismöglichkeiten des Betroffenen fehlt und der Suchmaschinenbetreiber angesichts der Bedeutung der Betriebsgeheimnisse kaum zur Offenlegung der Funktionsweise seiner Suchalgorithmen verpflichtet werden kann. Angemessene rechtliche Reaktionsinstrumente könnten hier eher in der Einrichtung einer unabhängigen Kontrollinstanz gesehen werden, die entsprechende Manipulationsvorwürfe gleichsam in einem spezifischen Verfahren mit Geheimhaltungspflichten überprüft (Schulz u.a. 2005: 112). Angesichts der bislang nicht eben nahe liegenden tatsächlichen Missbrauchsfälle erscheint eine derartige Instanz gegenwärtig aber nicht erforderlich (Kühling/Gauß 2007a: 889).

Kommt es hingegen zum vollständigen Ausschluss einer Seite aus dem Suchmaschinenindex, die objektiv nicht gerechtfertigt ist, besteht zumindest für kommerziell ver-

6 Siehe z.B. die zum Spamming sehr knapp gehaltenen Richtlinien von Microsoft (Microsoft 2007).

marktete Inhalte dem Grunde nach ein Anspruch aus §§ 19, 20 i.V.m. 33 GWB auf Wiederaufnahme in den Index (Ott 2006: 195 ff.). Eine kartellrechtliche Überprüfung redaktioneller Eingriffe bleibt dagegen für den großen Bereich der Kommunikation ausgeschlossen, in dem es nicht um kommerzielle Aspekte geht und damit der Anspruchsteller kein Unternehmen im Sinne des GWB ist. Hier fehlt es an rechtlichen Kontrollinstrumenten, um willkürliche Ausschlüsse zu vermeiden. Insoweit besteht rechtspolitischer Handlungsbedarf.

III. *Unangemessene Repräsentation als rechtliches Problem?*

Bei den Betreibern von Suchmaschinen kristalliert sich somit bereits eine Praxis zum Schutz der »neutralen« Darstellung von Suchergebnissen heraus. Diese Bemühungen werfen allerdings die Frage auf, wann die Suchergebnisse denn überhaupt eine »angemessene« Repräsentation darstellen. Was soll der diesbezügliche Maßstab sein, um eine Manipulation bzw. Fehlrepräsentation zu identifizieren? Dabei stellt sich zunächst die Frage, ob das Ranking letztlich die Relevanz in der Offline- oder in der Online-Welt widerspiegeln soll. Diese Frage ist eindeutig zugunsten der Online-Welt zu entscheiden. Niemand erwartet von einer Suchmaschine, dass sie ein repräsentatives Bild der Offline-Welt liefert. Das könnte sie auch gar nicht, ohne massive redaktionelle Beeinflussungen vorzunehmen. Demnach kann es also nur um eine Abbildung der Online-Relevanz gehen. Die Unterscheidung zwischen Offline- und Online-Relevanz wird indes dadurch stark relativiert, dass angesichts der Online-Berichterstattung über die Offline-Welt und die zunehmende Bedeutung der Internet-Welt für das tägliche Leben eine wechselseitige Beeinflussung stattfindet. Gleichwohl ist die Repräsentation der Online-Welt durch Suchmaschinen gegebenenfalls mit einem erheblichen Maß an Ungenauigkeit verbunden. Neben Falschzuordnungen kann vielfach beobachtet werden, dass das Suchergebnis nur eine Aussage darüber trifft, wer entsprechend den Suchalgorithmen eine relevante Internet-Präsenz aufgebaut hat und nur bedingt etwas darüber besagt, wer in der Internet-Welt wirklich eine relevante Präsenz besitzt. Webseitenbetreiber, die ihrer Meinung nach in einem Suchmaschinen-Ranking unangemessen repräsentiert sind, haben keinerlei rechtliche Mittel gegen die Suchmaschinenanbieter, um die Situation behördlich oder gerichtlich überprüfen zu lassen.

Daran schließt sich die Frage an, ob dies als Defizit zu qualifizieren oder nicht vielmehr zu begrüßen ist. Dabei sollten die bisherigen Ausführungen verdeutlicht haben, dass der Versuch vollkommen unrealistisch ist, beim Suchmaschinen-Ranking eine angemessene Repräsentation in Relation zur Offline-Relevanz oder gar eine besonders gewichtete Repräsentation von Minderheiten zu gewährleisten. Vor diesem Hintergrund scheiden Ansätze, die Suchmaschinenanbieter einer wie auch immer gearteten Pluralismussicherungsverpflichtung zu unterwerfen, von vornherein aus. Denn wie soll eine Pluralismusvorgabe definiert werden? Was wäre der Maßstab? Wie und von wem – wenn nicht Herkules – sollte er fixiert werden? Wenn es schon den Suchmaschinenbetreibern trotz offensichtlichen Bemühens nicht gelungen ist, ein überzeugendes Suchmaschinen-Design zu entwickeln, um eine einigermaßen repräsentative Wiedergabe der Internet-Welt zu gewährleisten, wie soll dieser Algorithmus-Mix dann noch sinnvoll um einen Pluralismusfaktor angereichert werden? Denn es geht nicht um die Entscheidung über die Belegung von 20 Kabelkanälen bei 100 Fernsehanbietern oder um die vergleichbar komplexitätsarme Präsentation von Fernsehprogrammen auf einem elektronischen Programmführer. Vielmehr wäre eine Beeinflussung einer beliebig hohen Zahl von Begriffskombinationen mit vielfältigen Konnotationen erforderlich. Ziel kann es daher allenfalls sein, die Suchalgorithmen so zu optimieren, dass sie ein besseres Abbild der Internet-Welt liefern. Dies erfordert eine ständige technische Fortentwicklung und dürfte ganz grundsätzlich im Eigeninteresse der Suchmaschinen-Anbieter sein. Denn mangels eines Preises für die Suchdienstleitung sind die Qualität und die Reputation entscheidend für den Erfolg einer Suchmaschine (Kühling/Gauß 2007b: 756). Auch wenn die Verwendung suboptimaler Suchalgorithmen angesichts der Konzentrationssituation auf der Anbieterseite befremdlich ist, wird also klar, dass diese Situation durch hoheitliches Handeln in keinem Fall optimiert werden kann. Mit Blick auf etwaige unangemessene Repräsentationen bestehen demnach keine denkbaren rechtlichen Reaktionsmöglichkeiten, sollen nicht willkürliche Eingriffe erfolgen. Also besteht auch kein Regulierungsbedürfnis.

Die Problemlösung kann damit nicht beim Suchmaschinenbetreiber ansetzen. Sofern festgestellt wird, dass bestimmte Inhalte im Internet nicht hinreichend präsentiert sind oder zwar eine hinreichende Relevanz in der Online-Welt aufweisen, diese sich aber nicht in einem angemessenen Ranking widerspiegelt, muss diensteanbieterseitig reagiert werden. Das heißt, es muss Geld oder qualifiziertes Personal für die Förderung von Internet-Auftritten und deren Suchmaschinen-Optimierung bereitgestellt werden.

IV. *Trend zur personalisierten Suche*

Ein wichtiger Faktor für die Frage des Zugangs zu Wissen ist der Trend zur personalisierten Suche (Goldman 2006: 121 f.; Rotenberg 2007: 88 ff.), also einer auf den einzelnen Nutzer zugeschnittenen Suche. Eine personalisierte Suche ist z.B. dadurch möglich, dass vor der ersten Suchanfrage eine Anmeldung verlangt wird und der Nutzer aufgefordert wird, seine Interessenschwerpunkte anzugeben. Noch ist die personalisierte Suche jedoch ein Ausnahmefall. Denn angesichts des größeren Aufwandes, den eine solche Suche für den Nutzer mit sich bringt (z.B. durch die erforderliche Anmeldung), handelt es sich aus Nutzersicht nicht um eine gleichwertige Alternative zu den nicht-personalisierten Suchmaschinen (Economist 2006a).

Die Auswirkungen des Trends zur verstärkten Personalisierung der Suche auf den Informationszugang sind ambivalent. Teilweise wird angenommen, dass die Entwicklung bewirke, dass es zu weniger Verzerrungen bei den Suchergebnissen komme. Denn personalisierte Ranking-Algorithmen führten dazu, dass es je nach Nutzerpräferenzen unterschiedliche Spitzenergebnisse für einen bestimmten Suchbegriff gebe und nicht für alle Suchenden nur einen einzigen Spitzentreffer, der die Aufmerksamkeit der Nutzer bekomme. Das bedeute, dass durch die Personalisierung der Suche Suchalgorithmen, die einen großen Wert auf die Popularität einer Webseite bzw. auf deren Verlinkung legen, an Bedeutung verlieren werden, da stärker auf persönliche Präferenzen abgestellt werden wird (Goldman 2006: 112).

Dieser positiven Entwicklung steht allerdings die Gefahr gegenüber, dass Nutzer, die den Aufwand der personalisierten Suche auf sich genommen haben, künftig weniger bereit sind, die Suchmaschinen zu wechseln (Kühling/Gauß 2007b: 752). Allerdings dürfte die weitere Bewertung davon abhängig sein, inwiefern die Nutzer diese personalisierten Informationen zu anderen Anbietern »mitnehmen« dürfen. So sollen die Nutzer bei der personalisierten Suche »iGoogle« laut Google die Such-Historie bei einem Anbieterwechsel portieren können (FAZ 2007a).

E. *Expansionstendenzen*

I. *Von der Suchfunktion zum Inhalteanbieter*

Die Rolle der Suchmaschinenanbieter als Gatekeeper wird durch ihre gegenwärtigen Expansionstendenzen weiter gestärkt. Eine Reihe der Suchmaschinen wie die von Microsoft oder Yahoo sind seit jeher in ein Webportal integriert, das neben dem Suchdienst eine Vielzahl anderer Dienste anbietet. Aber auch im Übrigen lässt sich eine Tendenz der Suchmaschinenbetreiber zur Diversifikation und zum Anbieten von Inhalten feststellen. Dabei sind Expansionen in unterschiedliche Richtungen möglich, nämlich horizontal, vertikal und konglomerat. D.h. Fusionen erfolgen entweder innerhalb desselben Marktes, in vor- und nachgelagerte oder in Märkte, mit denen weder horizontale noch vertikale Beziehungen bestehen (zur Klassifizierung der einzelnen Expansionsstrategien von Google siehe Kühling/Gauß 2007b: 753 f.). So erweiterte Google sein Angebot im Suchdienstebereich um eigene spezialisierte Dienste. Beispiele für derartige Expansionen sind »Google Book Search« (zur Volltextsuche innerhalb von Büchern) »Google News« (Nachrichtensuchdienst) oder »Google Scholar« (Suchdienst für wissenschaftliche Arbeiten). Dabei ist ein Teil der Expansion durch Akquisitionen erfolgt, wie bei »Picasa« (Bildverwaltungssoftware). Andere Akquisitionen waren etwa die viel diskutierte Übernahme von »Youtube«, dem führenden Anbieter einer Web-Oberfläche für den Up-und Download von Videos, oder die fusionskontrollrechtlich umstrittene Übernahme von »DoubleClick«, einem US-Anbieter für graphische Online-Display-Anzeigen.[7] Die beiden letztgenannten Akquisitionen weisen die Besonderheit auf, dass Google entgegen seiner früheren Strategie, kleine Technologieunternehmen zu übernehmen, zwei in ihren jeweiligen Geschäftsbereichen führende Anbieter gekauft hat (Economist 2006b). Die Übernahme von Youtube ist für den Informationszugang vor dem Hintergrund bedeutsam, dass Plattformen wie »Youtube« über ein gewaltiges Entwicklungspotenzial verfügen und langfristig den klassischen TV- und Rundfunksendern den Rang ablaufen können. Das hat sich zuletzt besonders deutlich im laufenden innerparteilichen US-amerikanischen Vorwahlkampf um die Bewerberpositionen für das Präsidentenamt gezeigt. Hier hat »Youtube« gemeinsam mit CNN eine Debattenrunde durchgeführt, in der die demokratischen Präsidentschaftskandidaten auf Fragen von

7 Microsoft setzte sich massiv gegen die Freigabe der Doubleclick-Übernahme durch Google ein (FAZ 2007b).

Bürgern geantwortet haben, die diese über »Youtube« in 30-sekündigen Videoclips online gestellt hatten. Von den knapp 3000 Videos wurden 39 ausgewählt und in einer Fernsehsendung – neben Moderatorenfragen – von den demokratischen Präsidentschaftskandidaten beantwortet. Die Debatte wurde anschließend von den »Youtube«-Nutzern fortgesetzt (FAZ 2007c).

Auch Yahoo bietet im Rahmen eines Webportals neben einer allgemeinen Suchmaschine eine Vielzahl weiterer Internetdienstleistungen und Medieninhalte an, z.B. einen E-Mail-Dienst, die Photodatenbank »Flickr« oder die Nachrichtendatenbank »Finanzen«. Ähnliches gilt für Microsoft, das z.B. 2007 einen Wettbewerber von Doubleclick, das Online-Werbeunternehmen »Aquantive«, für 6 Milliarden US-Dollar übernahm.

Der Umfang und die Vielfalt der Expansionen gerade von Google werden teilweise als bedrohlich empfunden. Allerdings ist zu beachten, dass der Eintritt in neue Märkte bzw. in bestehende Märkte grundsätzlich positiv zu beurteilen ist (Kühling/Gauß 2007b: 754). So mag z.B. das »Google-Book-Search«-Projekt vielfältige kulturpolitische und urheberrechtliche Probleme aufwerfen. Die Zurverfügungstellung von Büchern, die bisher nicht online verfügbar waren, ist aber unter dem Blickwinkel des Zugangs zu Wissen eine bedeutende Verbesserung des status quo, da zusätzliches Wissen online zugänglich gemacht wird. Zwar wird man die genauen Nutzungsbedingungen für das »Google Book Search« abwarten müssen. Allerdings ist eine durch hohe Nutzungsgebühren ausgelöste Beschränkung des Zugangs äußerst unwahrscheinlich, da eher mit einer Werbefinanzierung zu rechnen ist.

Im Ergebnis wird somit aus der Perspektive des Wissens deutlich, dass Google längst nicht nur Wissen durch Suchmaschinentechnologie verfügbar macht, sondern in die Wissens- bzw. Inhaltemärkte selbst einsteigt. Dies gilt erst recht, wenn wir mit Wissen auf Informationen jeglicher Art in Text, Ton und Bild abstellen.

II. *Gründe*

Expansionsstrategien von Suchmaschinenbetreibern sind wirtschaftlich betrachtet aus zwei Gründen wahrscheinlich. Zum einen bietet sich die Informationsfülle, die ein Suchmaschinenbetreiber durch Suchanfragen erlangt, zur wirtschaftlichen Weiterverwendung an. So erlangt Google stündlich durch weltweit Millionen von Suchanfragen eine sehr große Menge an Informationen über die Wünsche und Bedürfnisse der Internetnutzer in verschiedenen Ländern. Auf dieser Grundlage kann Google neue Geschäftsmodelle errichten und mit einem Informationsvorsprung in neue Märkte eintreten. Beispielsweise ließe sich ein Online-Reisebüro mit einem Angebot zugeschnitten auf die Suchanfragen der Nutzer errichten (Battelle 2005: 2). Der zweite Expansionsgrund ist, dass die Suchfunktion an Bedeutung zunimmt. Denn da immer mehr digitalisiert (Bücher, Arbeitsdokumente etc.) und gespeichert wird und da dies zunehmend nicht mehr auf der Festplatte des heimischen PCs sondern online geschieht (Economist 2006c), kommt der Suchfunktion eine immer größere Bedeutung zu.

III. *Kartellrechtliche Reaktionsmöglichkeiten*

Das Kartellrecht begrenzt die Expansion von Suchmaschinenanbietern durch die Fusionskontrolle und durch die Missbrauchsaufsicht (vgl. ausführlich zu den kartellrechtlichen Reaktionsmöglichkeiten auf die Expansionen von Google Kühling/Gauß 2007b). So steht externes Wachstum ab einer bestimmten Größe unter kartellrechtlichem Genehmigungsvorbehalt (vgl. § 35 GWB und Art. 1 FKVO). Denn externes Wachstum kann zu verstärkter Konzentration bzw. zu Wettbewerbsbeeinträchtigungen führen. Daneben sind infolge des Eintritts in einen neuen Markt missbräuchliche Marktmachtverlagerungen möglich, die nach § 19 GWB und Art. 82 EG verboten sind.

Im Einzelnen ist bei der fusionskontrollrechtlichen Überprüfung eines Zusammenschlusses festzustellen, ob eine marktbeherrschende Stellung begründet oder verstärkt wird (§ 36 Abs. 1 GWB) bzw. nach der europäischen Fusionskontrollverordnung, ob durch den Zusammenschluss wirksamer Wettbewerb im Gemeinsamen Markt oder in einem wesentlichen Teil desselben erheblich behindert wird (Art. 2 Abs. 3 FKVO).[8] Während die Fusionskontrolle den Einfluss eines Zusammenschlusses auf Grundlage einer Prognose beurteilt, richtet sich Art. 82 EGV gegen die missbräuchliche Verhaltensweise eines Unternehmens in der Vergangenheit und Gegenwart. Für Zusammenschlüsse von Suchmaschinenanbietern wie Google mit Internet-Inhalteanbietern ist zu berücksichtigen, dass die großen Suchmaschinenanbieter wie Google aufgrund ihrer Expansion zunehmend auch in Inhaltemärkten tätig sind und die Suchfunktion auch für Inhaltemärkte eine immer größere Rolle spielt (Kühling/Gauß 2007b: 755). Damit werden zunehmend horizontale Fusionen vorliegen, die einer besonders strengen Kontrolle unterliegen. Im Fall der Übernahme von Doubleclick durch Google haben sowohl die Federal Trade Commission als auch die Europäische Kommission die umstrittene Entscheidung getroffen, dass Google und Doubleclick bisher keine Wettbewerber sind. Dies war der Hauptgrund, weswegen der Zusammenschluss freigegeben wurde (Federal Trade Commission 2007; Europäische Kommission 2008). Dies zeigt, daß die Marktabgrenzung von entscheidender Bedeutung für die kartellrechtlichen Kontrollmöglichkeiten ist.

Was den Missbrauch einer marktbeherrschenden Stellung anbelangt, besteht die Gefahr, dass ein Suchmaschinenanbieter wie Google seine quasi-monopolartige Stellung für Internet-Suchanfragen ausnutzt, um eigene Medieninhalte bei der Suchergebnisliste so zu priorisieren, dass dies zu einer Marktmachtverlagerung führt (Kühling/ Gauß 2007b: 755 f.). Denn eine Rankingposition auf einer der ersten Stellen der Suchergebnisliste führt dazu, dass sehr viele Suchende den Link anklicken werden und damit auf die entsprechende Inhalteseite gelangen. Die beschriebene Gefahr wird allerdings kartellrechtlich erfasst: Abhängig von der konkreten Situation im Einzelfall

8 Der materielle Test der europäischen Fusionskontrollverordnung ist, ob durch den Zusammenschluss wirksamer Wettbewerb im Gemeinsamen Markt oder in einem wesentlichen Teil desselben erheblich behindert wird. Bei der Begründung oder Verstärkung einer beherrschenden Stellung handelt es sich um ein Regelbeispiel. Nach § 36 GWB kann hingegen ein Zusammenschluss trotz Begründung oder Verstärkung einer marktbeherrschenden Stellung ausnahmsweise gerechtfertigt werden, wenn die dadurch entstehenden Nachteile für den Wettbewerb durch positive sonstige Wettbewerbswirkungen kompensiert werden.

würde u.U. ein Missbrauch einer marktbeherrschenden Stellung nach § 19 GWB bzw. Art. 82 EG im Sinne einer Marktmachtverlagerung (Leveraging) vorliegen. Eine Marktmachtverlagerung ist missbräuchlich, wenn eine marktbeherrschende Stellung als Hebel eingesetzt wird, um auf einem Drittmarkt Wettbewerber zu benachteiligen oder zu behindern und selbst einen Wettbewerbsvorteil zu erlangen. Zurzeit ist eine solche Marktmachtverlagerung durch den marktbeherrschenden Anbieter Google jedoch nicht ersichtlich. Dafür, dass dies auch in Zukunft so bleiben wird, spricht bereits, dass im Fall einer bekanntgewordenen Manipulation die Suchmaschinennutzer gegenwärtig zu anderen Suchmaschinen wechseln können (Kühling/Gauß 2007b: 756).
Unbeschadet dessen ist Google bei der Verbindung seiner Produkte sehr zurückhaltend. So findet sich z.B. auf der Eingangsseite von Google kein direkter Link zu anderen Google-Produkten, sondern es wird nur ein Link »Mehr« angezeigt, der zu einer Produktübersicht führt.

F. *Fazit*

Damit ergibt sich ein optimistisches Fazit. Internetsuchmaschinen sind notwendige und hilfreiche Lotsen im Informationsozean des Internets. Ihre wesentliche Leistung ist, dass sie helfen, dieses Wissen für die ungezielte Suche überhaupt erst leicht zugänglich zu machen. Sie stellen damit mächtige Hüter des weltweit online verfügbaren Wissens dar.
Die zunehmend zu erwartende Personalisierung der Suche wird dabei dazu führen, dass es zu (noch) weniger Verzerrungen bei den Suchergebnissen kommt, da individuelle Präferenzen berücksichtigt werden. Dies wird den Zugang zu dem von dem einzelnen Nutzer konkret gesuchten Wissen weiter erleichtern. Zwar bedingt die Personalisierung die Gefahr, dass die Wechselbereitschaft der Nutzer und damit der Wettbewerb eingeschränkt werden könnte. Dieses Problem scheint jedoch dadurch lösbar, dass die entsprechenden Suchhistorien und Präferenzanalysen vom Nutzer zwischen den einzelnen Suchdiensteanbietern migriert werden können.
Angesichts der Bedeutung von Suchmaschinen für das Zugänglichmachen von Inhalten im Internet und der Dominanz von Google in Deutschland sind Sorgen um den freien Informationszugang und die Informationsvielfalt nachvollziehbar. Denn der Inhalt von Homepage-Inhabern, die bei Google nicht unter den ersten Einträgen erwähnt werden, existiert für ungezielt Suchende letztlich nicht. Auch wenn man diesen Befund mit Blick auf die Bedeutung der Informationsaufbereitung durch anderweitige Portale (wie Nachrichtenseiten o.ä.) relativieren mag, schmälert das die hohe Relevanz von Google kaum. Letztlich bestehen für Inhalteanbieter im Internet dabei zwei entscheidende Gefahren mit Blick auf Suchmaschinenbetreiber, nämlich das Streichen aus dem Index und andererseits eine niedrige Ranking-Position.
Relevante Probleme entstehen nichtsdestotrotz erst im Falle eines Missbrauchs der Gatekeeper-Stellung. Ein solcher Missbrauch ist zurzeit weder erkennbar noch sonderlich wahrscheinlich. So dienen redaktionelle Eingriffe der Suchmaschinenbetreiber gegenwärtig v.a. der sinnvollen Spamming-Bekämpfung und dem Ziel, anderwei-

tig indizierte Internetseiten nicht verfügbar zu machen. Beides ist rechtlich weitgehend unproblematisch. Für kommerzielle Inhalteanbieter bestehen im Übrigen aus §§ 19, 20 i.V.m. 33 GWB kartellrechtliche Abwehransprüche zumindest im Falle des vollständigen Ausschlusses aus dem Suchindex. Nicht-kommerzielle Inhalteanbieter verfügen dagegen über keine entsprechenden rechtlichen Reaktionsinstrumente. Insoweit scheint eine eigene Regelung denkbar, wenn auch nicht dringlich. Im Übrigen besteht grundsätzlich kein Handlungsbedarf für Maßnahmen zur Herstellung einer »angemessenen« oder gar pluralistischen Repräsentation bei der Anzeige der Suchergebnisse, da dies mehr Probleme schaffen als lösen würde.

Eine Gefahrenrichtung ergibt sich im Übrigen daraus, dass gerade Google massiv in benachbarte Märkte expandiert. Dabei geht es teilweise nicht mehr nur darum, das Online-Wissen mittels Suchbegriffen zu erschließen. Projekte wie das »Google Book Project« machen entsprechendes Wissen überhaupt erst online einer breiten Masse verfügbar. Gleiches gilt für »Google Earth«. Bedenklich ist dieses Angebot neuen Wissens in Form von Inhalten und Bildern grundsätzlich nicht. Allerdings wird damit die Position eines Hüters des Wissens umso machtvoller. Für weitere Expansionen durch Zukäufe bestehen mit den kartellrechtlichen Instrumenten der Fusions- und Missbrauchskontrolle prinzipiell effektive Abwehrmechanismen im Falle von Vermachtungstendenzen und Missbräuchen.

Internet-Suchmaschinen sind daher nach wie vor vor allem die *Lösung* eines Problems und nicht das Problem selbst. Dies sollte bei der Prüfung der überwiegend hypothetischen Gefahren nicht aus dem Blick verloren werden.

Literatur

Battelle, John, 2005: The Search. How Google and its rivals rewrote the rules of business and transformed our culture, New York.

Computerwoche, 2007: Rasanter Anstieg im deutschen Online-Werbemarkt, in: www.computerwoche.de/nachrichten/587713, Zugriff: 4.10.07.

Comscore, 2007: ComScore Releases August U.S. Search Engine Rankings, in: http://www.comscore.com/press/release.asp?press=1745, Zugriff: 4.10.07.

The Economist, The Un-Google – Internet Search Engines, Vol. 379, 17.6.2006, S. 65-66 (Economist 2006a).

The Economist, Two Kings Get Together, Vol. 381, 14.10.2006, S. 67-68 (Economist 2006b).

The Economist, Fuzzy Maths, Vol. 379, 13.5.2006, S. 79-82 (Economist 2006c).

Europäische Kommission, 2008: Press Release, 11.3.2008, IP/08/426.

F.A.Z., 6.8.2007, S. 19 (FAZ 2007a).

F.A.Z., 29.9.2007, S. 14 (FAZ 2007b).

F.A.Z, 25.7.2007, S. 3 (FAZ 2007c).

Federal Trade Commission, 2007: File No. 0710170, www.ftc.g.v/os/caselist/0710170/index.sutm.

Goldman, Eric, 2006: Search Engine Bias and the Demise of Search Engine Utopianism, in: Yale Journal of Law and Technology, Spring 2006, S. 111-123.

Golem, 2007: Deutlicher Gewinnrückgang bei Yahoo, 24.1.2007, in: www.golem.de/0701/50133.html, Zugriff: 4.10.2007.

Heise Online News, 2002: Google zensiert Scientology-Kritiker, in: www.heise.de/newsticker/meldung/25933, Zugriff: 4.10.2007 (Heise 2002).

Heise Online News, 2005: Studie: Suchmaschinen verstoßen gegen eigenen Verhaltenskodex, in: www.heise.de/newsticker/meldung/60476, Zugriff: 4.10.2007.

Heise Online News, 2006a: Google in Deutschland über 90 Prozent, in: www.heise.de/newsticker/meldung/78315, Zugriff: 4.10.2007.

Heise Online News, 2006b: Microsoft legt erneut zu, in: www.heise.de/newsticker/meldung/68902, Zugriff: 4.10.2007.

Heise Online News, 2007a: Google legt weiter kräftig zu, in: www.heise.de/newsticker/meldung/84617, Zugriff: 4.10.2007.

Heise Online News, 2007b, Google geht gegen Linkhandel vor, in: http://www.heise.de/newsticker/result.xhtml?url=/newsticker/meldung/98042&words=Google&T=google%20, Zugriff: 4.11.2007.

Hitwise, 2007: Google receives 64 Percent of all U.S. searches in August 2007, in: http://www.hitwise.com/press-center/hitwiseHS2004/ussearchenginesaugust20070920.php, Zugriff: 4.10.07.

International Herald Tribune, 4.7.2007, Crowd's Wisdom helps South Korean Search Engine beat Google and Yahoo, in: www.iht.com/articles/2007/07/04/business/naver.php, Zugriff: 4.10.2007.

Kühling, Jürgen/Gauß, Nicolas, 2007: Suchmaschinen – eine Gefahr für den Informationszugang und die Informationsvielfalt?, in: Zeitschrift für Urheber- und Medienrecht, 881-889.

Kühling, Jürgen/Gauß, Nicolas, 2007: Expansionslust von Google als Herausforderung für das Kartellrecht, in: Multimedia und Recht, 751-757.

Lewandowski, Dirk, 2005: Web Information Retrieval. Technologien zur Suche im Internet, in: www.durchdenken.de/lewandowski/web-ir/?21_Suchmaschinen-Markt.html, Zugriff: 4.10.2007.

Microsoft, 2007: Richtlinien für eine erfolgreiche Indizierung, in: http://search.msn.de/docs/siteowner.aspx?t=SEARCH_WEBMASTER_REF_GuidelinesforOptimizingSite.htm&FORM=WGDD#C, Zugriff 4.10.2007.

Ott, Stephan, 2006: Ich will hier rein! Suchmaschinen und das Kartellrecht, in: Multimedia und Recht 2006, S. 195-202.

Rath, Michael, 2005: Das Recht der Internetsuchmaschinen, Stuttgart u.a.

Rotenberg, Boris, 2007: Towards Personalised Search: EU Data Protection Law and its Implications for Media Pluralism, in: *Machill, Marcel/Beiler, Markus* (Hrsg.), Die Macht der Suchmaschinen – The Power of Search Engines, Köln, S. 87-104.

Schulz, Wolfgang/Held, Thorsten/Laudien, Arne, 2005: Suchmaschinen als Gatekeeper in der öffentlichen Kommunikation, Berlin.

Der Spiegel, Gemächlich auf der Datenbahn, Heft Nr. 52, 22.12.2006, S. 30-31.

Tinnefeld, Marie-Theres: 2007, Sapere aude! Über Informationsfreiheit, Privatheit und Raster, NJW 2007, S. 625-630.

van Couvering, Elisabeth, 2007: The Economy of Navigation: Search Engines, Search Optimisation and Search Results, in *Machill, Marcel/Beiler, Markus* (Hrsg.), Die Macht der Suchmaschinen – The Power of Search Engines, Köln, S. 105-126.

van Eimeren, Birgit und *Frees, Beate*, 2007: ARD/ZDF-Online-Studie 2007. Internetnutzung zwischen Pragmatismus und YouTube-Euphorie, in: http://www.daserste.de/service/ardonl0107.pdf, Zugriff: 4.10.2007 (Online-Studie 2007).

Verhaltenssubkodex 2004: Verhaltenssubkodex für Suchmaschinenanbieter der FSM (VK-S) 21.12.2004, in: http://fsm.de/de/Subkodex_Suchmaschinenanbieter, Zugriff: 4.10.2007.

Webhits 2007: Web-Barometer, in: www.webhits.de, Zugriff: 7.10.2007.

Wissensmanagement im Mehrebenensystem

Anna-Bettina Kaiser

Wir alle wissen mehr als das, wovon
wir wissen, dass wir es wissen.
Thornton Wilder

Inhaltsübersicht

A. *Von der Wissenskrise des Staates zur Wissenskrise des europäischen Staatenverbunds*

Wissensmanagement ist die Reaktion auf eine Krise.

Von Krisen und ihren möglichen Heilungen fühlen sich Wissenschaftler bekanntlicherweise magisch angezogen.[1] Zumindest für die Staatswissenschaftler ist Patient

1 Zur Bedeutung der Krisen in der Wissenschaft grundlegend Kuhn 1976: 79 ff. Allgemein zur Konstruktion von Krisen s. jüngst den Sammelband von Grunwald/Pfister (Hrsg.) 2007, insbesondere den Beitrag von Nünning: 48 ff.

Nr. 1 der Staat,[2] der sich in zahlreichen Krisen befinde, deren Auslöser in unterschiedlichen Entgrenzungen zu suchen seien,[3] allen voran Europäisierung, Internationalisierung und Globalisierung. Zu diesen vieldiskutierten Krisenherden gesellte sich in den letzten Jahren ein weiteres Aufmerksamkeitsfeld hinzu: Die Wissenskrise des Staates.[4] Denn dem Staat fehle in der heutigen Wissensgesellschaft zunehmend das nötige Wissen,[5] um noch handlungs-, problemlösungsfähig und innovativ zu bleiben.

Es ist ebenfalls bekannt, wie Wissenschaft auf Krisen reagiert: Der Blick für neue Erscheinungsformen wird geöffnet und neue Paradigmen, neue Begriffe sollen dabei helfen, Wege aufzuzeigen, die zu suchen ohne vorherige Krise kein Anlass bestanden hätte; darauf beruht auch teilweise der Erfolg des Governance-Konzepts, das in gewissem Sinne das Gegenmodell zum Patienten Staat (government) darstellt.[6] Und wiewohl in anderem Zusammenhang entwickelt, wurde das Governance-Konzept auch für die EU als supranationales Gebilde fruchtbar gemacht (Börzel 2006: 72 ff.; Möllers 2006: 322 ff.; Schuppert 2006), der die folgenden Überlegungen zum Mehrebenensystem gelten.[7]

Freilich zeigt auch das neue Konzept der Governance bereits erste Krisensymptome. Insbesondere stellt sich auch hier die Frage nach dem Wissen, dem Governance-Wissen, als Grundlage von Handlungskapazität (Voßkuhle 2006: Rdnr. 11). So scheint das Governance-Paradigma zumindest für das Wissensproblem keine Remedur zu sein, denn Governance-Strukturen, die sich unter anderem durch eine Beobachterperspektive und eine Bevorzugung informeller Steuerung auszeichnen, sind in gleichem Maße auf Wissen angewiesen wie herkömmliche Government-Strukturen. Im Hinblick auf Mehrebenensysteme steht mit der Prinzipal-Agenten-Theorie sogar zu vermuten, dass die Unübersichtlichkeit mit jeder Ebene zunimmt und der Kompensation durch mehr Wissen bedarf.[8] Auch für das europäische Mehrebenensystem stellt sich daher die Frage nach einer Lösung für die drängender werdenden Wissensprobleme.

B. *Wissensmanagement als Ausweg aus der Krise?*

Auch die Wissenskrise wurde, wie bereits angedeutet, mit einem neuen Paradigma beantwortet: Wissensmanagement lautet der neue Schlüsselbegriff.[9] Bevor das Wis-

2 Auf den Staat bezieht den medizinischen Ausdruck Krise als erster Rousseau, näher Koselleck 1959: 133, 140.
3 Kohler-Koch (Hrsg.) 1998. Kritisch Lepsius 1999: 17 ff.
4 In den 1970er Jahren sprach Simitis, 1970, allerdings bereits von der Informationskrise, die als Vorgängerkrise gelten kann.
5 S. den sprechenden Titel des Beitrags von Vismann 2004: 41: »Was weiß der Staat noch?«. Vgl. jetzt auch Fassbender 2006.
6 Möllers 2006: 313; zur Begriffsgeschichte von Governance s. auch Mayntz 2006: 14 ff.
7 Näher zum Begriff des Mehrebenensystems unter C. I.
8 Einen Überblick über die Prinzipal-Agenten-Theorie geben Richter/Furubotn 2003: 173 ff. Unterschieden wird zwischen verstecktem Handeln und versteckten Informationen des Agenten, näher Arrow 1985: 38 ff.
9 Voßkuhle 2008; vgl. aus der verwaltungswissenschaftlichen Literatur Hill 1997 sowie Edeling u. a. (Hrsg.) 2004. Das Aufkommen dieses Leitbilds sowie den Niedergang des Begriffes Informationsmanagement schildert Beyer 1999: 36 ff.

sensmanagement der EU einer kritischen Analyse unterzogen werden kann (sub C und D), soll zunächst diskursgeschichtlich die Entwicklung der Begriffe Datum, Information und Wissen skizziert werden (sub I), um darauf aufbauend neuere Konzepte des Wissensmanagements vorzustellen (sub II).

I. *Vom Datum über die Information zum Wissen: eine kleine Diskursgeschichte der ansteigenden Ordnungssysteme*

Die drei Begriffe Datum, Information und Wissen werden häufig unreflektiert synonym verwandt. Dies gilt nicht nur für den rechtswissenschaftlichen Diskurs, in dem bisweilen dafür plädiert wird, die Begriffe nicht näher zu definieren,[10] was einer fehlenden Differenzierung weiteren Vorschub leistet. Auch in den Sozial- und Geisteswissenschaften hofft man oft vergeblich auf eine sorgfältigere Begriffsverwendung, etwa wenn – weitgehend synonym verwandt – von der Informations- oder Wissensgesellschaft die Rede ist.[11] Bei genauerer Betrachtung fällt dagegen auf, dass die drei Begriffe nicht nur in einer zeitlichen, sondern auch in einer logischen Beziehung zueinander stehen.

Das zeitliche Verhältnis spielt auf die Begriffsverwendungsgeschichte an, die für die Zeitgeistabhängigkeit der jeweiligen Begriffe und die Gefahr des alten Weins in neuen Schläuchen sensibilisiert (Kaiser 2008). Denn ungeachtet der jahrtausendelangen Tradition des Begriffs Wissen wird in der ersten und zweiten Hälfte des 20. Jahrhunderts zunächst auf den Begriff der Daten zurückgegriffen. Ihren Höhepunkt findet diese Entwicklung Ende der 1960er Jahre mit dem Plan einer Bundesdatenbank unter dem damaligen Bundeskanzler Kurt Georg Kiesinger, die angesichts der damaligen Planungseuphorie für unentbehrlich erachtet wurde. Den damaligen Protagonisten stand bereits ein Datenmanagement im Mehrebenensystem vor Augen, denn die Bundesdatenbank sollte sich aus den Daten der Regional- und Landesdatenbanken speisen (Steinmüller 1970: 80 ff.).

Einen Rückschlag musste die Idee dieses in einem Knotenpunkt auf Bundesebene zusammenlaufenden Datennetzes nicht nur hinnehmen wegen der Datenschutzgesetzgebung, die vor diesem Hintergrund zu sehen ist (Hessisches Landesdatenschutzgesetz von 1970; Bundesdatenschutzgesetz von 1977). Erkannt wurde auch, dass das Interesse der Politik eigentlich den Informationen, nicht den Daten dienen müsse. Denn angesichts von wachsenden Datenfriedhöfen wurde die Befürchtung, über keine Daten zu verfügen, schnell abgelöst von der Sorge, die *relevanten* Daten, im folgenden Informationen genannt, von anderen Daten unterscheiden zu können. Mit den Worten Gregory Batesons gesprochen: Erst die Information ist ein Unterschied, der

10 Mit Bedacht für einen pragmatischen Ansatz etwa Petersen/Schoch 2005: 682; vgl. auch Bumke 2004: 7; differenzierend Albers 2002: 67 ff. sowie Vesting 2008: Rdnrn. 11-27.

11 Das lässt sich beispielsweise gut an den verschiedenen Beiträgen in den Sammelbänden zum Thema Wissen von Stehr/Grundmann (Hrsg.) 2005 beobachten, die regelmäßig auf den Informations- statt auf den Wissensbegriff eingehen oder die beiden Begriffe synonym verwenden, s. in Band 3 etwa Borgmann: 299: »But isn't having information the same as knowing? So it is«; anders dagegen Mittelstraß 2003: 102 f., der sich dezidiert gegen die zunehmende Nivellierung der »Geschwister« Information und Wissen wendet, da sich Information durch den »Irrtum, das schlicht Falsche, das Oberflächliche und das Ungeprüfte, das Halbgare und das Verdorbene, sogar (immer häufiger) [durch] Täuschung und Lüge« auszeichne.

einen Unterschied macht (Bateson 1972: 315 und 453; Luhmann 1984: 68; Willke 2004: 31), während das Datum ein Unterschied ist, der eben noch keinen Unterschied macht. Dabei gibt es freilich keine *per se* bedeutsamen Daten, ihre Bedeutung lässt sich immer nur im Hinblick auf ein spezifisches Interesse, also systemrelativ, bestimmen.

Diese Erkenntnisse führten dazu, dass spätestens in den 1990er Jahren die Daten(schutz)euphorie von einer Informationsbegeisterung abgelöst wurde. Gesprochen wurde allgemein von der Informationsgesellschaft, in rechtlicher Hinsicht insbesondere von den Informationsfreiheitsgesetzen und organisationssoziologisch vom Informationsmanagement.

Doch wurden in jüngerer Zeit vermehrt auch die Informationen als lediglich ›halbgar‹ und ›ungekocht‹ erkannt und gegenüber dem Begriff höherer Ordnung, dem Wissen, abgegrenzt.[12] Die Begriffe der Fehlinformation bzw. der falschen Information legen von dem Unterschied zwischen beiden Ordnungen unmittelbar einleuchtend Rechenschaft ab. Und da es darüber hinaus für jedes System wiederum zu viele (relevante) Informationen gibt, müssen Informationen vom jeweiligen System weiter veredelt werden, d. h. in einen weiteren Kontext eingebaut werden. Für diesen Kontext sind nun allerdings nicht die systemischen Relevanzkriterien entscheidend, sondern Erfahrungsmuster.[13] Erst wenn diese Einbindung gelingt, kann mit dem aktuellen Diskurs von Wissen gesprochen werden.

II. *Wissensmanagement*

1. *Seine vier Stufen*

Vor dem Hintergrund des bisher Gesagten leuchtet auch die Differenzierung zwischen Informations- und Wissensmanagement unmittelbar ein.[14] Begreift man nämlich, wie hier, Daten, Informationen und Wissen als ansteigende Ordnungen, von denen die jeweils höhere durch Kontextualisierung erreicht wird, kann das Konzept des Informationsmanagements als Prozess zur Veredelung von Daten zu Informationen, Wissensmanagement dagegen regelmäßig als Prozess zur Gewinnung von Wissen aus Informationen verstanden werden.[15]

Im Folgenden interessiert eben dieser letzte Schritt, das Wissensmanagement. Unter Zuhilfenahme der Ergebnisse der Lernpsychologie versuchen Konzepte des Wissensmanagements, den Prozess der Wissens*generierung* nachzuzeichnen. Dieser kann,

12 S. den Nachweis in Fn. 11.

13 H. Willke 2004: 33. So genügt es beispielsweise nicht, sich mit den besten Kochbüchern einzudecken, um Meisterkoch zu sein oder zu werden. Dieser Gedanke ist verwandt mit der Unterscheidung zwischen »knowledge by acquaintance« und »knowledge by description« von Russell 1910/11.

14 Übersichtlich hierzu sind die Kategorien des Wissensaufbaus bei Willke 1997: 152.

15 Diese Hierarchisierung hat sich inzwischen durchgesetzt, s. Lahme 2004: 5 f. Allerdings beinhaltet das Konzept des Wissensmanagements auch Prozesse, in denen eine bestimmte Wissensform in eine andere überführt wird, etwa implizites in explizites Wissen. Dieser Ansatz geht auf Polanyi 1983 (1966): 4, zurück, mit seiner berühmten These: »[. . .] *we can know more than we can tell*«. In neuerer Zeit wird zunehmend versucht, diesen Ansatz fruchtbar zu machen, insbesondere von Nonaka/Takeuchi 1997 sowie Krogh/Ichijo/Nonaka 2000. S. dazu Scherzberg (in diesem Band).

ohne die Vielzahl unterschiedlicher Konzepte des Wissensmanagements in Abrede stellen zu wollen, modellhaft in vier Phasen zerlegt werden:[16]

Mit der *knowledge* (genauer: *information*) *acquisition* als erster Phase steht die Identifizierung und Sammlung von externen Informationen im Mittelpunkt, die für die eigenen Operationen als relevant eingestuft werden. Der Informationsakquisition folgen die beiden wichtigen Phasen der *knowledge assimilation* und der *knowledge transformation*. In der Assimilationsphase werden die gewonnenen Informationen analysiert und interpretiert, Verstehensprozesse müssen einsetzen. Die dritte Phase der Transformation als eigentlicher Lernphase beinhaltet dann die Revision des bisherigen Wissens. Erst in einem letzten Schritt kann das Wissen genutzt werden (*knowledge exploitation*). Mit diesem letzten Schritt sind die Routinen angesprochen, mit denen eine Organisation ihr Wissen abruft und operationalisiert. Insofern sollte nicht nur von der Gefahr von Datenfriedhöfen, sondern auch von ruhendem Wissen gesprochen werden, das ungenutzt brachliegt.[17]

Bemerkenswert an diesem Phasenmodell ist die Betonung der Aneignungsphasen;[18] der Schwerpunkt des Wissensmanagements liegt also, anders als im Alltagsverständnis, nicht im Ordnen der Wissensbestände (so aber Dillon 2005: 275 ff.), sondern im *Lernen*. Dabei sind die Aneignungsphasen nichts anderes als die bereits erwähnte Kontextualisierung in vorhandene Erfahrungsmuster (*prior knowledge*).[19] Die Organisationslehre empfiehlt Unternehmen daher, eigene Forschung (R&D) zu betreiben, nicht allein um dadurch neues Wissen zu generieren, sondern um den Wissenskontext für externe Informationen zu schaffen (Cohen/Levinthal 1990: 138). Und gerade wegen der Kontextabhängigkeit bzw. Erfahrungsabhängigkeit von Wissen kann also auch nicht, wie so häufig, von einem Wissenstransfer gesprochen werden. Das ließe auch unberücksichtigt, dass der Akt der Beobachtung immer auch das Beobachtete mitbestimmt.

Freilich können nicht nur Personen, sondern auch Organisationen Wissen generieren, also lernen (Argyris/Schön 1996; Willke 2001: 41 ff.), indem sie ihre Strukturen, Prozesse und Regelsysteme intelligenter gestalten (Willke 2004: 59 f.). Dabei ist die Unterscheidung zwischen privater oder öffentlicher Organisation nicht relevant.[20]

16 Die Unterscheidung dieser vier Phasen folgt im Anschluss an Zahra/George 2002: 189 f. Als drei Phasen (acquisition, assimilation, exploitation) sind sie aber schon bei Cohen/Levinthal 1990: 131 angedeutet.

17 Ähnlich Hill 1997: 13, demzufolge große Unternehmen nur 20 % ihrer internen Datenbestände nutzen, sowie ebda., 20, wonach ein »lebendiger Wissenspool« erforderlich sei.

18 Das entspricht auch den Ergebnissen der Lernpsychologie, klassisch Piaget 2003 (1970): 53 ff., mit den zwei Entwicklungsmodulen der Assimilation und Akkomodation. Während die Assimilation die Integration externer Elemente in – das ist entscheidend – »bereits aufgebaute Strukturen« bezeichnet (53 f.), geht es bei der Akkomodation um eine Modifikation der vorhandenen Struktur. Näher Eberl 2001: 46 ff.

19 Die von den vorhandenen Erfahrungsmustern (»prior knoweldge« oder »contextual knowledge«) vermittelte Fähigkeit »to recognize the value of new information, assimilate it, and apply it«, wird von der neueren Managementliteratur »absorptive capacity« genannt. Der Begriff und seine hier zugrunde gelegte Definition gehen zurück auf Cohen/Levinthal 1990.

20 Vgl. Weber 1918: 15: »Beide sind vielmehr im Grundwesen ganz gleichartig. Ein ›Betrieb‹ ist der moderne Staat, gesellschaftswissenschaftlich angesehen, ebenso wie eine Fabrik: das ist gerade das ihm historisch Spezifische«.

Daher sind die Konzepte des Wissensmanagements auch auf die *multi-level-governance* der EU anwendbar.[21]

2. *Das Hinzutreten der Mehrebenenproblematik*

Das Wissensmanagement des europäischen Mehrebenensystems kann freilich nicht abschließend untersucht werden, zumal mithilfe der Analysekategorie Wissen das gesamte institutionelle Gefüge, das Recht der Europäischen Union sowie die rechtstatsächlichen Gegebenheiten zum Gegenstand einer Untersuchung gemacht werden könnten.[22] Analysiert werden können aus diesem Grund nur einige ausgewählte Beispiele. Um gerade die Mehrebenenproblematik in den Vordergrund zu rücken, soll die Differenzierung zwischen Wissensmanagement *durch* im Gegensatz zum Wissensmanagement *im* Mehrebenensystem eingeführt werden. Die Unterscheidung trägt der Tatsache Rechnung, dass sich das europäische Mehrebenensystem unter Wissensgesichtspunkten als ambivalent erweist.

Denn einerseits bietet das Mehrebenensystem besondere Chancen der Wissensgenerierung, wie sie in einem unitarischen Gebilde nicht bestünden. Der Ansatz »Wissensmanagement *durch* Mehrebenensystem« (C.) fragt demnach, inwiefern nicht ein Mehrebenensystem an sich bereits eine Form des Wissensmanagements darstellt. Ein solcher Zusammenschluss von Staaten und deren Organisation erscheint, so gesehen, bereits als eine (erste) *Technik der Wissensgenerierung*. Diese Sichtweise klingt an, wenn die Europäische Union gelegentlich als Lernverbund bezeichnet wird (Eifert 2008). Hier machen sich die verschiedenen Akteure das Mehrebenensystem gleichsam für ihr Wissensmanagement zunutze; es wird als *Lernchance* begriffen. Dieser Mechanismus soll anhand der Konzepte des Systemwettbewerbs (1.) versus Harmonisierung (2.) sowie der offenen Methode der Koordinierung (3.) untersucht werden. Dabei ist Lernen nichts anderes als der Prozess der Wissensgenerierung.

Andererseits ist auf die erhöhten Managementprobleme hinzuweisen, die im europäischen Wissensraum auftreten, etwa aufgrund der verschiedenen Sprachen, Rechts- und Verwaltungskulturen. Diese Perspektive wird eingenommen, wenn nach dem Wissensmanagement *im* Mehrebenensystem gefragt wird (D.). Hier können die Ebenen von den Akteuren nicht genutzt werden, sondern sie stellen eine Herausforderung für das Wissensmanagement dar, die es zu meistern gilt. Diese Problematik soll anhand der Europäischen Umweltagentur (II.) als Beispiel für Informationsagenturen (I.) diskutiert werden.

21 Während das Wissensmanagement der EU, soweit ersichtlich, bislang nie Gegenstand einer Untersuchung war (vgl. aber Spiecker gen. Döhmann 2005 zum staatlichen Mehrebenensystem), werden jedoch bestimmte Teilaspekte unter verwandten Begriffen diskutiert. In der Rechtswissenschaft haben sich hierfür die Begriffe des Lernens (Eifert 2008) und der Innovation etabliert. Die Politikwissenschaft thematisiert demgegenüber die »Problemlösungsfähigkeit« der EU, s. etwa Scharpf 1998 sowie Jachtenfuchs 2000.

22 Ein Bereich, der ebenfalls dem Wissensmanagement zuzurechnen ist, aber im folgenden nicht behandelt wird, ist etwa der Umgang mit Expertenwissen, s. dazu speziell die Mitteilung der Kommission 2002: 1, wonach »Improving the knowledge base for better policies« erklärtes Ziel ist. Hinzu tritt die – sich mit dem ersten Bereich teilweise überschneidende – Thematik des europäischen Ausschusswesens, das gerade auch zu einer Aktivierung von Wissensbeständen führt (Schmidt-Aßmann 2005: 17).

C. *Wissensmanagement* durch *das europäische Mehrebenensystem*

I. *Vorbemerkungen zum Mehrebenensystem*

Gerade im Hinblick auf die Europäische Union hat die Politikwissenschaft das Konzept des Regierens im Mehrebenensystem (*multi-level-governance*) entwickelt, das sich seit den 1990er Jahren zunehmend durchsetzt.[23] Der Begriff wird im weitesten Sinne verwandt und stellt – entgegen seinem Wortlaut – weniger auf territoriale Ebenen als auf interdependente Politikarenen ab, weswegen er in der neueren Literatur als Netzwerk aufgefasst wird (Benz 2003: 318). Bei aller begrifflichen Unschärfe herrscht dabei über folgende Charakteristika des Mehrebenensystems weitgehend Einigkeit: Zum einen wird die nicht-hierarchische Anordnung der Akteure hervorgehoben, zum anderen die Fähigkeit zu institutioneller Ausdifferenzierung, über die ›gewöhnliche‹ föderale Systeme nicht verfügen.

Anders als in der frühen Europaforschung wird die komplexe institutionelle Struktur der EU allerdings nicht mehr (nur) negativ bewertet, sondern umgekehrt als *conditio sine qua non* ihrer Problemlösungsfähigkeit begriffen. An diesen Ansatz soll mit den folgenden Überlegungen angeknüpft werden.

II. *Europäisches Mehrebenensystem als Lernchance*

1. *Systemwettbewerb zur horizontalen Wissensgenerierung*

Die Sichtweise, das Mehrebenensystem gerade als Lernchance zu nutzen, erfährt aus der Wirtschaftswissenschaft Bestätigung. Insbesondere die institutionenökonomische Perspektive (Richter/Furubotn 2003) beobachtet den europäischen Integrationsprozess unter dem Gesichtspunkt des Systemwettbewerbs.[24] Für den vorliegenden Zusammenhang sind Ansätze von Interesse, die Hayeks Idee vom »Wettbewerb als Entdeckungsverfahren« (Hayek 1968/9) auf staatliche und supranationale Prozesse übertragen (Wohlgemuth 1999 und 2008).

Hayeks Konzept beruht auf der Annahme von auf verschiedenste Akteure verstreutem Wissen (Hayek 1937/1952: 71). Erst der Wettbewerb ermögliche die »Entdeckung von Tatsachen [. . .], die ohne sein Bestehen entweder unbekannt bleiben oder zumin-

23 Hierzu und zum Folgenden Grande 2000: 14 ff.; Jachtenfuchs 2000: 352 ff.; zuvor bereits Jachtenfuchs/Kohler-Koch 1996; vgl. auch Benz 2003.

24 S. statt aller Streit/Wohlgemuth (Hrsg.) 1999, insbesondere die Beiträge von Wohlgemuth, Mussler und Winkler; den rechtlichen Zusammenhang macht die englische Übersetzung noch deutlicher: »*competition among jurisdictions*«. Aus rechtswissenschaftlicher Perspektive nunmehr grundlegend Mehde 2005, wobei der Aspekt der Wissensgenerierung dort nicht im Zentrum der Überlegungen steht (vgl. aber ebd.: 32 ff., 84 f.). S. aus politikwissenschaftlicher Sicht zum »Politikwettbewerb« bzw. »Regulierungswettbewerb« Benz 2006: 106 ff. Teilweise wird auch von Wettbewerbsföderalismus gesprochen; hinsichtlich der Wirkungen offengelassen bei Richter/Furubotn 2003: 524: »Die Konkurrenz zwischen Staaten (allgemein: Entscheidungseinheiten) spielt eine Rolle und kann zu Pareto-Verbesserungen führen oder auch nicht«. Vorsichtig optimistisch Schnellenbach 2003: 363 ff. In der politikwissenschaftlichen Literatur ist schließlich die Metapher des Versuchslabors gebräuchlich.

dest nicht genutzt werden würden« (Hayek 1968/9: 249).[25] Dabei soll die durch das Wettbewerbsverfahren geleistete Wissenserschließung und -nutzung zwei Teilprozesse voraussetzen: den Austausch- und den Parallelprozess (Hoppmann 1967: 86 ff.). Ersterer bestehe aus den Wahlhandlungen der Nachfrager, wobei das Preissystem als Kommunikationsnetzwerk das Wissen verbreite (Lachmann 1956: 21 f.). Dagegen finde der Parallelprozess auf Seiten der konkurrierenden Unternehmen statt. Diejenigen Unternehmer, deren Leistungen sich auf dem Markt als nicht erfolgreich erwiesen hätten, sähen sich gezwungen, nach neuen Problemlösungen zu suchen, mithin zu lernen. Der Wettbewerb dient somit der Wissensgenerierung, ist zum Entdeckungsverfahren geworden.

Wird diese Theorie nun für öffentlich-rechtliche Zusammenhänge fruchtbar gemacht, geht es nicht mehr um Handlungsrechte von Transaktionspartnern auf Wettbewerbsmärkten, sondern um grenzüberschreitende Abwanderungsprozesse in andere Jurisdiktionen, also eine bestimmte Art von *exit*.[26] Der Reiz dieses Ansatzes besteht nun darin, dass *exit* hier die Wahl institutioneller Arrangements, insbesondere rechtlicher Normen, impliziert (Wohlgemuth 1999: 56). Während einerseits nahezu das *gesamte* Institutionenangebot (ab)gewählt werden kann, etwa durch Gebrauchmachen von der Freizügigkeit als Unionsbürger (Art. 18 Abs. 1 EGV), bietet das Europarecht gelegentlich auch die Möglichkeit, lediglich einzelne Institutionen hinzuzuwählen.[27] Dies soll wenig später an einem gesellschaftsrechtlichen Beispiel exemplifiziert werden. Es kann mithin von einer »*choice of rules*« (Wohlgemuth 1999: 58) gesprochen werden.

Zentral ist nun freilich der Parallelprozess des politischen Systems. Da auch (rechtliche) Institutionen immer nur Problemlösungen versuchen, sind sie auf systematische Lernprozesse angewiesen. Diese aber können gerade durch einen hier so genannten Institutionen-exit ausgelöst werden. Denn Politiker werden auf die Signale der Nachfrager (*knowledge acquisition*) hin gehalten sein, durch politische Reformen dem Institutionen-exit im Austauschprozess abzuhelfen (gewissermaßen als *knowledge exploitation*). Da es aufgrund der Einbindung einzelner Institutionen in ein Gesamtrechtssystem nicht empfehlenswert ist, lediglich die ausländische Institution zu kopieren, wird politisches Unternehmertum institutionelle Neuerungen entdecken müssen (*knowledge assimilation* und *transformation*).

Mit Recht gilt gerade die EU als paradigmatisch für die Theorie des Systemwettbewerbs (Mussler 1999: 71). Der Grund hierfür ist vor allem im EG-Vertrag mit seinen vier Grundfreiheiten im Binnenmarkt zu suchen, die als lernfreundliche Spielregeln in ihrer Auslegung durch den EuGH überhaupt erst ermöglichen, dass mobile Produktionsfaktoren aufgrund von Unterschieden institutioneller Arrangements frei alloziert werden können, was wiederum die Anbieter institutioneller Infrastruktur unter Konkurrenzdruck setzt. Im politikwissenschaftlichen Schrifttum wurde bislang vor allem

25 Hayek geht also davon aus, dass das Wissen über die Präferenzen der einzelnen Individuen nicht von vornherein – etwa bei einer Zentralinstanz – vorhanden ist, sondern erst im Wettbewerbsprozess ermittelt werden muss.

26 Die bekannte Begrifflichkeit von *exit*, *voice* und *loyalty* stammt von Hirschman 1970.

27 Freilich besteht nicht die Möglichkeit einer echten Rechtswahl, d. h. ohne *grenzüberschreitendes* Element können Rechtsregeln eines anderen Mitgliedstaates nicht ohne weiteres gewählt werden.

das einen Systemwettbewerb in Gang setzende Herkunftslandprinzip erörtert, allerdings unter dem überkommenen Schlüsselbegriff Integration (Joerges 1996: 97 ff.; van Scherpenberg 1996: 354). Dieses Prinzip der gegenseitigen Anerkennung war vom EuGH bereits 1979 im Cassis-de-Dijon-Fall für die Warenverkehrsfreiheit entwickelt worden (Rs. 120/78, Slg. 1979, 649, Rz. 14 a.E.), bevor es später von der Kommission zur Vollendung des Binnenmarktes aufgegriffen wurde (Kommission 1985), um sich damit aus der traditionellen Harmonisierungspolitik zurückzuziehen. Mittlerweile wurde das Prinzip allerdings von der Warenverkehrsfreiheit auf sämtliche vier Grundfreiheiten ausgedehnt[28] und zuletzt auch in die Dienstleistungsrichtlinie integriert (Hatje 2007: 2360 ff.).

Ein anschauliches Beispiel für den geschilderten Mechanismus der *choice of rules* findet sich im europäischen Gesellschaftsrecht (Mehde 2005: 323 ff.). In Auslegung der Niederlassungsfreiheit (Artt. 43, 48 EG-Vertrag) hatte der EuGH im vielzitierten Centros-Urteil bestimmt,[29] dass faktisch in allen Mitgliedstaaten auf die gesellschaftsrechtlichen Formen anderer Mitgliedstaaten zurückgegriffen werden kann, indem die Gesellschaft zwar in einem anderen Mitgliedstaat gegründet wird, dort aber allein der satzungsmäßige Sitz verbleibt, während in einem zweiten Schritt im Heimatstaat der Gesellschafter eine Zweigniederlassung gegründet wird, die die eigentliche Geschäftstätigkeit entfaltet. Bei dieser durch die Niederlassungsfreiheit ermöglichten Institutionenkonkurrenz griffen Gesellschaftsgründer deutlich lieber auf das englische Recht mit seiner *Limited* zurück als auf das deutsche Recht mit seiner GmbH. Hauptgrund hierfür war die Einlage, also die Einzahlung eines Mindestgesellschaftskapitals, die nach deutschem Recht (§ 5 Abs. 1 GmbH-Gesetz: 25.000 €), nicht jedoch nach englischem Recht zu erbringen ist.[30]

Doch nicht nur die Austauschphase, sondern auch der Parallelprozess lässt sich an diesem Beispiel zeigen. Denn mittlerweile wird der deutsche Gesetzgeber tätig und reformiert das deutsche Gesellschaftsrecht.[31] In der ersten Hälfte des Jahres 2008 soll das Reformgesetz in Kraft treten, das neben der Herabsetzung des Mindeststammkapitals einer GmbH auf 10.000 € auch neu eine sog. haftungsbeschränkte Unternehmergesellschaft faktisch ohne Mindeststammkapital konzipiert. Hinzu kommt der Abbau weiterer Gründungsformalien. Damit sollen ausweislich der Pressemitteilung des BMJ gerade die Wettbewerbsnachteile gegenüber ausländischen Rechtsformen, insbesondere der *Limited*, ausgeglichen werden.[32] Erst die grenzüberschreitende Wahl fremder rechtlicher Institutionen hat so im deutschen Gesellschaftsrecht eine längst überfällige Reform initiiert.

28 Dies hängt mit der Entwicklung der Grundfreiheiten von Diskriminierungsverboten zu allgemeinen Beschränkungsverboten zusammen.

29 EuGH, Rechtssache C-212/97, NJW 1999, 2027 ff. – Centros; s. ferner EuGH, Rechtssache C-208/00, NJW 2002, 3614 ff. – Überseering, sowie EuGH, Rechtssache C-167/01, NJW 2003, 3331 ff. – Inspire Art; zum Ganzen Horn 2004.

30 Bei der englischen *Limited* kann das Mindestkapital ab einem Pfund beliebig festgelegt werden. Daher ist bei diesem gewählten Beispiel zugleich sichergestellt, dass die grenzüberschreitende Institutionenwahl tatsächlich durch institutionell bedingte Unterschiede motiviert ist.

31 Im Mai 2007 hat das Bundeskabinett den Regierungsentwurf des Gesetzes zur Modernisierung des GmbH-Rechts und zur Bekämpfung von Missbräuchen (MoMiG) beschlossen.

32 http://www.bmj.de/enid/0,4a3ca4636f6e5f6964092d0934343139093a095f7472636964092d0932303736/Pressestelle/Pressemitteilungen_58.html; s. näher und kritisch Freitag/Riemenschneider 2007; Niemeier 2007; euphorisch Wulfetange 2006.

Auffällig ist, dass die Wissensgenerierung hier auf den ersten Blick weitgehend ohne koordinierende oder auch lernende Zentralinstanz auskommt, also ohne *governance*; die Wissensströme verlaufen horizontal, die Mitgliedstaaten sollen voneinander lernen. Die ›zentrale Instanz‹ ist aber insofern von Belang, als sie die Spielregeln, die das Lernen ermöglichen, und deren Durchsetzbarkeit bereitstellen muss. Allerdings ist zu betonen, dass es insbesondere der EuGH war, der erst für die entsprechende lernfreundliche Auslegung sorgte, da die Grundfreiheiten ursprünglich als Diskriminierungsverbote konzipiert waren. So hat der EuGH etwa das Prinzip der gegenseitigen Anerkennung erst im Wege der richterlichen Rechtsfortbildung kreiert.

Abschließend bleibt kritisch anzumerken, dass die ökonomische Theorie allzu optimistisch sein mag in ihrer Bewertung der Wissensgenerierung, wie jüngst anlässlich der Dienstleistungsrichtlinie diskutiert wurde. Nimmt man etwa an, dass der Systemwettbewerb zu einem »*race to the bottom*« führt, würde sich keineswegs die beste Lösung durchsetzen, sondern der ›kleinste gemeinsame Nenner‹,[33] den es nicht zu entdecken gilt; so stellt im gewählten Beispiel die englische *Limited* zwar möglicherweise eine unternehmerfreundliche Regelung dar, die aber den Verbraucher zu wenig in den Blick nimmt. Die geschilderte Gefahr der Abwärtsspirale ist eng mit einem weiteren Problem verknüpft: Die »*choice of rules*« ist, wo sie vom Europarecht ermöglicht wird, dazu prädestiniert, zu einer *Rosinentheorie* zu mutieren. Aus einem fremden Rechtsregime, das idealtypisch einen Ausgleich widerstreitender Interessen erstrebt, wird freilich nur diejenige Regelung gewählt, die den eigenen Interessen zu dienen bestimmt ist und als rechtssystemfremder Teil in das eigene Rechtsregime hereingeholt. Ein zuvor bestehendes Gleichgewicht ist damit gestört.

Der letzte Einwand betrifft das Lernen im Parallelprozess. Während teilweise die Lernfähigkeit der Politiker sowohl wegen ihres unvollständigen nomologischen Wissens als auch mangels ausreichender Anreizstrukturen generell in Frage gestellt wird (Winkler 1999: 117), können die Bedingungen von Lernen im Parallelprozess, wenn er denn stattfindet, als Zwang bezeichnet werden. So blieb dem deutschen Gesetzgeber letztlich keine Wahl bei seiner Reform des GmbH-Gesetzes; ohne Annäherung an das englische Recht hätten sich Gesellschaftsgründer ohnehin regelmäßig der Rechtsform der *Limited* bedient. Überkommene Regelungen, in denen ebenfalls Wissen gespeichert ist,[34] – Recht als geronnenes Wissen – werden unter solchen Bedingungen möglicherweise zu leichtfertig über Bord geworfen. So gesehen kann sich der Systemwettbewerb unter Wissensgesichtspunkten auch als Methode der Wissenszerstörung entpuppen.

Insgesamt ergibt sich damit ein differenzierendes Urteil. Systemwettbewerb birgt auf der einen Seite die Chance, überkommenes Recht in Frage zu stellen und Lernprozesse in Gang zu setzen; umgekehrt ist aber auch die Gefahr nicht zu verkennen, unter Zwang von den eigenen Standards abrücken zu müssen.

33 Aber auch dieses Bedenken ist nicht unumstritten. Zur Vorsicht gegenüber dem *race-to-the-bottom*-Argument mahnt etwa Bernard 2002: 43 f. mwN., demzufolge es fast keine empirischen Belege für eine derartige Abwärtsspirale gebe; ähnlich Winkler 1999: 115.

34 Auch das ist ja ein wesentlicher Baustein des Hayekschen Theoriegebildes.

2. *Harmonisierung als gegenläufiges Prinzip der Vertikalen*

Die Gefahr der im Systemwettbewerb liegenden Abwärtsspirale vermeidet das Gegenmodell der Harmonisierung, das in der europäischen Rechtspraxis – auch nach 1985 – immer mehr Platz greift. Hier steht nicht das Lernen zwischen den Mitgliedstaaten im Vordergrund, sondern die Wissensgenerierung der ›obersten‹ Ebene gerät in den Fokus. Zu fragen ist daher, wie der Trend im Europarecht weg vom Systemwettbewerb hin zu einer zentralen Harmonisierung unter Wissensgesichtspunkten theoretisch eingefangen werden kann.

Da sich die Harmonisierung auf eine Lösung festlegt und der »Wettbewerb als Entdeckungsverfahren« damit abgeschnitten ist, liegt es nahe, Harmonisierung eher als Wissenszerstörung, zumindest aber als Beendigung der Wissensgenerierung zu begreifen. Folgerichtig spricht die Institutionenökonomik in diesem Zusammenhang kritisch von Politikerkartellen (Mussler 1999: 74). Denn eine zentrale Ebene hat sich hier – dem alten Vorwurf Hayeks entsprechend – Wissen angemaßt, das sie nicht besitzt. Eine gewisse Lernoffenheit ist jedoch zumindest dadurch gewährleistet, dass das europäische Primärrecht gewisse Verfahren bereithält, die trotz Harmonisierung nicht nur den Mitgliedstaaten einzelstaatliche Bestimmungen ermöglichen, wenn diese auf neue wissenschaftliche Erkenntnisse gestützt sind (vgl. etwa Art. 95 Abs. 5 und 6 EG-Vertrag), sondern darüber hinaus auch ein Lernen hinsichtlich der Harmonisierungsmaßnahme (Abs. 7).

Gegen eine zu weitgehende Harmonisierung kann des Weiteren das Subsidiaritätsprinzip (Art. 5 Abs. 2 EG-Vertrag, Art. 2 S. 2 EU-Vertrag) herangezogen werden, das insofern als *Wissensverteilungsprinzip* fungiert. Da die dezentralen Einheiten über größeres Wissen verfügen als die zentrale Ebene,[35] sollten dementsprechend dort die Entscheidungen getroffen werden, sofern die zu erreichenden Ziele nicht nur auf Gemeinschaftsebene erreicht werden können. Auch unter diesem Aspekt der Wissensnutzung (*knowledge exploitation*) zeichnet sich der tendenziell autonomieschonendere Systemwettbewerb (Scharpf 1994; Benz 2006: 108) grundsätzlich als das bessere Wissensmanagementkonzept im Mehrebenensystem aus.

Nach alldem scheint unter dem Gesichtspunkt Wissen der goldene Mittelweg zwischen der Scylla der drohenden Abwärtsspirale beim Systemwettbewerb und der Charybdis der wissenszerstörenden Harmonisierung in einer Kombination beider Konzepte zu liegen. Hier kommt die Einführung von Mindeststandards in Betracht (Benz 2006: 107), die dem *race to the bottom* Einhalt gebieten können, aber andererseits dem Wettbewerb der Rechtsordnungen als Entdeckungsverfahren ausreichend Raum belassen.

35 Fassbender 2006: 271 (Rdnr. 51) unter Hinweis auf ein Zitat von Montesquieu 1961 (1748): 166: »L'on connaît beaucoup mieux les besoins de sa ville que ceux des autres villes; et on juge mieux de la capacité de ses voisins que de celle de ses autres compatriotes«.

3. *Offene Methode der Koordinierung als Treffpunkt von Horizontaler und Vertikaler*

Als eine dritte Form des Wissensmanagements, die sowohl Elemente des Wettbewerbs als auch der Harmonisierung in sich vereint, kann die sog. Offene Methode der Koordinierung gelten (Lang/Bergfeld 2005);[36] sie ist allerdings auf Politikbereiche beschränkt, die noch nicht vergemeinschaftet sind und daher in die Zuständigkeit der Mitgliedstaaten fallen. Zu nennen sind etwa Jugend und Bildung (beides Art. 149 EG-Vertrag), vor allem aber der Bereich der Sozialpolitik. Als Instrument der Lissabon-Strategie aus dem Jahr 2000 wurde die Koordinierungsmethode gerade im Hinblick darauf konzipiert, aus der EU den »wettbewerbsfähigsten und dynamischsten *wissensbasierten* Wirtschaftsraum in der Welt« zu machen.[37]

Dementsprechend beruht sie auf einem Verfahren des dialogischen Lernens, dem *Benchmarking*, einem betriebswirtschaftlichen Konzept des Wissensmanagements: Zur Erreichung eines zuvor festgelegten gemeinsamen Ziels wird das Abschneiden der Mitgliedstaaten anhand – ebenfalls gemeinsam – festgelegter Messinstrumente verglichen. Der durch den Wettbewerb zwischen den Mitgliedstaaten um die *Best Practice* verursachte *Peer Pressure* erinnert dabei an den oben beschriebenen Systemwettbewerb mit dem Vorteil der ermöglichten Wissensgenerierung; hinzu tritt jedoch ein *Monitoring* der Kommission, deren Rolle in diesem Prozess als Wissensmaklerin (Eifert 2008) und -koordinatorin beschrieben werden kann. Diese Rolle wird allerdings gesprengt, wenn über die Koordination hinaus bisweilen Leitlinien erlassen werden, die, wiewohl dem Bereich des *Soft Law* zuzuordnen, im einzelnen quasiregulatorisch wirken können, weshalb die offene Methode insofern der Harmonisierung ähnelt.

Bei der Einschätzung der offenen Methode der Koordinierung gehen die Meinungen weit auseinander. Während die europäische Kommission für den Ausbau der Methode plädierte (Kommission 2001: 28) und diese nunmehr ausdrücklich im Vertrag von Lissabon für die Sachbereiche Sozialpolitik, Forschung, Gesundheitspolitik und Industrie verankert wurde, erfährt sie insbesondere durch die Regional- und Landesebenen Kritik. Da die offene Koordinierung gerade in Bereichen eingesetzt wird, die in den Zuständigkeitsbereich der Mitgliedstaaten fallen, betrifft der Haupteinwand das Unterlaufen der Kompetenzgrenzen der Europäischen Union. Hinzu tritt das Bedenken, dass eine auf diese Weise erzielte Harmonisierung ganz ohne Europäisches Parlament auskommt (Hill 2002: 145 f.).

Hier sollen freilich die wissensspezifischen Vor- und Nachteile dieser Methode im Vordergrund stehen. Dabei ist bereits der Vorgang der Informationsakquisition als ambivalent zu bewerten. Denn sog. Indikatoren als Relevanzkriterien strukturieren die Informationsmenge und reduzieren ihre Komplexität. Einerseits wird die Informationsmenge dadurch handhabbar, andererseits führen die Indikatoren von vornherein zu einer bestimmten Konstruktion der Wirklichkeit; die Festlegung der Indikatoren

36 Teilweise wird auch von »Methode der offenen Koordinierung« gesprochen, s. etwa Hill 1992.

37 http://www.europarl.europa.eu/summits/lis1_de.htm, Hervorhebung von der Verf.

wird mithin zu einer entscheidenden Größe.[38] Bei der Festsetzung zeigt sich also, dass nicht nur Wissen, sondern auch bereits der erste Schritt der Wissensgenerierung Macht bedeutet. Gleiches gilt für die Ermittlung der *best practice*, die freilich von Wertungen abhängig und damit ebenfalls Machtfrage ist. In beiden Fragen spielt der Einfluss der europäischen Kommission eine entscheidende Rolle.

Ebenfalls als eine Frage der Informationsakquisition stellt sich das Problem der Aktualität des Wissens dar, das durch die offene Methode gewonnen werden kann. Denn *Benchmarking* muss insofern als strukturell konservative Methode der Wissensgenerierung bezeichnet werden, als sie immer nur vorhandene und damit tendenziell bereits überholte oder gar veraltete *best practices* als Modell präsentieren kann. Die Wissensgenerierung bleibt damit leicht auf dem Stand der *yesterday's best practice* (Hackett 2000: 11) zurück.

Schließlich wirft die Offene Methode auch Fragen der Wissenstransformation auf. So ist eine *best practice*, also das Wissen um ein optimales Verfahren, regelmäßig systemrelativ, weil sie in einen bestimmten Kontext eingepasst ist. Sie kann daher nicht in einem Nachahmungsverfahren, gleichsam als *cut-and-paste*, ohne Rücksicht auf einen veränderten Kontext übertragen werden. Von welchen äußeren Faktoren die *best practice* wiederum abhängt, wird im Einzelfall schwer zu ermitteln sein, zumal es sich häufig auch um weiche Faktoren wie Mentalitäten oder Kultur handelt. Daran zeigt sich einmal mehr, dass die Übertragungsmetapher nicht nur bei Informationen (Luhmann 1984: 193 f.), sondern erst recht bei Wissen versagt.

Zusammenfassend ist auf die zentrale Rolle der Kommission bei der offenen Methode hinzuweisen. Daher handelt es sich bei dieser Art von *Governance* von Wissen auch weniger um eine Selbstkoordinierung der Mitgliedstaaten als um eine Steuerung durch die Kommission mit dem unterschwelligen Ziel der Harmonisierung. Dann kann vor dem Hintergrund der Analysekategorie Wissen freilich nichts anderes gelten als das zur Harmonisierung Gesagte: Eine Wissensgenerierung, die sich gerade das Mehrebenensystem zunutze macht (Wissensmanagement *durch* Mehrebenensystem), findet nicht mehr statt; der Lernprozess durch Vergleich ist abgebrochen.[39]

Zuvor konnte allerdings zumindest die Kommission am Lernprozess partizipieren, weshalb es bedenklich ist, dass sie die Methode regelmäßig dann einsetzt, wenn aus Kompetenzgründen keine Gesetzgebung in Betracht kommt (differenzierend allerdings Kommission 2001: 28). Damit droht nicht nur eine Erosion der Kompetenzgrenzen, sondern es wird auch ganz bewusst auf eine Lernchance verzichtet, von der die Kommission, einem Gesetzgebungsverfahren vorgeschaltet, Gebrauch machen sollte.

38 Mabbett 2007: 83 ff. zeigt darüber hinaus, dass die Indikatoren nur eingeschränkt für eine gemeinsame Sprache sorgen, weil die Mitgliedstaaten sich tendenziell weiterhin an nationalen Definitionen orientieren.

39 In diesem Sinne argumentiert auch der deutsche Bundesrat (Beschluss des Bundesrates vom 17.3.2000, BR-Drs. 95/00, Ziff. 6), wenn er ausdrücklich ein Wettbewerbsmodell der schleichenden Harmonisierung vorzieht.

D. *Wissensmanagement* im *europäischen Mehrebenensystem – eine kritische Analyse am Beispiel der EUA als Informationsagentur*

Das Mehrebenensystem ist unter Wissensgesichtspunkten freilich nicht nur ein Mechanismus, der sich für eine Wissensgenerierung eignet, sondern es stellt durch seinen Mehr-Ebenen-Koordinationsbedarf (Pitschas 1994: 525) ebenso auch eine Herausforderung gerade für das Wissensmanagement dar. Diesem in den bisherigen Ausführungen noch nicht aufgegriffenen Aspekt soll im Folgenden anhand der Informationsagenturen – hier am Beispiel der Europäischen Umweltagentur – nachgegangen werden; sie könnten sich als besonders geeignete Technik erweisen, das Wissen der verschiedenen Netzwerkknoten zu erhöhen.

I. *Informationsagenturen als Technik des Wissensmanagements zur Bewältigung des Mehrebenensystems*

Die Einrichtung der europäischen Agenturen allgemein stellt eine bedeutsame Entwicklung des EU-Verwaltungsorganisationsrechts dar, die gerade vor dem Hintergrund des Wissensproblems zu erklären ist. So ist es wenig verwunderlich, dass auf die Organisationsform der Agentur, von zwei Ausnahmen abgesehen, gerade seit den 1990er Jahren zurückgegriffen wird,[40] also in zeitlicher Parallele zur Sensibilisierung für das Wissensproblem. Entsprechend hebt auch das Weißbuch Europäisches Regieren (*European Governance*) Agenturen als Möglichkeit hervor, »sektorales hochgradig technisches Know-how zu nutzen« bzw. »besonderes Fachwissen« fruchtbar zu machen, weswegen nach den Plänen der Kommission auch in Zukunft weitere Agenturen geschaffen werden sollen (Kommission 2001: 31).
Für den vorliegenden Zusammenhang ist von der Vielzahl unterschiedlicher Agenturtypen die sog. Informationsagentur von besonderem Interesse.[41] Ihre Aufgabe besteht darin, in ihrem Tätigkeitsbereich Informationen zu sammeln und aufzubereiten. Ob dieses (Informations-)Agenturwesen einen sinnvollen Baustein einer europäischen *smart governance* (Willke 2007) darstellt, soll kritisch hinterfragt werden. Inbesondere stellt sich die Frage, ob sich die europäische Umweltagentur als Musterbeispiel der Informationsagenturen auf dem Weg zur *Wissensagentur* befindet.

40 Die ersten zwei Agenturen wurden 1975 gegründet. Eine Auflistung der heute tätigen Agenturen findet sich unter http://europa.eu/agencies/index_de.htm.

41 Zum Begriff s. Fischer-Appelt 1999: 55 f. sowie v. Bogdandy 2000: 172 ff. und zuvor bereits Majone 1997. Eine andere Aufteilung der Agenturen nimmt die EU selbst vor, die die Agenturen nach dem Säulenmodell der EU ordnet, s. die Internetseite (Fn. 40). S. auch v. Bogdandy 2008: Rdnrn. 85 ff.
Folgende wichtige Informationsagenturen sind zu nennen: Die Europäische Stiftung für die Verbesserung der Lebens- und Arbeitsbedingungen, Dublin; die Europäische Umweltagentur, Kopenhagen; die Europäische Agentur für Sicherheit und Gesundheitsschutz am Arbeitsplatz, Bilbao; die Beobachtungsstelle Rassismus und Fremdenfeindlichkeit, Wien, sowie das Europäische Zentrum für die Prävention und die Kontrolle von Krankheiten, Stockholm.

II. *Die europäische Umweltagentur – auf dem Weg von der Informations- zur Wissensagentur?*

Ich möchte mich in meinen folgenden Ausführungen auf ein Beispiel beschränken, nämlich auf die Europäische Umweltagentur (EUA) als die prominenteste der europäischen Informationsagenturen.

Die EUA hat gem. Art. 1 Abs. 2 EUA-VO[42] vor allem die Aufgabe, der Gemeinschaft, aber auch den Mitgliedstaaten objektive, zuverlässige und auf europäischer Ebene vergleichbare Informationen zur Verfügung zu stellen, auf deren Basis die notwendigen Umweltschutzmaßnahmen ergriffen werden können. Ferner soll die EUA technische und wissenschaftliche Unterstützung bieten. Die Informationen sammelt die EUA mithilfe des Umweltinformations- und -beobachtungsnetzes EIONET. Daran angeschlossen sind mittlerweile über 900 Umweltexperten aus über 300 Behörden oder privaten Einrichtungen.[43]

Vor dem Hintergrund dieser beeindruckenden Zahlen verwundert es nicht, dass der Europäische Verwaltungsverbund schnell als kooperativer Informationsverbund gefeiert wurde (Schmidt-Aßmann 2005: 6; v. Bogdandy 2008). Die Organisationsform eines derartigen nicht-hierarchischen Rhizoms erscheint gerade für ein Mehrebenensystem und sein Wissensmanagement vielversprechend und innovativ.[44] Denn stellt man sich mit der neueren Literatur unter einem Mehrebenensystem selbst ein Netzwerk vor (s. o.), erscheint es nur folgerichtig, in den Informationsagenturen eine kongeniale, fraktale *Wissensarchitektur* gefunden zu haben. In der Tat ermöglicht erst die Vernetzung die Erschließung eines europäischen *Wissensraums*. Regionale, nationale wie supranationale Knotenpunkte können ihre Informationen einstellen, aber auch von dem Netz partizipieren.

Bei näherer Betrachtung und insbesondere angesichts der bereits skizzierten Phasen des Wissensmanagements muss die Bewertung jedoch verhalten ausfallen. Drei Kritikpunkte sollen herausgegriffen werden:

1. Zur Informationsakquisition

Es bedarf erst gar nicht der konstruktivistischen Einsicht, dass der Beobachter das Beobachtete mitbestimmt,[45] um für das europäische Umweltnetz festzuhalten, dass

42 Verordnung (EWG) Nr. 1210/90 des Rates vom 7. Mai 1990 zur Errichtung einer europäischen Umweltagentur und eines Europäischen Umweltinformations- und Umweltbeobachtungsnetzes, ABl. L 120 vom 11.5.1990, 1, geändert durch Verordnung (EG) Nr. 933/1999 des Rates vom 29. April 1999, ABl. L 117 vom 5.5.1999, 1, und durch Verordnung (EG) Nr. 1641/2003 des Europäischen Parlaments und des Rates vom 22. Juli 2003, ABl. L 245 vom 29.9.2003, 1.

43 http://www.eionet.europa.eu/about. S. auch Brenner 2003.

44 Deleuze/Guattari 1977: 27 und 35, wonach beim Netzwerk im Gegensatz zur Hierarchie keine festgelegten Verbindungen existierten; »das Rhizom [ist] ein nicht zentriertes, nicht hierarchisches und nicht signifikantes System ohne General, organisierendes Gedächtnis und Zentralautomat«. Welche Erwartungen sich vor zehn Jahren an die neue Form der Kooperation in Netzwerken knüpfte, lässt sich gut dem Beitrag von Ladeur 1997: 8 ff., entnehmen; kritisch gegenüber der rechtswissenschaftlichen Verwendung des Netzwerkbegriffes dagegen Möllers 2005.

45 Deutlich Nassehi 2000: 99 f.: »Das Label Wissensmanagement bleibt allerdings ein Etikettenschwindel, wenn man darunter lediglich die bessere Organisation von arbeitsteiliger Wissensproduktion und -verarbeitung versteht. [. . .] Von einem wirklichen Wissensmanagement hingegen können wir erst

hier inkommensurable Informationen zusammengeführt werden. Denn die Meßmethoden der Knotenpunkte sind ebenso wenig vereinheitlicht wie die Datenbewertungskriterien (Runge 2005: 550 mit Fn. 80). Zwar sieht der Aufgabenkatalog des Art. 2 iv EUA-VO vor, dass die Agentur die Vergleichbarkeit der Umweltdaten auf europäischer Ebene und erforderlichenfalls auch eine stärkere Harmonisierung der Messverfahren auf geeignetem Wege fördert. In dieselbe Richtung zielt Abschnitt A des Anhangs der genannten VO. Da der Agentur jedoch keine Befugnis hoheitlicher Rechtsetzung zukommt, bleibt es bei unverbindlichen Leitlinien.[46] Zusammenfassend ist festzuhalten, dass trotz aller Verbesserungen, die durch die Entwicklung von Indikatoren durch die EUA erreicht worden sind, die Erwartungen an qualitativ hochwertige Informationssammlungen zurückzuschrauben sind. Die Heterogenität der Indikatoren und Meßmethoden der jeweiligen Ebenen mit ihren unterschiedlichen Akteuren ist insoweit der Preis dafür, dass auf eine zentrale Observationsstelle verzichtet wird, die freilich weder aus Kosten- noch aus Praktikabilitätsgründen machbar wäre.

2. *Assimilation und Transformation*

Aber auch bei den Phasen der Assimilation und Transformation treten größere Probleme bei der EUA auf. Denn während in Unternehmen ›nur‹ die Aufgabe der Interpretation der Informationen zu lösen ist, also ihre Veredelung zu Wissen, tritt im Mehrebenensystem das Problem hinzu, wer zu diesem Schritt berechtigt ist. Anders als bei personalen Systemen und einfachen Organisationen *können in Mehrebenensystemen die oben dargestellten Phasen des Wissensmanagements also auf die verschiedenen Ebenen verteilt sein.* Hier gilt in Abwandlung des Satzes von *Francis Bacon*, dass der Prozess der Wissens*generierung* Macht ist (s. o. zum entsprechenden Problem bei der Offenen Methode der Koordinierung). Denn in diesem Prozess wird maßgeblich entschieden, wie die Wirklichkeit auszusehen hat.

Dieses Problem kann gut anhand der Struktur des EIONET verfolgt werden. Die Mehrebenenstruktur, in die die EUA gewissermaßen als Sandwich eingebunden ist, führt dazu, dass ihr von beiden Seiten, von unten (den Mitgliedstaaten) und von oben (der Kommission), das Recht streitig gemacht wird, eine Wissensgenerierung vorzunehmen:

Um eine mächtige zentrale Umweltagentur zu verhindern, die den *unteren* Ebenen nicht ausreichend Rechnung trüge, sieht die EUA-VO die Errichtung von (derzeit fünf) European Topic Centres (ETCs) vor, die sich aus Konsortien nationaler Behörden zusammensetzen. In den ETCs konzentriert sich das Fachwissen, mithin die Kompetenz, die Informationen zu interpretieren (Runge 2005: 547 und 545). Die

dann sprechen, wenn in den Umgang mit komplexem Wissen die Beobachterabhängigkeit unterschiedlicher Wissensformen mit eingebaut ist«. S. ferner aus der Literatur zum Wissensmanagement: Willke 2004: 29; Hill 1997: 21. Klassisch zu diesem konstruktivistischen Problem Watzlawick (Hrsg.) 1981; Maturana/Varela 1987.

46 Runge 2005: 544 mit Fn. 17; Sommer 2003: 532 ff.; es bleibt also bei einer »*Förderung* einer einheitlichen Wahrnehmung der Wirklichkeit« (ebda., 545, eigene Hervorhebung) und der Hoffnung auf eine »kooperative Verstrickung« (so Sommer im Anschluss an v. Bogdandy 2000: 173 ff., 177). Verbesserungen soll jetzt das »Shared Environmental Information System« (SEIS) bewirken, das die Kommission aufbauen will.

EUA versucht sich dieses Fachwissen per Vertrag mit den einzelnen ETCs anzueignen, ist dagegen mangels eines eigenen Expertenstamms nicht in der Lage, die gesammelten Informationen zu bewerten. Auch in dieser Assimilationsphase kommt es also zu einer *Ebenenverschränkung*. Gesprochen werden kann insoweit zwar nicht von einer Demokratisierung, aber von einer Dezentralisierung der Experten. Die Nachteile liegen auf der Hand. Der EUA als übergeordneter Ebene fehlt es weitgehend an eigenem Fachwissen; gegenüber den ETCs treten die typischen Prinzipal-Agenten-Probleme auf (IEEP/EIPA 2003: 79). Nach Auslaufen der kurzen Verträge (Runge 2005: 548) droht überdies das Wegbrechen des vorhandenen Wissens seitens der ETCs.

Bildlich gesprochen ist es nun weiter die Kommission von *oben*, die der EUA samt den ETCs ebenfalls das Recht abspricht, die Informationen zu bewerten.[47] Aus Sicht der Kommission soll sich die EUA auf die Lieferung der Informationen beschränken, insbesondere dürften die von der EUA gezogenen Schlussfolgerungen nicht den Politiken der EU widersprechen. Dies führt freilich dazu, daß die Kapazitäten der EUA einschließlich ihren ETCs, die für eine Wissensgenerierung grundsätzlich bestünden, nicht ausreichend genutzt werden. Und auch der Vorteil, den man sich durch die Unabhängigkeit der EUA nach amerikanischem Vorbild erhoffte, scheint dadurch teilweise verspielt.

3. *Nutzung und Nutznießer der Ergebnisse*

Was schließlich die *knowledge exploitation* betrifft, so sieht Art. 2 ii der EUA-VO explizit die Nutzbarmachung der aufbereiteten Informationen für die Festlegung, Ausarbeitung und Evaluierung von Umweltmaßnahmen vor. Dezentralen Systemen entsprechend sind verschiedene Knotenpunkte an den aufbereiteten Informationen der EUA interessiert, zum einen die Ebenen Gemeinschaft und Mitgliedstaaten, zum anderen die verschiedenen Akteure einer Ebene wie etwa Kommission, Parlament und Rat.

Auch insoweit führt eine genauere Analyse zu einer gewissen Ernüchterung. Dies betrifft zum einen die Ebene; hier profitiert vor allem die Gemeinschaftsebene, während sich die von der Agentur aufbereiteten Informationen insbesondere für die allgemeine Öffentlichkeit als zu komplex erwiesen haben; selbst der Kontakt zu den Mitgliedstaaten liegt weitgehend brach, was etwa dazu führt, dass Wissen, was die EUA über erfolgreiche Umwelt-Strategien einzelner Mitgliedstaaten erworben hat, nicht an andere, insbesondere neu beigetretene Mitgliedstaaten weitergegeben wird (IEEP/ EIPA 2003: 43). Möglichkeiten des gegenseitigen Lernens werden hier verschenkt. Aber auch auf der Gemeinschaftsebene selbst beschränkt sich der Kreis der Nutznießer des Netzes im Wesentlichen auf die Kommission, die als Zahlmeister glaubt, der

47 Kritik hierzu findet sich schon bei Fischer-Appelt 1999: 434 ff.; der Evaluationsbericht von IEEP/ EIPA 2003: 58 spricht von einem »Sensitive subject«: »Long-standing tensions with DG Environment as to whether the EEA has overstepped its remit«. Im Bericht, ebda., heißt es weiter: »The level in which the EEA can draw conclusions is sensitive. For example, in the past there was a question as to whether the EEA could extrapolate trends from its data« und »Autonomy limited by the extent to which the EEA has the resources to go beyond delivery of data and by the acceptance of the Commission to allow it to draw conclusions«.

EUA den Arbeitsrhythmus vorgeben zu können (IEEP/EIPA 2003: 38). Verlierer ist hier maßgeblich das Europäische Parlament.

4. *Ergebnis*

Zusammenfassend kann einerseits festgestellt werden, dass die EUA, aber auch die anderen Informationsagenturen (s. die Andeutungen bei v. Bogdandy 2008: Rdnrn. 91, 102) vom Status einer Wissensagentur noch weit entfernt sind. Es besteht vielmehr die Gefahr, dass die EU sich als großer Informationssammler gefällt, dem es aber gerade nicht oder nicht ausreichend gelingt, diese Informationen in Wissen umzusetzen. Die geschilderten Probleme sind in großen Teilen auf die dem Wissensmanagement *insoweit* wenig förderliche Struktur des Mehrebenensystems zurückzuführen: Die vier Prozess-Phasen des oben dargestellten Modells liegen hier eben nicht zentral in einer Hand, sondern müssen in einem Zusammenspiel der verschiedenen Ebenen koordiniert werden.
Andererseits ist festzuhalten, dass die europaweite Vernetzung eine einzigartige Möglichkeit darstellt, den europäischen Wissensraum zu erschließen. Daher sollte auch der EU als lernender Organisation mit dem noch relativ jungen Experiment der netzartig verknüpften Informationsagenturen die Möglichkeit der Wissensgenerierung hinsichtlich eines besseren Wissensmanagements eingeräumt werden.

E. *Zusammenfassung und Schluss*

Nach alledem ist deutlich geworden, dass von einem einheitlichen Konzept eines Wissensmanagements im Europäischen Mehrebenensystem nicht gesprochen werden kann. Vielmehr besteht das europäische Wissensmanagement aus völlig unterschiedlichen Bausteinen, die von der Union bisweilen experimentartig auf ihre Problemlösungsfähigkeit getestet werden. Dabei hat sich das Mehrebenensystem für das Wissensmanagement als janusköpfig erwiesen. Während es sich einerseits selbst als Technik der Wissensgenerierung geradezu anbietet (Wissensmanagement *durch* Mehrebenensystem), stellt es andererseits eine große Hürde dar; diese ist maßgeblich darauf zurückzuführen, dass die Informationen und das Wissen der verschiedenen Akteure kontextabhängig sind (Wissensmanagement *im* Mehrebenensystem).
Insgesamt gilt jedoch, dass in der Vielgestaltigkeit der Bausteine des Baukastens Wissensmanagement gerade die Stärke des europäischen Ansatzes begründet sein mag. Denn im Ausprobieren der verschiedenen Bausteine kann selbst schon wieder eine eigene Lerntechnik erblickt werden, die darauf basiert, flexibel Elemente, die sich bewährt haben (Beispiele sind – zumindest aus Sicht der Kommission – die Offene Methode der Koordinierung sowie die Informationsagenturen), vermehrt zugunsten schwächerer Wissensmanagementmethoden heranzuziehen. Der Vorzug des europäischen Wissensmanagements liegt also insoweit darin begründet, sich nicht auf bestimmte Methoden der Wissensgenerierung vorzeitig festgelegt zu haben, sondern in einem *trial and error*-Verfahren kontinuierlich auch das eigene Wissensmanagement zu verbessern.

Gerade mit dieser »Evaluierungs- und Feedback-Kultur« (Kommission 2001: 29), die Problemlösungsfähigkeit einzelner Bausteine zu bewerten und aus Erfolgen wie Fehlern Lehren zu ziehen, erweist sich die EU erst als *lernfähige* Organisation. Denn für ein gutes Wissensmanagement muss immer auch die Revision der bisherigen Methoden des Wissensmanagements hinzukommen.

Literatur

Albers, Marion, 2002: Information als neue Dimension im Recht, in: Rechtstheorie 33, 61-89.

Argyris, Chris/Schön, Donald A., 1996: Organizational learning II. Theory, Method, and Practice. Reading (Mass.).

Arrow, Kenneth J., 1985: The Economics of Agency, in: *Pratt, John W./Zeckhauser, Richard J.* (Hrsg.), Principals and Agents. The Structure of Business. Boston, 37-51.

Bateson, Gregory, 1972: Steps to an ecology of mind. A revolutionary approach to man's understanding of himself. New York.

Benz, Arthur, 2003: Mehrebenenverflechtung in der Europäischen Union, in: *Jachtenfuchs, Markus/Kohler-Koch, Beate* (Hrsg.), Europäische Integration. 2. Auflage, Opladen, 317-351.

Benz, Arthur, 2006: Governance im Mehrebenensystem, in: *Schuppert, Gunnar Folke* (Hrsg.), Governance-Forschung. Vergewisserung über Stand und Entwicklungslinien. 2. Auflage, Baden-Baden, 95-120.

Bernard, Nick, 2002: Multilevel Governance in the European Union. Den Haag u. a.

Beyer, Lothar, 1999: Vom Informationsmanagement zum Wissensmanagement. Von der Binnenorientierung zur Vernetzung, in: *Killian, Werner/Kneissler, Thomas* (Hrsg.), Demokratische und partizipative Verwaltung. Festschrift für Hans Brinckmann und Klaus Grimmer. Baden-Baden, 35-49.

Börzel, Tanja A., 2006: European Governance – nicht neu, aber anders, in: *Schuppert, Gunnar Folke* (Hrsg.), Governance-Forschung. Vergewisserung über Stand und Entwicklungslinien. 2. Auflage, Baden-Baden, 72-94.

v. Bogdandy, Armin, 2000: Information und Kommunikation in der Europäischen Union: föderale Strukturen in supranationalem Umfeld, in: *Schmidt-Aßmann, Eberhard/Hoffmann-Riem, Wolfgang* (Hrsg.), Verwaltungsrecht in der Informationsgesellschaft. Baden-Baden, 133-194.

v. Bogdandy, Armin, 2008: Die Informationsbeziehungen im europäischen Verwaltungsverbund, in: *Hoffmann-Riem, Wolfgang/Schmidt-Aßmann, Eberhard/Voßkuhle, Andreas* (Hrsg.), Grundlagen des Verwaltungsrechts. Band II. München, § 25.

Borgmann, Albert, 2005: The decline of meaning and the rise of information, in: *Stehr, Nico/ Grundmann, Reiner* (Hrsg.), Knowledge. Critical Concepts. Band 3: Knowledge and the Economy. London und New York, 295-302.

Brenner, Michael, 2003: Besondere Einrichtungen, in: *Rengeling, Hans-Werner* (Hrsg), Handbuch zum europäischen und deutschen Umweltrecht. Eine systematische Darstellung des europäischen Umweltrechts mit seinen Auswirkungen auf das deutsche Recht und mit rechtspolitischen Perspektiven, 2. Aufl. Bd. I. Köln u.a., § 20.

Bumke, Christian, 2004: Publikumsinformation, in: Die Verwaltung 37, 3-34.

Bundesministerium der Justiz, 2007: Reformen für Gründer – das MoMiG, in: http:// www.bmj.de/enid/0,4a3ca4636f6e5f6964092d0934343139093a095f7472636964092d 0932303736/Pressestelle/Pressemitteilungen_58.html; 8. 3. 2008.

Cohen, Wesley M./Levinthal, Daniel A., 1990: Absorptive Capacity: a new perspective on learning and innovation, in: Administrative Science Quarterly 35, 128-152.

Deleuze, Gilles/Guattari, Félix, 1977 (1976): Rhizom. Berlin.

Dillon, Martin, 2005: Knowledge management: chimera or solution?, in: *Stehr, Nico/Grundmann, Reiner* (Hrsg.), Knowledge. Critical Concepts. Band 3: Knowledge and the Economy. London und New York, 275-292.

Eberl, Peter, 2001: Die Generierung des organisationalen Wissens aus konstruktivistischer Perspektive, in: *Schreyögg, Georg* (Hrsg.), Wissen in Unternehmen. Konzepte, Maßnahmen, Methoden. Berlin, 41-66.

Edeling, Thomas/Jann, Werner/Wagner, Dieter (Hrsg.), 2004: Wissensmanagement in Politik und Verwaltung. Wiesbaden.

Eifert, Martin, 2008: Europäischer Verwaltungsverbund als Lernverbund, in: *Collin, Peter/ Spiecker gen. Döhmann, Indra* (Hrsg.), Generierung und Transfer staatlichen Wissens im System des Verwaltungsrechts, im Erscheinen.

Europäische Union, Agenturen der EU, in: http://europa.eu/agencies/index_de.htm; 8. 3. 2008.

Europäischer Rat, 2000: Schlussfolgerungen des Vorsitzes, in: http://www.europarl.europa.eu/ summits/lis1_de.htm; 8. 3. 2008.

European Environment Information and Observation Network, 2007: Short description of the Eionet, in: http://www.eionet.europa.eu/about; 8. 3. 2008.

Fassbender, Bardo, 2006: Wissen als Grundlage staatlichen Handelns, in: *Isensee, Josef/Kirchhof, Paul* (Hrsg.), Handbuch des Staatsrechts der Bundesrepublik Deutschland. Band IV: Aufgaben des Staates. 3. Auflage, München, § 76, 243-312.

Fischer-Appelt, Dorothee, 1999: Agenturen der Europäischen Gemeinschaft. Eine Studie zu Rechtsproblemen, Legitimation und Kontrolle europäischer Agenturen mit interdisziplinären und rechtsvergleichenden Bezügen. Berlin

Freitag, Robert/Riemenschneider, Markus, 2007: Die Unternehmergesellschaft – »GmbH Light« als Konkurrenz für die Limited?, in: Zeitschrift für Wirtschaftsrecht und Insolvenzpraxis (ZIP) 28, 1485-1492.

Grande, Edgar, 2000: Multi-Level Governance: Institutionelle Besonderheiten und Funktionsbedingungen des europäischen Mehrebenensystems, in: *ders./Jachtenfuchs, Markus* (Hrsg.), Wie problemlösungsfähig ist die EU? Regieren im europäischen Mehrebenensystem. Baden-Baden, 11-30.

Grunwald, Henning/Pfister, Manfred (Hrsg.), 2007: Krisis! Krisenszenarien, Diagnosen und Diskursstrategien. München.

Hackett, Brian, 2000: Beyond Knowledge Management. New Ways to Work and Learn. New York.

Hatje, Armin, 2007: Die Dienstleistungsrichtlinie – Auf der Suche nach dem liberalen Mehrwert, in: Neue Juristische Wochenschrift (NJW), 2357-2363.

Hayek, Friedrich A. v., 1937/1952: Wirtschaftstheorie und Wissen, in: *ders.*, Individualismus und wirtschaftliche Ordnung. Erlenbach-Zürich, 49-77.

Hayek, Friedrich A. v., 1968/9: Wettbewerb als Entdeckungsverfahren, in: *ders.*, Freiburger Studien. Gesammelte Aufsätze. Tübingen, 249-265.

Hill, Hermann, 1997: Wissensmanagement in Organisationen, in: *ders.* (Hrsg.), Wissensmanagement. Köln Berlin Bonn München, 9-27.

Hill, Hermann, 2002: Zur »Methode der offenen Koordinierung« in der Europäischen Union, in: *Sommermann, Karl-Peter/Ziekow, Jan* (Hrsg.), Perspektiven der Verwaltungsforschung. Beiträge zur Wissenschaftlichen Arbeitstagung aus Anlass des 25-jährigen Bestehens des Forschungsinstituts für öffentliche Verwaltung vom 8. bis 10. Oktober 2001 in Speyer. Berlin, 139-162.

Hirschman, Albert O., 1970: Exit, voice, and loyalty. Responses to Decline in Firms, Organizations, and States. Cambridge (Mass.).

Hoppmann, Erich, 1967: Wettbewerb als Norm der Wettbewerbspolitik, in: Ordo 18, 77-94.

Horn, Norbert, 2004: Deutsches und europäisches Gesellschaftsrecht und die EuGH-Rechtsprechung zur Niederlassungsfreiheit – Inspire Art, in: Neue Juristische Wochenschrift (NJW), 893-901.

Institute for European Environmental Policy/European Institute for Public Administration (Hrsg.), 2003: Evaluation of the European Environment Agency. An IEEP/EIPA Study. A final report to DG Environment. Part A: Main Report, in: http://ec.europa.eu/environment/pubs/pdf/eea_a_en.pdf; 8. 3. 2008.

Jachtenfuchs, Markus/Kohler-Koch, Beate, 1996: Einleitung: Regieren im dynamischen Mehrebenensystem, in: *Jachtenfuchs, Markus/Kohler-Koch*, Beate (Hrsg.), Europäische Integration. Opladen, 15-44.

Jachtenfuchs, Markus, 2000: Die Problemlösungsfähigkeit der EU: Begriffe, Befunde, Erklärungen, in: *Grande, Edgar/Jachtenfuchs, Markus* (Hrsg.), Wie problemlösungsfähig ist die EU? Regieren im europäischen Mehrebenensystem. Baden-Baden, 345-356.

Joerges, Christian, 1996: Das Recht im Prozeß der europäischen Integration. Ein Plädoyer für die Beachtung des Rechts durch die Politikwissenschaft und ihre Beteiligung an rechtlichen Diskursen, in: *Jachtenfuchs, Markus/Kohler-Koch, Beate* (Hrsg.), Europäische Integration. Opladen, 73-108.

Kaiser, Anna-Bettina, 2008: Die Kommunikation der Verwaltung. Diskurse zu den Kommunikationsbeziehungen zwischen staatlicher Verwaltung und Privaten in der Verwaltungsrechtswissenschaft der Bundesrepublik Deutschland. Baden-Baden, im Erscheinen.

Kohler-Koch, Beate (Hrsg.), 1998: Regieren in entgrenzten Räumen. Opladen.

Kommission der Europäischen Gemeinschaften, 1985: Vollendung des Binnenmarktes. Weißbuch der Kommission an den Europäischen Rat, KOM (85) 310 endgültig.

Kommission der Europäischen Gemeinschaften, 2001: Europäisches Regieren. Ein Weißbuch, KOM (2001) 428 endgültig.

Kommission der Europäischen Gemeinschaften, 2002: Communication from the Commission on the collection and use of expertise by the Commission: principles and guidelines. »Improving the knowledge base for better policies«, COM (2002) 713 final.

Koselleck, Reinhart, 1959: Kritik und Krise. Ein Beitrag zur Pathogenese der bürgerlichen Welt. Freiburg und München.

v. Krogh, Georg/Ichijo, Kazuo/Nonaka, Ikujiro, 2000: Enabling knowledge creation. How to Unlock the Mystery of Tacit Knowledge and Release the Power of Innovation. Oxford.

Kuhn, Thomas S., 1976: Die Struktur wissenschaftlicher Revolutionen. 2. Auflage, Frankfurt a. M.

Lachmann, Ludwig M., 1956: Capital and its Structure. London.

Ladeur, Karl-Heinz, 1997: Die Europäische Umweltagentur und die Perspektiven eines europäischen Netzwerkes der Umweltverwaltungen, in: Natur und Recht 19 (NuR), 8-16.

Lahme, Norman, 2004: Information Retrieval im Wissensmangement. Ein am Vorwissen orientierter Ansatz zur Komposition von Informationsressourcen. Berlin.

Lang, Joachim/Bergfeld, Katarina, 2005: Zur »offenen Methode der Koordinierung« als Mittel der Politikgestaltung in der Europäischen Union, in: Europarecht 40 (EuR), 381-396.

Lepsius, Oliver, 1999: Steuerungsdiskussion, Systemtheorie und Parlamentarismuskritik. Tübingen.

Luhmann, Niklas, 1984: Soziale Systeme. Grundriß einer allgemeinen Theorie. Frankfurt a. M.

Mabbett, Deborah, 2007: Learning by numbers? The use of indicators in the co-ordination of social inclusion policies in Europe, in: Journal of European Public Policy 14, 78-95.

Majone, Giandomenico, 1997: The new European agencies: regulation by information, in: Journal of European Public Policy 4, 262-275.

Maturana, Humberto R./Varela, Francisco J., 1987: Der Baum der Erkenntnis. Wie wir die Welt durch unsere Wahrnehmung erschaffen – die biologischen Wurzeln des menschlichen Erkennens. 2. Auflage, Bern München Wien.

Mayntz, Renate, 2006: Governance Theory als fortentwickelte Steuerungstheorie?, in: *Schuppert, Gunnar Folke* (Hrsg.), Governance-Forschung. Vergewisserung über Stand und Entwicklungslinien. 2. Auflage, Baden-Baden, 11-20.

Mehde, Veith, 2005: Wettbewerb zwischen Staaten. Die rechtliche Bewältigung zwischenstaatlicher Konkurrenzsituationen im Mehrebenensystem. Baden-Baden

Mittelstraß, Jürgen, 2003: Die Wissensgesellschaft, in: *Prisching, Manfred* (Hrsg.), Modelle der Gegenwartsgesellschaft. Wien, 97-111.

Möllers, Christoph, 2005: Netzwerk als Kategorie des Organisationsrechts. Zur juristischen Beschreibung dezentraler Steuerung, in: *Oebbecke, Janbernd* (Hrsg.), Nicht-normative Steuerung in dezentralen Systemen. Stuttgart, 285-302.

Möllers, Christoph, 2006: European governance: meaning and value of a concept, in: Common Market Law Review 43, 313-336.

Montesquieu, Charles de, 1961 (1748): De l'Esprit des Lois, Band 1, herausgegeben von *Gonzague* Truc. Paris.

Mussler, Werner, 1999: Systemwettbewerb als Integrationsstrategie der Europäischen Union, in: *Streit, Manfred E./Wohlgemuth, Michael* (Hrsg.), Systemwettbewerb als Herausforderung an Politik und Theorie. Baden-Baden, 71-102.

Nassehi, Armin, 2000: Von der Wissensarbeit zum Wissensmanagement – die Geschichte des Wissens ist die Erfolgsgeschichte der Moderne, in: *Maar, Christa/Obrist, Hans Ulrich/Pöppel, Ernst* (Hrsg.), Weltwissen – Wissenswelt. Das globale Netz von Text und Bild. Köln, 97-106.

Niemeier, Wilhelm, 2007: Die »Mini-GmbH« (UG) trotz Marktwende bei der Limited?, Zeitschrift für Wirtschaftsrecht und Insolvenzpraxis (ZIP) 28, 1794-1801.

Nonaka, Ikujiro/Takeuchi, Hirotaka, 1997: Die Organisation des Wissens. Wie japanische Unternehmen eine brachliegende Ressource nutzbar machen. Frankfurt a. M.

Nünning, Ansgar, 2007: Grundzüge einer Narratologie der Krise: Wie aus einer Situation ein Plot und eine Krise (konstruiert) werden, in: *Grunwald, Henning/Pfister, Manfred* (Hrsg.), Krisis! Krisenszenarien, Diagnosen und Diskursstrategien. München, 48 ff.

Petersen, Jens/Schoch, Friedrich, 2005: Einführung in das Informationsrecht und in das Medienrecht, in: Jura 27, 681-687.

Piaget, Jean, 2003 (1970): Meine Theorie der geistigen Entwicklung. Weinheim, Basel und Berlin.

Pitschas, Rainer, 1994: Europäische Integration als Netzwerkkoordination komplexer Staatsaufgaben, in: Staatswissenschaften und Staatspraxis 5, 503-540.

Polanyi, Michael, 1983 (1966): The tacit dimension, Gloucester (Mass.).

Richter, Rudolf/Furubotn, Eirik G., 2003: Neue Institutionenökonomik. Eine Einführung und kritische Würdigung. 3. Auflage, Tübingen.

Runge, Tobias, 2005: Zehn Jahre Umweltinformationsmanagement für Europa – die Tätigkeit der Europäischen Umweltagentur, Deutsches Verwaltungsblatt (DVBl.), 542-551.

Russell, Bertrand, 1910/1911: Knowledge by Acquaintance and Knowledge by Description, in: Proceedings of the Aristotelian Society 11, 108-128.

Scharpf, Fritz W., 1994: Autonomieschonend und gemeinschaftsverträglich: Zur Logik einer europäischen Mehrebenenpolitik, in: *ders.*, Optionen des Föderalismus in Deutschland und Europa. Frankfurt und New York, 131-155.

Scharpf, Fritz W., 1998: Die Problemlösungsfähigkeit der Mehrebenenpolitik in Europa, in: *Kohler-Koch, Beate* (Hrsg.), Regieren in entgrenzten Räumen. Opladen, 121-144.

Scherpenberg, Jens van, 1996: Ordnungspolitische Konflikte im Binnenmarkt, in: *Jachtenfuchs, Markus/Kohler-Koch, Beate* (Hrsg.), Europäische Integration. Opladen, 345-372.

Scherzberg, Arno, 2008: Umgang mit implizitem Wissen, in diesem Band, 240-256.

Schmidt-Aßmann, Eberhard, 2005: Einleitung: Der Europäische Verwaltungsverbund und die Rolle des Europäischen Verwaltungsrechts, in: *ders./Schöndorf-Haubold, Bettina* (Hrsg.),

Der Europäische Verwaltungsbund. Formen und Verfahren der Verwaltungszusammenarbeit in der EU. Tübingen, 1-23.
Schnellenbach, Jan, 2003: Dezentrale Finanzpolitik und Modellunsicherheit. Eine theoretische Untersuchung zur Rolle des fiskalischen Wettbewerbs als Wissen generierender Prozeß. Bamberg.
Schuppert, Gunnar Folke (Hrsg.), 2006: The Europeanisation of Governance. Baden-Baden.
Simitis, Spiros, 1970: Informationskrise des Rechts und Datenverarbeitung. Karlsruhe.
Sommer, Julia, 2003: Verwaltungskooperation am Beispiel administrativer Informationsverfahren im Europäischen Umweltrecht. Berlin u.a.
Spiecker gen. Döhmann, Indra, 2005: Staatliche Informationsgewinnung im Mehrebenensystem – ein Überblick, in: *Oebbecke, Janbernd* (Hrsg.), Nicht-normative Steuerung in dezentralen Systemen. Stuttgart, 253-283.
Stehr, Nico/Grundmann, Reiner (Hrsg.), 2005: Knowledge. Critical concepts. Bände 1-5. London und New York.
Steinmüller, Wilhelm, 1970: EDV und Recht. Einführung in die Rechtsinformatik. Berlin.
Streit, Manfred E./Wohlgemuth, Michael (Hrsg.), 1999: Systemwettbewerb als Herausforderung an Politik und Theorie. Baden-Baden.
Vesting, Thomas, 2008: Die Bedeutung von Information und Kommunikation für die verwaltungsrechtliche Systembildung, in: *Hoffmann-Riem, Wolfgang/Schmidt-Aßmann, Eberhard/Voßkuhle Adreas* (Hrsg.), Grundlagen des Verwaltungsrechts. Bd. II. München, § 20.
Vismann, Cornelia, 2004: Was weiß der Staat noch?, in: *Collin, Peter/Horstmann, Thomas* (Hrsg.), Das Wissen des Staates. Geschichte, Theorie und Praxis. Baden-Baden, 41-45.
Voßkuhle, Andreas, 2006: Neue Verwaltungsrechtswissenschaft, in: *Hoffmann-Riem, Wolfgang/Schmidt-Aßmann, Eberhard/Voßkuhle, Andreas* (Hrsg.), Grundlagen des Verwaltungsrechts. Bd. I. München, § 1.
Voßkuhle, Andreas, 2008: Expertise und Verwaltung, in: *Trute, Hans-Heinrich/Groß, Thomas/ Röhl, Hans-Christian/Möllers, Christoph* (Hrsg.), Allgemeines Verwaltungsrecht – zur Tragfähigkeit eines Konzepts. Tübingen, im Erscheinen.
Watzlawick, Paul (Hrsg.), 1981: Die erfundene Wirklichkeit. Wie wissen wir, was wir zu wissen glauben? Beiträge zum Konstruktivismus. München.
Weber, Max, 1918: Parlament und Regierung im neugeordneten Deutschland. Zur politischen Kritik des Beamtentums und Parteiwesens. München und Leipzig.
Willke, Helmut, 1997: Supervision des Staates. Frankfurt a. M.
Willke, Helmut, 2001: Systemisches Wissensmanagement. 2. Auflage. Stuttgart.
Willke, Helmut, 2004: Einführung in das systemische Wissensmanagement. Heidelberg.
Willke, Helmut, 2007: Smart Governance. Governing the Global Knowledge Society. Frankfurt und New York.
Winkler, Tobias, 1999: Die gegenseitige Anerkennung – Achillesferse des Regulierungswettbewerbs, in: *Streit, Manfred E./Wohlgemuth, Michael* (Hrsg.), Systemwettbewerb als Herausforderung an Politik und Theorie. Baden-Baden, 103-121.
Wohlgemuth, Michael, 1999: Systemwettbewerb als Entdeckungsverfahren, in: *Streit, Manfred E./Wohlgemuth, Michael* (Hrsg.), Systemwettbewerb als Herausforderung an Politik und Theorie. Baden-Baden, 49-70.
Wohlgemuth, Michael, 2008: Learning through Institutional Competition, in: *Bergh, Andreas* (Hrsg.), Institutional Competition. Perspectives on institutional competition. Cheltenham u.a., im Erscheinen.
Wulfetange, Jan, 2006: Die Reform des GmbH-Rechts: Schneller und einfacher gründen, wettbewerbsfähiger in Europa werden!, Betriebs-Berater (BB) 61 Special Nr. 7, 19-24.
Zahra, Shaker A./George, Gerard, 2002: Absorptive capacity: a review, reconceptualization, and extension, Academy of Management Review 27, 185-203.

Zum Umgang mit implizitem Wissen – eine disziplinübergreifende Perspektive

Arno Scherzberg

Inhaltsübersicht

A. *Einführung in die Fragestellung*

Anfang der 1960er Jahre wurde *Nico Jacobellis,* Manager eines Filmtheaters in Cleveland Heights, Ohio, wegen Besitz und Ausstrahlung des französischen Film »Les Amants« verurteilt, weil dieser nach Auffassung der Gerichte in Ohio pornographische Szenen enthielt. Auf seine Beschwerde hin verwarf der US Supreme Court die Verurteilung. Die neun beteiligten Richter gaben sieben verschiedene Begründungen dafür ab, deren berühmteste von Justice Potter Stewart stammte: »I know it (d.h.: Pornographie) when I see it, and the motion picture involved in this case is not that.« (378 U.S. 184, 197 (1964)).

Der Begriff des impliziten Wissens wurde durch den ungarischen Philosophen Michael Polanyi im Jahre 1966 unter dem Begriff »tacit knowledge« in die wissenschaftliche Diskussion eingeführt (Polanyi 1966, 1985). Es handelt sich nach einer ersten, vielfach im Schrifttum angebotenen Definition um »ein Wissen, das eine Person aufgrund ihrer Erfahrung, ihrer Geschichte, ihrer Praxis und ihres Lernens im Sinne von Know-how hat« (Willke 2004: 35). Dabei geht es um Handlungswissen, nicht um Faktenwissen, also um »knowing«, nicht um »knowledge« (Neuweg 2004: 134 f.), genauer um »knowing how« im Gegensatz zu »knowing that« (Ryle 1969: 26 ff.). Diese Art des Wissens ist, wie die Differenz implizites/explizites Wissen markiert, selten bewusst und regelmäßig nicht oder nicht vollständig verbal explizierbar. »Wir wissen mehr, als wir zu sagen wissen«, so Polanyi in seinem Hauptwerk (Polanyi 1985: 14) und so unausgesprochen auch Justice Stewart in seiner knappen Urteilsbegründung im Fall Jacobellis.

Im Anschluss an Polanyi hat sich vor allem die betriebswirtschaftliche Literatur darum bemüht, das Phänomen des impliziten Wissens zu erfassen und für unternehmerische Entscheidungen nutzbar zu machen[1] (Nonaka/Takeuchi 1995, 1997). Meist wurde dabei der Ansatz verfolgt, implizites Wissen im Rahmen des betrieblichen Wissensmanagements sichtbar und auf Dritte übertragbar zu machen und damit einem weiteren Kreis von Anwendern zur Verfügung zu stellen. Implizites Wissen wird danach wie ein im Bewusstsein der Mitarbeiter verborgener Schatz betrachtet, der nur geborgen werden muss, um die Qualität der betrieblichen Entscheidung zu verbessern. Soweit diese Grundannahme zutrifft, ließe sie sich ohne große Abstriche auf administrative Entscheidungsprozesse übertragen und für juristische Folgerungen nutzbar machen.

Neuere Forschungen aus Betriebswirtschaftslehre und Psychologie wecken indes Zweifel, ob implizites Wissen der gewünschten Explikation überhaupt zugänglich ist und ob es sich ohne weiteres als kognitive Grundlage zur Optimierung betrieblicher und staatlicher Entscheidungsprozesse eignet. Möglicherweise ist es nicht nur Schatz, sondern auch Last, deren Existenz zu sorgfältiger Beobachtung und Reflexion Anlass bietet. Will man eine angemessene Strategie im Umgang mit implizitem Wissen empfehlen, sind mithin die entscheidungstheoretischen Befunde zu Qualität und Nutzen impliziten Wissens näher zu betrachten.

Soll sich die vorliegende Untersuchung der Frage nach einer angemessenen rechtlichen Ausgestaltung politisch-administrativer Entscheidungsprozesse widmen, kann sie sich allerdings nicht auf eine isolierte Analyse der Funktion impliziten Wissens und um daraus abzuleitende *entscheidungswissenschaftliche Erkenntnisse* für die Gestaltung von Willensbildungsprozessen beschränken. Diese müssen vielmehr für eine normative Betrachtung nutzbar gemacht werden, bei der die *rechtliche Ordnung der Entscheidungsfindung*, und dabei auch des Umgangs mit implizitem Wissen, im Vordergrund steht. Es geht dann um Entscheidungsoptimierung und Qualitätssicherung vor dem Hintergrund der *prozeduralen und materiellen Anforderungen des Rechts* an staatliche Entscheidungsprozesse, die hier im Begriff der juristischen Rationalität zusammengefasst werden sollen.

Wenn es um den Umgang mit typischerweise unbewussten und nicht formulierbaren Wissenselementen geht, kann juristische Rationalität nicht, wie üblicherweise assoziiert, logische Ableitbarkeit, schlüssige Begründbarkeit, Verallgemeinerbarkeit oder intersubjektive Vermittelbarkeit von Entscheidungselementen bedeuten. Die Voraussetzungen rational-bewusster Erkenntnis und Begründung liegen im Bereich impliziten Wissens vielfach gerade nicht vor. Sie fehlen, weil es entweder überhaupt keinen Zugang zu den betreffenden Bewusstseinsregionen gibt oder weil die Lenkung von Aufmerksamkeit auf das implizite Wissen dessen Nutzung erschwert. Wer grübelt und abwägt, verpasst den spontanen Zugriff. Wer seine Aufmerksamkeit bei komplexen, routinisierten Handlungen auf einzelne Bewegungselemente statt auf das Ganze lenkt, macht häufiger Fehler (Polanyi 1985: 25; Thobe 2003: 156). Die Nutzung impliziten Wissens verlangt also das Sich-Einlassen auf automatisierte, halb- oder

1 Dazu näher unten D.

unbewusst gesteuerte Abläufe. Das könnte eine Modifikation der tradierten Rationalitätserwartungen an die vom Recht geordnete Entscheidungsfindung erfordern.
Die Frage nach dem richtigen Umgang mit implizitem Wissen ist also in zwei Schritten zu entfalten. Zunächst, und dabei liegt in den nachfolgenden Überlegungen der Schwerpunkt, ist das Phänomen des impliziten Wissens selbst im Hinblick auf seine Beiträge zur Optimierung von Entscheidungsprozessen und -ergebnissen zu untersuchen. Im Anschluss daran wird dann ein juristischer Rationalitätsbegriff oder ein Äquivalent dazu entwickelt, mit welchem es möglich ist, die Ergebnisse der empirischen Forschungen in angemessener Weise in das Recht zu integrieren.

B. *Der Begriff des impliziten Wissens*

Eine abschließende Klärung des Wissensbegriffs (näher: Strube/Schlieder 1996: 799 ff.; Vogel/Wingert 2003; Schreyögg/Geiger 2003: 8 ff.) und des Verhältnisses von Wissen und Informationen (dazu: Welsch 1997: 11; Bullinger u.a. 1999: 61; Scherzberg 2000a: 200) kann hier nicht geleistet werden. Einem konstruktivistischen Ansatz folgend wird Wissen im Folgenden als die Sammlung von individuell, organisationell oder kollektiv (Baumard 1999: 209 f.; Thobe 2003: 52) verfügbaren bzw. konsentierten Kenntnissen, Fähigkeiten, Ideen und Überzeugungen verstanden, die der Selbstorientierung ihres Trägers dienen (Thobe 2003: 23 ff, 39 f.). Implizites Wissen oder stilles Wissen ist derjenige Teil der Wissensbestände, der nicht explizit formuliert oder im bewussten Denken registriert ist und von seinem Träger deshalb auch nicht oder nur unvollkommen verbal dargestellt werden kann (Neuweg 2004: 138 f.). Die ihm zugehörenden Kenntnisse oder Fähigkeiten treten also nicht unmittelbar, sondern nur mittelbar, durch ihre Auswirkungen im Denken, Fühlen oder Handeln, in Erscheinung (Neuweg 2004: 24 f.).
Die Annahme impliziter Wissensdimensionen deckt sich mit der Alltagserfahrung. Die Fähigkeit, eine Handlung korrekt auszuführen, heißt nicht, sie auch explizit erklären zu können (Ganzer 2006: 8). Ein wesentlicher Grund hierfür dürfte darin zu finden sein, dass das begriffliche Denken völlig andere Codierungsstrategien verwendet als das Nervensystem. Dieses »benutzt ein kombinatorisches *System von Repräsentationen*, das eine detaillierte Analyse der Feinheiten jedes Sinneseindrucks erlaubt« (Churchland 1997: 24), während der Sprache für die Vielfalt sinnlicher Wahrnehmung schnell die Begriffe ausgehen. Zudem verlaufen die meisten Gehirnprozesse unterhalb der Wahrnehmungsschwelle (Schanz 2006: 32).
Hierfür gibt es in der psychologischen und pädagogischen Forschung hinreichende empirische Evidenz (Neuweg 2004: 24 ff.). Experimente zeigen, dass Erfahrung die Performanz der Aufgabenerfüllung erheblich verbessert, auch wenn die Versuchspersonen ihr Wissen nicht benennen und auch keine Gründe für die richtige Entscheidung verbalisieren können (Reber 1989: 219 ff.; Reichert/Dörner 1988: 12 ff.; Stanley u.a. 1989: 553 ff.). Bei der Bewältigung von Managementaufgaben war die breite Wissensbasis von Studierenden der Betriebswirtschaftslehre sogar eher hinderlich, und blieb deren Ergebnis deutlich hinter dem fachfremder Versuchspersonen, etwa aus Pädagogik und Psychologie, zurück (Renkl u.a. 1994: 195 ff.). Das Vorliegen

schriftlicher Instruktionen erfahrener Aufgabenbearbeiter begünstigte die Leistungen, brachte sie aber nicht auf das Niveau der instruierenden Gruppe (Stanley u.a. 1989: 553 ff.).

Die Plausibilität und empirische Validität des Konzepts des impliziten Wissens heißt nicht, dass es als Phänomen praktisch befriedigend zu beschreiben und als Konstrukt theoretisch einfach und klar zu fassen ist. Es handelt sich immer um »Versuche, eine Form von Intelligenz in eine explizite, symbolische Form zu überführen, die ursprünglich stillschweigend und spontan ist. Unsere Beschreibungen sind Mutmaßungen, die an der Beobachtung ihrer Ursprünge getestet werden und die sie zumindest in einer Hinsicht zwangsläufig verzerren müssen. Denn Wissen-im-Tun ist dynamisch, und »Tatsachen«, »Prozeduren«, »Regeln« und »Theorien« sind statisch (Schön 1987: 25)! Gelegentlich wird sogar die Meinung vertreten, implizites Wissen sei nur auf der Basis impliziten Wissens und entsprechender Erfahrungen zu verstehen. Es gebe also nur implizites Wissen über implizites Wissen (Ganzer 2006: 8). Dann müsste die wissenschaftliche Analyse frei nach Polanyi mit den Worten enden: »Ich weiß noch mehr, aber ich kann es nicht vermitteln.« Freilich wäre es nicht statthaft, anhand der Eigenschaft eines Forschungsgegenstandes ohne weiteres auf die Qualität der über ihn möglichen Aussagen zu schließen.

Weitgehend gelungen ist es bisher immerhin, implizites Wissen gegenüber explizitem Wissen abzugrenzen. Hierfür hält die Literatur eine Reihe von Merkmalen bereit (Neuweg 2004: 12 ff.; Thobe 2003: 24 f.).

- Explizites Wissen ist *in Zeichen – Sprache, Schrift und Formeln – gefasst* oder fassbar. Es existiert demnach entweder bereits in fixierter Form, wie zum Beispiel in Textdokumenten, oder ist von seinem Träger bewusst gespeichert und entsprechend bewusst abrufbar. Implizites Wissen ist demgegenüber nicht in dieser Weise fixiert, sondern lediglich im »impliziten Gedächtnis« festgehalten und nicht oder jedenfalls nicht vollständig bewusstem Denken zugänglich.
- Explizites Wissen ist *abstrakt oder abstrahierbar* und lässt sich in allgemeine Verfahrensweisen, Regeln oder Prinzipien fassen. Implizites Wissen ist demgegenüber kontextabhängig und einzelfallbezogen und lässt sich nicht in vergleichbarer Weise formalisieren.
- Explizites Wissen ist (potentiell) *jedermann zugänglich und von jedermann zu nutzen.* Mit ihm könnten auch dritte Personen umgehen. Implizites Wissen ist hingegen erfahrungsabhängig und nicht ohne weiteres an Dritte zu übermitteln.
- Explizites Wissen ist Fakten- oder Regelwissen und wird durch *bewusste, mentale Aufnahme* erworben. Implizites Wissen ist dagegen entweder angeboren oder durch Erfahrungen erlerntes Prozess- oder Handlungswissen.
- Explizites Wissen ist *kognitiv oder deliberativ*, implizites Wissen ist *funktional* wirksam, »indem es individuelle Leistungen zu einem späteren Zeitpunkt ohne bewusste Erinnerung beeinflusst« (Thobe 2003: 26). Explizites Wissen ist also ein Element bewusster, implizites Wissen ein Element unbewusster Selbststeuerung.

In den Speichern des impliziten Wissens sind weitaus mehr Informationen verarbeitet als einer bewussten Wahrnehmung und Reflexion zugänglich wären (Betsch u.a. 2001: 242 ff.; Betsch 2008; Thobe 2003: 74 ff.). Nach ersten – allerdings spekulativen – Schätzungen in der Literatur treffen Menschen, deren Arbeitsmittel das Wissen ist (»Wissensarbeiter«), 70 – 80 % ihrer Entscheidungen auf der Grundlage impliziten

Wissens (Wagner 1999). Belastbare Forschungsergebnisse sind hierzu aber bislang nicht zu verzeichnen, nicht zuletzt wohl deshalb, weil implizites und explizites Wissen typischerweise miteinander verknüpft auftreten und die praktische Anwendung expliziten Wissens zumeist auch implizites Wissen voraussetzt (Polanyi 1969: 144). »So bedeutend explizites Denken auch ist, so semantisch leer bliebe alles explizite Denken ohne die informelle Fähigkeit, Wirklichkeit in ein explizites System abzubilden und die Ergebnisse expliziter Operationen wieder auf die Wirklichkeit rückzubeziehen« (Neuweg 2004: 139, 320).

C. *Anwendungsbeispiele und Charakteristika*

Implizites Wissen kann theoretische und praktische Kenntnisse umfassen, Handlungsroutinen, kognitive Muster, Glaubenssätze, Weltanschauungen und körperliche Geschicklichkeiten. Ein klassisches Beispiel für letztere ist die Fähigkeit, auf dem Fahrrad das Gleichgewicht zu halten. Wer das vermag, befolgt eine komplexe physikalische Regel, die Neigungswinkel, aktuelle Geschwindigkeit und Lenkeinschlag berücksichtigt, aber er kennt sie eben nur implizit. Ein weiteres Beispiel ist das spontan-intuitive Verständnis einer Situation, eines Konflikts oder einer anderen Person.
Nicht ganz trennscharf unterschieden, finden sich folgende wichtige Anwendungsbeispiele (Thobe 2003: 49 ff.):

- Sozialkompetenz, Führungskompetenz, Verhandlungsgeschick,
- die Beherrschung komplexer Handlungsabläufe und künstlerisch-kreativer Prozesse, z.B. der Umgang mit Werkzeug, mit Technik, mit Zutaten oder mit Worten,
- die visuelle, auditive oder kognitive Erkennung komplexer Strukturen wie Gesichtserkennung und Sprachverstehen,
- Routinewissen von Experten,
- Intuition, verstanden als spontane Einsicht in eine Situation bzw. in die Lösung einer Problemkonstellation (Agor 1984, 1996; Schanz 1997: 640; Thobe 2003: 60 ff., 84 f.) und
- das juristische Judiz.

Die Beispiele weisen auf zwei *typische Merkmale* impliziten Wissens: es hat eine technische und eine kognitive Komponente (Nonaka/Takeuchi 1997: 19). Es umfasst einerseits die Kompetenz zum konkreten Handlungsvollzug, das praktische Können, ist also die Grundlage für unser »know-how«. Und es beinhaltet andererseits eine Vorstellung über die Wirklichkeit und unsere Vision ihrer Entwicklung, bildet also die Grundlagen unserer Wahrnehmung der Welt, das »know-what«, und unser Verhalten in ihr: das »know what to do«. Implizites Wissen trägt damit sowohl zur Definition einer vorgefundenen Situation als auch zur Entwicklung einer Lösung bei (Polanyi 1985: 30).
Bei komplexen Phänomenen erfasst implizites Wissen meist das Ganze, nicht die Details (Ganzer 2006: 9). Etwa wird ein Gesicht wiedererkannt, ohne dass eine genaue Analyse seiner einzelnen Merkmale erfolgt, oder ein Handlungsmuster routinemäßig angewandt, ohne dass die einzelnen Bewegungen bewusst gesteuert würden.

Implizites Wissen ist demnach typischerweise ganzheitlich und leistet Komplexitätsreduktion, während sich explizites Wissen auf einzelne Elemente der Gesamtheit bezieht. Freilich ergeben Einzelheiten vielfach nur in ihrem Zusammenwirken und ihrem Kontext einen Sinn. Elemente expliziten Wissens können deshalb vielfach nur verstanden und als richtig oder unrichtig erkannt werden, wenn sie auf dahinter liegende implizite Wissensstrukturen beziehbar sind (Polanyi 1985: 57 f.). Vor allem bei der Verarbeitung neuer Informationen ist implizites Wissen vielfach die notwendige Grundlage für den Aufbau expliziten Wissens.
Implizites Wissen kommt, wie gezeigt, nicht unmittelbar, sondern mittelbar zum Ausdruck:

- körperlich in der Fähigkeit zu routinisierten oder sogar automatisierten Bewegungsprozessen,
- kognitiv und volitiv in der Entwicklung unbewusster oder mitbewusster Erkenntnis- und Handlungsmuster,
- emotional in der Fähigkeit zur »Einfühlung« (Polanyi 1985: 24 f.) in eine Person oder Situation und zur gefühlsmäßigen Einschätzung von Rahmenbedingungen des Entscheidens und von Handlungsoptionen (Schanz 2006: 14, 36 ff., 66 ff.). *Emotionen*, verstanden als Ausdruck eines sozial vermittelten oder durch Erfahrung erworbenen und in der Sprache eingebetteten Systems von Grundhaltungen und Überzeugungen, sind ein wichtiges, vielleicht *das wichtigste Medium, durch das implizites Wissen die Einschätzung von Situationen und die Interpretation menschlichen Verhaltens bestimmt* (Eiselen/Sichler 2001: 50; Beland 1992: 65 ff., grundlegend Averill 1980).

Wenn darüber auch überwiegend Einigkeit besteht, so haben die einschlägigen Disziplinen im Umgang mit dem Phänomen des impliziten Wissens sehr unterschiedliche Entwicklungspfade beschritten.

D. *Der betriebswirtschaftliche Zugang*

I. *Das Grundmodell von Nonaka/Takeuchi*

In Anknüpfung an das Konzept Polanyis entwickelten japanische Wirtschaftswissenschaftler Mitte der 1990er Jahre ein Modell der Wissensschaffung in Unternehmen (Nonaka/Takeuchi 1995, 1997). Im Gegensatz zu einer seinerzeit verbreiteten Auffassung, wonach Wissen nur durch die Aufnahme expliziter Informationen und deren Verarbeitung entsteht, vertraten Ikujiro Nonaka und Hirotaka Takeuchi die Meinung, dass explizite Informationen zwar »ein notwendiges Medium [. . .] für die Bildung von Wissen« seien, sie aber nur Wissen generieren könnten, wenn sie mit konkreten Vorstellungen und Handlungswissen ergänzt und damit »*kontext- und beziehungsspezifisch*« werden (Nonaka/Takeuchi 1997: 70). Dazu müsse explizites Wissen von implizitem Wissen begleitet werden. Dieses sei im Unternehmen verfügbar zu machen. Eine echte Innovation ergebe sich erst, wenn implizites und explizites Wissen zusammenwirken (Nonaka/Takeuchi 1997: 20 f., 84 f.). Die Verwandlung von implizitem in explizites und explizitem in implizites Wissen ist für die beiden Autoren

der Schlüssel für die Frage nach dem Erfolg japanischer Unternehmen in der letzten Hälfte des 20. Jahrhunderts (Nonaka/Takeuchi 1997: 18 ff., 73 ff.).
Sie definieren vier Formen der Wissensumwandlung, die bei der Interaktion von Individuen stattfinden können (Nonaka/Takeuchi 1997: 74 ff.):

Abbildung 1: *Die Wissensspirale (Nonaka/Takeuchi)*

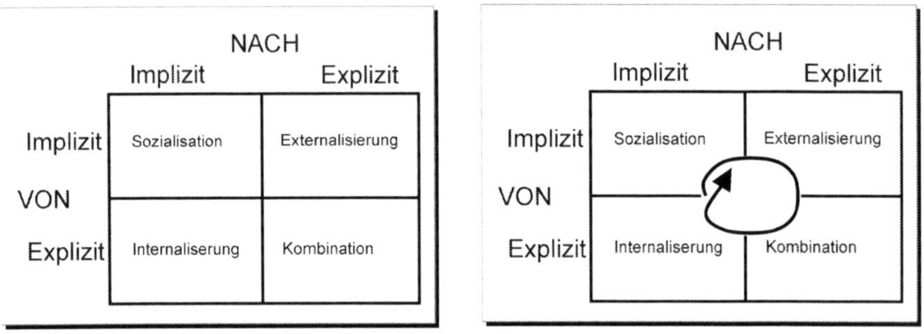

Bei der *Sozialisation* wird ein Erfahrungsaustausch angestrebt, bei dem implizites Wissen vermittelt wird. Es geht um Beobachtung, Nachahmung und Erfahrung. Werte, Normen, Moralvorstellungen und Handlungsmuster werden im Rahmen der Sozialisation durch Vorleben auf andere übertragen. Bei der *Externalisierung* wird das vorhandene implizite Wissen anhand von Metaphern, Analogien, Beispielen oder Modellen bewusst gemacht. Die Ausdrucksformen sind jedoch häufig unvollkommen und nicht widerspruchsfrei. Das fördert Reflexion und Interaktion. Dadurch entsteht explizites Wissen, das durch die *Kombination* mit anderen Modellen, vorhandenen Kenntnissen etc. verglichen, vervielfältigt und zu einem Lösungsansatz verdichtet werden kann. Durch die folgende *Internalisierung* wird das neu geschaffene explizite Wissen z.B. als mentales Modell verinnerlicht und dadurch wiederum in implizites Wissen transformiert.
Die vier Formen der Wissensschaffung laufen nicht einfach nacheinander ab, sondern werden in der sog. Wissensspirale mehrfach aufeinander bezogen (Nonaka/Takeuchi 1997: 84 ff.). In jedem Schritt kann neues, über das Vorhandene hinausgehendes Wissen erzeugt werden. Jede Phase integriert den in den vorausgegangenen Phasen entstandenen Wissensgewinn, der für die nachfolgenden Umwandlungsformen zusätzlich zur Disposition steht. Beteiligt sind individuelle Unternehmensmitglieder, Arbeitsgruppen, das Unternehmen als Ganzes und ggf. andere, mit dem betreffenden Betrieb interagierende Unternehmen.
An einem Beispiel aus der Praxis der Firma Matsushita in Osaka verdeutlichen die Autoren ihr Verständnis eines erfolgreichen Zusammenwirkens von explizitem und implizitem Wissen:

> »Ein zentrales Problem in der Entwicklung eines Brotautomaten in den späten achtziger Jahren war die Mechanisierung des Teigknetens. Der Knetprozess gehört zum impliziten Wissensvorrat von Bäckermeistern, und so verglich man anhand von Röntgenaufnahmen den gekneteten Teig eines Bäckers mit dem eines Automaten, ohne zu irgendwelchen Erkenntnissen zu gelangen. Ikuko Tanaka, die Leiterin der Abteilung Softwareentwicklung, wusste, dass es das beste Brot der Gegend im Osaka International Hotel gab. Um sich das implizite Wissen über den Knetvorgang anzueignen, gingen sie und mehrere Ingenieure beim Chefbäcker des Hotels in die Lehre. Es war nicht leicht, sein Geheimnis zu ergründen. Eines Tages bemerkte sie jedoch, dass der Bäcker den Teig nicht nur dehnte, sondern auch drehte. Durch Beobachtung, Nachahmung und Praxis hatte Ikuko Tanaka des Rätsels Lösung gefunden« (Nonaka/Takeuchi 1997: 76).

Auf dieser Grundlage wurde die Konstruktion der Maschine so verändert, dass sie die Bewegungen des Bäckers imitierte und ein Brot mit vergleichbarer Qualität backte. Das Ergebnis war ein Brotautomat, der bereits im ersten Verkaufsjahr alle Verkaufsrekorde für neue Küchengeräte überbot (North 2005: 47).
Die Beobachtungen von Nonaka/Takeuchi gelten heute als ein Klassikertext des Wissensmanagements. Vor allem in der betriebswirtschaftlichen, aber auch in der verwaltungswissenschaftlichen und juristischen Literatur knüpfen sich daran Versuche, Unternehmen und Verwaltungen als »lernende Organisationen« auszugestalten, die zur Rezeption von und Anpassung an veränderliche Umweltstrukturen nicht zuletzt auf das implizite Wissen ihrer Mitarbeiter zurückgreifen und dabei dessen Externalisierung und Distribution anstreben (Thobe 2003: 127 ff.; North 2005: 43 ff.; zur lernenden Organisation vor allem Argyris/Schön 1978; ferner Fangmann 2000: 119 ff.; Pitschas 1999: 1 ff.; Hill 1997: 91; s. auch Scherzberg 2000b: 21 ff.).

II. *Erweiterungen und Kritik*

Schon im Rahmen der Darlegung ihres Grundkonzepts wiesen Nonaka/Takeuchi (1997: 88 ff.) auf die Notwendigkeit einer die Nutzung impliziten Wissens im Unternehmen fördernden Arbeitsumgebung hin. Dazu rechnen sie die Existenz von Zielen und Strategien der Wissensgenerierung, die Autonomie der Mitarbeiter bei ihrer Umsetzung, die Förderung von Wechselwirkungen zwischen dem Unternehmen und seinem Umfeld, Redundanz im Sinne eines wiederholten Austauschs von Informationen sowie eine der Komplexität des Umfeldes adäquaten Komplexität der Organisation. Mit ähnlicher Zielsetzung definieren v. Krogh/Ichijo/Nonaka (v. Krogh u.a. 2000; siehe auch Schreyögg/Geiger 2005: 437) weitere Faktoren, die als Katalysatoren zur Beschleunigung der Schaffung und der Konversion von Wissen beitragen: die Vorstellung von dem in der Zukunft zu suchenden Wissen, ein die Wissenskommunikation im Unternehmen förderndes Management, die Institutionalisierung von »knowledge activists« zur Wissensgenerierung in Teams und eine kooperative Unternehmens- und Gruppenkultur, die die Entwicklung gemeinsamer Erfahrungen und Überzeugungen und eine hohe Interaktionsdichte zwischen den Beteiligten gewährleistet.
In Kontrast zu derartigen Bemühungen um eine Spezifizierung der Voraussetzungen für eine erfolgreiche betriebliche Wissenskonversion und -verbreitung stehen aller-

dings die zunehmenden Hinweise auf die Grenzen, die der Explizierung und Weitergabe von implizitem Wissen in Organisationen gesetzt sind (Thobe 2003: 155 ff.; Schreyögg/Geiger 2005: 433 ff., 2003: 14 f.; Neuweg 2006: 15 ff.; Ganzer 2006: 52).

Grenzen setzt zunächst das individuelle Bewusstsein. So sind diejenigen Wissenselemente, die aus der unmittelbaren – d. h. ohne Einschaltung der bewusst-kognitiven Elemente der Psyche entstandenen – Verbindung des menschlichen Organismus mit seiner Umwelt stammen, der bewussten Wahrnehmung und gedanklichen Reflexion generell entzogen (Bühl 1984: 112 ff.; Thobe 2003: 88 ff.). Bekanntestes Beispiel sind die bereits zitierten komplexen und routinisierten Abläufe des Auto- oder Fahrradfahrens, sowie künstlerische und sportliche Aktivitäten, bei denen der Versuch der bewussten Beobachtung und Kontrolle impliziten Handlungswissens dessen Nutzung weitgehend blockiert (Thobe 2003: 156; Neuweg 2006: 26). »In fact, not articulating the premisses of our conduct is a precondition for efficient behavioural performance« (Patriotta 2003: 7). Im übrigen bleibt zu vergegenwärtigen, dass implizites Wissen durch Externalisierung aus seinem subjekt- und erfahrungsbasierten Kontext und seinem Fallbezug gelöst und in Sprache und damit in ein lineares Medium transferiert wird, das seine Aussage verändert. Auch deshalb »bleiben die Verbaldaten immer weit hinter dem Wissen zurück, das im Verhalten zum Ausdruck kommt« (Neuweg 2004: 31). Polanyi selbst hatte bereits darauf hingewiesen, dass die Beseitigung aller persönlichen Elemente »de facto auf die Zerstörung allen Wissens hinauslaufen würde« (Polanyi 1985: 27). Die »Einfühlung, Verinnerlichung«, die Fähigkeiten und Kenntnisse zu implizitem Wissen macht, geht häufig verloren bei dem Versuch, dieses zu explizieren (Polanyi 1985: 25; Pforr 2007). Und selbst soweit letzteres gelingt, kann Handlungswissen einem Dritten doch stets nur als Theorie und nicht als Praxis vermittelt werden (Polanyi 1985: 27).

Vor allem Schreyögg/Geiger haben die Wissensspirale von Nonaka/Takeuchi und deren Vorstellung von der Konvertierbarkeit von implizitem und explizitem Wissen deshalb kritisiert (Schreyögg/Geiger 2005: 438 ff.). Die *Externalisierung* impliziten Wissens sei logisch-strukturell ausgeschlossen, die Erwartung einer generellen *Internalisierung* expliziten Wissens nicht realistisch. Implizites Wissen sei nur im Handlungskontext selbst und damit durch Übung und Imitation erwerbbar. Externalisierung könne auch nicht als Äußerung impliziten Wissens, sondern müsse als Generierung neuen Wissens auf der Grundlage des implizit Gewussten und der Einflüsse der Externalisierungssituation konzipiert werden (Schreyögg/Geiger 2005: 440 ff.;[2] Ganzer 2006: 52). Die Externalisierung impliziten Wissens ist demnach ein eigenständiger Lernprozess (Thobe 2003: 85 ff.). Schreyögg/Geiger weisen zur Begründung vor allem darauf hin, dass

- implizites Wissen sich gerade dadurch auszeichnet, dass es sich nicht in ein kognitiv-explizites Schema überführen lässt und *mit einer klassischen Kausalitätslogik* des bewussten Denkens *nicht wiedergegeben werden kann*,

2 Dort auch zum Folgenden.

- die Weitergabe impliziten Wissens deshalb nur im Wege der Mitteilung einer Hypothese über wichtige Erfolgsfaktoren des Handelns gelingen kann und damit eine *kreative Leistung* im Sinne einer Neuinterpretation bestehender Phänomene darstellt und
- explizites Wissen das körperliche Können nicht ersetzen kann, beide Kategorien vielmehr *nicht ineinander überführbar* sind.

Soweit die Explikation impliziten Wissens überhaupt möglich ist, gelingt sie vor allem unter Verwendung von Bildern, Metaphern, Analogien und Symbolen, also im weiteren Sinne durch Visualisierung (Thobe 2003: 33, 89). Im visuell-imaginativen Modus wird zudem häufig episodisch gedacht: aus den Bildern erwachsen Szenen und Geschichten, in denen unbewusste Strategien, Emotionen, Denk- und Handlungsmuster zum Ausdruck gebracht werden. Das Bildhaft-Episodische wird damit zu einem wichtigen Schema für die Nutzung impliziten Wissens. Dieses wird dann freilich nicht direkt, sondern analog, also nur ähnlich repräsentiert. Wichtiger als die Vermittlung durch Narration (dazu Schreyögg/Geiger 2005: 446 ff.; North 2005: 49 f.; Denning 2001) ist insoweit freilich das nicht-explikative learning by doing, der Erfahrungsgewinn in Kleingruppen mit Hilfe von wechselseitiger Beobachtung, persönlichem Austausch, Training und Nachahmung (Polanyi 1958: 53; Von Krogh u.a. 2000: 82 f.; Schreyögg/Geiger 2005: 450 f.; Neuweg 2006: 36 f.). Entsprechend bestätigt die Lernforschung die Bedeutung impliziten Lernens für den Erwerb impliziten Wissens (Neuweg 2004: 29 ff.).

E. *Die Beiträge von Psychologie und Neurobiologie*

Während sich die betriebswirtschaftliche Entscheidungsforschung um Formen und Instrumente bemüht, mit denen der Schatz des impliziten Wissens in Organisationen besser nutzbar gemacht werden kann, widmen sich die Entscheidungs- und die Kognitionsforschung zuförderst seinen psychischen Grundlagen. Ihnen geht es dabei naturgemäß nicht vorrangig um den betrieblichen Einsatz und die Übermittelbarkeit des fach- und funktionsspezifischen Erfahrungswissens, sondern um alle Fälle, in denen unbewusste Speicherungen das Urteil auf eine für den Akteur nicht wahrnehmbare Weise beeinflussen (Greenwald/Banaji 1995: 4 f.).

Psychologie und Neurobiologie erweisen dabei die grundsätzliche Abhängigkeit menschlicher Entscheidungsprozesse von Vorerfahrungen, dem daraus gebildeten impliziten Wissen und Emotionen, die seine Aktivierung im Bewusstsein des Entscheidungsträgers indizieren. Dem amerikanischen Neuropsychologen Antonio Damasio gelang der Nachweis, dass die Aufmerksamkeit im Rahmen von Denkprozessen in nicht unerheblichem Umfang von körpergestützten und gefühlsmäßigen Signalen gesteuert wird (Damasio 1994: 256 ff., 327). Erst die Rückkopplung der kognitiv arbeitenden Gehirnregionen an das für die Speicherung von Erfahrung und die Entstehung von Emotionen zentrale limbische System befähigt die menschliche Psyche, überhaupt eine bewusste und im tradierten Sinne »rationale« Wahl zu treffen (Damasio 1994: 235 f., 325 ff.; Roth 2003: 158 ff.; Elster 1998: 47, 61 ff.). Ohne Emotionen gäbe es keinen Grund, kein Motiv und auch nicht die Fähigkeit zu entscheiden – sie sind die »Motoren und Motivatoren aller kognitiven Dynamik« (Ciompi 1999: 95; Ortmann 2001: 277, 280).

Auch deliberatives Denken und Entscheiden ist damit eingebettet in eine affektiv-emotionale Struktur (Ciompi 1999: 96). Affekte fungieren als Instrumente der Komplexitätsreduktion und steuern Fokus und Inhalt der Wahrnehmung (Ciompi 1999: 94 ff.). Emotional gesteuert sind etwa die Abwägung zwischen verschiedenen in Betracht gezogenen Zielen und die Bewertung von Kosten und Nutzen der fraglichen Alternativen (Brandstätter u.a. 2003: 59 ff.). Bekannte und bewährte Denk- und Lösungswege werden dabei präferiert (Ciompi 1999: 109). Emotional begründet ist nicht zuletzt auch die verbreitete Metapräferenz »für die Vernunft« (Popper 1992: 270; Elster 1989: 117). Menschen wollen sich selbst als rational gesteuert verstehen (Elster 1998: 47, 66). Es sind aber letztlich Emotionen, die sie dazu veranlassen (Nippa 2001: 236).[3] Die Neurobiologie konstatiert deshalb heute ein »Primat des Gefühls« (Roth 2003: 162; Schanz 2006: 15).

Bilden Emotionen eine wesentliche physiologische Grundbedingung des Entscheidens und finden Vorerfahrungen und das daraus gewonnene implizite Wissen nicht zuletzt in Emotionen ihren Ausdruck,[4] können an dem Einfluss impliziten Wissens auf menschliche Entscheidungsprozesse keine Zweifel bestehen. Zugleich ergeben sich auf dieser Grundlage aber auch verschiedene Einschränkungen für den Versuch, die Qualität der Entscheidung durch eine bewusste Nutzung impliziten Wissens zu erhöhen.

Eine erste Einschränkung wurzelt in dem Umstand, dass implizites Wissen die Wahrnehmung *unbewusst* beeinflusst. Wenn beispielsweise deutsche Staatsbürger gefragt werden, »Mögen Sie Ausländer?«, antworten viele mit »ja«, weil sie sich selbst als unvoreingenommen betrachten. Dennoch wurde in impliziten Assoziationstests aufgedeckt, dass dieselben Deutschen negative Assoziationen mit Ausländern haben. Sie sind sich ihrer impliziten negativen Einstellung aber nicht bewusst und können sie daher nicht explizieren (Schnabel 2007). Die Aktivierung derartiger, durch Sozialisation und Vorerfahrung gewonnener unbewusster Haltungen, Überzeugungen und Wahrnehmungsmuster erfolgt ohne bewusstes Zutun des Akteurs und liegt jedenfalls teilweise außerhalb seines mentalen Zugriffs. *Implizites Wissen wirkt also unbewusst und ggf. auch ungewollt.*

Damit verknüpft stellt sich weiterhin die *Frage nach seiner Validität.* Verinnerlicht werden nicht nur Lernerfolge und Lebenserfahrung, sondern auch Indoktrinationen und Vorurteile. Wenn implizites Wissen unbewusst wirkt, ist für den Akteur prima facie nicht zu unterscheiden, ob sich in seinem Gefühl das Ergebnis einer nützlichen Sozialisation oder einer fehlleitenden Indoktrination spiegelt. Fehlurteile können überdies entstehen, wenn die »erlernte« Einstellung auf ein mit der originären Erfahrung assoziiertes Objekt abfärbt. Die Nutzung impliziten Wissens kann also situativ ganz unangebracht sein. Auch besitzt implizites Wissen keinen stabilen Wert. Es ist nur wertvoll, wenn es auf neue Zusammenhänge hin weiterentwickelt wird und damit aktuell gehalten ist. Wie kann man aber sicherstellen, dass die emotionalen oder kör-

3 S. auch Poppers Hinweis an die Irrationalität des Glaubens an die Vernunft.
4 S. dazu auch bereits oben C. a.E.

perlichen Signale des impliziten Wissens eine adäquate Anwendung von Bekanntem auf Unbekanntes darstellen und nicht die Befangenheit in einer überholten Vergangenheit indizieren, die den Zugang zu einer neuen Erfahrung verstellt?

In der Psychologie wird diese Frage anhand der *Differenz von Routinisierung und Kontextualisierung* diskutiert (Betsch 2008). Bei routinisierten Handlungsentscheidungen greift das kognitive System ohne weitere Reflexion auf Vorerfahrungen zurück, mithin auf implizites Wissen. Das beansprucht wenig Verarbeitungskapazität, Entscheidungsprozesse können sehr schnell ablaufen und über Assoziation multiple Informationen in holistischer Weise verarbeiten. Ein routinierter Akteur ist allerdings vielfach bestrebt, die Gültigkeit seiner Routine auch für Fälle zu bestätigen, in denen sie nicht passt. Neue, widersprechende Informationen verlieren um so mehr an Einfluss, je häufiger eine Routine in der Vergangenheit ausgeführt wurde. Durch die Existenz von Routinen werden Prozesse der Kontextualisierung, also der Orientierung an den Gegebenheiten des konkreten Falles, systematisch behindert (Betsch 2008). So nützlich also Routinen für entsprechende Standardsituationen sind, so sehr stören sie eine wirksame Anpassung an veränderte Bedingungen. »Wir konstruieren die Welt passend zu unseren Konzepten und Voreinstellungen und verhalten uns gleichförmig, obwohl durch Änderung des Verhaltens bessere Handlungsergebnisse erreicht werden könnten« (Betsch 2008). Ein in diesem Sinne *konservatives Verhalten* ist eine weitere Schattenseite impliziten Wissens.

Entscheidungs- und Kognitionsforschung zeigen mithin: Implizites Wissen ist eine wesentliche Ressource menschlicher Kognition und Verhaltenssteuerung. Sein Einfluss führt aber keineswegs immer zur Erhöhung der Entscheidungsqualität.

F. *Folgerungen für die Rechtswissenschaft*

Dieser Befund kann Auswirkungen nicht nur auf die allgemeine Modellierung menschlicher Entscheidungsprozesse, sondern auch auf die spezifischen Anforderungen zeitigen, die das Recht an das Zustandekommen staatlicher Entscheidungen stellt. Die rechtswissenschaftliche Verarbeitung der entscheidungswissenschaftlichen Erkenntnisse zur Bedeutung impliziten Wissens steckt allerdings noch in den Anfängen. Folgerungen für die Ausbildung und Rekrutierung des Personals und für die Methoden, die Organisation und das Verfahren rechtsstaatlicher Entscheidungsfindung sind derzeit noch nicht sicher zu bestimmen. *Eine* grundlegende Konsequenz ist indes heute schon absehbar:

Das tradierte juristische Rationalitätsparadigma und das damit verknüpfte Amtsverständnis bedürfen einer Revision. Das hergebrachte Konzept juristischer Rationalität findet seine Grundlage im Glauben an die Überlegenheit logisch-analytischer und bewusster kognitiver Prozesse (Nippa 2001: 219). Eine juristische Entscheidung gilt dann als rational, wenn alle Bestandteile des Gesamturteils in intersubjektiv nachvollziehbarer und methodengerechter Weise auf legitime Gründe gestützt sind (Buchwald 1990: 58 ff., 115 ff.; Gottwald 1985: 117 ff.). Im Rahmen der geforderten Begründung soll sich jeder Schritt als folgerichtige Herleitung aus einem zureichenden Grund darstellen (BVerfGE 34, 269, 287).

Implizites Wissen und seine emotionale Indikation bleiben dabei ausgeklammert. Nach dem auch heute noch nachwirkenden Weberschen Bürokratiemodell gelingt die Umsetzung der rechtlichen Bindungen der Verwaltung (und entsprechend auch der Rechtsprechung) um so vollkommener, je mehr sich die Bürokratie »entmenschlicht« und die Ausschaltung aller »irrationalen Empfindungselemente« aus der Erledigung der Amtsgeschäfte gelingt (Weber 1956: 571). Das Amt, so heute exemplarisch Josef Isensee, fordere von seinem Inhaber den Verzicht auf Selbstverwirklichung und Subjektivität (Isensee 2006a: Rn. 132 ff.; 2006b: Rn. 32 f.). Der Staatsdiener wird mithin zum Bestandteil einer apersonalen Administration (krit. dazu schon Scherzberg 2000b: 29 ff.). In einem solchen Konzept stehen bewusste und begründete Kognition für Gesetzestreue und Rationalität – implizites Wissen, Intuition und Emotionalität dagegen für Irrationalität und Normabweichung (ähnlich auch die klassische Entscheidungstheorie, vgl. Nippa 2001: 220, 226 f.).

Die Lehre vom impliziten Wissen erweist ein solches Konzept als defizitär. Menschliche Entscheidungsfindung lässt sich nicht auf die Bildung und Abwägung von Argumenten im kalkulatorisch arbeitenden Teil des Verstandes reduzieren. Die Psyche ist zum Verständnis komplexer Sachverhalte auf das durch Sozialisation und Erfahrung gebildete, in körperlichen und emotionalen Reaktionen zum Ausdruck kommende implizite Wissen angewiesen (Polanyi 1985: 25). Diesen Befund kann das tradierte Amts- und Rationalitätsverständnis nicht verarbeiten. Weder kann es den Nutzen impliziten Wissens angemessen integrieren, noch vermag es Wege zu weisen, um seinen Risiken vorzubeugen. Das Phänomen und die Probleme des impliziten Wissens fallen vielmehr in seinen blinden Fleck.

Sucht man das Konzept der juristischen Entscheidungsrationalität angemessen fortzuschreiben, liegt ein »re-entry« im Sinne der Luhmannschen Systemsprache nahe, die Wiedereinführung des (hier: im tradierten Rationalitätsbegriff) ausgeschlossenen Teils einer Unterscheidung (Luhmann 1984: 230, 640 f.). Das führt zu einem nicht-rationalistischen Konzept juristischer Rationalität, das die vorfindliche Emotionalität des Entscheidungsträgers integriert (Ortmann 2001: 286 ff.; Elster 1998: 65 f.; Ashforth/Humphrey 1995: 97 ff.; Schanz 1997: 640 ff., 2006: 59 ff.; Scherzberg 2004: 204). Um einen solchen modifizierten Rationalitätsbegriff nicht mit dem der klassischen Rationalität zu konfundieren, liegt es nahe, ein neues Leitbild rechtsstaatlich angemessenen Entscheidens einzuführen, das die (im tradierten Sinne) rationale *und* die emotionale Komponente der Entscheidungsfindung integriert und damit auch den angemessenen Umgang mit den Chancen und Risiken des impliziten Wissens indiziert. Ein solches Leitbild könnte an dem in neuerer Zeit verstärkt diskutierten Begriff der Klugheit anknüpfen (zum aktuellen Diskurs Kersting 2005; v. Mutius 2003; Scherzberg u.a. 2006; Scherzberg u.a. 2008). Der Klugheitsbegriff erlaubt eine ganzheitliche Sicht auf menschliche Entscheidungsprozesse, die die expliziten und die impliziten Kompetenzen des Entscheidungsträgers integriert.

Die Implikationen eines solchen *Leitbildes ganzheitlicher Entscheidungsrationalität* können hier nicht abschließend entfaltet werden. Sein Anwendungsfeld sei immerhin skizziert: Eines Rückgriffs auf implizites Wissen kann es gleichermaßen bei der Feststellung von Sachverhaltselementen wie auch bei der Rechtsfolgenbestimmung bedürfen. Sowohl bei der Anwendung bindenden Rechts wie auch bei der Ausfüllung rechtlicher Handlungsspielräume lässt sich die Differenz zwischen der Allgemeinheit der Regeln und der Besonderheit des Sachverhalts weder aus der Norm selbst noch mit Hilfe der Methodenregeln vollständig überbrücken. Das Recht verweist seine Anwender vielmehr auf Verfahren und die Unterscheidung von guten und schlechten Gründen (Trute 2008). Diese Unterscheidung kann nicht ohne Sozialisation und Vorerfahrung und damit unter Einschluss impliziten Wissens getroffen werden. Sie ist keiner abschließenden Rationalisierung zugänglich, sondern untersteht dem Klugheitspostulat.

G. *Fazit und Ausblick*

Die Erkenntnis der Bedeutung impliziten Wissens für die menschliche Entscheidungsfindung zwingt zur Ablösung des tradierten Rationalitätsparadigmas und zur Entwicklung eines postrationalen Konzepts rechtsstaatlicher Entscheidungsfindung. Hierfür ließe sich der Klugheitsbegriff nutzbar machen.

Soll ein Konzept »klugen Entscheidens« auf Dauer orientierungsbildend werden, muss es in Zukunft vor allem dreierlei Leistungen erbringen:

- Es muss allgemein definieren, unter welchen Voraussetzungen die Befolgung der emotionalen Signale impliziten Wissens die Qualität der Entscheidung typischerweise fördert und wann sie ihr entgegensteht,
- es muss die Unterscheidung zwischen implizitem Wissen und impliziter Fehleinschätzung im Einzelfall handhabbar machen und dabei die Grenzen der Selbsteinschätzung des Entscheidungsträgers kompensieren und
- es muss Wege zur wechselseitigen Reflexion und Integration impliziten und expliziten Wissens aufzeigen.

Eines der hierbei auftretenden Probleme hat Herbert Simon schon im Jahre 1987 formuliert: »We must not confuse the ›nonrational‹ decisions of the experts – the decisions that derive from expert intuition and judgement – with the irrational decisions that stressful emotions may produce« (Simon 1987: 62). Einige weiterführende Erkenntnisse hat die Entscheidungstheorie hierzu bereits erbracht: Nach dem gegenwärtigen Forschungsstand verkörpert das spontan-intuitive Urteil insbesondere dann eine angemessene Entscheidungsgrundlage, wenn die Intuition auf einer repräsentativen Erfahrungsstichprobe mit den Entscheidungsalternativen beruht (Plessner 2006: 116 ff.). Individuell kann man das nicht hinreichend sicher wissen, organisationell aber lässt sich daraus die ja auch aus der Lebenserfahrung naheliegende Empfehlung ableiten, die Kompetenzverteilung für die Bearbeitung typischer, wiederkehrender Problemlagen stärker am Erfahrungswissen als am theoretischen Wissen der Beteiligten zu orientieren.

Im Übrigen verweist die Entscheidungstheorie auf die Notwendigkeit, die Fähigkeit der Amtsträger zur Unterscheidung zwischen implizitem Wissen und impliziter Fehleinschätzung zu verbessern. Hierfür ließe sich auf die oben als Sozialisierung gekennzeichneten Transferverfahren zurückgreifen. Geeignet wären etwa Teamarbeit mit erfahrenen Kollegen, Rollenspiele und Entscheidungsprojektionen, die das dem Einzelnen verfügbare implizite Wissen begreifbar und einschätzbar machen. Daneben gelingt die Kontrolle der emotionalen Signale impliziten Wissens aber auch implizit. Die menschliche Psyche hat hierfür bereits ein geeignetes Instrument hervorgebracht: Es ist das Gewissen (Scherzberg 2000b: 36). Das Gewissen der Entscheidungsträger als Instrument impliziter Selbstkontrolle zu fördern und zu nutzen, ist eine naheliegende Folgerung aus dem wachsenden expliziten Verständnis von der Unhintergehbarkeit und der Ambivalenz unserer impliziten Speicher, Muster und Programmierungen.

Literatur

Agor, Weston H., 1984: Intuitive management. Integrating left and right brain management skills. Englewood Cliffs.

Agor, Weston H., 1986: The Logic of Intuitive Decision Making. A Research-Based Approach for Top Management. New York.

Argyris, Chris/Schön, Donald A., 1978: Organizational Learning: A Theory of Action Perspective. Reading (Mass.).

Ashforth Blake E./Humphrey, Ronald H., 1995: Emotion in Workplace. A Reappraisal, in: Human Relations 48, S. 97-125.

Averill, James R., 1980: A constructivist view of emotion, in: *Plutchik, Robert* (Hrsg.), Emotion. Theory, research and experience. Orlando.

Baumard, Phillipe, 1999: Tacit Knowledge in Organizations. London.

Beland, Hermann, 1992: Die zweifache Wurzel des Gefühls, in: Jahrbuch der Psychoanalyse 29. Stuttgart, S. 63-91.

Betsch, Tilmann/Plessner, Henning/Schwieren, Christiane/Gütig, Robert, 2001: I Like it but I Don't Know Why. A Value-Account Approach to Implicit Attitude Formation, in: Personality and Social Psychology Bulletin 27, S. 242-253.

Betsch, Tilmann, 2008: Klugheit im Umweltbezug. Die Balance zwischen Routinisierung und Kontextualisierung, in: *Scherzberg, Arno* et al (Hrsg.), Klugheit (im Erscheinen).

Brandstätter, Hermann Güth, Werner/Kliemt, Hartmut, 2003: The Bounds of Rationality. Philosophical, Psychological and Economic Aspects of Choice Making. Papers on strategic interaction. Max-Planck-Institut zur Erforschung von Wirtschaftssystemen Jena.

Buchwald, Delf, 1990: Der Begriff der rationalen juristischen Begründung. Baden-Baden.

Bühl, Walter L., 1984: Die Ordnung des Wissens. Berlin.

Bullinger, Hans-Jörg/Ilg, Rolf/Ohlhausen, Peter/Wagner, Kristina, 1999: Mit Wissensmanagement neue Potentiale erschließen, in: *Scheer, August-Wilhelm* (Hrsg.), Electronic Business und Knowledge Management. Heidelberg, S. 53-67.

Churchland, Paul M., 1997: Die Seelenmaschine. Eine philosophische Reise ins Gehirn. Heidelberg.

Ciompi, Luc, 1999: Die emotionalen Grundlagen des Denkens. Entwurf einer fraktalen Affektlogik. Göttingen.

Damasio, Antonio R., 1995: Descartes' Irrtum. Fühlen, Denken und das menschliche Gehirn. München.

Denning, Stephen, 2001: The Springboard. How storytelling ignites action in knowledge – era organizations. Boston.

Eiselen, Tanja/Sichler, Ralph, 2001: Reflexive Emotionalität. Konzepte zum professionellen Umgang mit Emotionen im Management, in: *Schreyögg, Georg/Sydow, Jörg* (Hrsg.), Emotionen und Management. Wiesbaden, S. 47-74.

Elster, Jon, 1989: Solomonic Judgements. Studies in the limitations of rationality. Cambridge.
Elster, Jon, 1998: Emotions and Economic Theory, in: Journal of Economic Literature 36, Nr.1, S. 47-74.
Ganzer, Stephan, 2006: Implizites Wissen. Bedeutung und Externalisierung, in: http://ifb-ganzer.de/Implizites_Wissen-Bedeutung_und_Externalisierung.pdf; 03.08.2007.
Gottwald, Peter, 1985: Richterliche Entscheidung und rationale Argumentation, in: Zeitschrift für Zivilprozeß 98, S. 113-130.
Greenwald, Anthony G./Banaji, Mahzarin R., 1995: Implicit Social Cognition. Attitudes, Self-Esteem and Stereotypes, in: Psychological Review 102, S. 4-27.
Hill, Hermann, 1997: Neue Organisationsformen in der Staats- und Kommunalverwaltung, in: *Schmidt-Aßmann, Eberhard/Hoffmann-Riem, Wolfgang* (Hrsg.), Verwaltungsorganisation als Steuerressource. Baden-Baden, S. 65-101.
Hoffmann-Riem, Wolfgang, 2006: Die Klugheit der Entscheidung ruht in ihrer Herstellung – selbst bei der Anwendung von Recht, in: *Scherzberg, Arno/Betsch, Tilmann/Blanke, Hermann-Josef/Walgenbach, Peter/Waschkuhn, Arno/Wegner, Gerhard* (Hrsg.), Kluges Entscheiden. Tübingen, S. 3-23
Isensee, Josef, 2006a: Gemeinwohl im Verfassungsstaat, in: *Isensee, Josef/Kirchhof, Paul* (Hrsg.), Handbuch des Staatsrechts der Bundesrepublik Deutschland, Band 4. Heidelberg, S. 3-79.
Isensee, Josef, 2006b: Staatsaufgaben, in: *Isensee, Josef/Kirchhof, Paul* (Hrsg.), Handbuch des Staatsrechts der Bundesrepublik Deutschland, Band 4. Heidelberg, S. 117-160.
Kersting, Wolfgang (Hrsg.), 2005: Klugheit. Weilerswist.
v. Krogh, Georg/Ichijo, Kazuo/Nonaka, Ikujiro, 2000: Enabling Knowledge Creation., Oxford.
Luhmann, Niklas, 1984: Soziale Systeme. Grundriss einer allgemeinen Theorie. Frankfurt/Main.
v. Mutius, Bernhard (Hrsg.), 2003: Die andere Intelligenz. Wie wir morgen denken werden. Stuttgart.
Neuweg, Georg H., 2004: Könnerschaft und implizites Wissen. Münster.
Neuweg, Georg H., 2006: Das Schweigen der Könner. Linz.
Nippa, Michael, 2001: Intuition und Emotion in der Entscheidungsforschung. State-of-the-art und aktuelle Forschungseinrichtungen, in: *Schreyögg, Georg/Sydow, Jörg* (Hrsg.), Emotionen und Management. Wiesbaden, S. 213-248.
Nonaka, Ikujiro/Takeuchi, Hirotaka, 1995: The Knowledge Creating Company. New York.
Nonaka, Ikujiro/Takeuchi, Hirotaka, 1997: Die Organisation des Wissens. Frankfurt/Main.
North, Klaus, 2005: Wissensorientierte Unternehmensführung. Wiesbaden.
Ortmann, Günther, 2001: Emotion und Entscheidung, in: *Schreyögg, Georg/Sydow, Jörg* (Hrsg.), Emotionen und Management. Wiesbaden, S. 277-323.
Patriotta, Gerardo, 2003: Organizational Knowledge in the Making. Oxford.
Pitschas, Rainer, 1999: Verwaltungsmodernisierung, Dienstrechtsreform und neues Personalmanagement, in: Die Verwaltung 32, S. 1-19.
Pforr, Sebastian: Forschungsvorhaben Wissensgovernance. Die moralökonomische Steuerung von Wissen, in: http://www.uni-oldenburg.de/laub/18482.html; 03.08.2007.
Plessner, Henning, 2006: Die Klugheit der Intuition und ihre Grenzen, in: *Scherzberg, Arno/Betsch, Tilmann/Blanke, Hermann-Josef/Walgenbach, Peter/Waschkuhn, Arno/Wegner, Gerhard* (Hrsg)., Kluges Entscheiden. Disziplinäre Grundlagen und interdiszipliniäre Verknüpfungen. Tübingen, S. 109-120.
Polanyi, Michael, 1958: Personal Knowledge. Chicago.
Polanyi, Michael, 1966: The Tacit Dimension. New York.
Polanyi, Michael, 1969: Knowing and Being. Chicago.
Polanyi, Michael, 1985: Implizites Wissen. Frankfurt/Main.
Popper, Karl, 1992: Die offene Gesellschaft und ihre Feinde. Band 2. Tübingen.

Reber, Arthur S., 1989: Implicit Learning and Tacit Knowledge, in: Journal of Experimental Psychologie 118, S. 219-235.

Reichert, Ute/Dörner, Dietrich, 1988: Heurismen beim Umgang mit einem »einfachen« dynamischen System, in: Sprache & Kognition 7, S. 12-24.

Renkl, Alexander/Gruber, Hans/Mandl, Heinz/Hinkofer, Ludwig, 1994: Hilft Wissen bei der Identifikation und Kontrolle eines komplexen ökonomischen Systems?, in: Unterrichtswissenschaft 22, S. 195-202.

Roth, Gerhard, 2003: Aus Sicht des Gehirns. Frankfurt/Main.

Ryle, Gilbert, 1969: Der Begriff des Geistes. Stuttgart.

Schanz, Günther, 1997: Intuition als Managementkompetenz, in: Die Betriebswirtschaft 57, S. 640-654.

Schanz, Günther, 2006: Implizites Wissen. Phänomen und Erfolgsfaktor, neurobiologische und soziokulturelle Grundlagen, Möglichkeiten problembewussten Gestaltens. München.

Scherzberg, Arno, 2000a: Die öffentliche Verwaltung als informationelle Organisation, in: *Hoffmann-Riem, Wolfgang/Schmidt-Aßmann, Eberhard* (Hrsg.), Verwaltungsrecht in der Informationsgesellschaft. Baden-Baden, S. 195-223.

Scherzberg, Arno, 2000b: Innovative Verwaltung im erfolgsorientierten Rechtsstaat, in: *Ehlers, Dirk* (Hrsg.), Grundfragen des Verwaltungsrechts und des Kommunalrechts. Berlin, S. 21-40.

Scherzberg, Arno, 2004: Rationalität – staatswissenschaftlich betrachtet. Prolegomena zu einer Theorie juristischer Rationalität, in: *Krebs, Walter* (Hrsg.), Liber amicorum Hans-Uwe Erichsen. Köln, S. 177-206.

Scherzberg, Arno/Betsch, Tilmann/Blanke, Hermann-Josef/Walgenbach, Peter/Waschkuhn, Arno/Wegner, Gerhard (Hrsg.) 2006: Kluges Entscheiden. Tübingen.

Scherzberg, Arno u.a. (Hrsg.), 2008: Klugheit (im Erscheinen).

Schnabel, Konrad, 2007: Allgemeine Fragen zum IAT. Was ist eine Einstellung?, in: http://implicit.harvard.edu/implicit/germany/faqs.html; 03.08.2007.

Schön, Donald A., 1987: Educating the Reflective Practitioner. Toward a New Design for Teaching and Learning in Professions. San Francisco.

Schreyögg, Georg/Geiger, Daniel, 2003: Wenn alles Wissen ist, ist Wissen am Ende nichts?!, in: Die Betriebswirtschaft 63, S. 7-22.

Schreyögg, Georg/Geiger, Daniel, 2005: Zur Konvertierbarkeit von Wissen. Wege und Irrwege im Wissensmanagement, in: Zeitschrift für Betriebswirtschaft 75, S. 433-453.

Simon, Herbert A., 1987: Making management decisions. The role of intuition and emotion, in: Academy of Management Executive 1, S. 57-64.

Stanley, William B./Mathews, Robert C./Buss, Ray R./Kotler-Cope, Susan, 1989: Insight without Awareness. On the Interaction of Verbalization, Instruction and Practice in a Simulated Process Control Task, in: The Quarterly Journal of Experimental Psychology 41 A, S. 553-557.

Strube, Gerhard/Schlieder, Christoph, 1996: Wissen und Wissensrepräsentation, in: *Strube, Gerhard* (Hrsg.), Wörterbuch der Kognitionswissenschaft. Stuttgart, S. 799-815.

Thobe, Wiltrud, 2003: Externalisierung impliziten Wissens. Frankfurt/Main.

Trute, Hans-Heinrich, 2008: Klugheit in juristischen Entscheidungen, in: *Scherzberg, Arno* et al (Hrsg.), Klugheit (im Erscheinen).

Vogel, Matthias/Wingert, Lutz, 2003: Wissen zwischen Entdeckung und Konstruktion: erkenntnistheoretische Kontroversen. Frankfurt/Main.

Wagner, Hubert, 1999: Wissensmanagement in Unternehmensberatungen, in: http://www.hubert-wagner.de/wissen_des_menschen.htm; 03.08.2007

Weber, Max, 1956: Wirtschaft und Gesellschaft. Tübingen.

Welsch, Johann, 1997: Arbeiten in der Informationsgesellschaft. Bonn.

Willke, Helmut, 2004: Einführung in das systemische Wissensmanagement. Heidelberg.

Schlussfolgerungen

Governance durch Wissen
Überlegungen zum Verhältnis von Macht und Wissen aus governancetheoretischer Perspektive

Gunnar Folke Schuppert

Inhaltsübersicht

A. *Wissen ist Macht: einige einführende Überlegungen*

Das Megathema Macht und Wissen können wir in dieser Skizze nicht ausloten. Wir beschränken uns daher von vornherein auf zwei uns aus governancetheoretischer Perspektive wichtig erscheinende Aspekte:

I. *Von Herrschaft kraft Wissens zum Herrschaftsverlust durch Wissen*

Die Entstehung des modernen Staates kann mit Norbert Elias (1997) als Kampf um die Erringung von Schlüsselmonopolen verstanden werden, und zwar vor allem solcher Monopole, die als Governanceressourcen für den frühneuzeitlichen Territorialstaat schlechthin unverzichtbar waren, also das Monopol legitimer Gewaltausübung, das Steuermonopol und das Monopol der Rechtsetzung und Rechtsdurchsetzung (näher dazu Schuppert 2003a: 95 ff.). Wenn man nun davon ausgeht, dass der moderne Verwaltungsstaat nicht nur der Herrschaftsinstrumente der legitimen Gewaltausübung, der Abgabenerhebung und der Rechtsetzung bedarf, sondern – wie gleich noch näher darzulegen sein wird – auch eines Fundus von herrschaftsermöglichendem Wissen, so läge es nahe, auch das herrschaftsrelevante Wissen zu monopolisieren und zur Befestigung der eigenen Herrschaft zu nutzen. Nico Stehr (2008: 12) spricht daher von einer vielfach beobachtbaren **Symbiose von Macht und Wissen** und bemerkt dazu bündig: »Überall, so scheint es, haben die Inhaber von Machtpositionen es verstanden, die effiziente Nutzung von Wissensvorteilen und den exklusiven Gebrauch technischer Innovationen zu monopolisieren.«

Aber auf die Zementierung von Macht durch Wissen zu vertrauen, erweise sich immer weniger als eine nachhaltig erfolgreiche Strategie, weil es immer schwieriger werde, Wissen erfolgreich zu monopolisieren. Denn die **Wissensgesellschaft** ist einmal dadurch gekennzeichnet, dass eine zunehmende Anzahl von Akteuren über einen zunehmenden Fundus verschiedenartigen Wissens verfügt und – darauf gestützt – staatlichen Plänen und Maßnahmen eigenes Wissen entgegensetzen kann: »Die Wissensgesellschaft produziert eine stark wachsende Anzahl von informierten Akteuren« (Stehr 2008: 24), und »da definierte, auf wissenschaftlicher Erkenntnis basierende Lösungen immer weniger möglich und sie auch in diesem Sinne akzeptiert werden, wächst die Zahl der Personen und Gruppen, die wissenschaftliche Argumente für sich, d. h. für ihre unterschiedlichen Interessen mobilisieren können« (Stehr 2008: 31). Zum anderen nimmt – gewissermaßen spiegelbildlich – die Fähigkeit des Staates oder anderer großer sozialer Institutionen ab, den Zugang zur Ressource Wissen zu kontrollieren oder gar zu monopolisieren: Denn je mehr neue Wissensformen entstehen und je vielfältiger die Produktionsweisen von Wissen werden, desto schwieriger wird es, diesen Prozess der Pluralisierung und Diffusion von Wissen staatlich zu steuern, geschweige denn effektiv zu kontrollieren (zu diesem Kontroll- und Regulierungsaspekt siehe Stehr 2003).

Man wird sogar noch einen Schritt weiter gehen können und sich überlegen müssen, welche Gefahren sich aus der offenbar zunehmenden staatlichen Abhängigkeit von der Zufuhr nichtstaatlichen Wissens ergeben können. Andreas Voßkuhle hat hier insbesondere die Gefahr der Vernachlässigung staatlicher Wissensbestände ausgemacht und dieser Sorge wie folgt Ausdruck verliehen (Voßkuhle 2005: 43):

> *»Wissen ist Macht. Das gilt gerade auch für den Staat, dessen Herrschaftsgewalt in dem Maße verlorengeht, in dem seine eigenen Wissens- und Erfahrungsbestände schrumpfen. Der Rückgriff auf privaten Sachverstand vermag diese Entwicklung zwar abzufedern, er beschleunigt sie aber zugleich, weil die Notwendigkeit, die staatsinterne Wissensorganisation am Leben zu erhalten und zu optimieren, allzu schnell aus dem Blick gerät. Die produktive Koppelung staatlichen und privaten Wissens setzt indes zwingend voraus, dass auf Seiten des Staates überhaupt noch ausreichendes Wissen vorhanden ist. Andernfalls verliert der Staat jegliche Steuerungs-, Kontroll- und Korrekturmöglichkeit; nur der informierte Staat ist in der Lage, seine* ***Gewährleistungsverantwortung für das Gemeinwohl*** *effektiv wahrzunehmen.«*[1]

II. *Vom Herrschaftswissen über das Steuerungswissen zum Governancewissen*

1. *Vom Fachverstand zum Sachverstand*

Max Weber, der maßgebliche Theoretiker des bürokratisch organisierten Verwaltungsstaates, hat mehrfach die Rolle des von ihm so genannten **Fachbeamtentums**

1 Hervorhebungen in Zitaten sind stets meine eigenen, G.F.S.

für die Herausbildung des modernen Staates hervorgehoben; in seinem 1919 vor den Studenten des Münchener Freistudentischen Bundes gehaltenen Vortrag über »Politik als Beruf« hat er dazu Folgendes ausgeführt (Weber 1999: 31 f.):

> *»Dem steht nun aber gegenüber die Entwicklung des modernen Beamtentums zu einer spezialistisch, durch langjährige Vorbildung fachgeschulten, hochqualifizierten geistigen Arbeiterschaft mit einer im Interesse der Integrität hochentwickelten ständischen Ehre, ohne welche die Gefahr furchtbarer Korruption und gemeinen Banausentums als Schicksal über uns schweben und auch die rein technische Leistung des Staatsapparates bedrohen würde [. . .]. Die Dilettantenverwaltung durch Beutepolitiker, welche in den Vereinigten Staaten Hunderttausende von Beamten, bis zum Postboten hinunter, je nach dem Ausfall der Präsidentenwahl, wechseln ließ und den lebenslänglichen Berufsbeamten nicht kannte, ist längst durch die Civil Service Reform durchlöchert. Rein technische, unabweisliche Bedürfnisse der Verwaltung bedingen diese Entwicklung. In Europa ist das arbeitsteilige Fachbeamtentum in einer Entwicklung von einem halben Jahrtausend allmählich entstanden. [. . .]*
> *Bei den Finanzen der Fürsten geschah der entscheidende Schritt. [. . .] Die Entwicklung der Kriegstechnik bedingte den Fachoffizier, die Verfeinerung des Rechtsganges den geschulten Juristen. Auf diesen drei Gebieten siegte das Fachbeamtentum in den entwickelteren Staaten endgültig im 16. Jahrhundert. Damit war gleichzeitig mit dem Aufstieg des Absolutismus der Fürsten gegenüber den Ständen die allmähliche* ***Abdankung seiner Selbstherrschaft an die Fachbeamten****, durch die ihm jener Sieg über die Stände erst ermöglicht wurde, eingeleitet.«*

Diese **Wissensdominanz des Fachbeamtentums** nun aber mochte richtig und nützlich sein zur Durchsetzung des modernen Herrschaftstyps der bürokratischen Verwaltung, wird aber – so ebenfalls Max Weber, diesmal in seiner Rolle als maßgeblicher Theoretiker parlamentarischer Untersuchungsausschüsse – in einer parlamentarischen Demokratie jedenfalls dann dysfunktional, wenn das Parlament von diesem Fachwissen der Beamten ausgeschlossen ist; zur Notwendigkeit eines Informationsrechts des Parlaments heißt es daher in seiner Abhandlung über »Parlament und Regierung im neugeordneten Deutschland« (Weber 1988: 236) eindringlich wie folgt:

> ***»Die Machtstellung aller Beamten ruht****, außer auf der arbeitsteiligen Technik der Verwaltung als solcher,* ***auf Wissen****. [. . .] Ob es auch im Parlament vertreten ist oder sich Abgeordnete im Einzelfall privatim bei Spezialisten Auskunft einholen können, ist Zufall und Privatsache. [. . .] Dem Reichstag fehlt das Recht dazu: er ist verfassungsmäßig zur dilettantischen Dummheit verurteilt.*
> *Aber das Fachwissen allein begründet nicht die Beamtenmacht. Dazu tritt die durch die Mittel des amtlichen Apparates nur dem Beamten zugängliche Kenntnis der für sein Verhalten maßgebenden konkreten Tatsachen: das* ***Dienstwissen****. Nur wer sich diese Tatsachenkenntnis unabhängig vom guten Willen des Beamten beschaffen kann, vermag im Einzelfall die Verwaltung wirksam zu kontrollieren. [. . .] auch dieses Recht fehlt dem Reichstag. Er ist geflissentlich außerstande gesetzt, sich die zur Verwaltungskontrolle erforderlichen Kenntnisse zu beschaffen, also,* ***außer zum Dilettantismus, auch zur Unkenntnis verurteilt****.«*

Aber über diese Macht vermittelnde Rolle beamtlichen Fachwissens sind – wie Peter Weingart uns belehrt – die Zeitläufte längst hinweggegangen (Weingart 2003: 90):

»Bis in die Mitte des 20. Jahrhunderts wurde das für den Staat erforderliche Wissen primär über die Rekrutierung von akademisch ausgebildeten Personen für die Administration mobilisiert und dort zu ressortbezogenem bürokratischen ***Fach****verstand entwickelt. Dieser diffuse Zugriff hat sich mit der fortschreitenden Spezialisierung der Wissenschaft überlebt. Seither bedarf es des spezifischen Zugriffs auf wissenschaftlichen* ***Sach****verstand. Dementsprechend hat sich die Kopplung zwischen Wissenschaftssystem und politischem System auf die Beratung der staatlichen Verwaltung und ihrer politischen Organe durch wissenschaftliche Experten verlagert.«*

Nun wäre es sicherlich missverstehend, interpretierte man diese Passage so, als hätte das bürokratische Fachwissen zugunsten des wissenschaftlichen Sachwissens zur Gänze abgedankt; wir würden den Sachverhalt eher so beschreiben, dass wir es erstens mit einem Nebeneinander von Fach- und Sachwissen zu tun haben und – zweitens – mit einem Übergang von einem eher technisch-instrumentellen bürokratischen Fachwissen zu einem der gewandelten Rolle des Staates entsprechenden **Regelungswissen**, ein Befund, der für den Fall seiner Richtigkeit die Notwenigkeit impliziert, eine über die reine Gesetzgebungslehre hinausgehende **Regelungswissenschaft** zu entwickeln (erste Überlegungen dazu bei Schuppert 2009). Was uns nämlich erforderlich erscheint, ist, die Rolle des Wissens und bestimmter Wissensarten in Beziehung zur Entwicklung der Staatsaufgaben zu sehen, ein Petitum, dass auch von Peter Weingart wie folgt formuliert worden ist (2003: 95 f.):

»Um zu verstehen, welche Dynamik das Verhältnis von Wissenschaft und Politik bestimmt, muss man sich die ***Ursachen der wachsenden Wissensabhängigkeit politischen Handelns*** *vor Augen führen. Spätestens seit Mitte des 19. Jahrhunderts erleben die modernen Staaten eine stetige Ausweitung ihrer Funktionen. Ursprünglich auf die Gewährleistung öffentlicher Ordnung und die Ermöglichung des Handelns beschränkt, haben sie sich im 20. Jahrhundert auf die umfassende Daseinsvorsorge für ihre Bürger verpflichtet. Es lässt sich zeigen, dass zwischen der Wissenschafts- und Technikentwicklung und der* ***Ausweitung der Aufgabenbereiche des Staates eine Beziehung besteht*** *(vgl. Lundgreen et al. 1986). Die klassischen Bereiche wie die Landwirtschaft, Transportinfrastruktur und die Gesundheitsfürsorge haben sich angesichts der wissenschaftlichen Fortschritte weiter entwickelt und differenziert. Andere Bereiche, wie die Energieversorgung und der Umweltschutz, sind entweder vollkommen neu gestaltet oder neu hinzugekommen. Für alle Bereiche gilt eine enge Kopplung an die Wissenschaftsentwicklung, die die Grundlage für die wissenschaftliche Politikberatung bildet.«*

Ändern sich aber die Staatsaufgaben oder – was unseres Erachtens entscheidender ist und was wir nicht müde werden zu betonen – **das Aufgabenverständnis** (Schuppert 1998), so ändern sich auch Umfang und Art des benötigten Wissens, wie sich am Beispiel des Leitbildes des so genannten **Gewährleistungsstaates** (siehe dazu die Beiträge in Schuppert 2005) leicht veranschaulichen lässt: Verlangt die staatliche Erfüllungsverantwortung – so könnte man holzschnittartig vereinfachend formulieren –, dass der Staat und seine Verwaltung sich möglichst umfassend selbst mit Wissen »versorgen«, so entspricht es der Logik der Gewährleistungsverantwortung, wenn eine wie auch immer organisierte Ko-Produktion von Wissen für eine gemeinwohlorientierte Erfüllung öffentlicher Aufgaben zur Verfügung steht: Wissensgenerierung und Wissenszugriff ist dann kein staatliches **Produktionsproblem** mehr, sondern ein

Governanceproblem, das durch die Bereitstellung und Entwicklung geeigneter Regelungsstrukturen prinzipiell gelöst werden kann. Aber auch die Art des benötigten Wissens kann von einer Veränderung von Staatlichkeit nicht unberührt bleiben, wie wir im folgenden Gliederungspunkt zu zeigen versuchen.

2. *Vom Steuerungswissen zum Governancewissen*

a) *Der moderne Staat als Steuerungsstaat*

Wir entlehnen diesen bisher allerdings kaum rezipierten Begriff des Steuerungsstaates einem grundlegenden Beitrag von Franz Xaver Kaufmann (1994), da er für unseren Diskussionszusammenhang wirklich passend erscheint, und zwar aus zwei Gründen:

Erstens können wir mit ihm anknüpfen an den soeben erörterten Punkt des Wandels von Staatsaufgaben, da er gerade das Gemeinsame der »neuen« Staatsaufgaben (dazu Wahl 2006) auf einen einheitlichen Begriff zu bringen sucht. Denn diese neuen Staatsaufgaben wie etwa Risikovorsorge und Umweltschutz sind **Herausforderungen an die Steuerungsfähigkeit des Staates** und verstärken zusammen mit den klassischen Staatsaufgaben den Handlungsdruck auf Regierung und Verwaltung. Die spezifische Befindlichkeit des modernen Staates liegt aber nicht in den einzelnen, für sich jeweils wichtigen Staatsaufgaben, sondern in seiner an vielen Fronten gleichzeitig nachgefragten **Qualität als Steuerungsinstanz** gegenüber einer Vielzahl von nur schwer steuerbaren Subsystemen (siehe dazu Bußhoff 1992) und politischen Akteuren.

Zweitens ist der Begriff des Steuerungsstaates hilfreich, weil mit ihm die häufig eher abstrakt geführte Staatsaufgabendiskussion mit dem Problem der **staatlichen Handlungskompetenz** und staatlichen Steuerungsfähigkeit verbunden wird. Geht es aber um die **staatliche Steuerungsfähigkeit**, so geht es um ein **steuerungstaugliches Recht** (vgl. dazu Dose 2007), um eine **steuerungstaugliche Verwaltungsorganisation** (Schuppert 2006) und eben auch um ein **steuerungstaugliches Wissen**.

All diese Aspekte werden in ihrer Zusammengehörigkeit nunmehr von der soeben ausgerufenen »Neuen Verwaltungsrechtswissenschaft« thematisiert, die sich ganz explizit dem steuerungswissenschaftlichen Ansatz verpflichtet fühlt und daher – was nach unseren Vorüberlegungen nicht überraschen kann – auch den Begriff des **Steuerungswissens** verwendet, wie die folgende Passage aus der Feder Andreas Voßkuhles belegt (Voßkuhle 2005: 24):

> *»Auf der Basis solcher Steuerungstypologien [Verweis auf König/Dose 1993, G.F.S.] können in einem zweiten Schritt übergreifende* ***Wirkungszusammenhänge*** *und* ***Wechselbeziehungen*** *zwischen den verschiedenen Steuerungssubjekten, -objekten, -medien und -instrumenten untersucht sowie die Vor- und Nachteile einzelner Steuerungskonzepte herausgearbeitet werden. Gleichzeitig wird das Bewusstsein geschärft für die* ***funktionale Äquivalenz bestimmter Steuerungstechniken*** *und etwaige Steuerungsdefizite. Das so gewonnene Steuerungswissen kann eingesetzt werden zur Verbesserung der Steuerungsleistung des (Verwaltungs-)Rechts [. . .]. Dazu bedarf es der Bereitstellung geeigneter rechtlicher*

Handlungsformen und -maßstäbe, Entscheidungsverfahren, Organisationstypen und ***Regulierungsstrategien.*** *«*

Damit die gewollten Steuerungserfolge auch eintreten, bedarf es einer möglichst genauen Kenntnis der Wirkungsweise der eingesetzten Steuerungsinstrumente, eine Kenntnis, die man mit Andreas Voßkuhle als **Wirkungswissen** bezeichnen kann (Voßkuhle 2005: 36):

> *»In einem zweiten Schritt gilt es dann,* ***das erworbene Wirkungswissen rückzukoppeln mit der (Verwaltungs-) Rechtsordnung****. Soweit gesetzliche Regelungen bereits bestehen, müssen diese möglichst revisionsoffen ausgestaltet sein, um eventuelle Korrekturen des Steuerungsprogramms zu ermöglichen. Bei der Rechtsanwendung können Realfolgen im Rahmen der Auslegung in unterschiedlicher Weise Berücksichtigung finden, etwa bei der Ermittlung des Willens des Gesetzgebers, bei teleologischen Erwägungen oder bei der Bestimmung der Rechtsfolge. Mitunter ist die Folgenorientierung durch Zweckprogramme sogar zwingend vorgegeben. Erleichtert wird die Folgenorientierung schließlich durch entsprechende organisatorische und verfahrensrechtliche Vorkehrungen, wie sie z.B. das Gesetz über die Umweltverträglichkeitsprüfung vorsieht, die als ›folgenorientiertes Informationsermittlungsverfahren‹ fungiert.«*

b) *Von Steuerung zu Governance*

aa) *Zur dahinschwindenden Unterscheidbarkeit von Steuerungssubjekt und Steuerungsobjekt*

Renate Mayntz hat in ihrem instruktiven Beitrag über »Governance Theory als fortentwickelte Steuerungstheorie?« (2006) darauf hingewiesen, dass dem Steuerungsansatz als Prämisse die zentrale Unterscheidung zwischen Steuerungssubjekt und Steuerungsobjekt zugrunde liegt und damit »die Aufmerksamkeit zum einen auf die Steuerungsfähigkeit der Akteure und zum anderen auf die Steuerbarkeit der Adressaten« gelenkt wird. Diese Prämisse der klaren Unterscheidbarkeit von Steuerungssubjekt und Steuerungsobjekt löse sich aber – so argumentiert sie weiter – zunehmend auf, da der Staat – wie schon die Hinwendung zu kooperativen Steuerungstechniken gezeigt habe – immer weniger als alleiniger oder zentraler Steuerungsakteur verstanden werden könne. Diese den modernen Verwaltungsstaat kennzeichnende **Pluralität der Steuerungsakteure** und ihre komplexen Interaktionen miteinander würden aber besonders gut von der Governance-Perspektive erfasst, die gerade das Zusammenwirken von staatlichen und nicht-staatlichen Akteuren in vor allem rechtlich geprägten Koordinationsstrukturen in den Blick nehme. In diese Richtung argumentieren in ihrem Beitrag über den »Governance-Ansatz als verwaltungsrechtswissenschaftliches Analysekonzept« auch Hans-Heinrich Trute, Doris Kühlers und Arne Pilniok, die überzeugend darlegen, dass das Governancekonzept geradezu als Konsequenz des steuerungstheoretischen Dilemmas der Pluralität der Steuerungsakteure und ihrer nicht mehr in bipolarer Zuordnung beschreibbaren Beziehung verstanden werden könne (Trute/Kühlers/Pilniok 2008: 1):

»Diese Entwicklungen stellen aber zugleich das in Frage, was den Steuerungsansatz ausmacht: wer steuert wen, mit welchen Instrumenten und mit welchem Erfolg? Die Governance-Perspektive zieht insoweit gerade die Konsequenz aus der Einsicht, dass politische Steuerung in Reaktion auf die gesellschaftliche Pluralität, Dynamik und Komplexität der zu bewältigenden Aufgaben durch unterschiedliche staatliche und nichtstaatliche Akteure auf unterschiedlichen Ebenen und mit je nach Feldern unterschiedlichen Formen und Instrumenten stattfindet und damit nicht oder nicht notwendig mehr einem zentralen Steuerungssubjekt zugeschrieben werden kann.«

So gesehen, ist das Governancekonzept in der Tat nicht nur eine naheliegende, sondern gewissermaßen »überfällige« Fortentwicklung der überkommenen Steuerungstheorie (dazu Schuppert 2008b).

bb) *Regelungsstrukturen und Regelungswissen*

Auf die häufig gestellte Frage, was denn nun den Governance-Ansatz von der inzwischen klassischen Steuerungstheorie unterscheide, hat Renate Mayntz geantwortet, der Unterschied liege in einer durch die Kritik am steuerungstheoretischen Ansatz motivierten **Akzentverschiebung**, und zwar einer Akzentverschiebung von einer primär in Akteuren denkenden Sichtweise zu einem mehr institutionalistischen Blickwinkel (Mayntz 2006: 16):

»Faßt man [. . .] den Unterschied der beiden Perspektiven noch einmal grob zusammen, dann kann man die Steuerungstheorie als akteurszentriert und die Governance-Theorie als institutionalistisch bezeichnen. [. . .] Bei [der Steuerungstheorie] steht das handelnde Steuerungssubjekt im Vordergrund, bei der Governance-Theorie dagegen die ***Regelungsstruktur.****«*

Wenn Governance also als Governance von und durch Regelungsstrukturen beschrieben werden kann, von Regelungsstrukturen, mit denen das Handeln mehr oder weniger autonom gedachter, staatlicher und nicht-staatlicher Akteure auf gemeinsame Ziele koordiniert werden kann, so fühlen wir uns gerade dazu eingeladen, diesen Ball dazu aufzunehmen und im Begriff des **Steuerungswissens** den Bestandteil Steuerung durch Governance zu ersetzten, um so den Wandel von Steuerung zu Governance nachzuvollziehen. Wir schlagen daher vor, in Fortsetzung des Steuerungswissens von **Governancewissen** zu sprechen und darunter dasjenige Wissen zu verstehen, das benötigt wird, um mit Regelungsstrukturen erfolgreich arbeiten zu können, also ein Wissen über das Design, die Formulierung, die Beobachtung und die Nachbesserung von Regelungsstrukturen: Dieses Wissen nennen wir **Regelungswissen**, über dessen Beschaffenheit und Generierbarkeit eine zu entwickelnde Regelungswissenschaft Auskunft zu geben hätte.

III. *Zwischenbilanz: die Organisation der Ko-Produktion von Wissen als zentrales Governanceproblem des Staates der Wissensgesellschaft*

Wie wir gelernt haben, ist die Wissensgesellschaft durch eine Pluralität von Wissensarten und Wissensakteuren gekennzeichnet. Weder das wissenschaftliche Wissen,

noch das Orientierungswissen (dazu später) und auch nicht das Regelungswissen sind beim Staat monopolisiert oder monopolisierbar. Wissensakteure sind neben dem immer wissensärmer werdenden Staat die Wissenschaftsorganisationen, die Verbände, die großen Unternehmen, die großen law firms, die lokales und alternatives Wissen repräsentierenden NGOs und viele andere mehr. Der Staat versucht sich dieses nicht-staatliche Wissen nutzbar zu machen, was – wie Weingart (2003) herausgearbeitet hat – zu dem Phänomen einer ständig intensiveren Politikberatung geführt hat. Angesichts dieses Sachverhaltes kann man von einer **Ko-Produktion von Wissen** sprechen, ein Befund, der sich nahtlos einfügt in die von uns gemachte Beobachtung, dass auch in anderen Bereichen von Staatlichkeit – Sicherheits-, Rechts- und Infrastrukturgewährleistung – eine Bereitstellung öffentlicher Güter und Dienstleistungen in arbeitsteiliger Ko-Produktion erfolgt (Schuppert 2008c).
Da eine solche Ko-Produktion nicht von selbst funktioniert, bedarf sie der ermöglichenden Rahmung durch Koordinationsstrukturen, also eines Typs von Regelungsstrukturen, wie sie für den modernen Verwaltungsstaat typisch sind. Solche der Funktionslogik des Wissenschaftssystems angemessenen Regelungsstrukturen und institutionellen Arrangements zu konzipieren und auszugestalten (vgl. dazu Trute 1994), ist unseres Erachtens das zentrale Governanceproblem des Staates der Wissensgesellschaft; wir werden darauf unter dem Stichwort »Die Wissensgesellschaft als Strukturierungsaufgabe des Rechts« noch ausführlicher zurückkommen.

B. *Wissen als Governanceressource*

I. *Vom »scientific colonialism« zur Europäischen Verbundverwaltung*

1. *Scientific Colonialism: zum konstitutiven Zusammenhang von Wissen und Herrschaft für »colonial governance«*

In der Kolonialismusforschung gilt es als ausgemacht, dass die Erhebung und Nutzbarmachung lokalen Wissens zu den unverzichtbaren Funktionsbedingungen kolonialer Herrschaft gehört (Cohn 1996). Wegen dieses konstitutiven Zusammenhangs – so weiß Sebastian Conrad in seinem Beitrag über das deutsche und japanische Kolonialregime zu berichten – habe sich in der Literatur der **Begriff des scientific colonialism** durchgesetzt (Conrad 2007: 135 f.):

> *»Charakteristisch für das Regieren im kolonialen Raum war der enge Zusammenhang von Herrschaftspraxis mit geographischem, juristischem, linguistischem oder ethnologischem Wissen, das bei der Allokation von Befugnissen und Zuständigkeiten eine große Rolle spielte. Im Falle des deutschen und japanischen Kolonialismus – für die sich in der wissenschaftlichen Literatur der Begriff des scientific colonialism eingebürgert hat – gehörte die enge Verbindung von Herrschaft und Wissen zu dem Selbstverständnis einer modernen Kolonialpolitik. Die Konstituierung des kolonialen Wissens diente dazu, die Maßnahmen der Kolonialadministration zu steuern und zugleich die Grenzen zwischen staatlicher Macht und ›traditionellen‹ Gewalten festzulegen.«*

Zu den **Arten des governancerelevanten Wissens** und den bei ihrer Erhebung und Archivierung tätigen Akteuren, unter denen die Vertreter der missionarischen Ethnographie eine besonders prominente Rolle spielten (Bade 1982), heißt es bei Conrad wie folgt (2007: 139):

> *»Das zugrundeliegende Wissen bezog sich auf die Vermessung und geographische Erfassung des Territoriums, auf die ethnographische Bestandsaufnahme der Bevölkerung, auf die medizinische und ›rassische‹ Klassifizierung, auf die Frage nach kulturellen Mustern und rechtlichen Bräuchen. Für die Erfassung dieses herrschaftsrelevanten Wissens waren unterschiedliche Akteure verantwortlich. Die Rolle der Wissenschaftler, Übersetzer und Mediatoren konnte dabei ganz unterschiedlich sein – manche von ihnen reisten als private Akteure, die Mehrzahl mit staatlicher Unterstützung, und einige schließlich explizit in staatlichem Auftrag. Neben denjenigen, die zu Feldstudien nach Afrika reisten, gab es auch die Anthropologen, Mediziner oder Craniologen, die in Deutschland blieben und an der Einordnung, Klassifizierung und Unterscheidung beteiligt waren.«*

Für ein Kolonialreich wie das deutsche, das im Gegensatz zum japanischen Modell nur über eine dünne personale Präsenz in den Kolonien verfügte, war es unabdingbar, sich mit **lokalen Governanceakteuren** zu arrangieren und ihre **Governancekapazität** für die eigene Kolonialherrschaft zu nutzen. Diese **lokale Governancekompetenz** bestand vor allem in ihrer auf Wissen und Tradition beruhenden Autorität, die sie auch in die Lage versetzte, als Akteure einer **lokalen Konfliktkultur** zu fungieren und Streitigkeiten nach lokalen Rechtsregeln zu entscheiden. Deswegen war die Vergewisserung über das so genannte »indigene Recht« und die Delegation von Rechtsprechungsbefugnissen an lokale Würdenträger eine der wichtigsten Säulen kolonialer Herrschaft, ein Befund, den Conrad für uns wie folgt zusammengefasst hat (2007: 141):

> *»Dieses [. . .] Wissen über die einheimischen Gesellschaften war für eine Politik der begrenzten Delegierung von Herrschaftskompetenzen von Bedeutung. Eines der wichtigsten Felder dieser wissensgestützten Politik des divide et impera war die* ***Vergewisserung traditioneller Rechtsbräuche****. Deutsche Juristen und Rechtsethnologen begannen etwa seit der Jahrhundertwende, lokales Gewohnheitsrecht zu untersuchen und aufzuzeichnen. Dahinter stand einerseits die selbstgestellte Aufgabe, zu einer ›Höherentwicklung‹ rechtlicher Bräuche beizutragen und so die Versprechen der Zivilisierungsmission konkret einzulösen. Zugleich war die Untersuchung des indigenen Rechts jedoch die Grundlage für die* ***Einrichtung eines dualen Rechtssystems****, das für die koloniale Praxis im deutschen Kolonialbereich charakteristisch war. Koloniale Governance war also durch die Abtretung kolonialrechtlicher Befugnisse im Bereich der Rechtssprechung geprägt. Zivilrechtliche Fälle, die Einheimische betrafen, wurden im Namen der Kolonialregierung von chiefs (lokalen Machthabern) verhandelt; und da die Grundlagen der Rechtsprechung nicht schriftlich fixiert waren, wurden zusätzlich lokale ›Gelehrte‹ (etwa die so genannten Wali in Ostafrika) als Autoritäten hinzugezogen (vgl. zeitgenössisch Kuhn 1913; vgl. auch Wagner 2002: 323-374).«*

Aber dieses für die Ausübung von »scientifical colonialism« benötigte lokale Wissen war nicht nur ein geographisches, rechtliches und administratives Wissen. Wessen es auch bedurfte, war ein ausgeprägtes **kulturelles Wissen**; in ihrem faszinierenden Buch über den geheimen Krieg hat Eva Horn diesen Sachverhalt am Beispiel des literarischen Klassikers »Kim« von Rudyard Kipling wie folgt plausibel erläutert (Horn 2007: 182):

> *»Denn in Kiplings Roman zeigt sich, wie Thomas Richards bemerkt, mit für das viktorianische England einzigartiger Deutlichkeit eine Transformation des Imperialismus selbst: Eine Form kolonialer Herrschaft, die nicht mehr auf Ausrottung, Versklavung oder unmittelbare Ausbeutung – also auf direkte Anwendung von Gewalt setzt, sondern die ihre Bestände durch die geschickte Handhabung von Informationen sichert. Vor allem aber diese Information systematisch mehrt – eben durch Intelligence.* ***Koloniale Intelligence****, die Sammlung des für die koloniale Raumkontrolle relevanten Wissens, stößt allerdings immer auf die Schwierigkeit des Verstehens und der Verständigung. Es braucht Agenten, die nicht nur die zahlreichen Landessprachen sprechen, sondern auch die* ***kulturellen Codes, Tabus und Gebote der Gesellschaft kennen****, zumal einer so heterogenen wie der Indiens. Im kolonialen Raum besteht darum politische und militärische Aufklärung nicht allein in der Ausspähung des Terrains und des Feindes, sondern vor allem in kultureller Geläufigkeit und sozialem Wissen, in ›***local knowledge***‹. Wer die Codes und Tabus der Region nicht kennt und missachtet, das hatten die Briten schockhaft bei der indischen Revolte von 1857 gelernt, kann das Land weder sicher noch effizient beherrschen. Diese Revolte, bekannt geworden als Mutiny, war ein bewaffneter Aufstand der bengalischen und indischen Soldaten. Ausgelöst wurde er durch einen Akt kultureller Unsensibilität: Die Patronenhülsen des neu eingeführten Enfiled Rifle waren, so vermuteten die Soldaten, entweder mit Schweine- oder Rindertalg gefettet, was für die hinduistischen oder muslimischen Soldaten inakzeptabel war. Die Revolte weitete sich im Verlauf des Jahres 1857 zu einem in Zentral- und Nordindien immer mehr aufflammenden Aufstand aus, der der Herrschaft der East Indian Company ein Ende setzte. Das indische Reich wurde von nun an direkt unter die Verwaltung der englischen Regierung gestellt.«*

2. *Wissen und frühneuzeitliche Staatsbildung*

Dass »Wissen als Governanceressource« kein neues, sondern ein geradezu klassisches Thema ist, zeigt der enge Zusammenhang von Wissen und der Ausbildung frühstaatlicher Strukturen, über den Jörg Peltzer (2004) am Beispiel Englands im Hochmittelalter anschaulich berichtet hat. Von besonderem Interesse für uns sind die Gründe, die **Wissen über Land und Leute** für den frühneuzeitlichen Staat zum unentbehrlichen Governancewissen machen, nämlich die Notwendigkeit der Rekrutierung von Soldaten für ein stehendes Heer und die Effektuierung der Steuererhebung, zwei Gründe, die Karin Gottschalk wie folgt zusammengefasst hat (2004: 150):

> *»Die Anstrengungen des frühneuzeitlichen Staates, sein Territorium zu ›inventarisieren‹, gründeten zum einen in dem mit der Einrichtung stehender Heere verbundenen Bedarf an* ***Basisinformationen über die Bevölkerung (Konskription)****. Ebenso beförderte das Interesse an einer* ***effektiveren Erhebung ständiger Steuern*** *die Beschaffung möglichst umfassender und aktueller Informationen über die Vermögensverhältnisse der Untertanen. Darüber hinaus war es der intensivierte Herrschaftsanspruch des Zentralstaats, der die Beschaffung von Informationen und die Kommunikation mit den Untertanen vorantrieb. Im Zusammenhang mit der Steuererhebung und dem obrigkeitlichen Herrschaftsanspruch wurden staatliche ›Großprojekte‹ der Generierung und Strukturierung von Wissen in Gang gesetzt, die nicht zuletzt durch* ***Aspekte der Herrschaftslegitimierung*** *geprägt waren.«*

Ein besonders interessanter Aspekt bei der landesherrlichen strategischen Mehrung des Verwaltungswissens ist das **Verhältnis von zentralem und lokalem Wissen**, ein Aspekt, den wir soeben schon erörtert haben und zu dem es bei Karin Gottschalk (2004: 163 f.) wie folgt heißt:

> *»Am Beispiel Hessen-Kassels wird deutlich, welche Intensivierung die systematische Verschriftlichung,* ***Speicherung und Bereitstellung von lokalen Informationen und Verwaltungswissen*** *in der ersten Hälfte des 18. Jahrhunderts erfuhr. Ebenso deutlich werden aber auch die Probleme der lokalen Beamten mit der Routinisierung solcher Verfahren und die inhaltliche Verweigerung von Untertanen oder kommunalen Amtsträgern. Beides war keineswegs ein hessisch-grebensteinisches Spezifikum. Michaela Hohkamp etwa zeigt für die vorderösterreichische Obervogtei Triberg, daß der 1736 neu eingesetzte Obervogt der Verfügung über amtlich-schriftliches Wissen ganz erhebliche Bedeutung beimaß. Damit konfrontiert, daß die Untertanen die Beibehaltung alter Herrschaftsbräuche einforderten, über die keine oder kaum schriftliche Informationen vorlagen, war er gezwungen, sich genaue Kenntnisse über die Herrschaft zu beschaffen. Er stand dabei vor der Wahl, die kommunalen Amtsträger zu befragen oder alte Amtsprotokolle zu durchforsten. Letzteres erwies sich als derart aufwendig und langwierig, daß der Obervogt im* ***Bestreben, sich vom Wissen der lokalen Amtsträger unabhängig zu machen****, die bessere Erschließung der Akten seines Vorgängers in Angriff nahm. Die Regierung bat er um die Übernahme eines Großteils der Kosten für die Einrichtung einer Registratur, mit der Begründung, dies läge insbesondere im Interesse der Obrigkeit, weniger in dem der Untertanen. Die Regierung bezahlte daraufhin extra einen Archivar, der für dreißig Tage nach Triberg reiste, um die Registratur einzurichten. [. . .] Der sichere Zugriff auf schriftlich festgelegtes Wissen war von großem Interesse für die Landesherrschaft: ›Niedergeschriebenes Recht machte die Obrigkeit von der bisweilen verweigerten Kooperation der Herrschaftsuntertanen unabhängig und erlaubte den Obervögten eine kontinuierliche Verwaltungspraxis, die aufgrund des häufigen Ämterwechsels dauernd gefährdet war‹.«*

3. *Die Europäische Verbundverwaltung als wissenschaftsbasierter Verwaltungstyp*

Einer der Gegenstände der europawissenschaftlichen Forschung ist die Vermessung und Systematisierung der im Gefolge der europäischen Integration entstandenen »Europäischen Verwaltung«, für die sich in der entsprechenden »scientific community« der Begriff »**Europäischer Verwaltungsverbund**« eingebürgert hat (Schmidt-Aßmann/Schöndorf-Haubold 2005, Ruffert 2007, Groß 2008). Dieser Europäische Verwaltungsverbund ist nicht nur ein kommunikationsintensives institutionelles Arrangement, das deswegen auch als Anwendungsfall von »Governance as Communication« bezeichnet werden kann (Schuppert 2007), er ist darüber hinaus geradezu ein Paradefall für einen **wissensbasierten Verwaltungstyp**. Es mag an dieser Stelle genügen, wenn wir als Kronzeugen dieses Befundes Eberhard Schmidt-Aßmann (2005) in den Zeugenstand bitten, der als »Bauformen der Europäischen Verwaltung« drei Typen von Organisationsgebilden identifiziert hat, die geradezu in Reinkultur als Beispiel von »**Governance by Information**« bezeichnet werden könnten:

- Da sind zunächst einmal die vielfältigen **Informationsnetzwerke**, zu deren Würdigung Schmidt-Aßmann (2005: 15) der folgende Einleitungssatz eingefallen ist: »Alle Verwaltung des Gemeinschaftsraums ist zu allererst **Informationsverwaltung**.«

- Da sind zum anderen die so genannten **Informationsagenturen** wie die Europäische Umweltagentur in Kopenhagen (EUA) und die Beobachtungsstelle für Drogen in Lissabon. Sie stellen mit Rechtspersönlichkeit ausgestattete verselbständigte Verwaltungseinheiten dar, deren Ziel die Sammlung und Aufbereitung von Informationen zum Zwecke politischer Beratung ist.
- Und da sind drittens als Anwendungsfall des die Europäische Bürokratie (Bach 2005) kennzeichnenden Ausschußwesens (Komitologie) die **wissenschaftlichen Ausschüsse**, zu denen Schmidt-Aßmann (2005: 19) Folgendes anmerkt: »Als Experten werden sowohl ausgewiesene Fachwissenschaftler als auch Interessenrepräsentanten angesehen. Die **Notwendigkeit wissenschaftlich informierten Entscheidens** hat der Europäische Gerichtshof wiederholt hervorgehoben und die Beteiligung eines wissenschaftlichen Ausschusses als zwingendes Verfahrenserfordernis eingestuft. Besonders im Bereich des Risikorechts fällt Expertenausschüssen eine wichtige Funktion zu.«

II. *Wissensbeschaffung: make or buy*

Nahezu jede größere Organisation – sei dies ein Unternehmen, sei dies die öffentliche Verwaltung – steht vor dem Problem, das für die Erfüllung des Organisationszwecks benötigte Know-how entweder selbst vorrätig zu halten bzw. »zu produzieren« oder auf das Wissen Dritter zuzugreifen, in der Regel aufgrund vertraglicher Vereinbarungen (Wollmann 2001; generell zu solchen institutionellen Wahlmöglichkeiten Reichard 1996). Als Beispiel für die Eigenproduktion von Wissen soll ein kurzer Blick auf die so genannte Ressortforschung geworfen werden, als Beispiel für externe Wissenszufuhr soll uns die Politikberatung dienen.

1. *Governancerelevantes Wissen in Eigenproduktion: das Beispiel der Ressortforschung*

Die so genannte Ressortforschung, also die Forschung in ressorteigenen, den Bundesministerien zugeordneten Forschungseinrichtungen – zu ihnen zählen so bekannte Einrichtungen wie das Robert-Koch-Institut, die Bundesanstalt für Materialforschung und -prüfung, das Deutsche Jugendinstitut und das Institut für Arbeits- und Berufsforschung – ist ein wahrlich interessantes Phänomen, und zwar in dreierlei Hinsicht:

- Einmal ist die nahezu flächendeckende Ressortforschung – es gibt immerhin 53 solcher Forschungseinrichtungen mit insgesamt 19.000 Mitarbeitern – eine deutsche Spezialität. In einem Vergleich der Organisationsformen des Wissenszugriffs in verschiedenen europäischen Längern schildert Eva Barlösius (2008: 8 f.) zunächst die praktizierten Organisationsmodelle, um dann die deutsche Ressortforschung als mit einem bestimmten Staatsverständnis konnotierten Sonderweg zu charakterisieren:
  »*Dieser kleine Vergleich demonstriert, dass auch andere Staaten auf wissenschaftliche Expertise zu Nominierungs- und Regulierungszwecken und zur Politikberatung zugreifen. Von wem die wissenschaftliche Expertise erbracht wird, wie die Zugriffsrechte darauf gesichert und wie sie institutionell vorgehalten werden, darin unterscheiden sich die Länder erheblich. Die Spannbreite reicht von nationalen und internationalen Ausschreibungen, die das gesamte Feld der Wissenschaft adressieren, über Agenturen bis hin zu behördlich geführten Forschungsanstalten wie in Deutschland. Mit dem Zugriff korrespondiert der staatliche Durchgriff auf die Struktur und Organisation der Institute und darauf, welche wissenschaftliche Expertise sie bereitstellen. Dieser Durchgriff*

reicht von einer vertraglichen Vereinbarung, welche nicht mehr als das Beratungsprodukt umfasst, über Abkommen, die dauerhaft wissenschaftliche Expertise sichern, bis hin zur Schaffung staatseigener Behörden, auf die ein permanenter Zugriff garantiert ist und die sowohl institutionell als auch thematisch vollkommen nach staatlichen Vorgaben ausgerichtet sind. In den Einrichtungen der deutschen Ressortforschung manifestiert sich dementsprechend ein Staatsverständnis, welches ein vorrangiges und alleiniges Zugriffsrecht auf wissenschaftliche Expertise für unabdingbar hält. Dies bedingt eine enorme Konzentration: Einerseits greift der Staat überwiegend auf seine eigenen Einrichtungen zu, andererseits haben andere Akteure auf diese Institute kein Zugriffsrecht.«

- Die Ressortforschung ist zweitens interessant, weil sie aus »forschenden Behörden« besteht, die sowohl »als Teil des wissenschaftlichen Feldes als auch als Teil des staatlichen Feldes beschrieben werden können« (Barlösius 2008: 4). Ressortforschungsanstalten sind daher ein Anwendungsfall hybrider Organisationen. Zu den sich daraus ergebenden In-sich-Konflikten der Ressortforschung merkt Eva Barlösius (2008: 5) Folgendes an:
  »*So stellte der WR in seiner Bewertung der Ressortforschungseinrichtungen des BMVEL* [Bundesministerium für Verbraucherschutz, Ernährung und Landwirtschaft, G.F.S.] *fest, dass ›ein strukturelles Problem für die Ressortforschungseinrichtungen [. . .] im Spannungsfeld zwischen administrativen und wissenschaftlichen Anforderungen‹ liegt, weil die wissenschaftlichen Erfordernisse von den jeweiligen Ministerien und ihrer Klientel ›konterkariert werden können‹ (Wissenschaftsrat 2004: 12). Durch die ›konstitutive Doppelanbindung‹ – einerseits im Wissenschaftssystem und andererseits in der Politik – sind nach Uwe Schimank ›zwei Arten von Pathologien des intersystemischen Leistungsbezugs möglich: die politische Vereinnahmung der Forschung und die Verselbständigung der Forschung gegenüber politischen Leistungsansprüchen‹ (Schimank 2005). [. . .] Wissenschaftspolitisch wie -soziologisch besteht darüber Konsens, dass die Ressortforschung Unvereinbares in ihrer Forschung miteinander zu vereinigen und aufgrund der uneindeutigen oder zweifachen Feld- bzw. Systemzugehörigkeit widersprüchlichen Logiken zu folgen hat.«*
- Diese unterschiedlichen Funktionslogiken von Wissenschaft und Politik spiegeln sich auch – und das ist der dritte akteurstheoretisch interessante Punkt – in den unterschiedlichen Perspektiven und Selbstverständnissen der beteiligten Akteure wider. Während der Wissenschaftsrat die Fahnen der wissenschaftlichen Standards und Kriterien schwenkt (WR 2007), was konkret bedeutet, dass nicht die »Bewährung« im politischen Prozess an erster Stelle zu stehen habe, sondern ausschließlich der Maßstab des wissenschaftlichen »state of the art«, wird aus ministerieller Sicht die Funktion der Ressortforschung als Governanceinstrument in den Vordergrund gestellt, eine Position, die Eva Barlösius unter Zitierung des ehemaligen Staatssekretärs im BMVEL, Alexander Müller, wie folgt skizziert (Barlösius 2008: 14): »Das Wissen der Ressortforschung ist unabdingbar, um die Interessen Deutschlands und die der Verbraucher im europäischen und internationalen Bereich sachgerecht vertreten zu können.« So wird beispielsweise »Wissenschaft gebraucht, um eine ›deutsche Position‹ für die EU zu generieren.« Entsprechend betrachten die Ministerien die wissenschaftliche Expertise ihrer Ressortforschung als »nationales Wissen und nationalen Besitz« – und streiten dafür, dass die Ressortforschung unter ministerieller Kontrolle bleibt. »Ein Abschaffen des Apparats ist nicht vorstellbar, er muss in der staatlichen Regie behalten werden. Ansonsten wäre der Primat der Politik gegenüber dem Primat der Wissenschaft nicht sichergestellt.« Angesichts dieser auseinanderliegenden Positionen befinden sich die in Ressortforschungsanstalten tätigen Wissenschaftler – wie Eva Barlösius anschaulich anmerkt – in der sprichwörtlich ungemütlichen Situation zwischen Baum und Borke.

2. *Governancerelevantes Wissen in Fremdproduktion: das Beispiel der Politikberatung*

Das Phänomen der Politikberatung ist so facettenreich und die Literatur dazu so überbordend (vgl. stellvertretend Stone u. a. 1998; Metzler 2005), dass wir uns von vornherein auf zwei ausgewählte Aspekte beschränken wollen, die uns besonders interessant erscheinen:

a) *Das Legitimationsdilemma zwischen Wissenschaft und Politik*

Die wissenschaftliche Politikberatung erfüllt die für den politischen Prozess wichtige Funktion, dass sie politischen Entscheidungen die zusätzliche **Legitimation der Rationalität und Objektivität** verschafft (Voßkuhle 2008b). Das bedeutet aber zugleich, dass die Ergebnisse der wissenschaftlichen Politikberatung tendenziell mit dem – ebenfalls nämlich **demokratisch legitimierten – politischen Gestaltungswillen** kollidieren, eine Situation, die uns Peter Weingart überzeugend erklärt und die er als **Legitimationsdilemma** zwischen Wissenschaft und Politik bezeichnet (Weingart 2003: 91 f.):

> *»Vereinfacht gesagt geht es um die **Beziehung zwischen Entscheiden und Wissen**. Aus dieser Divergenz ergeben sich alle interessanten Folgefragen. Die unterschiedlichen Rationalitäten spiegeln sich in unterschiedlichen Wissensformen, ebenso wie in den Erwartungen an das Wissen und die Formen der Wissensverwendung wider. [. . .] Objektivität und Universalität wissenschaftlichen Wissens ist z.B. in der Politik nur bedingt gefragt. Solange Interpretationsspielräume bestehen, werden diese im Hinblick auf anstehende Entscheidungen und notwendige Kompromisse zwischen widerstreitenden Interessen genutzt. Nur eindeutige Widersprüche zwischen gesichertem wissenschaftlichen Wissen und politischen Entscheidungen werfen legitimatorische Probleme für die Politik auf. Zwischen Wissenschaft und Politik bestehen divergierende Erwartungen hinsichtlich der Sicherheit bzw. Unsicherheit des Wissens. Auch diese sind das Resultat der unterschiedlichen Rationalitäten. Die Nachfrage seitens der Politik nach gesichertem Wissen erstreckt sich auf immer komplexere Bereiche der Sicherheitsgewährleistung. Sie zwingt dadurch die Wissenschaft zu Aussagen, die immer stärker durch Unsicherheit und Nichtwissen gekennzeichnet sind. Die von der Sicherheit wissenschaftlicher Aussagen erwartete Legitimierung politischer Entscheidungen droht in ihr Gegenteil umzuschlagen.«*

Angesichts dieser von Peter Weingart akzentuierten Legitimationsproblematik reizt es uns, dazu einige wenige Bemerkungen beizusteuern, die auf eigenen Erfahrungen mit der Politikberatung und der politiknahen Rolle eines Staatsrechtslehrers beruhen:

b) *Von Versuchungen und Verwertungslogiken: bestelltes und gekauftes Wissen*

Der erste hier kurz anzusprechende Punkt bezieht sich auf die häufig beobachtbare Instrumentalisierung wissenschaftlicher Expertise im Sinne einer begleitenden oder nachträglichen Legitimierung von ausschließlich nach politischer Entscheidungslogik schon feststehender oder getroffener Entscheidungen. Wer Gelegenheit hatte, als Hochschullehrer an Anhörungen zum Beispiel vor Bundestagsausschüssen teilzunehmen – wobei er auf Kollegen traf, die, wie er selbst auch, von bestimmten Fraktionen benannt worden waren –, konnte häufig erleben, dass erstens von den Experten das Erwartbare gesagt wurde und dass zweitens einen im Laufe der Veranstaltung das Gefühl beschlich, gewissermaßen nur als »wissenschaftliche Petersilie« in einem von politischer Handlungslogik bestimmten Stück mitwirken zu dürfen. Die Ergebnisse der so genannten Föderalismusreform I jedenfalls belegen, dass zahlreiche dort getroffene Entscheidungen gegen den übereinstimmenden Rat der Experten getroffen worden sind, was hier aber – um dies klarzustellen – nicht im beleidigten Tonfall vorgetragen wird, sondern als Erkenntnis, dass gegenüber im schwierigen Föderalismus- und Parteienpoker gefundenen Paketlösungen wissenschaftliches Kraut schwerlich bestehen kann.

Der zweite anzusprechende Punkt bezieht sich auf die Rolle von Staatsrechtslehrern als **Gutachter und Prozessvertreter**, ein Problem, das weniger die Auftraggeber angeht als die den »Gutachtenmarkt« dominierenden und dafür auch in der Regel ganz attraktiv bezahlten Hochschullehrer; wir wählen hier den Weg, nicht selbst aus dem Nähkästchen zu plaudern, sondern die Schilderung des Problems den wohlgesetzten und vielleicht etwas zu stark abgewogenen Worten von Andreas Voßkuhle (2007: 147) zu überlassen:

> *»Eine gemeinhin als besonders heikel empfundene Liaison mit der Politik, die zudem noch verknüpft ist mit wirtschaftlichen Interessen, gehen Staatsrechtslehrer bei der Erstattung von Rechtsgutachten ein. Demgegenüber wird man zunächst einmal festhalten müssen, dass es durchaus legitime Gründe für ein Ministerium, einen Verband oder ein Wirtschaftsunternehmen geben kann, sich in einer schwierigen Rechtsfrage wissenschaftlich beraten zu lassen. Auch der beauftragte Staatsrechtslehrer gewinnt hier häufig wertvolle Einblicke in die Praxis, die ihm ansonsten verwehrt geblieben wären. Dasselbe gilt für die im Gesetz ausdrücklich vorgesehene Wahrnehmung der Aufgabe des Prozessvertreters vor dem Bundesverfassungsgericht (vgl. § 22 Abs. 1 S. 1 BVerfGG) und den Landesverfassungsgerichten. Missstände sind damit selbstverständlich nicht ausgeschlossen. Wissenschaft lebt von der Idee unabhängiger, methodengeleiteter Wahrheitssuche. Diese Idee droht nachhaltig Schaden zu nehmen, wenn z.B. wissenschaftliche Foren verdeckt missbraucht werden für interessengeleitete und strategische ›Propaganda‹ zugunsten bestehender oder potentieller Auftraggeber, oder wenn wissenschaftliche Standards bei der Aufbereitung der Sach- und Rechtslage evident missachtet werden. Der Nachweis ist hier im Einzelfall indes nicht immer leicht zu führen. Hilfreich und disziplinierend zugleich dürfte insofern aber ein Gebot der Publizität wirken: Wer sich öffentlich äußert und beauftragt ist, sollte dies kenntlich machen, indem er Auftrag und Auftraggeber nennt.«*

III. *Zwei Paradebeispiele modernen Governancewissens: Geheimdienstwissen und Regelungswissen*

1. *Der Kalte Krieg oder zur Natur geheimdienstlichen Wissens*

In ihrem schönen Buch über den geheimen Krieg wählt Eva Horn (2007) zur Erläuterung des Wesens geheimdienstlichen Wissens den Zugang über den 1975 gedrehten Film »Three Days of the Condor«, in dem der Held – ein CIA-Agent namens Turner (gespielt von Robert Redford) – nicht etwa ein an James Bond erinnernder Spion ist, sondern **ein professioneller Leser** (Horn 2007: 318 f.):

»Sein Arbeitsplatz ist eine als American Literary Historical Society getarnte Einheit in einem Brownstone House in New York, die buchstäblich jeden Text der Welt auf nützliche oder verborgene Informationen durchsucht [. . .] ›I work for the CIA, I am not a spy. I just read books‹ sagt der Held Turner, Codename Condor, zur verstörten Fotografin (Faye Duneway), die er um Hilfe bittet.«

Etwas systematischer und anspruchsvoller, aber in der Sache übereinstimmend wird die **Eigenart der politisch-militärischen Wissensgewinnung** von Eva Horn zusammenfassend am Beispiel des Kalten Krieges wie folgt skizziert (Horn 2007: 312 f.):

»Der Kalte Krieg ist ein Krieg, der sich selbst als Hypothese und Fiktion entwirft: ›What if?‹ Gerade in dieser Virtualität aber, als drohende, aber noch nicht realisierte Möglichkeit, setzt er eine ungeheure Intensität des Denkens, Forschens und Spekulierens über den Feind ins Werk. Seine wichtigsten Waffen waren darum ***nicht so sehr die H-Bombe****, nicht die mit Nuklearsprengköpfen bestückten Interkontinentalraketen und die B-52-Bomber –* ***sondern Wissen****: Wissen vom Feind, strategisches Wissen, technisches Wissen. [. . .] In der permanenten Anstrengung zur Ausspähung des Gegners, seiner Waffenarsenale und Verteidigungsbereitschaft, seiner internen Machtstruktur, seiner Ökonomie und seiner außenpolitischen Allianzen wurde dieses kostbare Wissen produziert, in riesigen Administrationen aufgearbeitet und in die politischen Entscheidungsinstanzen eingespeist. Darum lässt sich etwa die Geschichte der amerikanischen Außenpolitik während des Kalten Kriegs recht plausibel als Verhältnis zwischen dem Präsidenten und dem jeweils diensthabenden Director of Central Intelligence schreiben. Umgekehrt mutieren ganze Disziplinen oder Fachgebiete, allen voran die Kernphysik, zu ›waffenfähigem‹ Wissen, deren Vertreter zu wandelnden Geheimnisträgern (und damit Sicherheitsrisiken) werden. Die Zirkulation dieses Wissens wird darum durch Klassifikation und ›compartmentalization‹ verhindert, seine Weitergabe (oder auch nur der Verdacht davon) zur hysterischen Jagd nach kommunistischen ›Atomspionen wie im Fall der Rosenbergs‹. [. . .]* ***Der Rüstungswettlauf war im Wesentlichen ein Wissenswettlauf****.«*

Geht es aber bei geheimdienstlicher Tätigkeit weniger um militärisches Spähertum, sondern um Wissenssammlung über Personen, Geographie, Militär, Daten zu Politik, Wirtschaft und Gesellschaft, Mentalität und Moral sowie wissenschaftlich-technisches Wissen, so sind auch **die Kalten Krieger hochspezialisierte Zivilisten** (Horn 2007: 313):

»Die eigentlichen Kalten Krieger waren deshalb keine Männer in Uniform, sondern Zivilisten: Geheimdienstler und Wissenschaftler. Experten für Waffentechnologie, Experten für Krisenszenarien, Experten für den Feind: Physiker, Mathematiker und Informatiker, aber auch Psychologen, Linguisten, Ethnologen, Volkswirtschaftler. Universitäre Forschung, Spionage und militärische Planspiele verschmelzen in einer gemeinsamen Spekulation über den Feind. Spionage wird von Büros aus betrieben, die mit Akten und kleinen Waffenmodellen zugemüllt sind – nicht mehr im offenen Gelände. Think Tanks wie die von der amerikanischen Luftwaffe finanzierte RAND-Corporation in Santa Monica oder das Hudson Institute in Washington, D.C., verkörperten diese produktive Vermischung von militärischem und zivilem Wissen in der Liste ihrer zeitweiligen Mitarbeiter wie John von Neumann, Margaret Mead und Gregory Bateson, Herman Kahn, Albert Wohlstetter und Herbert Goldhamer. Aufgabe dieser zivilen Kriegswissenschaft war es, mögliche Kriegs- oder Konfliktszenarien zu entwerfen, zu analysieren und durchzuspielen. Ein Krieg, den man nicht führen konnte und in dem man keinerlei Erfahrung besaß, musste im Modell, im Virtuellen und Fiktiven also, erprobt und antizipiert werden. Weder das Wissen vom Feind noch eine Vor-

stellung vom kommenden Krieg konnten aus Erfahrungen extrapoliert werden. Die traditionell gesinnten Militärs, die sich dieser Einmischung von Zivilisten zu erwehren suchten, pflegte Herman Kahn zu fragen: ›How many thermonuclear wars have you fought recently?‹«

2. *Regulatory Knowledge in the Regulatory State*

Der moderne Verwaltungsstaat tritt uns – insbesondere als so genannter Gewährleistungsstaat (siehe zu diesem überaus erfolgreichen Leitbild die Beiträge in Schuppert 2005) – vor allem im Gewande des Regulierungsstaates gegenüber: der Begriff der Regulierung avanciert zu einem Zentralbegriff des Öffentlichen Rechts (Trute 1996; Kneihs 2005), und Regulierung – vor allem auch in der Variante der regulierten Selbstregulierung – gilt als Paradefall administrativer Steuerung im Gewährleistungsstaat (Fehling 2006). Ist aber der moderne Staat in großem Umfang ein »regulatory state« (dazu Müller/Sturm 1998), so bedarf es dazu – nämlich zur Praktizierung von »**regulatory governance**« (Begriff bei Schuppert 2006) – eines spezifischen **Regulierungswissens**, das wir als »**regulatory knowledge**« bezeichnen wollen.
Dass sich dies so verhält, wird mit geradezu beweisförmiger Deutlichkeit belegt, wirft man einen Blick auf die Themenliste der von der Bertelsmann Stiftung im Dezember 2007 durchgeführten »International Regulatory Reform Conference«: auf ihr ging es unter anderem um die Vergewisserung darüber, was in der »regulatory toolbox« an Regulierungsinstrumenten vorhanden ist und wie man unter ihnen eine Auswahl treffen soll – so genannte »regulatory choice« (näher dazu Schuppert 2003). Aber es ging auch um das, was uns hier besonders interessiert, nämlich um die Frage, wie man innerhalb des Regierungsapparates dasjenige **Regulierungswissen** generieren und vorrätig halten kann, das überhaupt dazu befähigt, von einer regulatory choice-Situation sinnvoll Gebrauch zu machen. Die Frage der entsprechenden Arbeitsgruppe lautete denn auch: »What should a civil servant know about regulation?« und wurde in der »Gebrauchsanweisung« für die Teilnehmer des Podiums wie folgt erläutert (Bertelsmann Stiftung 2007: 24):

> *»Administrative agencies often hire experts in the fields of law, economics and public administration, or specialists knowledgeable about specific issues.* ***But where can they find an expert on regulatory choice****? Is it sufficient to assemble a divers, creative team, whose members have complementing competencies? This session will examine issues relating to training, hiring and expanding the expertise of civil servants. Which academic field, which profession can address the challenge of developing and implementing coherent regulatory strategies? Are ›revolving doors‹ a threat to neutrality or do we need more of them? What can Europe and the United States learn from each other in this regard? And, when it comes to regulation, is there currently a lack of competent leadership?«*

Worum es also geht, ist das Problem, wie man im als »regulatory state« handelnden Gewährleistungsstaat das erforderliche »regulatory knowledge« bereithalten und so in den politischen Entscheidungsprozess integrieren kann, dass effective »regulatory governance« ausgeübt werden kann; das Herrschaftswissen des modernen Staates ist also zum großen Teil Regulierungswissen.

C. *Wissensbasierte Governancemodi*

I. *Recht als geronnenes Wissen: die Privatisierung von Rechtsetzung als Methode des Zugewinns an Wissen*

Recht ist nicht nur – um eine inzwischen geläufige Redeweise zu verwenden – zu Normen geronnene Politik, es ist auch zu **Normen geronnenes Regelungswissen**. Dies tritt besonders klar hervor, wenn man den vielerorts erörterten Prozess der Privatisierung der Rechtsetzung (zur graduellen Entkopplung von Recht und Staat siehe Möllers 2001) aus wissenschaftssoziologischer Perspektive näher in den Blick nimmt; Johannes Köndgen hat dies für uns getan und zutreffend herausgestellt, dass die beobachtbar zunehmende Öffnung gegenüber privater Regelsetzung zugleich eine Öffnung gegenüber dem **Zufluss privaten Regelungswissens** bedeutet (Köndgen 2006: 512 f.):

> *»Aus rechtssoziologischer Sicht ist das Thema [von privater Governance durch private Regelsetzung, G.F.S.] zunächst und ganz allgemein gesellschaftliche Arbeitsteilung, funktionale Differenzierung, soziale Komplexität. In einer Welt dezentralisierten Wissens und dezentralisierter Diskurse* ***erhöht das Rechtssystem durch die Zulassung privatisierten Rechts sein gesellschaftliches Wissen und seine Lernfähigkeit****. [. . .] Der Rückgriff auf private Regelsetzung ist aber kein Manko des staatlichen Rechts, sondern im Gegenteil eine unentbehrliche Vorbedingung seiner sozialen Lernfähigkeit. Je komplexer die Welt, desto weniger wird es dem Staat und dem politischen System gelingen, den Wissensvorsprung der Fachleute einzuholen und das ›technisch‹ richtige Regelinstrumentarium selbst vorzuhalten. Das Bedürfnis für solche Lernfähigkeit ist unter anderem bereits in der Struktur des staatlichen Rechts selbst eingebaut: Es ist der zu hohe Generalisierungsgrad des staatlichen Rechts, welches der Nachfrage nach partikularen, sektoralen oder lokalen Ordnungen nicht nachkommen kann. Dabei stützt staatliches Recht sich nicht nur auf das ›technische‹ Expertenrecht im engeren Sinne, sondern auch auf andere partikulare, bereichsspezifische Rationalitäten und Diskurse, z.B. in der internationalen Handelsschiedsgerichtsbarkeit oder unter kooperierenden Insolvenzverwaltern bei grenzüberschreitenden Insolvenzen. Nicht zuletzt liegt hier auch eine Ursache für die Verbreitung Allgemeiner Geschäftsbedingungen – die ja funktional nichts anderes sind als sektorales dispositives Vertragsrecht – und für ›lokales‹ oder gruppenspezifisches Recht wie Verbandssatzungen oder Betriebsvereinbarungen. In systemtheoretischer Sprache:* ***Das Rechtssystem behält seine operative Geschlossenheit, aber es wird kognitiv offen. Das ist neu.****«*

II. *Standards als wissensbasierte Regelungen*

Wenn soeben von Recht als gespeichertem Wissen die Rede war, so gilt dies umso mehr für Standards, die geradezu als in Regeln gegossenes, gespeichertes Expertenwissen bezeichnet werden können: »A significant feature of standards and standardization is **that expert knowledge is stored in rules** and in technical solutions. **Knowledge is transformed into rules** that are abstract, general and recorded in writing« (Jacobsson 2000: 41). In dieselbe Richtung argumentiert Dieter Kerwer (2008), wenn er **Standardisierung als eigenständigen Governancemodus** wie folgt charakterisiert:

»Allen Standards ist gemeinsam, dass sie eine Koordination von Handlungen anstreben. Im Gegensatz zum Markt wird eine solche Koordination aber nicht über Informationen, insbesondere Preise, gesteuert, sondern über Regeln. Im Gegensatz zur Hierarchie beruht der Geltungsanspruch aber nicht auf formaler Autorität, sondern auf Expertise. Standards kann man begreifen als in Regeln gegossene unverbindliche Expertenempfehlungen.«

Damit diese unverbindlichen Expertenempfehlungen auch Gefolgschaft finden, bedürfen sie einer überzeugenden **Autorität**, die nach Lage der Dinge nur auf spezifischer Expertise beruhen kann (Kerwer 2008: 6):

»Standards verstanden als Expertenempfehlungen sind freiwillig. Daher stellt sich die Frage nach deren Funktionsweise. Die Funktionsweise lässt sich durch zwei grundlegende Mechanismen erklären. Standardsetzer motivieren zur Regelbefolgung nicht durch Sanktionsandrohung, sondern durch das Angebot von relevanten Problemlösungen. Um die Regelbefolgung auf Dauer zu stellen, sind Standardsetzer primär auf Output-Legitimation angewiesen. Diese kann durch unterschiedliche Strategien erzeugt werden, etwa die Beteiligung von Personen mit der Reputation, über ***relevantes Wissen*** *zu verfügen, die Gestaltung der Entscheidungsverfahren, um* ***Wissen*** *über weite Beteiligung zu mobilisieren, und auch über Talk zur Beeinflussung der öffentlichen Wahrnehmung. Der Aufbau von* ***Expertise-basierter Legitimation*** *ist die conditio sine qua non dafür, dass Standards von einem diffusen Adressatenkreis befolgt werden.«*

Standards – so kann man zusammenfassen – verfügen über eine **wissensbasierte Legitimation,** und nur wenn und solange diese belastbar ist, taugen sie als »instruments of governance«.

III. *Open Method of Coordination, Benchmarking and all that*

1. *»Von Bismarck zu benchmark«*

Mit dieser hübschen Formulierung, die ich an sich gerne für mich reklamieren würde, in Tat und Wahrheit aber einem Gespräch mit Werner Jann verdanke, wird die die Geschichte der Staats- und Verwaltungsreform schon länger begleitende Tendenz auf den Begriff gebracht, alles und jeden »zu benchmarken«; was es damit auf sich hat, erklärt uns Holger Straßheim (2001: 4) anschaulich wie folgt:

»In einer deliberativen Sicht ist Benchmarking ein Instrument, ein tool politischen Performanzmanagements. Es verwandelt Wohlfahrtsstaaten in Laboratorien. ***Benchmarking ermöglicht den Wissens- und Informationsaustausch in einem globalen Experimentierfeld****. Kosten werden dabei insofern gesenkt, als das aufwendige zeitliche Nacheinander der Erfahrungsbildung in ein räumliches Nebeneinander transformiert wird. Die Ablösung des Learning by Doing durch das Learning by Seeing stellt dabei allerdings neue Anforderungen an die politische Präferenzbildung: statt der Rücksichtnahme auf Interessenkonstellationen und ideologische Positionen ist nun die Fähigkeit gefordert, durch kontinuierlichen Vergleich eine* ***Kultur des Lernens*** *zu etablieren.«*

Benchmarking hört sich als »ein kontrollierter Prozess des Lernens aus Leistungsvergleichen« (Nullmeier 2005: 108) nicht nur gut an, es ist auch eine international äußerst erfolgreiche Strategie. Benchmarking ist Teil eines international verbreiteten

(Löffler 1996) »**komparativen und kompetitiven Politikstils**, dem der Hinweis auf die Best Practice in anderen Ländern als Rechtfertigung [. . .] dient« (Straßheim 2001: 19), um Veränderungen im eigenen Lande durchzusetzen und politische Widerstände durch den Hinweis auf die internationale Wettbewerbsfähigkeit auszuhebeln. Es mag an dieser Stelle, an der wir eine gründliche Diskussion über dieses Instrument von »governance by competitive comparison« nicht führen können, nur darauf hingewiesen werden, dass man den Sirenenklängen des Benchmarking (Rose 1991) nicht allzu unkritisch folgen sollte, da die temporäre Euphorie über das best practice-Beispiel eine spezifische Blindheit für die Schwachpunkte des Vorbildes verursache, was immer wieder zu neuen Enttäuschungen führe (Cox 1999); so macht auch Holger Straßheim geltend, Benchmarking fördere zwar Lern- und Veränderungsprozesse, zugleich aber auch eine Ausblendung von Folgewirkungen und Randbedingungen. Nach unseren Erfahrungen mit dem Export des rule of law-Konzepts in Gegenden prekärer Staatlichkeit von einer andersartigen politischen und Rechtskultur (Schuppert 2008a: 737 ff.) sowie der Übertragbarkeit von Rechtsinstituten (Duss u. a. 2006) sind wir geneigt, diese Skepsis zu teilen und den Aspekt der »cultural embeddedness« von Institutionen und Normen für besonders wichtig zu halten.

2. *Open Method of Coordination*

Auch was von der so genannten Open Method of Coordination (OMC) zu halten ist, ist äußerst streitig; der folgende Aufsatztitel (Bruno et al 2006) bringt dies wunderbar zum Ausdruck: »Europeanization through its instrumentation: benchmarking, mainstreaming and the open method of coordination [. . .] toolbox or Pandora's box?« Die unter dieser Überschrift vereinten »new modes of governance« werden in dem genannten Beitrag wie folgt näher charakterisiert (Bruno et al 2006: 520):

> *»The ›new governance‹ models insist on the non-coercive processes based on the will of the participants to agree, by way of collective deliberation, on procedural norms, modes of regulation and common political objectives and, at the same time, to preserve the diversity of national and even local experiences. One should also emphasize the* ***cognitive dimension*** *of this kind of intergovernmental co-ordination, which* ***operates through knowledge-sharing, mutual learning or exchange of ›good practices‹***.*«*

Die soeben zitierten Autoren gehen gar so weit, in den Methoden des Benchmarking und der ebenfalls von vergleichenden Lehren geprägten Open Method of Coordination einem grundlegenden Wechsel in Art und Stil von Governance erkennen zu wollen, nämlich »from integration by law to Europeanization by figures«, ein Wandlungsprozess, den sie wie folgt skizzieren (Bruno et al 2006: 530):

> *»Rather than acting by law and through coercive means, they operate on the basis of a management-by-objectives device, which activates the competitive discipline. A process of Europeanization by figures seems to replace Community integration through law, which has until now implied that sovereign power should be assigned to the supranational institutions. Through ›****the language of quantification****‹ (Porter 1995), benchmarking aims at reconciling national conflicting interests, to the extent that the medium of benchmarks may enable governments to come to an agreement about ›commensurable‹ expectations.«*

Angesichts dieser Ausrufung neuer Governanceformen und angesichts der damit verbundenen hohen Erwartungen scheint uns doch eine kritische Nachfrage unverzichtbar zu sein. Wir bedienen uns dazu des von uns als besonders informativ und abgewogen empfundenen Beitrages von Claudio M. Radaelli (2003), der die Erwartungen an die Open Method of Coordination mit ersten empirischen Befunden eindrucksvoll kontrastiert:

Was zunächst die **positiven Erwartungen** angeht, so hebt Radaelli (2003: 26 ff.) drei wissensrelevante Aspekte besonders hervor, nämlich:

- Erstens sei die Open Method of Coordination »a new way to produce usable knowledge. The OMC is supposed to work like a network looking for usable knowledge at all levels.«
- Zweitens befördere die Open Method of Coordination »policy learning. The greatest advantage of the open method is that it has considerable potential for policy learning. By learning from local knowledge and by generating trans-national diffusion, policy-makers can improve at their own pace.«
- Drittens schließlich funktioniere die Open Method of Coordination wie ein Radargerät, das unermüdlich auch in den letzten Winkeln verborgenes Wissen zum Vorschein bringe: »In its ideal-typical form, the OMC has considerable potential for learning in at least two directions. The emphasis on participation and local knowledge should provide a platform for bottom-up learning, whereas peer review and benchmarking – if properly used – can generate cross-national policy diffusion and learning. Turning to the metaphor of the method as a radar, the idea is that the network structure of the OMC enables policy-makers to detect innovative solutions – wherever they are produced at the local level.«

Was die Schattenseiten der Open Method of Coordination angeht, so hat Radaelli davon insbesondere die folgenden vier ausgemacht:

- Ersten funktioniere OMC als »learning from the bottom« nur, wenn auch entsprechende Partizipationskanäle bestünden und genutzt würden: »The scant empirical information on learning in OMC processes (especially in employment policy, but there is also preliminary evidence in innovation policy) directs us towards a problem acknowledged by the Commission itself: up until now, the amount of learning ›from the bottom‹ and across-countries has been limited. One explanation for this is that participation falls short of the ideal-type of participatory governance designed at Lisbon. If the OMC is all about tapping the benefits of local knowledge, poor participatory governance is a serious hindrance to learning. One key mechanism envisaged by the Lisbon architects is simply not working.«
- Zweitens beiße sich OMC häufig mit der Funktionslogik politischer Entscheidungsprozesse: »The second explanation suggested here is that learning in the context of the OMC is a political exercise. Policy-makers are not seeking truth, but power. They may be open to reasoned argumentation, but not to the point of overcoming the basic fact that they are engaged with politically sensitive policies such as the re-calibration of the welfare state, industrial policy, and taxation.«
- Drittens seien die Erfolgserwartungen an die OMC in der Regel überzogen, da benchmarking häufig nur Nachahmungseffekte produziere, die unverzichtbare Heterogenität von Lösungsansätzen hingegen vernachlässige: »Instruments such as benchmarking have been adopted enthusiastically. Benchmarking in a political context may act as an obstacle to learning, however. It may reduce diversity and heterogeneity – two essential

properties of evolutionary learning systems. [. . .] By focusing on success, benchmarking may not reflect enough on the lessons provided by failures (the so-called negative lessons). If based on best practice, benchmarking may ignore the simple fact that in the public sector the definition of success is problematic. Benchmarking may encourage imitation, but successful competitive strategies are more based on distinctive and unique aspects.«

– Viertens schließlich verführen benchmarking und OMC dazu, den institutionellen und kulturellen Rahmen von Lernen und Wissen nicht genügend zu berücksichtigen: »Finally, benchmarking may hinder learning by bracketing the institutional context. A number of political and institutional circumstances are often neglected in benchmarking exercises in the public sector because of the assumption of total fungibility of best practice. However, in all processes of policy innovation there are elements that cannot be transferred from one country to another without taking into account institutional legacies, state traditions, and the dominant legal culture.«

Auch hier also – so können wir zusammenfassen – versprechen die Sirenen mehr als sie einlösen können.

IV. *Rating and Ranking*

Rating and Ranking sind ein boomendes Geschäft (Lehmkuhl 2005) und wir können an dieser Stelle unmöglich das stark in Bewegung befindliche Feld verlässlich abschreiten. Stattdessen wollen wir uns auf zwei Aspekte beschränken, die uns aus governancetheoretischer Sicht besonders interessant erscheinen:

1. *Zur Transnationalisierung von Ranking als Governanceinstrument: PISA als Trojanisches Pferd*

Ein wunderschönes Beispiel für eine so nicht intendierte Internationalisierung des Governancemodus des Ranking bilden die so genannten PISA-Studien, die von der OECD durchgeführt werden und mit denen die unterschiedlichen Bildungssysteme »gerankt« werden, ein Vorgang, der in Deutschland – wie erinnerlich – als »PISA-Schock« erlebt wurde und zu einem bisher ungeahnten Bildungstourismus nach Finnland – der unbestrittenen Nr. 1 – führte. Die »ganze Sache« ging – wie Martens/Wolf berichten (2008) – damit los, dass die Regierungen der USA und Frankreichs an die OECD herantraten und sie drängten, international vergleichbare Bildungsindikatoren zu entwickeln. Sie erhofften sich von der strategischen Inanspruchnahme der OECD, innenpolitische Widerstände gegen ihre bildungspolitischen Reformen durch Druckausübung von außen überwinden zu können; was damit »losgetreten« wurde, schildern uns Martens/Wolf (2008: 16 f.) wie folgt:

> *»Niemand konnte zu diesem Zeitpunkt vorhersehen, dass damit ein Prozess in Gang gesetzt worden war, der nicht nur in eine regelmäßige Leistungsbeurteilung der nationalen Bildungssysteme einmünden würde. Vielmehr läutete der Bedeutungsgewinn der durch die OECD eingeführten Bildungsindikatoren, standardisierten Leistungsmessungen und Rankings den Niedergang der traditionellen Regulierungsmodi in der Bildungspolitik aus, die sich idealtypisch als Input-gesteuerte, hierarchische staatliche Steuerung beschreiben lassen. Diese wird verdrängt durch Governance-Formen, bei denen das Gewicht demokra-*

tisch legitimierter staatlicher Autoritäten gegenüber der ***fachlichen Autorität einer Experten-Organisation*** *ebenso in den Hintergrund tritt wie horizontale, marktorientierte und Output-orientierte Regelungsformen an die Stelle effektiver staatlicher Steuerung treten. Aufgrund der nahezu* ***unantastbaren Reputation der von der OECD eingesetzten Experten****, deren Ausrichtung auf quantitative Methoden der Datenaufarbeitung immer mehr den Diskurs bestimmte, entglitten sowohl die Entwicklung der Bildungsindikatoren als auch deren Zielrichtung zunehmend der Kontrolle der ursprünglichen staatlichen Auftraggeber.«*

Unter dem Gesichtspunkt »Governance als Prozess« (dazu Schuppert 2007b), nämlich dem Entstehen neuer Governancekonstellationen wie der Veränderung von Governancemodi, kann PISA geradezu als ein Lehrstück bezeichnet werden; bei Martens/Wolf (2008: 19) heißt es dazu anschaulich:

»Der Versuch einer gezielten strategischen Instrumentalisierung der internationalen Ebene durch staatliche Regierungen, die auf diese Weise innenpolitische Hindernisse zu überwinden versuchten, resultierte in der Emanzipation einer internationalen Organisation von den Zielen und Interessen ihrer nationalen Auftraggeber, zu einem Wandel der bildungspolitischen Akteurskonstellation, in dessen Verlauf die staatlichen Akteure immer stärker in die Defensive gerieten und sich mit neuen Governance-Formen konfrontiert sahen, in deren Kontext ihre exklusive Kompetenz rechtsverbindlicher Normsetzung an Bedeutung verlor. Was in den Vereinigten Staaten als ein strategischer Schachzug begann, um die Bildungspolitik zu einer nationalen Angelegenheit zu machen, und in Frankreich als eine Strategie zur Umgehung von Blockaden gegen eine angestrebte Bildungsreform, mündete in eine ***doppelte Entstaatlichung der Bildungspolitik****: zum einen durch die Einführung neuer, weicher Formen von Governance über Ratings und Rankings, und zum anderen durch den damit verbundenen Bedeutungszuwachs neuer, nichtstaatlicher Akteure wie der OECD-Bürokratie und Rating-Agenturen.«*

2. *Governance als institutionelle Beobachtungsstrukturen*

Was damit gemeint ist, erläutert Christoph Möllers (2008) am Beispiel der Weltbank, die zu den großen internationalen Playern gehört und in einer Vielzahl von Zusammenhängen die ökonomische Performance von Staaten beurteilt. Verallgemeinert man diese Situation – eine Organisation beobachtet und bewertet als Bestandteil ihres eigenen Organisationszwecks eine andere, dritte Organisation – so haben wir es – so Möllers – mit einer spezifischen Governancestruktur zu tun, vergleichbar den von Michael Zürn (2002) so getauften »autoritätszuweisenden Organisationen (AZO)«, die das Verhalten von Nationalstaaten aus unterschiedlichsten Perspektiven beobachten und zensieren. Den modus operandi einer solchen Governancestruktur erklärt uns Christoph Möllers (2008: 12) so:

»Diese Beobachtungsleistung enthält zugleich eine sehr spezifische Form der ***vergleichenden Bewertung*** *der beobachteten Phänomene. Diese Bewertung stellt sich aber nicht als Konsequenz einer politischen Wertentscheidung dar, sie ist kein weiterer von der Governance-Institution zu verantwortender Schritt, sondern sie folgt aus der Art und Weise der Beobachtung selbst: denn in der institutionenökonomisch inspirierten Output-Perspektive* ***fallen Beobachtung und Bewertung*** *zusammen: Sind das Medium der Beobachtung Kennziffern, dann ist das Beobachtungsergebnis zugleich ein Bewertungsergebnis, dessen Bewertungsmaßstäbe sich namentlich aus dem Vergleich mit anderen beobachteten Staaten*

ergeben. Eine erste sehr abstrakte politische Bewertung der Performance der betroffenen Staaten ist schon mit dem Beginn der Beobachtung selbst getroffen worden: die Beobachtung, dass die zu beobachtenden Staaten äußerer Hilfe bedürftig sind. Dies betrifft die Entscheidung, ob eine Governance-Konstellation einzurichten ist. Diese Entscheidung muss wegen der Informalität des Regimes im formellen Konsens zwischen Staat und Organisation fallen, auch wenn sich bereits hier Machtungleichgewichte zwischen den beiden Institutionen bemerkbar machen können. ***Bewertungen innerhalb einer Governance-Struktur stellen sich dann als Ergebnisse eines quantifizierenden Vergleichs dar****, der sich seinem eigenen* ***expertokratischen Selbstverständnis*** *nach gerade nicht als Ergebnis einer bewertenden Entscheidung, sondern als Konsequenz der Anwendung eines objektiven Regelwerks darstellt.«*

V. *»The Evaluation Business« in der »Audit Society«*

1. *Zum Phänomen der so genannten Evaluitis*

In den letzten Jahren sei – so fasst Bruno S. Frey (2008) eine weit verbreitete Einschätzung zusammen – »eine neue Krankheit ausgebrochen, die sich fieberhaft ausbreitet: Alles und jedes wird unablässig evaluiert«, insbesondere auch die Wissenschaft. In immer kürzer werdenden Abständen werden – so der wohl unstreitige Befund – ganze Universitäten, Fakultäten, Fachbereiche, Institute und Forschergruppen begutachtet und daraus abgeleitete Rankings in einer breiteren Öffentlichkeit diskutiert. Die dazu passenden Stichworte haben sich längst eingefunden: so spricht Michael Power (1997) viel zitiert von einer »audit society« mit ihren »rituals of verification« und George Neave (1988) verwendet gar den Begriff des »evaluative state«. Wenn sich dies so verhält – und der soeben erschienene Band »Wissenschaft unter Beobachtung« (Matthies/Simon 2008) belegt dies nachdrücklich – dann wird man sich kurz darüber Gedanken machen müssen, welche Faktoren den Ausbruch dieser neuen Krankheit begünstigt haben und wie sich das Instrument der Evaluation – verstanden als nachträgliche Einschätzung der Leistung einer Organisation oder Person durch von außen kommende Experten – von anderen Instrumenten der Einschätzung und Kontrolle von Leistungen unterscheidet.
Was zunächst die Ursachen der zunehmenden Evaluationstätigkeit angeht, so werden sie von Thomas Widmer (2008) vor allem in **veränderten Legitimationsansprüchen** gesehen, aber auch in einem zunehmenden Wettbewerbsdruck, was beides zusammengenommen die Ersetzung der klassischen Ressourcen- und Prozesssteuerung durch eine verstärkte **Leistungs- und Wirkungssteuerung** begünstige (Widmer 2008: 268 f.):

> *»Besonders in Kontinentaleuropa wird das Wissenschaftssystem zu einem wesentlichen Teil von der öffentlichen Hand unterhalten. Wie andere durch die öffentliche Hand getragene Aktivitäten steht auch die Wissenschaft heute zunehmend vor der* ***Herausforderung veränderter Legitimationsansprüche****. Diese zeichnen sich dadurch aus, dass neben den traditionellen Ansprüchen der Legalität (Ordnungs- und Rechtmäßigkeit) sowie der politischen Akzeptanz auch* ***Effektivität und Effizienz eingefordert werden****.*
> *In der Tendenz lässt sich eine generelle Entwicklung hin zu einer* ***verstärkten Leistungs- und Wirkungssteuerung*** *beobachten, teilweise in Ergänzung, teilweise als Substitut der traditionellen Ressourcen- und Prozesssteuerung (vgl. Widmer/Rüegg 2005: 100 f.).*

Evaluation wird nun als Instrument betrachtet, um eine Leistungs- und Wirkungssteuerung zu realisieren. Verstärkt wird dieser Trend durch einen zunehmenden globalen Wettbewerb, der weniger nach einer ordnungs- und rechtmäßigen Abwicklung verlangt als nach einer Systemoptimierung (vgl. etwa die Exzellenz-Diskussion).«

Hilfreich erscheint es uns auch, mit Thomas Widmer verschiedene Zugänge zur systematischen Bewertung und Kontrolle von Leistungen einer Organisation oder Person zu unterscheiden (Widmer 2008: 273):

Tabelle 1: *Übersicht zu verschiedenen der Evaluation ähnlichen Zugängen*

	Art	**Flächendeckung**	**Permanenz**	**Prozess**	**Output**	**Outcome**	**Impact**	**Kausalität**
Audit	Prüfung	ja	(ja)	ja	ja	(nein)	(nein)	nein
Controlling	Führung	ja	ja	ja	ja	(nein)	nein	nein
Qualitätsmanagement	Führung	(ja)	ja	ja	ja	(ja)	nein	nein
Performance Measurement	Leistungsmessung	ja	ja	(ja)	ja	(ja)	nein	nein
Monitoring	Beobachtung	(nein)	ja	(ja)	ja	nein	(nein)	nein
Evaluation	Bewertung	nein	nein	ja	ja	ja	ja	ja

Was nun die Unterschiede dieser Zugänge angeht, so sieht sie Widmer in den folgenden Merkmalen (Widmer 2008: 272):

»Erstens lassen sich die Ansätze hinsichtlich ihrer Art unterscheiden, also ob sie der Prüfung (Audit), der Führung (Controlling, Qualitätsmanagement), der Beobachtung (Monitoring), der Leistungsmessung (Performance Measurement) oder eben der Bewertung dienen, wie dies bei der Evaluation der Fall ist. Zweitens lassen sich die Zugänge dadurch unterscheiden, ob sie sich für einen permanenten und flächendeckenden Einsatz eignen. [. . .] Drittens ergeben sich auch hinsichtlich der Stufen der Wirkungskette Differenzen zwischen den Ansätzen, wobei sich der Fokus der Evaluation von den anderen Ansätzen dadurch abhebt, dass er auch Outcome wie Impact umfassend abzudecken in der Lage ist. Die letzte Differenz, auf die hier hingewiesen werden soll, betrifft den singulären Anspruch der Evaluation, Kausalitäten empirisch erfassen zu können.«

2. *Zwei vieldiskutierte Evaluationsarten: Peer Review und Governance by Numbers*

a) *Peer Review*

Vielen gilt das Peer Review-Verfahren als diejenige Bewertungsmethode, die der Eigengesetzlichkeit und Autonomie des Wissenschaftssystems am besten entspricht: »Für die Wissenschaft selbst sind und bleiben die legitimierten Instrumente zur

Bewertung einzig und alleine die Fachkollegen: die peers. Nur ihnen wird letztendlich die Fähigkeit zugetraut, ›gute‹ Wissenschaft und ihre Ergebnisse zu erkennen und zu evaluieren. Die Orientierung, Vergewisserung und Validierung wissenschaftlicher Arbeit bleibt in letzter Instanz den Fachgemeinschaften vorbehalten.« (Knie/Simon 2008: 179). Andererseits gibt es zahlreiche Kritikpunkte (näher dazu Hornbostel 2008), so dass das Peer Review-Verfahren keineswegs unstreitig ist, aber gleichwohl offenbar nach wie vor auf eine **hohe Akzeptanz** trifft; diese Gemengelage beschreiben uns Andreas Knie und Dagmar Simon anschaulich wie folgt (Knie/Simon 2008: 179):

> *»Peer Review gilt aber [. . .] in den staatlich initiierten Evaluationsprozessen als Kernelement und als* ***unverzichtbar für die Akzeptanz*** *des gesamten Prozesses für die betroffenen Forschungseinrichtungen. Solange es Peer Review in den unterschiedlichen Qualitätskontrollen der Wissenschaft gibt – insbesondere bei Forschungsfördereinrichtungen und bei wissenschaftlichen Journals –, wird dieses Verfahren zwar auch dahingehend kritisiert, dass sich Partialinteressen durchsetzen, dass es innovationsfeindlich wirke und hohe Anpassungsleistungen erfordere und dass es keine Revisionsmöglichkeiten biete, weil die Entscheidungsfindung nicht transparent sei. Mit dem Peer Review lässt sich aber das Bild aufrechterhalten, dass Wissenschaft mit einheitlichem Kriterienansatz zu beurteilen ist. In den Evaluationen von Forschungseinrichtungen ist tatsächlich – selbst bei multidisziplinären und aus unterschiedlichen Institutionen zusammengesetzten Gutachtergruppen – immer wieder die Homogenität einer* ***Vorstellung von ›guter Forschung‹*** *verblüffend (Barlösius 2006, Schimank 2006), ein ›normative isomorphism‹ wie es Powell einmal ausdrückte. Dieser ›Trick‹ funktioniert deshalb, weil sich alle beteiligten Wissenschaftler/innen ihrer gegenseitigen Abhängigkeit bewusst sind und die Beteiligung am Peer Review nicht nur ein Frage der inhaltlichen Bewertung ist, sondern vor allem auch eine Verständigung auf Verfahrensgrundsätze darstellt, die eine Anerkennung und Akzeptanz dieser wechselseitigen Abhängigkeiten voraussetzt.«*

b) *Governance by Numbers oder die Verführung der Zahlen*

Von der Verführungskraft der Zahlen weiß Peter Weingart (2003) ein kenntnisreiches Lied zu singen, das davon handelt, dass die Peer Review-Methode zunehmend durch Verfahren verdrängt wird, die sich auf **numerische Indikatoren** stützen, Qualität also quantifizierend erfassen wollen. Diese Verführungskraft der quantitativen und damit scheinbar so objektiven Maßstäbe, die Weingart ausführlich und gut nachvollziehbar erläutert, hat nun – und dies finden wir governancetheoretisch höchst interessant – zu einem **spezifischen Governancearrangement** geführt, das öffentliche Bewertung und private Datenproduktion folgenreich miteinander verbindet: denn diejenigen Organisationen, die mit solchen quantifizierenden Verfahren arbeiten – wie etwa in den USA die National Science Foundation mit ihrem »Science Indicators Report« oder in Frankreich das »Observatoire des Sciences et des Techniques« – seien auf die Zulieferung von Daten durch eine private Organisation mit faktischer Monopolstellung angewiesen (Weingart 2003: 84 f.):

> *»Alle diese Organisationen sind nämlich bis jetzt und in absehbarer* ***Zukunft von einem einzigen Datenlieferanten abhängig****, dem Institute of Scientific Information (ISI), dem Produzenten der einzigen multidisziplinären Datenbank wissenschaftlicher Literatur, die Zitationen enthält und folglich die Erstellung von Zitationsanalysen und Impact-Faktoren*

für wissenschaftliche Zeitschriften ermöglicht. Ursprünglich war sie als Literaturdatenbank konzipiert. Sie ermöglichte es den Forschern, den Gebrauch ihrer Ergebnisse durch andere Forscher zu verfolgen ebenso wie Forschernetzwerke zu identifizieren. Bald jedoch erwies sich die Datenbank von ISI, der ›Science Citation Index‹ (SCI), als wertvolles Instrument für die Evaluierung von Forschungseinrichtungen und sogar einzelner Wissenschaftler. Nach vielen Jahren einer eher zögerlichen Reaktion auf diesen randständigen Gebrauch seiner Produkte hat ISI nun die wachsende Bedeutung der Nachfrage nach bibliometrischen Indikatoren erkannt und begonnen, maßgeschneiderte Evaluationsinstrumente wie ISI Essential Science Indicators und ISI Highly Cited Com zu liefern. Dies sind machtvolle Instrumente, die es jedem mit einem Internet-Zugang zu einer Universitätsbibliothek erlauben, die hochzitierten Wissenschaftler ihrer örtlichen Universität, den Rangplatz dieser Universität oder eines bestimmten Fachbereichs im Vergleich zu anderen national oder international zu ermitteln. [. . .]
Die Produktion der Indikatoren, auf die sich Entscheidungen der Mittelzuweisung an Universitäten und Forschungseinrichtungen sowie mitunter die Rekrutierung und Besoldung von Wissenschaftlern stützen, liegt also in den Händen einer kommerziellen Firma, die praktisch über ein Weltmonopol für sie verfügt. Ob bewusst oder nicht, prägt sie durch das Profil und die Qualität der Daten die politischen Entscheidungen mit, die die Forschungssysteme überall in der Welt betreffen. Die Evaluation der Forschung, soweit sie sich auf bibliometrische Daten stützt, ist damit praktisch in die ***Hände einer privaten Firma mit kommerziellen Interessen*** *gelegt worden.«*

Zu Recht weist Weingart darauf hin, dass ein solches Governanceinstrument, das so unbestechlich daherkommt und den wissenschaftlichen Laien mit Beurteilungskriterien versorgt, deren Verlässlichkeit und Relativität er nicht zu beurteilen vermag, mit Vorsicht zu genießen ist (Weingart 2005: 86):

»Die Implikationen dieser Entwicklungen sind beunruhigend. Der Evaluationsprozess, der bislang eine wissenschaftsinterne Angelegenheit war, ist ›externalisiert‹ worden, d.h. einer Laienöffentlichkeit über Zahlen zugänglich gemacht, die die quantitativen Aspekte des Kommunikationsprozesses in der Wissenschaft repräsentieren. Das ist gewollt und entspricht der Forderung nach Transparenz, die wiederum die Voraussetzung für die Kontrolle und die Bildung von Vertrauen ist. Die Zahlen, die zur Grundlage von Budgetentscheidungen werden und den Forschungsprozess sowie die Verfahrensweisen von Universitäten, Kliniken und anderen Forschungseinrichtungen direkt beeinflussen, sind jedoch voraussetzungsreich, interpretationsbedürftig und nicht uneingeschränkt verlässlich. Anders gesagt: Der Politik und der Öffentlichkeit, d.h. den Medien werden Instrumente der Steuerung der Wissenschaft in die Hand gegeben, die sie nicht in angemessener Weise bedienen können, deren unsachgemäße Anwendung aber möglicherweise großen Schaden anrichtet.«

3. *Intendierte und unintendierte Evaluationseffekte*

Für den Governance-Forscher ist das Governanceinstrument der Evaluation ein wahrlich faszinierendes Phänomen. Nicht nur kann man an ihm die Karriere eines »new mode of governance« studieren, sondern es ist auch aus **wirksamkeitswissenschaftlicher Perspektive** ein höchst spannendes Instrument. Wie das sich anbahnende Gespräch zwischen einer steuerungstheoretisch orientierten »Neuen Verwaltungsrechtswissenschaft« und der sie gewissermaßen »überholenden Governancetheorie« gezeigt hat (dazu Schuppert 2008b), sind beide theoretischen Ansätze an der Wirkung

ihrer Steuerungsinstrumente bzw. Governancemodi notwendig interessiert und daher gehören **Wirkungswissen** und **Wirkungsforschung** zum unentbehrlichen Repertoire ihres wissenschaftlichen Zugriffs. Beim Instrument der Evaluation nun kann man besonders schön studieren, welche intendierten (dazu Röbbecke 2008), aber vor allem auch unintendierten Effekte auftreten, die immer aufs Neue dazu zwingen, über die Nützlichkeit bestimmter Evaluierungsverfahren nachzudenken. Zwei Beispiele mögen hier genügen:
So hat etwa Bruno S. Frey (2008) auf die in der Tat auf der Hand liegenden Nebeneffekte hingewiesen, die er unter der Überschrift »Evaluation verzerrt Anreize« zusammengefasst hat und die sich wie folgt benennen lassen:

- Was nicht gemessen wird, zählt nicht (mehr),
- Verdrängung intrinsischer Arbeitsanreize, weil Evaluationen von den Betroffenen häufig als kontrollierend empfunden werden,
- Manipulation der Leistungskriterien, zum Beispiel durch Anpassung der Publikationsstrategien.

Sabine Maasen und Peter Weingart (2008) haben – was angesichts des anhaltenden Exzellenz-Wettbewerbs von besonderem Interesse ist – dysfunktionale Auswirkungen von Evaluationsverfahren auf die so genannte »unternehmerische Universität« identifiziert, die sich aus der Managementorientierung der entsprechenden Universitätsleitungen ergibt; dazu rechnen sie die folgenden vier Effekte, mit deren Darstellung wir diesen Gliederungspunkt abschließen wollen (Maasen/Weingart 2008: 157 f.):

- »***Kosten:*** *Die manageriale Reform produziert Kosten. Zum Teil dadurch, dass sich eine wachsende Bürokratie den anstehenden Aufgaben widmet – sowohl innerhalb der Universitäten als auch außerhalb in Form einer sich soeben etablierenden Evaluations- und Akkreditierungsindustrie. Schon jetzt lässt sich beobachten, dass die Kosten regelmäßig den Ertrag der Audits übersteigen und das fundamentale Prinzip der Kostenersparnis verletzt wird.*
- ***Neue akademische Aufgaben****: Projektanträge nehmen einen erheblichen Anteil an den akademischen Aufgaben ein. Speziell im Zusammenhang mit EU-Anträgen wurden an einzelnen Universitäten entsprechende Abteilungen zur Unterstützung der Forschenden eingerichtet. Gleichzeitig sinkt die Erfolgsrate bei allen größeren Fördereinrichtungen, während die Rate der Antragstellenden steigt. Auch hier müsste die Zeit, die kollektiv auf die Einwerbung von Drittmitteln verwandt wird, mit den Kosten verrechnet werden, die durch den Zeitabzug von anderen akademischen Aufgaben und durch die Professionalisierung der Drittmittelakquise entstehen.*
- ***Widersprüchliche Normen der Wissensproduktion****: Steigender Marktdruck auf Universitäten führt auch zu mehr Anwendungsorientierung. Deswegen verwenden Forscher immer mehr Zeit darauf, in problemlösungsorientierten transdisziplinären Projekten zu arbeiten. Obwohl transdisziplinäre Forschung in der sogenannten Mode-2-Programmatik zur neuen Norm der Produktion sozial robusten Wissens erklärt wird (Gibbons et al. 1994), wird sie nicht mit Exzellenz identifiziert. Die paradoxe Forderung lautet: Wer Exzellenz anstrebt, sollte diese zugleich zeitaufwändige und publikationsarme Form gemeinsamer Wissensproduktion meiden (Maasen/Lieven 2006).*
- ***Innovationsbremse****: Das totale Benchmarking aller Personen und Einheiten führt tendenziell zur Verstärkung erfolgreicher Strategien auch in der Forschung. Ein System,*

in dem sich alle Akteure an den gleichen externen Indikatoren orientieren, läuft Gefahr, seine Diversität und Innovativität zu verlieren.«

D. *Die Wissensgesellschaft als Strukturierungsaufgabe des Rechts: erste Konturen eines Rechts der Wissensgesellschaft*

Die Rechtsordnung sieht sich immer wieder vor die Aufgabe gestellt, auf neue Entwicklungen, neue Phänomene und neue Aufgabenstellungen zu reagieren: Wie dies das öffentliche Recht in den letzten fünfzig Jahren durch die Entwicklung eines Planungsrechts, eines genuinen Umweltrechts und Risikoverwaltungsrechts getan hat, hat Rainer Wahl (2006) unlängst kenntnisreich nachgezeichnet. Ein ganz aktuelles Beispiel sei noch hinzugefügt: das Recht muss auch – und das Problembewusstsein dafür scheint zu wachsen – auf die demographische Entwicklung reagieren (Kersten 2007), es muss für das »große Schrumpfen« (Tutt 2007) durch die Fortentwicklung des Städtebaurechts die geeigneten Regelungsstrukturen bereitstellen (so genannter Stadtumbau) und dadurch diesen Schrumpfungsprozess zugleich ermöglichen wie kanalisieren. Wir bezeichnen diese Aufgabe seit langem (Schuppert 1993) als **Bereitstellungsfunktion des Rechts** und haben für diese Begriffsbildung erfreulicherweise Gefolgschaft gefunden.
Wenn wir diese Vorüberlegungen nun auf das vergleichsweise ebenfalls neue Phänomen der Wissensgesellschaft anwenden, so hätten wir zu überlegen, welche Regelungsstrukturen die Rechtsordnung zur Verfügung zu stellen hätte, um ein ebenso funktionsfähiges wie gemeinwohlkompatibles Wissenschaftssystem zu ermöglichen und zugleich rahmenhaft zu ordnen (vgl. dazu auch die Überlegungen im so genannten Hochschulurteil des Bundesverfassungsgerichts, BVerfGE 35, 79 ff.). Ohne Anspruch auf Vollständigkeit wollen uns insoweit vier Bereiche einfallen, auf die wir jeweils einen kurzen Blick werfen wollen:

I. *Rahmenbedingungen für Wissensgenerierung oder zur Steuerungsfunktion des Wissenschaftsrechts*

Wenn man etwas über die Bedeutung und die Funktion des Rechts für ein freiheitliches Wissenschaftssystem erfahren will, so ist man gut beraten, einen Blick in die grundlegende Schrift von Hans-Heinrich Trute über »Die Forschung zwischen grundrechtlicher Freiheit und staatlicher Institutionalisierung« zu werfen, in deren Zusammenfassung es zur Aufgabe eines rahmensetzenden Rechts wie folgt heißt (Trute 1994: 719):

> *»Diese Auseinandersetzungen um die Ambivalenzen des wissenschaftlich-technologischen Fortschritts offenbaren Zweifel an der Verantwortbarkeit unbegrenzten Fortschritts der Wissenschaften und ihrer immer wieder beschworenen Verbindung mit dem Projekt der Aufklärung und der Humanität.*
> *Aufgeworfen ist damit die Frage nach den* ***Rahmenbedingungen****, deren eine wissensbasierte, auf die Leistungen der Wissenschaft angewiesene Gesellschaft um ihrer verantwortbaren wissenschaftlich-technologischen Entwicklungen bedarf. [. . .]*

*Zu diesen Rahmenbedingungen gehören nicht zuletzt die **rechtlichen Instrumente** der Zuordnung von Verantwortung, der Abgrenzung konkurrierenden Freiheitsgebrauchs, der Ermöglichung und Sicherung auch wissenschaftlicher Freiheit in Kenntnis und unter Abwägung ihrer Risiken.«*

Diese wichtige Aufgabe des Rechts dürfe man nun aber nicht dahin missverstehen, nach einer umfassenden parlamentarischen Steuerung der Wissenschaft zu rufen oder gar ihrer detaillierten Regulierung das Wort zu reden. Sachangemessen könne nur – und darin verdient er volle Zustimmung – eine **indirekte Steuerung** sein, also das, was wir **Struktursteuerung** vor allem durch Organisation und Verfahren nennen und dessen Wirkungsweise Trute wie folgt beschreibt (Trute 1994: 720):

*»Damit ist allerdings die **Herausforderung an das Recht** formuliert, **jenseits der klassischen regulierenden Instrumente Formen zu entwickeln**, die dieser Aufgabe und der besonderen Doppelstellung des Staates gerecht werden, der einerseits diesen Ausgleich vorzunehmen hat und damit regulierend und Grenzen formulierend auf die Wissenschaft einwirkt, zum anderen aber wissenschaftliche **Handlungsmöglichkeiten** um der Freiheit und der gesellschaftlichen Entwicklung willen **institutionalisiert**, d. h. die Mittel der Freiheitsausübung zur Verfügung stellt. Der Staat stellt finanzielle Mittel zur Verfügung, gründet Einrichtungen und verfügt über die Betriebsmittel der Wissenschaft, derer sie bedarf, um nach Maßgabe ihrer eigenen Kriterien handeln zu können. Über diese Abhängigkeiten unterliegt das Wissenschaftssystem vielfältigen Steuerungsimpulsen des Staates und anderer gesellschaftlicher Akteure. Nicht nur grundrechtliche Freiheit, nach Maßgabe eigener Kriterien handeln zu können, sondern zugleich die zu einem wesentlichen Teil staatliche Institutionalisierung der Voraussetzungen dieser Handlungen kennzeichnet daher den Sachbereich Wissenschaft und prägt als grundlegendes Spannungsverhältnis das Wissenschaftsrecht. Benannt sind damit die beiden Pole staatlicher Verantwortung und grundrechtlich gesicherter Autonomie, die für das Wissenschaftsrecht strukturprägend sind. Daraus resultiert ein spezifischer, **indirekter Steuerungsansatz des Wissenschaftsrechts**, der sich, jenseits der klassischen Abgrenzung kollidierenden Freiheitsgebrauchs, etwa wenn Forschung auf Rechtsgüter Dritter zugreift, in der **Gestaltung von Strukturen, der Etablierung von Verfahren, der Kooperation von Staat und Wissenschaft** niederschlägt, deren Ziel es ist, immer wieder staatliche Gestaltungsinteressen mit der Notwendigkeit autonomer wissenschaftlicher Kommunikationen und Handlungen zu vermitteln.«*

In die gleiche Richtung gehen die Überlegungen von Eberhard Schmidt-Aßmann (2004), der ebenfalls betont, dass mit den Formen klassischer hierarchischer Steuerung im Wissenschaftsbereich nichts anzufangen ist, vielmehr dem **Organisationsrecht** eine zentrale Rolle zukomme (Schmidt-Aßmann 2004: 132 f.):

*»Das Privatrecht hat sich als besonders anpassungsfähig erwiesen, um die Übergänge zwischen gesellschaftlichen Forschungsaktivitäten und staatlicher Mitwirkung rechtlich zu erfassen, indem es Gemeinschaftsgründungen und eine wechselseitige Beteiligung in den Gesellschaftsformen gestattet. Auffällig ist die geringe Bedeutung behördlicher Organisationsformen. Sie sind vor allem dort anzutreffen, wo es um Aufsicht und Staatseinfluss geht, auch hier abgewandelt, z.B. durch die Einbeziehung sog. Ethikkommissionen. Im übrigen aber bestätigt sich, dass Wissenschaft und Wissenschaftsverwaltung mit klassischen Hierarchievorstellungen nicht zu bewältigen sind, **sondern sich der Kooperation und des Kollegialprinzips bedienen**. Organisation wird so zum Medium der Vermittlung staatlicher Verantwortung und grundrechtlicher Freiheit, nicht zum Instrument der Umsetzung mate-*

rieller Entscheidungsprogramme durch eine staatliche Exekutive. Das gilt für das Hochschulrecht als das klassische Gebiet des Wissenschaftsrechts. Erst recht gilt es für die außeruniversitären Forschungseinrichtungen und für die hochstufigen Organisationsformen, mit denen Wissenschaft und Wissenschaftsverwaltung ihren Anschluß an die Ebene der Politik sicherstellen.«

Eine überragende Bedeutung komme ferner der finanziellen Steuerung zu, zu deren spezifischen Governancearrangements Schmidt-Aßmann (2004: 133) Folgendes anmerkt:

»Diese Aufgabe wird im Wissenschaftsrecht durch ein zweiteiliges Verhandlungssystem geleistet, das die sonst üblicherweise getrennten Regelungsansätze des Haushaltsrechts und des Zuwendungsrechts zusammenfasst. Den ersten Teil bildet die Hochschulbauförderung gem. Art. 91a GG. Sie hat durch das Hochschulbauförderungsgesetz eine formalisierte, einheitliche Struktur erhalten. Der zweite Teil findet seine Grundlage in der Rahmenvereinbarung zwischen Bund und Ländern über die gemeinsame Förderung der Forschung nach Art. 91b GG. Die übergreifende Organisationsstruktur bilden für beide Systemteile der Wissenschaftsrat und die Bund-Länder-Kommission für Bildungsplanung und Forschungsförderung. Die Grundlage des Verhandlungssystems ist der Ausgleich föderaler Interessen. Bund und Länder sind folglich die Hauptakteure. Doch ist die Wissenschaft selbst in diesem System durchgängig repräsentiert und zur Artikulation ihrer Belange befähigt.«

II. *Sachverständige Beratung als Governanceproblem*

Auch die sachverständige Beratung des Staates – von Andreas Voßkuhle gar als »Schicksal« des modernen Staates bezeichnet – bedarf der rechtlichen Strukturierung, wobei der Steuerungsmodus auch hier wieder der der **Struktursteuerung** ist (Voßkuhle 2008a: 13):

»Zentrales Mittel der Gemeinwohlsicherung ist im demokratischen Verfassungsstaat das Recht. Ähnlich wie der Steuerungsansatz, aber mit etwas anderen Schwerpunktsetzungen, verlagert die Governance-Perspektive das Interesse der Rechtswissenschaft von der einzelfallorientierten, auf das Staat-Bürger-Verhältnis bezogenen Dogmenbildung, auf die ›Gemeinwohlfähigkeit komplexer Regelungsstrukturen [. . .]. Die ***Regelungsstruktur*** *wird damit zu dem analytischen Rahmen, innerhalb dessen die Gemeinwohlziele/Wirkungszusammenhänge, Substitutions- und Ergänzungsverhältnisse zwischen Handlungsmaßstäben, Akteuren, Institutionen und Handlungsinstrumenten staatlicher und privater Akteure thematisiert werden müssen.‹ (Trute 1999) [. . .] . Gleichzeitig treten die ›Bereitstellungsfunktion des Rechts‹ (G. F. Schuppert) und sein Gewährleistungsauftrag zutage.«*

Zum regulierungsbedürftigen Sachverhalt wird die sachverständige Beratung des Staates aufgrund der folgenden fünf von Voßkuhle (2008a: 12 f.) identifizierten Problemfelder:

- Die **Abhängigkeit staatlicher Entscheidungsträger** von privatem Sachverstand, dessen Validität sie selbst nicht hinreichend überprüfen können.
- Die **Entpolitisierung und Entparlamentarisierung staatlicher Entscheidungen** durch Verlagerung von Grundlagendebatten auf Expertengremien.

- Die produktive Gestaltung des **Transfers privaten Wissens** in den öffentlichen Sektor; man kann Wissen nicht einfach wie Daten übertragen, sondern es handelt sich um einen sehr anspruchsvollen Vorgang, der notwendig mit eigenen (nicht notwendig individuellen) Lern- und Entdeckungsprozessen verbunden ist.
- Die **funktionale Ambivalenz staatlicher Beratung**. Sie dient nicht nur der Wissensvermittlung, der Akzeptanz von Entscheidungen (Integrations- und Schlichtungsfunktion), der finanziellen Entlastung des öffentlichen Sektors (Entlastungsfunktion) und dem Hinweis auf politischen Handlungsbedarf (Warn- und Initialfunktion), sondern zentrale (und durchaus rationale) Motive für die staatliche Bitte um Beratung können auch sein: die Stärkung eigener Positionen gegenüber der Beamtenschaft, anderen Fachressorts oder der Öffentlichkeit (Unterstützungsfunktion), die Verzögerung oder Vertagung einer Entscheidung durch Bildung einer Expertengruppe oder Inauftraggabe einer gründlichen wissenschaftlichen Untersuchung für eine Entscheidung auf »außenstehende« Sachverständige (Abwälzungsfunktion), die (nachträgliche) Immunisierung gegen politische Kritik durch wissenschaftliche Absicherung bereits getroffener strategischer Entscheidungen (Alibi- und Immunisierungsfunktion).
- Die **Vernachlässigung staatlicher Wissensbestände**.

Als Bausteine einer Governancestruktur sachverständiger Beratung des Staates empfiehlt Voßkuhle – und hier müssen die Stichworte genügen – die folgenden:

- Auswahl der Berater und Zusammensetzung der Gremien,
- Transparenz und Publizität der Beratung,
- Beratungsverfahren,
- Rechtliche Umhegung des Beratungsverhältnisses (Rechte und Pflichten im Beratungsverhältnis),
- Gewährleistungsaufsicht und schließlich
- Haftung und Rechtschutz.

III. *Konturen einer rechtlichen Informationsordnung*

1. *Begriff der Informationsordnung*

Nicht nur die Wissensgesellschaft stellt eine Herausforderung für das Recht dar, sondern auch die fast ebenso häufig ausgerufene Informationsgesellschaft, und zwar in nicht minderer Dringlichkeit. Vollkommen zutreffend spricht Marion Albers (2002) von der **Information als neuer Dimension im Recht** und hebt hervor, die Informationsgesellschaft würde nur unzureichend begriffen, verstünde man sie lediglich als technikgeleitete Fortentwicklung der Industrie- oder Dienstleistungsgesellschaft. Denn der Begriff der Informationsgesellschaft sei viel abstrakter angelegt, indem sich die Gesellschaft damit **»auf ihre eigene operative Basis (Kommunikation) bezieht«** und dabei mit dem Begriff der Information eine Grundkategorie vergleichbar mit der der Handlung, der Entscheidung oder der Organisation verwendet. Wenn sich dies so verhält, dann muss eine Informationsordnung – deren Entwicklung man allgemein für erforderlich hält (siehe stellvertretend Schoch 1998, Voßkuhle 2000) – mehr sein als ein gegenständlich abgegrenztes Rechtsgebiet wie das Baurecht, das Umweltrecht oder auch das Wissenschaftsrecht und kann daher nicht aufgehen in einem **Informationsrecht** (so aber Kloepfer 2002), sei es als **Informationsverfassungsrecht**, sei es als ein – wenn auch noch so umfassend gedachtes – **Informationsverwaltungsrecht** (lesenswert dazu Pitschas 1993).

Man wird daher von einem weiten Begriff der Informationsordnung auszugehen haben, der solche gegenständlichen Verengungen vermeidet oder bei dessen Verwendung zumindest klar ist, dass es sich – wie etwa bei dem von Andreas Voßkuhle konturierten Verwaltungskommunikationsrecht – nur um einen Ausschnitt einer umfassenderen Informationsordnung handeln kann. In diesem Sinne wird der Begriff der Informationsordnung etwa von Wolfgang Zöllner verstanden, dem allerdings der Begriff so umfassend gerät, dass er schon fast wieder konturenlos erscheint (Zöllner 1990: 8):

> *»Der Denkansatz, von dem im folgenden zu sprechen ist, geht von einem anderen Begriff der Informationsverarbeitung aus. Er verwendet diesen Begriff im Sinn des* ***Gefüges der grundlegenden Regelungsideen, die für den Informationsverkehr maßgeblich sein sollen****. Informationsordnung ist danach nicht ein inhaltlich schon festliegendes Konzept, sondern der Oberbegriff für mögliche Typen oder Modelle des Informationsverkehrs, ganz analog dem ihnen bekannten Begriff der Wirtschaftsordnung.«*

Aber vielleicht wird das mit dem Begriff der Informationsordnung Gemeinte klarer, werfen wir einen Blick auf Problemfelder, Aufgaben und Bausteine einer zu entwickelnden Informationsordnung.

2. *Problemfelder, Aufgaben und Bausteine einer zu entwickelnden Informationsordnung*

Wenn wir nach Problemfeldern, Aufgaben und Bausteinen einer zu entwickelnden Informationsordnung Ausschau halten, so werden wir bei vier Autoren schnell fündig, deren Überlegungen wir kurz vorstellen wollen.

In seinem Pionierbeitrag »Informationsordnung und Recht« benennt Wolfgang Zöllner **vier Problemfelder der Informationsordnung**, die aus sich heraus verständlich sind und daher hier nur als nicht weiter erklärungsbedürftige Stichworte genannt werden:

- **Informationserzeugung**, verfassungsrechtlich geschützt durch Meinungsfreiheit, Pressefreiheit, Kunstfreiheit und Wissenschaftsfreiheit,
- **Informationsspeicherung**, rechtlich begrenzt durch das Datenschutzrecht,
- **Informationszugang** (Öffentlichkeitsprinzip, Publizitätspflichten etc.) und
- **Informationsübermittlung**, insbesondere durch massenmediale Informationsverbreitung.

Von den Aufgaben einer Informationsordnung her denkt Friedrich Schoch, der die folgenden fünf dringlichen Aufgabenfelder identifiziert hat (Schoch 1998: 201 ff.):

- *»Die* ***Verantwortungsteilung zwischen Staat und Gesellschaft*** *muß in der Informationsordnung neu austariert werden; [. . .] Die Indienstnahme Privater für die Gemeinwohlverwirklichung wird zu einem wichtigen Bauelement im Informationsverwaltungsrecht. Pflichten zur Eröffnung des Netzzugangs oder zur Offenhaltung von Informationsquellen sind signifikante Beispiele.*

- *Ein **Verwaltungskooperationsrecht** ist [. . .] zu entwickeln. Ein anschauliches Beispiel hierfür bietet die Sicherstellung des Universaldienstes mit Telekommunikationsleistungen. Das Gesetz setzt auf private Leistungserbringung und ggf. einvernehmliche Lösungen mit der Regulierungsverwaltung. Subsidiär ist die hoheitliche Indienstnahme Privater für die Erbringung von Universaldienstleistungen vorgesehen, verknüpft mit einem finanziellen Ausgleich.*
- *Öffentlich-rechtliche Ordnungsrahmen werden für **private Selbstregulierung und für ein Privatorganisationsrecht** notwendig sein; andernfalls droht eine Überforderung des Staates. Das geltende Recht reagiert hierauf bereits, z.B. mit der Ermächtigung zur Freiwilligen Selbstkontrolle der Mediendienstanbieter (§ 8 Abs. 4 S. 3 MDStV), der Einrichtung eines Jugendschutzbeauftragten bei Multi-Media-Diensten (§ 8 Abs. 4 S. 1 MDStV) oder dem Datenschutzaudit im Mediendienstrecht (§ 17 MDStV).*
- *›**Öffentlichkeit**‹ muß in der Verwaltungsrechtsordnung einen neuen Stellenwert erhalten; nur so kann der Informationsabhängigkeit der Akteure Rechnung getragen und Öffentlichkeit als brachliegende ›Steuerungsressource‹ genutzt werden. Die für ein Umweltgesetzbuch vorgeschlagene ›staatliche Umweltinformation‹ – Unterrichtung der Öffentlichkeit über die Umwelt als Aufgabe des Bundes und der Länder – weist in diese Richtung.*
- ***Internationalisierung des Verwaltungsrechts** wird zu einer neuen rechtsdogmatischen Herausforderung; denn die entsprechende Wirkung von Information kann juristisch nur verarbeitet werden, wenn eine parallele Entwicklung in Form der ›Ent-Territorialisierung‹ des Verwaltungsrechts betrieben wird. [. . .]«*

Andreas Voßkuhle (2000) wählt als Ausgangspunkt seiner Konkretisierung einer **öffentlichen Informationsordnung** die **Regulierungsbedürftigkeit bestimmter Aufgabenfelder**, von denen er **vier Regelungssektoren** benennt, die ebenfalls nur stichwortartig bezeichnet werden müssen:

- **Verwaltungskommunikationsrecht** (Regelungsgegenstand sind die Informations- und Kommunikationsbeziehungen zwischen Bürger und Staat),
- **Informationelles Verwaltungsorganisationsrecht** (Regelungsgegenstand ist die informationelle Binnenorganisation der Verwaltung),
- **Regulierung des privaten Informationssektors** (Entwicklung eines rechtlichen Ordnungsrahmens für das Verhältnis der verschiedenen privaten Akteure untereinander) und
- **Datenverkehrsrecht** (Schutz personenbezogener Informationen und Ausgleich konfligierender Kommunikationsinteressen).

Am überzeugendsten finden wir die Strukturierung einer öffentlichen Informationsordnung wie sie von Hans-Heinrich Trute (1998) vorgeschlagen und erläutert worden ist; er unterscheidet **drei zentrale Regelungsfelder**, nämlich

- den rechtlichen Ordnungsrahmen der Informationsnetze und Dienste,
- den Zugang des Nutzers zu Informationen sowie
- den Schutz von Informationsvorgängen.

Was zunächst den Ordnungsrahmen für die Informationsnetze und Dienste angeht, so führt Trute dazu Folgendes aus (Trute 1998: 219 f.):

»Den Ausgangspunkt bildet der Ordnungsrahmen für die Informationsnetze und Dienste. Ihre schnelle Entwicklung und Veränderung ist der Motor für den Wandel der Informa-

tionsbeziehungen. Die ursprünglich getrennten Sektoren der Telekommunikation, des Rundfunks und der Computertechnik werden zunehmend miteinander verflochten. Die Digitalisierung ermöglicht die Nutzung bisher getrennter Infrastrukturen für ganz unterschiedliche Dienste, die ***verstärkte Integration bisher getrennter Medien****. Damit entstehen neue Kommunikationsformen und Informations- und Kommunikationsdienste. Der bisherige medienspezifisch differenzierte Ordnungsrahmen wächst stärker zusammen. Die Informationsinfrastrukturen erlauben zudem weitgehende räumliche und zeitliche Entgrenzungen bisheriger Formen; das Internet symbolisiert diese Überschreitung nationaler Grenzen und die Schwierigkeiten staatlicher Regulierung. Die Dynamik der Entwicklung und die Ungewißheit über das, was sich am Ende durchsetzen wird, stellt dabei* ***erhebliche Anforderungen an jeden Ordnungsrahmen****. Dieser wird* ***flexibel*** *und* ***entwicklungsoffen*** *sein müssen und technische, soziale, kulturelle und ökonomische Vielfalt einseitigen Entwicklungsoptionen vorziehen müssen.«*

Dieser aus dem Blickwinkel der Netzinfrastruktur und Diensteanbieter entwickelte Ordnungsrahmen bedürfe aber der Ergänzung durch eine **nutzerorientierte Perspektive** (Trute 1998: 221):

»Waren die Nutzer bisher eher passive Rezipienten eines bestimmten massenmedialen Angebots, werden die Angebote nunmehr stärker individualisiert und zugleich kommerzialisiert. Nur auf den ersten Blick scheinen dabei Fragen nach der für die individuelle wie gesellschaftliche Freiheitsausübung notwendigen informationellen Grundversorgung in der Informationsgesellschaft durch Überfluß obsolet zu werden. Durch die Verlagerung der Informationsvorgänge in elektronische Netze entstehen vielmehr ***Zugangsbarrieren technischer und medienkompetentieller Art****, durch die Privatisierung und Kommerzialisierung der Information wird eine* ***eigentumsanaloge Informationsordnung*** *entstehen, die die Frage nach einer hinreichenden Grundversorgung und der Verhinderung informationeller Ungleichgewichte aufwerfen wird.«*

Die Digitalisierung und Verlagerung gesellschaftlicher Informationsvorgänge in elektronische Netze erfordere darüber hinaus neue Schutzkonzepte für Informationsvorgänge (Trute 1998: 221 f.):

»Es bestehen ebenso einfache wie wirksame Möglichkeiten einer umfassenden Dokumentation der individuellen Netzkommunikation, denen mit den bisherigen Schutzkonzepten nicht hinreichend entgegengewirkt werden kann. Die Digitalisierung erlaubt eine Veränderung von Informationen ohne Kenntnis und Kontrolle ihres Urhebers. Die bei Kommunikationen mögliche Kontrolle über Gegenstand, Reichweite und Partner kann in Informationssystemen reduziert sein; erforderlich werden daher technische Gestaltungen, die ***die kommunikative Selbstbestimmung erhalten****.«*

IV. *Innovationsrecht oder Recht als Instrument der Innovationsoffenheit und der Innovationsverantwortung*

1. *Zum Doppelauftrag des Innovationsrechts*

Das sog. Innovationsrecht, an dessen Entwicklung die 1996 an der Universität Hamburg gegründete »Forschungsstelle Recht und Innovation« arbeitet, ist – wie Wolfgang Hoffmann-Riem (2006) herausgearbeitet hat – durch einen **Doppelauftrag** gekennzeichnet, nämlich einmal Innovationen zu ermöglichen und zu fördern, zum anderen aber gleichzeitig ihre Gemeinwohlverträglichkeit zu gewährleisten. Was zunächst den Gesichtspunkt der **Innovationsoffenheit** angeht, so heißt es dazu bei Hoffmann-Riem (2005b) wie folgt:

> *»Vielmehr unterstellt sie [die rechtswissenschaftliche Innovationsforschung, G.F.S.], dass moderne Gesellschaften unter erheblichem Innovationsdruck stehen und sie hält es für sinnvoll, sich nicht dagegen grundsätzlich aufzulehnen, sondern ihn zu akzeptieren und möglichst konstruktiv aufzugreifen, aber die Suche nach Innovationen oder den Umgang mit ihnen in eine Richtung zu lenken, bei der auch Gemeinwohlbelange berücksichtigt werden können. Schlagwortartig ist eines ihrer Leitbilder die Sicherung der* ***Innovationsoffenheit des Rechts****. Gemeint ist ein Recht, dass Innovationen ermöglicht und unterstützt, das also insbesondere normative Spielräume bereithält, die eine Suche nach neuen Lösungen ermöglicht und in denen Anreize für Innovationen bestehen. Dazu gehört auch ein Recht, das als Instrument zur dezentralen Gestaltung von gesellschaftlichen Selbstorganisations- und Selbständerungsprozessen einsetzbar ist.«*

Dem steht aber gleichzeitig der Aspekt der **Informationsverantwortung** gegenüber, bei der es um Folgendes geht:

> *»Es soll aber auch um die* ***Absicherung von Innovationsverantwortung*** *durch Recht gehen. Damit ist gemeint, dass die Rechtsordnung auf die Belange aller Rücksicht zu nehmen und Rechtsgüter aller zu schätzen hat. Innovationserhebliches Recht sieht den Bezug der Rechtsordnung und der von ihr beeinflußten Zustände und Abläufe auf das je konkret zu bestimmende Gemeinwohl und es versucht, ihn real wirksam zu halten. Der Begriff der Verantwortung ist allerdings schillernd und wird dementsprechend mit je unterschiedlichen Gehalten benutzt, so z.B. als ethischer Begriff, als Zuordnung von Kompetenzen (Verantwortlichkeiten), als Beschränkung des Einstehens für Folgen (z.B. Produktverantwortung) usw. Im vorliegenden Zusammenhang wird er eingesetzt, um die* ***normative Gebundenheit des Innovationsverhaltens*** *und des Einsatzes von innovativen Produkten zu verdeutlichen. Die Gegenüberstellung des Begriffs der Innovationsverantwortung mit dem Begriff der Innovationsoffenheit des Rechts soll verdeutlichen, dass es für Recht nicht ausreicht, private Interessen, und insbesondere privaten Eigennutz u.ä. freizusetzen, sofern nicht auch berücksichtigt ist, dass es in komplexen Massengesellschaften fast keine Chance der Entfaltung des isolierten Subjekts gibt, sondern dass die Freiheit der Entfaltung des einen sich regelhaft an den Entfaltungsinteressen anderer bricht oder gar nur als Freiheit auf Gegenseitigkeit möglich ist. Das gilt ganz besonders für den Bereich technologischer Innovationen, die regelhaft erhebliche (positive oder negative) Folgen für Dritte und die Allgemeinheit auslösen, ja gerade auf die Herbeiführung von Folgen in anderen Sektoren ausgerichtet sind.«*

Diesem Doppelauftrag gerecht werden zu wollen, stellt hohe und komplexe Anforderungen an das Innovationsrecht, die von ihm verlangen, die gängigen Regelungsbahnen hierarchischer Regulierung zu transzendieren.

2. *Innovationsrecht und Handlungsmodi des Rechts*

Wie schon die mehrfach erwähnte Struktursteuerung mit einer anderen Funktion von Recht arbeitet als das klassische Ordnungsrecht, so tut dies auch das Innovationsrecht. Um sich dies klar zu machen, ist es hilfreich, einen Blick auf durchaus unterschiedliche **Handlungsmodi des Rechts** zu werfen, die Hoffmann-Riem (2005b: 12 f.) wie folgt ausdifferenziert:

> »*Die **Handlungsmodi des Rechts** haben sich im Laufe der Zeit immer weiter ausdifferenziert. Besonders wichtig dürften zurzeit die folgenden sein:*
> - imperatives Recht
>   - gebietend
>   - verbietend
>   - auf andere Weise Grenzen setzend
> - stimulierendes Recht
>   - freisetzend
>   - ermöglichend
>   - fördernd
>   - struktursetzend
>   - persuasiv/motivierend
> - konsensorientiertes Recht
>   - kooperativ
>   - vermittelnd/moderierend.«

Abgesehen davon, dass man im Sinne dieser Typologie Innovationsrecht zentral als **ermöglichendes Recht** zu verstehen hätte (Hoffmann-Riem 2005a), muss es als **offenes und optionenorientiertes Recht** konzeptualisiert werden; was zunächst die **notwendige Offenheit** angeht, so führt Hoffmann-Riem dazu Folgendes aus (2005b):

> *»Weiche Steuerungsansätze sind insbesondere in Bereichen unabdingbar, in denen Innovationen erwünscht sind. Recht, dass auf Innovationen bezogen ist, will ja das Neue regeln, bevor es Wirklichkeit geworden ist. Die rechtliche Steuerung soll zugleich in einer Weise geschehen, die die Entstehung des neuen nicht unterdrückt. Derartiges ist für Recht eine keineswegs gewöhnliche Aufgabe. Sein typischer Regelungsgehalt ist der Umgang mit bekannten Problemen und die Herstellung von Rechtssicherheit bei ihrer Bewältigung. Es bedeutet eine folgenreiche Paradoxie innovationsbezogener Regulierung, dass sie etwas zu beeinflussen sucht, das es noch gar nicht gibt (Sauer/Lang 1999); die fehlende Klarheit über die Gegenstände und möglichen Ergebnisse der Regulierung fordern ein **entsprechendes ›offenes‹ Recht**.«*

Darüber hinaus wird das Innovationsrecht Innovationskorridore offenzuhalten und Verhandlungsoptionen anzubieten haben (Hoffmann-Riem 2005b):

> *»Insofern muss es diesem Recht vorrangig darum gehen, **Innovationskorridore offen zu halten**, sie aber auch so zu begrenzen, dass Gemeinwohlbelange gewahrt bleiben. Dies kann dadurch geschehen, dass im Bereich des Korridors Anreize dafür geschaffen werden, gewissermaßen im Huckepackverfahren auch ›öffentliche Interessen‹ mitzuverwirklichen. Jedenfalls muss dieses Recht weitestgehend durch das Denken in Möglichkeitsräumen (nicht vorrangig in Ver- und Geboten) geprägt sein, kann aber mit der Abfederung durch Auffangordnungen für den Fall des regulativen Versagens gekoppelt werden. Recht dieser Art ist auf Optionen ausgerichtet. Ein **optionenorientiertes (optionales) Recht** respektiert die Grenzsetzungen für den Korridor. Es belässt aber ein hinreichend breites Spektrum für Verhalten, damit genügend Spielraum für Innovationen verbleibt. Möglich sind auch programmatische Vorgaben (Orientierungspunkte) für das Verhalten im Korridor. Die in jüngerer Zeit immer häufiger genutzten normativen Programmierungen mit Hilfe von Ziel- und Konzeptvorgaben deuten auf eine solche Vorgehensweise.«*

E. *Wissen, Governance und Politische Kultur: ein kulturwissenschaftlicher Ausblick*

I. *Vom normativen zum wissensorientierten Kulturbegriff*

Bei unserem Bemühen, dahinterzukommen, was Politische Kultur eigentlich ist (Schuppert 2008a), haben wir auch einen Blick auf verschiedene Kulturbegriffe geworfen und fanden dabei das Werk von Andreas Reckwitz über »Die Transformation der Kulturtheorien« äußerst hilfreich. Nach Reckwitz können der normative Kulturbegriff im Sinne der deutschen Aufklärung, der totalitätsorientierte Kulturbegriff im Sinne Johann Gottfried Herders und auch der differenzierungstheoretische Kulturbegriff im Sinne einer Konzeptualisierung von Kultur als einem funktional differenzierten Teilsystem innerhalb eines sozialen Systems der Gesamtgesellschaft allesamt schlicht als überholt gelten; und zwar als überholt durch einen **bedeutungsorientierten Kulturbegriff**, da es – das ist seiner Auffassung nach der Kern des so genannten **»cultural turn« in den Sozialwissenschaften** – bei der Neuorientierung der Sozialwissenschaften um **kollektive Sinnsysteme** geht, um Wissensordnungen, symbolische Codes, Deutungsschemata, Semantiken, kulturelle Modelle, die nicht mehr als Epiphänomene, sondern als **notwendige Bedingung aller sozialen Praxis** wahrgenommen werden; zusammengefasst bedeutet dies Folgendes (Reckwitz 2000: 84):

> *»Wenn in den modernen Kulturtheorien von ›Kultur‹ die Rede ist, dann hat sich dieser Begriff von den normativen Konnotationen, wie sie im Kulturverständnis der Aufklärung selbstverständlich waren, vollständig gelöst. Anders als in manchen Feldern empirischer Kultursoziologie und der cultural studies wird Kultur hier jedoch auch nicht als ein (insbesondere ästhetisches) Subsystem der Gesellschaft oder in Herderscher Tradition als die Totalität einer gesamten, von Menschen ›gemachten‹ Lebensform verstanden. Kultur erscheint vielmehr nun als jener* ***Komplex von Sinnsystemen*** *oder – wie häufig formuliert wird – von ›symbolischen Ordnungen‹,* ***mit denen sich die Handelnden ihre Wirklichkeit als bedeutungsvoll erschaffen*** *und die in Form von Wissensordnungen ihr Handeln ermöglichen und einschränken.«*

Diesem Begriff »**Komplex von Sinnsystemen**« will Reckwitz einen zweiten Begriff zuordnen, nämlich den der »**geteilten Wissensordnungen**«, womit der moderne Kulturbegriff zu einem bedeutungs- und wissenschaftsorientierten Begriff wird; dazu heißt es bei ihm wie folgt (Reckwitz 2000: 84 ff.):

> *»In seiner Zusammenfassung der kulturtheoretischen Debatte der drei folgenden Jahrzehnte kommt Jeffrey Alexander zu einem ähnlichen Kulturverständnis, so wie es sich in seinem allgemeinen Sinne in den Kulturtheorien durchgesetzt hat: ›The concept of culture comes into play to the degree that meaning is conceived as ordered. [. . .] [C]ulture is the ›order‹ corresponding to meaningful action.‹ Wenn Kultur damit nicht nur als die Ebene kollektiver Sinnsysteme verstanden wird, sondern sich auf Sinnsysteme bezieht, die Handeln anleiten und sich im Handeln manifestieren, dann* ***bietet es sich an, den Kulturbegriff mit dem Begriff des ›Wissens‹ in Zusammenhang zu bringen****: ›Kultur‹ sind dann jene Sinnsysteme, über die die Akteure im Sinne von* ***›geteilten‹ Wissensordnungen*** *verfügen, die ihre spezifische Form des Handelns ermöglichen und einschränken. Die amerikanischen Kulturanthropologinnen Quinn und Holland können dann – wiederum sich abgrenzend vom totalitätsorientierten Kulturbegriff – einen ›neuen Kulturbegriff‹ der modernen*

Kulturtheorien definieren, der auf dem Wissensbegriff aufbaut: ›a new view of culture as shared knowledge – not as people's customs and artefacts and oral traditions, but what they must know in order to act as they do, making things they make, and interpret their experiences in the distinctive way they do.‹«

Von da ist es nur ein kleiner Schritt, Wissensordnungen bei der Handlungserklärung eine zentrale Rolle zuzuweisen.

II. *Wissensordnungen und Handlungserklärung*

Auf welche Weise Wissensordnungen eine handlungserklärende Funktion zukommt, erklärt uns Reckwitz wie folgt (Reckwitz 2000: 154 f.):

»Die Wissenssoziologie löst die Verwendung des Wissensbegriffs von der Kopplung an den Wahrheitsbegriff. Ob Wissen wahr oder falsch, ob es wohlbegründet oder unbegründet scheint, ist nicht die sozialwissenschaftliche Fragestellung, was zählt, ist vielmehr ***die soziale Relevanz des Wissens****, seine faktische Wirkung in der Handlungspraxis: Über die Rekonstruktion von Wissen soll Handeln erklärt werden. Mit der Abkopplung vom Wahrheitsbegriff und dem Interesse an der ›Funktionsweise‹ des Wissens verbunden ist eine Umstellung des Wissensbegriffs von den Wissensinhalten des ›knowing that‹ auf abstraktere* ***Wissensstrukturen****, auf Sinnmuster, die nicht selbst subjektiv ›für wahr gehalten werden‹, sondern den Hintergrund dafür bilden, dass bestimmte ›Überzeugungen‹ vertreten werden, und vor allem dafür, daß letztlich auf eine bestimmte Weise gehandelt wird. Bei Mannheim werden diese* ***Wissensordnungen*** *unter dem Oberbegriff des ›Denkstils‹ zusammengefaßt.«*

Graphisch lässt sich diese wichtige Rolle von Wissensordnungen als Sinnmuster wie folgt darstellen (Reckwitz 2000: 143):

Die drei Typen der Handlungserklärung

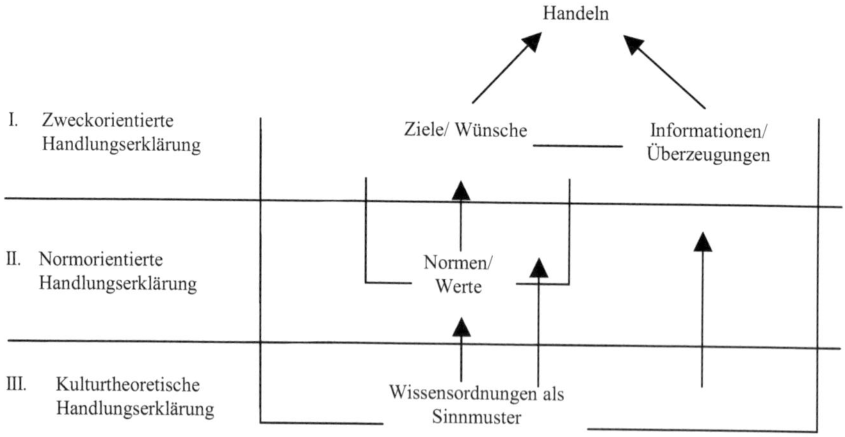

Von hier ist es wiederum nur ein kleiner Schritt, über die **Governance von Wissensordnungen** nachzudenken; aber das soll einem späteren Beitrag vorbehalten bleiben.

Literaturverzeichnis

Albers, Marion, 2002: Information als neue Dimension im Recht, in: Rechtstheorie 33, 61-89.

Bach, Maurizio, 2005: Europa als bürokratische Herrschaft. Verwaltungsstrukturen und bürokratische Politik in der Europäischen Union, in: *Schuppert, Gunnar Folke/Pernice, Ingolf/Haltern, Ulrich* (Hrsg.), Europawissenschaft. Baden-Baden, 575-612.

Bade, Klaus J. (Hrsg.), 1982: Imperialismus und Kolonialmission. Kaiserliches Deutschland und Koloniales Imperium. Wiesbaden.

Barlösius, Eva, 2006: Wissenschaft evaluiert – praktische Beobachtungen und theoretische Betrachtungen, in: *Flick, Uwe* (Hrsg.), Qualitative Sozialforschung. Konzepte, Methoden, Umsetzungen. Reinbek, 385-404.

Barlösius, Eva, 2008: Zwischen Wissenschaft und Staat? Die Verortung der Ressortforschung, Ms., erscheint als WZB Discussion-Paper.

Bertelsmann-Stiftung, 2007: International Regulatory Reform Conference. From red tape reduction to a better regulation strategy?, Invitation and Program, Berlin, December 9-11, 2007.

Bruno, Isabelle/Jacquot, Sophie/Mandrin, Lou, 2006: Europeanization through its instrumentation: benchmarking, mainstreaming and the open method of co-ordination – toolbox or Pandora's box?, in: Journal of European Public Policy 13, 519-536.

Bußhoff, Heinrich (Hrsg.), 1992: Politische Steuerung. Baden-Baden.

Cohen, Bernhard S., 1996: Colonialism and its Forms of Knowledge. The British in India. Princeton, N.J.

Conrad, Sebastian, 2007: Wissen als Ressource des Regierens in den deutschen und japanischen Kolonien des 19. Jahrhunderts, in: *Risse, Thomas/Lehmkuhl, Ursula* (Hrsg.), Regieren ohne Staat? Governance in Räumen begrenzter Staatlichkeit. Baden-Baden, 134-153.

Dose, Nicolai, 2007: Verrechtlichung und die Steuerungsfähigkeit von Recht, in: *Becker, Michael/Zimmerling, Ruth* (Hrsg.), Politik und Recht. PVS-Sonderheft 36. Wiesbaden, 503-522.

Duss, Vanessa/Linder, Nikolaus/Kastl, Katrin/Börner, Christina/Hirt, Fabienne/Züsli, Felix (Hrsg.), 2006: Rechtstransfer in der Geschichte. München.

Elias, Norbert, 1997: Über den Prozeß der Zivilisation. Soziogenetische und psychogenetische Untersuchungen. Bd. 2. Frankfurt am Main.

Fehling, Michael, 2005: Regulierung als Staatsaufgabe im Gewährleistungsstaat Deutschland – Zu den Konturen eine Regulierungsverwaltungsrechts, in: *Hill, Hermann* (Hrsg.), Die Zukunft des öffentlichen Sektors. Baden-Baden, 91-111.

Frey, Bruno S., 2008: Evaluitis – eine neue Krankheit, in: *Matthies, Hildegard/Simon, Dagmar* (Hrsg.), Wissenschaft unter Beobachtung. Leviathan-Sonderheft 24, 125-140.

Gibbons, Michael/Limoges, Camille/Nowotny, Helga/Schwartzman, Simon/Scott, Peter/Trow, Martin (Hrsg.), 1994: The New Production of Knowledge. The Dynamics of Science and Research in Contemporary Societies. London.

Gottschalk, Karin, 2004: Wissen über Land und Leute. Administrative Praktiken und Staatsbildungsprozesse im 18. Jahrhundert, in: *Collin, Peter/Horstmann, Thomas* (Hrsg.), Das Wissen des Staates. Baden-Baden, 149-174.

Groß, Thomas, 2008: Zum Entstehen neuer institutioneller Arrangements: das Beispiel der Europäischen Verbundverwaltung, in: *Gosewinkel, Dieter/Schuppert, Gunnar Folke* (Hrsg.), Politische Kultur im Wandel von Staatlichkeit. WZB-Jahrbuch 2007 (i.E.).
Hochkamp, Michaela, 1998: Herrschaft in der Herrschaft. Die vorderösterreichische Obervogtei Triberg von 1737-1780. Göttingen.
Hoffmann-Riem, Wolfgang, 2005a: Risiko- und Innovationsrecht im Verbund, in: Die Verwaltung 38, 145-176.
Hoffmann-Riem, Wolfgang, 2005b: Innovationsrecht. Antrag für ein Forschungsprojekt. Ms.
Hoffmann-Riem, Wolfgang, 2006: Innovationsoffenheit und Innovationsverantwortung durch Recht, in: AöR 131, 255-277.
Horn, Eva, 2007: Der geheime Krieg. Verrat, Spionage und moderne Fiktion. Frankfurt a.M.
Hornbostel, Stefan, 2008: Neue Evaluationsregime? Von der Inquisition zur Evaluation, in: *Matthies, Hildegard/Simon, Dagmar* (Hrsg.), Wissenschaft unter Beobachtung. Wiesbaden, 59-82.
Kaufmann, Franz-Xaver, 1994: Diskurse über Staatsaufgaben, in: *Grimm, Dieter* (Hrsg.), Staatsaufgaben. Baden-Baden, 15-42.
Kersten, Jens, 2007: Demographie als Verwaltungsaufgabe, in: Die Verwaltung 40, 309-346.
Kloepfer, Michael, 2002: Informationsrecht. München.
Kneihs, Benjamin, 2005: Das Regulierungsrecht – Eine neue rechtswissenschaftliche Kategorie?, in: ZöR, 1-30.
Knie, Andreas/Simon, Dagmar, 2008: Peers and Politics: Wissenschaftsevaluationen in der Audit Society, in diesem Band, 173-185.
Köndgen, Johannes, 2006: Privatisierung des Rechts. Private Governance zwischen Deregulierung und Rekonstitutionalisierung, in: AcP 206, 477-525.
König, Klaus/Dose, Nicolai (Hrsg.), 1993: Instrumente und Formen staatlichen Handelns. Köln/Berlin/Bonn/München.
Kuhn, Hellmuth, 1913: Die deutschen Schutzgebiete. Erwerb, Verwaltung und Gerichtsbarkeit. Berlin.
Lehmkuhl, Dirk, 2005: Governance by Rating and Ranking (Paper presented at the Annual Meeting of the International Studies Association, Honolulu, 2.-6.3.2005). Honolulu.
Löffler, Elke, 1996: A Survey on Public Sector Benchmarking Concepts, in: *Hill, Hermann/Klages, Helmut/Löffler, Elke* (Hrsg.), Quality, Innovation and Measurement in the Public Sector. Frankfurt a.M., 137-160.
Lundgren, Peter/Horn, Bernd/Krohn, Wolfgang/Küppers, Günter/Paslack, Rainer, 1986: Staatliche Forschung in Deutschland 1870-1980. Frankfurt a. M.
Maasen, Sabine/Lieven, Oliver, 2006: Transdisciplinary: A new mode of governing science?, in: *Maasen, Sabine/Lengwiler, Martin/Guggenheim, Michael* (Hrsg.), Disciplin and Research: practices of Inter-/Transdisciplinary Cooperation in Science. Special Issue of Science and Public Policy 33, 399-410.
Maasen, Sabine/Weingart, Peter, 2008: Unternehmerische Universität und neue Wissenschaftskultur, in: *Matthies, Hildegard/Simon, Dagmar* (Hrsg.), Wissenschaft unter Beobachtung. Berlin, 141-160.
Martens, Kerstin/Wolf, Klaus-Dieter, 2008: PISA als trojanisches Pferd: die Internationalisierung der Bildungspolitik in der OECD, erscheint in: *Botzem, Sebastian/Schuppert, Gunnar Folke/Quack, Sigrid/Straßheim, Holger* (Hrsg.), Governance als Prozeß. Baden-Baden, Ms.
Matthies, Hildegard/Simon, Dagmar (Hrsg.), 2008: Wissenschaft unter Beobachtung. Effekte und Defekte von Evaluationen. Leviathan-Sonderheft 24.
Mayntz, Renate, 2006: Governance-Theory als fortentwickelte Steuerungstheorie?, in: Schuppert, Gunnar Folke (Hrsg.), Governance-Forschung. Vergewisserung über Stand und Entwicklungslinien. Baden-Baden, 11-20.
Metzler, Gabriele, 2005: Konzeptionen politischen Handelns von Adenauer bis Brandt. Politische Planung in der pluralistischen Gesellschaft. Paderborn/München/Wien/Zürich.

Möllers, Christoph, 2001: Globalisierte Jurisprudenz: Einflüsse relativierter Nationalstaatlichkeit auf das Konzept des Rechts und die Funktion seiner Theorie, in: *Anderheiden, Michael/ Huster, Stefan/Kirste, Stephan* (Hrsg.), Globalisierung als Problem von Gerechtigkeit und Steuerungsfähigkeit des Rechts. ARSP-Beiheft Nr. 79, 41-60.

Möllers, Christoph, 2008: Die Governance-Konstellation: Transnationale Beobachtung durch öffentliches Recht, in: *Schuppert, Gunnar Folke/Zürn, Michael* (Hrsg.), Governance in einer sich wandelnden Welt. PVS-Sonderheft 41 (i.E.).

Müller, Markus M./Sturm, Roland, 1998: Ein neuer regulativer Staat in Deutschland?, in: Staatswissenschaften und Staatspraxis, 507-534.

Neave, Guy, 1988: On the cultivation of quality, efficiency and enterprise: An overview of recent trends in higher education in Western Europe, 1986-1988, in: European Journal of Education 23, 7-23.

Nullmeier, Frank, 2005: Wettbewerb und Konkurrenz, in: *Blanke, Bernhard/von Bandemer, Stephan/Nullmeier, Frank/Wewer, Göttrik* (Hrsg.), Handbuch zur Verwaltungsreform. 3. Aufl., Wiesbaden, 108-120.

Peltzer, Jörg, 2004: Wissen und Ausbildung frühstaatlicher Strukturen: Der Fall England im Hochmittelalter, in: *Collin, Peter/Horstmann, Thomas* (Hrsg.), Das Wissen des Staates. Geschichte, Theorie und Praxis. Baden-Baden, 123-148.

Pitschas, Rainer, 1993: Allgemeines Verwaltungsrecht als Teil der öffentlichen Informationsordnung, in: *Hoffmann-Riem, Wolfgang/Schmidt-Aßmann, Eberhard/Schuppert, Gunnar Folke* (Hrsg.), Reform des Allgemein Verwaltungsrechts. Baden-Baden, 219-305.

Porter, Theodore M., 1995: Trust in Numbers: The Pursuit of Objectivity in Science and Public Life. Princeton.

Power, Michael, 1997: The Audit Society. Rituals of Verification. Oxford.

Radaelli, Claudio M., 2003: The Open Method of Coordination: A new governance architecture for the European Union?, Swedish Institute for European Policy Studies.

Reckwitz, Andreas von, 2000: Die Transformation der Kulturtheorien. Zur Entwicklung eines Theorieprogramms. Weilerswist.

Reichard, Christoph, 1996: Institutionelle Wahlmöglichkeiten, in: *Naschold, Frieder* u.a., Leistungstiefe im öffentlichen Sektor. Erfahrungen, Konzepte, Methoden. Berlin, 101-126.

Röbbecke, Martina, 2008: Evaluation als neue Form der »Disziplinierung« – ein nicht intendierter Effekt?, in: *Matthies, Hildegard/Simon, Dagmar* (Hrsg.), Wissenschaft unter Beobachtung. Wiesbaden, 161-177.

Rose, Richard, 1991: What is Lesson-Drawing?, in: Journal of Public Policy 11, 3-30.

Ruffert, Matthias, 2007: Von der Europäisierung des Verwaltungsrechts zum Europäischen Verwaltungsverbund, in: DÖV, 761-770.

Sauer, Dieter/Lang, Christa (Hrsg), 1999: Paradoxien der Innovation. Perspektiven sozialwissenschaftlicher Innovationsforschung. Frankfurt/New York.

Schmidt-Aßmann, Eberhard, 2004: Das allgemeine Verwaltungsrecht als Ordnungsidee. Grundlagen und Aufgaben der verwaltungsrechtlichen Systembildung. 2. Aufl. Berlin/Heidelberg.

Schmidt-Aßmann, Eberhard/Bettina Schöndorf-Haubold (Hrsg.), 2005: Der Europäische Verwaltungsverbund. Formen und Verfahren der Verwaltungszusammenarbeit in der EU. Tübingen.

Schmidt-Aßmann, Eberhard, 2005: Einleitung: Der Europäische Verwaltungsverbund und die Rolle des Europäischen Verwaltungsrechts, in: *derselbe/Schöndorf-Haubold, Bettina* (Hrsg.), Der Europäische Verwaltungsverbund. Tübingen, 1-23.

Schimank, Uwe, 2006: »New Public Management« and the Academic Profession: Reflections on the German Situation, in: Minerva 43, 361-376.

Schoch, Friedrich, 1998: Öffentlich-rechtliche Rahmenbedingungen einer Informationsordnung, in: VVDStRL 57, 158-215.

Schuppert, Gunnar Folke, 1992: Die Treuhandanstalt – Zum Leben einer Organisation im Überschneidungsbereich zweier Rechtskreise, in: Staatswissenschaften und Staatspraxis, 186-210.

Schuppert, Gunnar Folke, 1993: Verwaltungsrechtswissenschaft als Steuerungswissenschaft. Zur Steuerung des Verwaltungshandelns durch Verwaltungsrecht, in: *Hoffmann-Riem, Wolfgang/Schmidt-Aßmann, Eberhard/Schuppert, Gunnar Folke* (Hrsg.), Reform des Allgemeinen Verwaltungsrechts. Grundfragen. Baden-Baden, 65-103.

Schuppert, Gunnar Folke, 1998: Geändertes Staatsverständnis als Grundlage des Organisationswandels öffentlicher Aufgabenwahrnehmung, in: *Budäus, Dietrich* (Hrsg.), Organisationswandel öffentlicher Aufgabenwahrnehmung. Baden-Baden, 19-59.

Schuppert, Gunnar Folke, 2003a: Staatswissenschaft. Baden-Baden.

Schuppert, Gunnar Folke, 2003b: Gute Gesetzgebung. Bausteine einer kritischen Gesetzgebungslehre, in: Zeitschrift für Gesetzgebung (ZG), Sonderheft.

Schuppert, Gunnar Folke (Hrsg.), 2005: Der Gewährleistungsstaat – ein Leitbild auf dem Prüfstand. Baden-Baden.

Schuppert, Gunnar Folke, 2006: Verwaltungsorganisation und Verwaltungsorganisationsrecht als Steuerungsfaktoren, in: *Hoffmann-Riem, Wolfgang/Schmidt-Aßmann, Eberhard/Voßkuhle, Andreas* (Hrsg.), Grundlagen des Verwaltungsrechts. Band I. München, §16.

Schuppert, Gunnar Folke, 2006: Governance im Spiegel der Wissenschaftsdisziplinen, in: *derselbe* (Hrsg.), Governance-Forschung. Vergewisserung über Stand und Entwicklungslinien. 2. Aufl., Baden-Baden, 371-469.

Schuppert, Gunnar Folke, 2007a: Governance as Communication. Das Beispiel von European Governance, in: *Jarren, Otfried/Lachenmeier, Dominic/Steiner, Adrian* (Hrsg.), Entgrenzte Demokratie? Herausforderungen für die politische Interessenvermittlung. Baden-Baden, 287-308.

Schuppert, Gunnar Folke, 2007b: Governance als Prozeß: Das Beispiel Corporate Governance, in: *Jürgens, Ulrich* et al. (Hrsg), Perspektiven der Corporate Governance. Baden-Baden, 541-570.

Schuppert, Gunnar Folke, 2008a: Politische Kultur. Baden-Baden.

Schuppert, Gunnar Folke, 2008b: Verwaltungsrecht und Verwaltungsrechtswissenschaft im Wandel – Von Planung über Steuerung zu Governance?, in: AöR 133.

Schuppert, Gunnar Folke, 2008c: Ko-Produktion von Staatlichkeit. Eine Skizze zu kooperativen Governancestrukturen von den Condottieri der Renaissance bis zu Public Private Partnerships, in: *Botzem, Sebastian/Quack, Sigrid/Schuppert, Gunnar Folke/Straßheim, Holger* (Hrsg.), Governance als Prozeß. Baden-Baden (i.E.).

Schuppert, Gunnar Folke, 2009: Governance by Rulemaking. Grundzüge einer zu entwickelnden Regelungswissenschaft. Baden-Baden (i.V.).

Stehr, Nico, 2003: Wissenspolitik. Die Überwachung des Wissens. Frankfurt a.M.

Stehr, Nico, 2008: Wissenswelten, Governance und Demokratie, in: *Botzem, Sebastian/Quack, Sigrid/Schuppert, Gunnar Folke/Straßheim, Holger* (Hrsg.), Governance als Prozeß. Baden-Baden (i.E.).

Stone, Diane/Denham, Andrew/Garnett, Mark (Hrsg.), 1998: Think Tanks Accross Nations. A Comparative Approach. Manchester.

Straßheim, Holger, 2001: Der Ruf der Sirenen – Zur Dynamik politischen Benchmarkings. Eine Analyse der US-Sozialreform. WZB Discussion-Paper FS II, 01-201.

Trute, Hans-Heinrich, 1994: Die Forschung zwischen grundrechtlicher Freiheit und staatlicher Institutionalisierung. Tübingen.

Trute, Hans-Heinrich, 1996: Die Verwaltung und das Verwaltungsrecht zwischen gesellschaftlicher Selbstregulierung und staatlicher Steuerung, in: DVBl, 950-964.

Trute, Hans-Heinrich, 1998: Öffentlich-rechtliche Rahmenbedingungen einer Informationsordnung, in: VVDStRL 57, 216-273.

Trute, Hans-Heinrich, 1999: Verantwortungsteilung als Schlüsselbegriff eines sich verändernden Verhältnisses von öffentlichem und privatem Sektor, in: *Schuppert, Gunnar Folke* (Hrsg.), Jenseits von Privatisierung und »schlankem« Staat. Baden-Baden, 13-45.

Trute, Hans-Heinrich/Kühlers, Doris/Pilniok, Arne, 2008: Der Governanceansatz als verwaltungsrechtswissenschaftliches Analysekonzept, in: *Schuppert, Gunnar Folke/Zürn, Michael* (Hrsg.), Governance in einer sich wandelnden Welt. PVS-Sonderheft 41. Wiesbaden (i.E.). Ms.

Tutt, Cordula, 2007: Das große Schrumpfen. Berlin.

Voßkuhle, Andreas, 2000: Der Wandel von Verwaltungsrecht und Verwaltungsprozeßrecht in der Informationsgesellschaft, in: *Hoffmann-Riem, Wolfgang/Schmidt-Aßmann, Eberhard* (Hrsg.), Verwaltungsrecht in der Informationsgesellschaft. Baden-Baden, 349-404.

Voßkuhle, Andreas, 2005: Sachverständige Beratung des Staates, in: *Isensee, Josef/Kirchhof, Paul* (Hrsg.), Handbuch des Staatsrechts. Bd. III. 3. Aufl, Heidelberg, § 43 (zit. n. Rdnr.).

Voßkuhle, Andreas, 2006: Neue Verwaltungsrechtswissenschaft, in: *Hoffmann-Riem, Wolfgang/Schmidt-Aßmann, Eberhard/Voßkuhle, Andreas* (Hrsg.), Grundlagen des Verwaltungsrechts. Band I. München, § 1.

Voßkuhle, Andreas, 2007: Die politischen Dimensionen der Staatsrechtslehre, in: *Schulze-Fielitz, Helmuth* (Hrsg.), Staatsrechtslehre als Wissenschaft, in: Die Verwaltung. Beiheft 7, 135-157.

Voßkuhle, Andreas, 2008a: Sachverständige Beratung des Staates als Governanceproblem, in: *Botzem, Sebastian/Hofmann, Jeanette/Quack, Sigrid/Schuppert, Gunnar Folke/Straßheim, Holger* (Hrsg.), Governance als Prozeß. Baden-Baden (i.E.).

Voßkuhle, Andreas, 2008b: Das Konzept des rationalen Staates, in diesem Band, 13-32.

Wahl, Rainer, 2006: Herausforderungen und Antworten. Das öffentliche Recht der letzten fünf Jahrzehnte. Berlin.

Wagner, Norbert Berthold, 2002: Die deutschen Schutzgebiete. Erwerb, Organisation und Verlust aus juristischer Sicht. Baden-Baden.

Weber, Max, 1988: Parlament und Regierung im neugeordneten Deutschland. Zur politischen Kritik des Beamtentums und Parteiwesens, in: Max-Weber-Studienausgabe. Bd. I/15. Tübingen, 202-302.

Weber, Max, 1999: Politik als Beruf. Frankfurt a.M.

Weingart, Peter, 2003: Wissenschaftssoziologie. Bielefeld.

Weingart, Peter, 2005: Das Ritual der Evaluierung und die Verführung der Zahlen, in: *Lengwiler, Martin/Simon, Dagmar* (Hrsg.), New Governance. Arrangements in Science Policy. WZB-Discussionpaper P 2005-101, 81-99.

Widmer, Thomas/Rüegg, Erwin, 2005: Konsequenzen von Staatsreformen für die demokratische Steuerungsfähigkeit, in: PVS 46, 86-109.

Widmer, Thomas, 2008: Evaluationsansätze und ihre Effekte: Erfahrungen aus verschiedenen Politikfeldern, in: *Matthies, Hildegard/Simon, Dagmar* (Hrsg.), Wissenschaft unter Beobachtung. Wiesbaden, 267-287.

Wissenschaftsrat, 2004: Empfehlungen zur Entwicklung der Rahmenbedingungen der Forschung in Ressortforschungseinrichtungen. Am Beispiel der Forschungsanstalten in der Zuständigkeit des BMVEL. Drs. 5910/04.

Wissenschaftsrat, 2007: Empfehlungen zur Rolle und künftigen Entwicklung der Bundeseinrichtungen mit FuE-Aufgaben. Drs. 7702/07.

Wollmann, Helmut, 2001: Policy Knowledge: Contract Research: International Encyclopedia of the Social & Behavioral Science. London, 11574-11578.

Zöllner, Wolfgang, 1990: Informationsordnung und Recht. Berlin/New York.

Zürn, Michael, 2002: Zu den Merkmalen postnationaler Politik, in: *Knodt, Michèle/Jachtenfuchs, Markus* (Hrsg.), Regieren in internationalen Organisationen. Opladen, 215-234.

Autorenverzeichnis

Dr. jur. *Peter Collin*, Universität Greifswald

Janina V. Curbach, Otto-Friedrich-Universität Bamberg

Dr. phil. *Anna Geis*, Hessische Stiftung Friedens- und Konfliktforschung

Professor Dr. *Bettina Heintz*, Universität Bielefeld

Dr. phil. *Thomas Horstmann*, Universität Erfurt

Dr. jur. *Anna-Bettina Kaiser*, Universität Freiburg i. Br.

Professor Dr. jur. *Jens Kersten*, Universität Bayreuth

Professor Dr. phil. *Andreas Knie*, Wissenschaftszentrum Berlin für Sozialforschung

Professor Dr. jur. *Jürgen Kühling*, Universität Regensburg

Dr. phil. *Jörg Peltzer*, Universität Heidelberg

Professor Dr. jur. *Arno Scherzberg*, Universität Erfurt

Professor Dr. jur. *Gunnar Folke Schuppert*, Wissenschaftszentrum Berlin für Sozialforschung

Dr. rer. pol. *Dagmar Simon*, Wissenschaftszentrum Berlin für Sozialforschung

Holger Straßheim, Dipl.-Pol., Wissenschaftszentrum Berlin für Sozialforschung

Privatdozent Dr. rer. soc. *Torsten Strulik*, Universität Bielefeld

Professor Dr. jur. *Andreas Voßkuhle*, Universität Freiburg i. Br.

Schriften zur Governance-Forschung

Judicial Governance in der europäischen Rechtsgemeinschaft

Integration durch Recht jenseits des Staates

Von Dr. Sabine Frerichs

2008, Band 11, 479 S., brosch., 84,– €,
ISBN 978-3-8329-3310-4

In dieser Arbeit werden Begriffe aus dem politikwissenschaftlichen Governance-Diskurs auf die Entwicklung des Rechts bezogen und gesellschaftstheoretisch ausgedeutet. Dadurch entsteht ein facettenreiches Bild der Integration durch Recht jenseits des Staates. Die Rechtsprechung in der europäischen Rechtsgemeinschaft erscheint so in einem neuen Licht.

Regieren ohne Staat?

Governance in Räumen begrenzter Staatlichkeit

Herausgegeben von Prof. Dr. Thomas Risse und
Prof. Dr. Ursula Lehmkuhl, beide Freie Universität Berlin

2008, Band 10, 395 S., brosch., 64,– €,
ISBN 978-3-8329-3154-4

Wie wird in zerfallen(d)en Staaten wie Afghanistan, aber auch überall dort, wo es keine moderne Staatlichkeit gibt, regiert? Der Sammelband untersucht die Übertragbarkeit von Governance-Konzepten auf die Nicht-OECD-Welt. Damit wird ein Beitrag zu einer Theorie des Regierens in historischen und gegenwärtigen Räumen begrenzter Staatlichkeit geleistet.

Bitte bestellen Sie bei Ihrer Buchhandlung oder bei Nomos
Telefon 07221/2104-37 | Fax -43 | www.nomos.de | sabine.horn@nomos.de

Informieren Sie sich im Internet unter www.nomos.de über weitere Bände dieser Schriftenreihe.

Nomos